高等学校**电子信息类专业**
应用创新型人才培养精品系列

微课版

嵌入式系统原理及应用（第2版）

U0740217

——STM32F103+STM32CubeMX+Keil MDK

吴银琴 梁晶◎编著

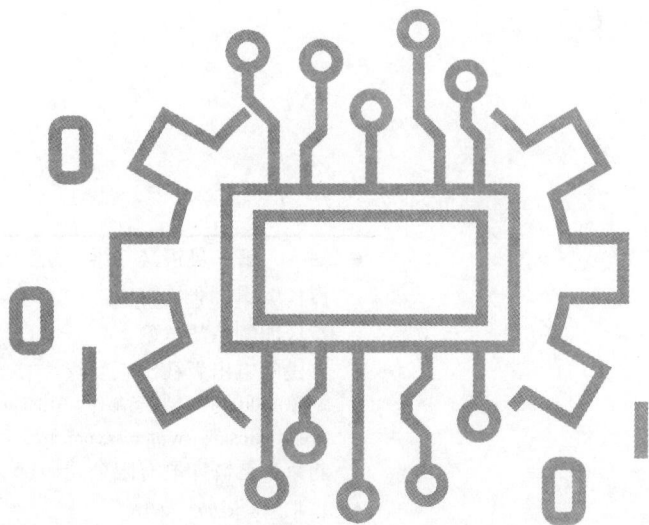

人民邮电出版社
北京

图书在版编目（CIP）数据

嵌入式系统原理及应用 ：微课版 ：STM32F103 + STM32CubeMX + Keil MDK / 吴银琴，梁晶编著. -- 2 版.

北京 ：人民邮电出版社，2025. --（高等学校电子信息 类专业应用创新型人才培养精品系列）. -- ISBN 978-7 -115-67006-9

Ⅰ．TP332.021

中国国家版本馆 CIP 数据核字第 2025HU8799 号

内 容 提 要

本书共 14 章，包括嵌入式系统的基础知识、Cortex-M3 架构、STM32 系列处理器、STM32 设备驱动库、开发环境搭建、通用输入输出端口、异常与中断、通用定时器、串行通信接口、I2C 通信接口、直接存储器访问、数模转换器、模数转换器、综合应用案例。

本书可作为高校计算机、电子信息、自动化、电气、机械等专业的"嵌入式系统原理""嵌入式系统编程""单片机原理与应用"等课程的教材和教学参考书，也可作为工程实训、电子设计竞赛的实践教材，还可作为自动控制、物联网、机电一体化等领域的工程技术人员的参考书。

◆ 编　著　吴银琴　梁　晶

责任编辑　张雪野

责任印制　胡　南

◆ 人民邮电出版社出版发行　　北京市丰台区成寿寺路 11 号

邮编　100164　电子邮件　315@ptpress.com.cn

网址　https://www.ptpress.com.cn

北京市艺辉印刷有限公司印刷

◆ 开本：787×1092　1/16

印张：17.5　　　　　　　　　　2025 年 8 月第 2 版

字数：471 千字　　　　　　　　2025 年 8 月北京第 1 次印刷

定价：69.80 元

读者服务热线：**(010)81055256**　印装质量热线：**(010)81055316**
反盗版热线：**(010)81055315**

- 写作初衷

困扰初学者学习嵌入式设计的难点，一是源于处理器本身复杂的结构和丰富的功能；二是源于初学者难以厘清嵌入式系统中各种软件框架之间的关系，以及难以理解各种底层程序；三是源于初学者没有很好地掌握软件开发工具的使用技巧，不了解一些常见问题的解决方案。因此，在嵌入式设计开发过程中，初学者一旦碰到问题，便极易畏怯退缩。如何帮助他们"破冰"，是我们这些在一线从事嵌入式系统教学的老师需要考虑的问题。

嵌入式系统世界的多姿多彩，大多得益于应用场景的多样化、应用需求的个性化和应用范围的广泛化。可若换个角度审视这个世界，就会发现，对于同一系列、同一类处理器而言，世界就是这么大。处理器的组成结构、工作原理和实现功能大多是相似的，存在很多共性的东西。将这些共性的东西总结出来，帮助初学者更好地建立嵌入式系统开发的底层逻辑，是一件很有必要的事。

本书第 1 版上市后口碑和销量俱佳，考虑到不同应用领域读者学习嵌入式系统知识的侧重点不同，第 2 版保留了第 1 版概念准确、内容丰富和技术性强的特点，同时进一步突出了实战性和新颖性，力求反映嵌入式系统在器件、软件生态和开发方法等领域的最新进展。第 2 版选用的处理器平台改为应用更加广泛的 STM32F1 系列处理器，该处理器更具代表性，且更适合初学者。第 2 版内容减少了对复杂概念的阐述，以及处理器高阶资源的介绍，加大了对嵌入式应用开发流程和方法的分析，增加了嵌入式系统开发底层逻辑和软件使用技巧的阐述，新增了"I2C 通信接口"章节。本书的案例分层设计，由易到难，针对性和易读性得到了进一步提升，能帮助读者更轻松、更高效地学习嵌入式系统开发知识。对于从事嵌入式系统开发的专业人员，本书第 1 版和第 2 版能够形成知识点的相互补充，有助于读者更深入地理解嵌入式系统开发的全貌。

- 本书内容

第 1 章介绍嵌入式系统的基础知识，包括嵌入式系统的特点、组成、开发流程和开发模式。

第 2 和 3 章从体系结构的角度讲解嵌入式处理器的工作原理，主要介绍 Cortex-M3 架构的相关知识，以及 STM32 系列处理器的基础知识。

第 4 和 5 章从协同开发的角度阐述 STM32 系列处理器的软件环境，包括 STM32 设备驱动库、STM32CubeMX 辅助开发工具和 Keil MDK 集成开发环境，还介绍了软件编程中涉及的 C 语言知识点，以及软件应用中的常见问题及解决方法。

第 6~13 章以 STM32F103ZETx 处理器为例，介绍其主要外设模块的工作原理和编程方法，包括通用输入输出端口、异常与中断、通用定时器、串行通信接口、I2C 通信接口、直接存储器访问、数模转换器和模数转换器等，所有案例都由 STM32CubeMX 辅助开发工具和 Keil MDK 集成开发环境联调实现。

第 14 章通过综合应用案例展示复杂嵌入式系统的工作原理与编程方法。

- **本书特色**

本书面向嵌入式系统的初学者，以 STM32F1 系列处理器作为讲解嵌入式系统设计和开发方法的蓝本。鉴于 STM32F1 系列处理器的强大功能，本书只介绍了其中应用较为广泛的部分。本书的主要特色如下。

1. 以人为本，夯实基础

本书力求用最简单的表述、最少的篇幅讲解 STM32F1 系列处理器的内部结构及主要外设模块的工作原理，以帮助初学者快速了解嵌入式系统基础知识和底层硬件工作原理，进而建立嵌入式系统开发的底层逻辑；结合 STM32F1 系列处理器本身的特点及 CMSIS 和 HAL 库的具体情况，列出了嵌入式系统开发过程中常见的 C 语言知识点，以帮助初学者更好地阅读和编写程序；以"一问一答"的形式，介绍在软件应用过程中初学者经常碰到的问题，并提供相应的解决方案，以帮助初学者更快、更好地使用相关软件和开发工具。

2. 细化知识，模块学习

本书以知识点为单位，分模块地介绍 STM32F1 系列处理器的各种应用，并设计了基于最简外围电路的案例，让初学者循序渐进地掌握嵌入式处理器的开发方法。本书的案例分为 3 个层次：基础、拓展和模块。梯度化的案例设计使初学者尽快掌握嵌入式系统开发的本质和精髓，做到举一反三，引导初学者将掌握的知识点转化为系统设计能力。

3. 化繁为简，方法引导

本书中的所有案例由 STM32CubeMX 辅助开发工具和 Keil MDK 集成开发环境联合开发完成。其中，STM32CubeMX 是图形化操作软件，用来完成 STM32F103ZETx 处理器的各种资源参数配置，并能够自动生成相应的初始化程序，导出的工程项目文件支持各种常规的集成开发环境。在 Keil MDK 中，开发人员只需要专注于与具体业务功能相关的程序实现。这种多个软件联合的开发方法，大大减少了开发人员的编程工作量，有时候在合适的位置上添加一行或几行程序，就可以实现复杂的业务功能。开发人员只要掌握处理器的工作原理，明确目标实现思路，即便没有太多编程经验，也可以很好地玩转嵌入式处理器，因此本书非常适合初学者。

- **配套资源与获取方法**

本书的配套资源包括教学大纲、教案、PPT、习题答案、源程序等，可助力读者开展教学活动或学习，读者可以登录人邮教育社区（www.ryjiaoyu.com）下载相关资源。

- **致谢**

本书主要由吴银琴、梁晶编写完成。吴银琴负责第 1 章到第 7 章的编写，梁晶负责第 8 章到第 14 章的编写。本书在撰写过程中得到了刘黎、陈锟、黄丽等老师的大力帮助，以及中南民族大学电子信息工程学院各位领导和同事的真切关心与鼎力支持，在此一并表示感谢。

由于编著者的水平有限，书中的错误或疏漏在所难免，编著者由衷希望广大读者朋友和专家学者能够拨冗提出宝贵的修改意见，修改意见可直接反馈至编著者的电子邮箱 wstar@mail.scuec.edu.cn，也欢迎读者通过 QQ（6457075）与编著者交流。

编著者
2025 年春于武汉

目 录

1

第1章 嵌入式系统的基础知识

随着计算机技术的不断发展，计算机的物理形态和人们使用计算机系统的方式都在不断地发生变化。大众所接触到的计算机系统已经从台式计算机和笔记本电脑逐步过渡到平板电脑、智能手机、智能电视、智能家居等以嵌入式系统为核心的电子产品。嵌入式系统广泛应用于日常消费电子产品、复杂的航天航空控制系统、国防武器设备、网络通信设备，以及大量工业生产中的自动控制系统中。嵌入式系统已经成为人们生产和生活中必不可少的组成部分。

通常来说，嵌入式系统的定义是以应用为中心，以计算机技术为基础，软件和硬件具有可裁剪性，适用于应用系统对功能、可靠性、成本、体积、功耗和应用环境有严格要求的专用计算机系统。这个定义指明了嵌入式系统首先是一个计算机系统，即系统必须以微处理器为核心，面向特定的应用场景，并且要求针对其特定需求进行性能、体积、功耗等方面的优化。简而言之，嵌入式系统是非通用计算机形态的计算机系统，它以微处理器为核心部件，隐藏在各种装置、设备、产品和系统中。

从广义上讲，凡是基于微处理器的专用计算机系统都可以称为嵌入式系统，即所有基于微处理器的、实现特定功能且不可被最终用户所编程的计算机系统都可称为嵌入式系统，如家庭中常见的智能饮水机、智能空调、烟雾报警器等都包含嵌入式系统。

1.1 嵌入式系统的特点

嵌入式系统的
定义及特点

嵌入式系统是应用于特定环境下，针对特定用途设计的系统，所以它的硬件和软件都必须量体裁衣、去除冗余，力争在较少的资源上实现更高的性能。嵌入式系统一般具有以下显著特点。

嵌入式系统通常是面向特定任务，并根据应用需求进行软、硬件个性化定制。硬件需要按照任务需求进行针对性设计，软件则要根据硬件环境进行移植和优化。因此，针对不同的任务，嵌入式系统的硬件形态和软件功能千差万别。

嵌入式系统受成本、体积和功耗等多种因素的限制，其软、硬件资源通常相对有限。嵌入式系统往往不会一味追求高性能，而是追求资源刚好够用，即用最低的代价去满足应用需求。同时，嵌入式系统上运行的操作系统内核对资源的需求较传统的操作系统也要小得多。

嵌入式系统往往极其关注成本。对大多数嵌入式系统而言，成本是嵌入式系统设计时需要考虑的重要因素，这是因为以嵌入式系统为核心的消

费类电子产品和工业产品往往有很大的出货量，对成本极其敏感。因此，嵌入式系统设计中对于硬件资源通常做到够用即可，尽量节约硬件成本，避免资源浪费。

嵌入式系统往往采用电池供电，更加关注功耗，有的产品甚至将低功耗作为核心竞争力指标。在物联网设备中，通常要求设备在电池的驱动下连续工作数月甚至数年，这类嵌入式系统在设计时往往会根据功耗限制对硬件和软件进行特别的优化。

许多嵌入式系统需要在规定的时间内对外部事件做出反应，即有实时性要求。嵌入式系统采用中断机制来响应紧急事件，中断处理是嵌入式系统设计时需要重点考虑的内容，包括中断响应的硬件机制和对应的中断处理程序。嵌入式系统中使用的操作系统一般是实时操作系统（Real Time Operating System，RTOS），以满足实时任务的调度需求，能够在规定的时间内对高优先级任务进行处理。

嵌入式系统是面向应用需求设计的，各种嵌入式系统的运行环境差异较大，这就要求嵌入式系统在硬件设计时需要满足其运行环境提出的各种苛刻条件。因此用于嵌入式系统的芯片通常是工业级芯片，能够适应各种恶劣的工作环境。

嵌入式系统对可靠性要求高。在某些特殊的应用场合与领域，系统死机或者运行错误都会导致严重的后果。这需要嵌入式系统在进行软、硬件设计时进行严格的可靠性测试，并引入出错后的恢复机制。

嵌入式产品具有较长的生命周期。它们往往是面向具体应用的，其升级换代也是和具体应用同步进行的，相关的嵌入式系统的硬件和软件的升级要具备较好的稳定性和连续性，确保产业链上的各种嵌入式产品在寿命期内能够得到稳定的硬件和软件支持。

嵌入式系统的目标程序通常是固化在非易失性存储器芯片中的，通常不允许用户随意更改其内部核心软件，这样可以大大提高系统的可靠性。

嵌入式系统需要使用专门的开发工具。在硬件开发阶段，需要借助示波器、逻辑分析仪等设备进行硬件调试。在软件开发阶段，由于大多数嵌入式系统本身不支持软件开发，需要在个人计算机上建立一套开发环境进行编辑、编译。编译好的目标程序需要借助仿真器、调试器这类硬件工具下载到嵌入式系统中进行测试和烧录。

从上述特点可以看出，嵌入式系统对硬件和软件均有较高要求，构建相关的产业链也需要较高的门槛。近年来，国产嵌入式系统在芯片、开发工具和软件生态方面取得了飞跃式的发展，已经形成完备的国产化产业链，体现了中国制造在研发、生产和创新领域的强大竞争力。图 1.1 展示了国内

图 1.1　车载互联仪表

某企业研发的车载互联仪表，该仪表处理器采用了国产玄铁 E907 处理器，操作系统采用国产 RT-Thread 实时操作系统，图形界面采用了国产 AWTK 图形用户界面。该仪表通过蓝牙和 WiFi 与手机互联，实现仪表与手机导航和通话功能的同步，在满足车规级环境和温度认证的同时，硬件成本能控制在 200 元人民币左右。

> ⁉: 掌握嵌入式系统知识，将来在哪些工作场景中会用到呢？

🔊: 掌握嵌入式系统知识是从事自动控制、机器人、仪器仪表、物联网、可穿戴智能设备等开发工作的基础。嵌入式相关的具体工作岗位包括：产品规划、硬件设计、嵌入式操作系统开发与移植、嵌入式应用软件开发、嵌入式图形界面开发及软硬件测试等。具备嵌入式软硬件协同设计能力的系统工程师及掌握嵌入式图形用户界面（如 Android、QT、LVGL、AWTK）开发方法的程序员有较多的就业机会。

1.2 嵌入式系统的组成

嵌入式系统由硬件和软件两大部分组成，如图 1.2 所示。

1.2.1 嵌入式系统的硬件

嵌入式系统的硬件是以嵌入式处理器为核心的，主要由嵌入式处理器、存储器、各种外围接口和时钟、复位等外围电路组成。嵌入式系统的硬件结构通常比较紧凑，尽量减少不必要的电路和接口，以节约成本和减少体积。

1. 嵌入式处理器

各式各样的嵌入式处理器是嵌入式系统硬件中最核心的部分。目前世界上具有嵌入式功能的处理器已经有上千种，流行的体系结构也有几十个系

嵌入式处理器介绍

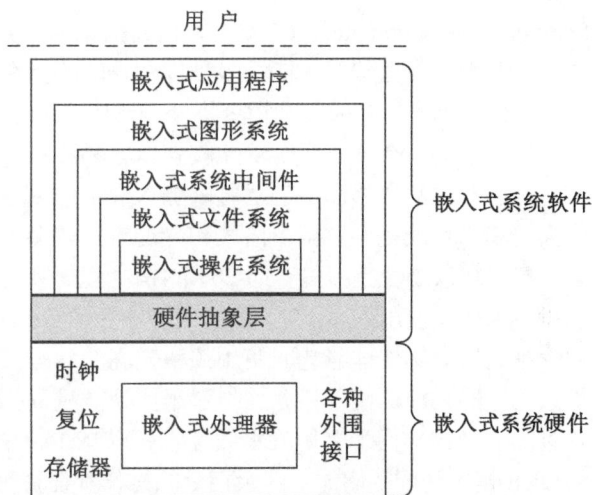
图 1.2 嵌入式系统的组成

列。根据不同的处理器结构和应用领域，嵌入式处理器可以分成：嵌入式微处理器（Embedded Microprocessor Unit，简称 MPU）、嵌入式微控制器（Embedded Microcontroller Unit，简称 MCU）、数字信号处理器（Digital Signal Processor，DSP）、SoC（System on Chip）与 FPGA（Field Programmable Gate Array）。

其中，MPU 多为 32 位或 64 位处理器，面向有高性能需求的应用场景，如车载智能座舱或手持终端等；MCU 则通常是 8 位、16 位或 32 位处理器，其设计目标是追求低成本、低功耗和高可靠性，主要面向控制类型的任务。MCU 通常不需要运行复杂的嵌入式多任务操作系统，对多任务和存储映射的支持有限，适合完成控制任务。MCU 因其价格低廉，稳定性好，且拥有的品种和数量众多，在嵌入式控制系统中应用广泛。比较有代表性的 MCU 包括 8051 系列、MCS 系列、68K 系列、ARM 公司推出的 Cortex-M0/M3/M4 架构的 32 位微控制器，以及基于 RISC-V 架构的开源处理器。这类微控制器芯片内部封装的片内外设模块很多，有很强的扩展能力。

鉴于嵌入式系统广阔的发展前景，很多半导体生产厂家都大规模地生产嵌入式处理器。随着技

术的不断发展，嵌入式处理器的运行速度越来越快，性能越来越强，价格也越来越低。高端嵌入式处理器更是逐步向异构多核处理器方向发展，处理器核心也由单核变为多核。嵌入式处理器一般具备以下几个特点。

① 体积小，集成度高，有较高的性价比。

② 支持实时多任务调度：能够运行多任务操作系统并且有较短的中断响应时间，从而能大大减少实时任务的响应时间。

③ 具有存储区域保护功能：为了避免软件模块之间出现错误时的越界访问，嵌入式处理器中通常会提供存储区域保护的硬件机制。

④ 可扩展的处理器结构：能够根据处理器内核扩展出各种满足应用需求的高性能嵌入式处理器。

⑤ 较低的功耗，这一点对于移动计算和通信设备中靠电池供电的嵌入式处理器是非常重要的。

想要更好地掌握一款嵌入式处理器的内部结构和编程方法，首先需要了解它的指令集和存储结构。

（1）处理器指令集

根据嵌入式处理器的指令集类型，计算机可以分为两个阵营：复杂指令集计算机（Complex Instruction Set Computer，CISC）和精简指令集计算机（Reduced Instruction Set Computer，RISC）。

复杂指令集处理器可提供多种复杂功能的指令和多种灵活的编址方式，通过微程序来实现大量功能各异的指令。一般复杂指令集处理器所含的指令数至少有 300 条，有的甚至超过 500 条。复杂指令集包含的指令多，指令功能较强，容易和高级语言衔接，可以直接对存储器操作，实现从存储器到存储器的数据移动，甚至可以加入数字信号处理指令。但复杂指令集也有很多缺点：指令系统庞大、指令功能复杂、指令格式和寻址方式较多、指令执行速度慢、难以优化编译、编译程序复杂等。整个复杂指令集中只有约 20% 的指令会被经常使用，约占整个程序运行时间的 80%，剩余 80% 的指令则很少使用。

精简指令集处理器选取使用频率较高的一些简单指令，以及一些很有用但又不复杂的指令，让复杂指令的功能用简单指令的组合来实现。精简指令集的指令长度固定，指令格式种类少，寻址方式种类少，这样便于采用流水线技术，以减少指令的平均执行时间。精简指令集中只有 LOAD 和 STORE 指令访问存储器，其余指令的操作都在寄存器内完成。精简指令集处理器中包含较多的通用寄存器，以减少存储器访问和操作系统任务切换带来的开销。同时，精简指令集处理器主要采用硬布线逻辑实现控制和逻辑运算，不像复杂指令集处理器那样依赖微程序。

复杂指令集处理器和精简指令集处理器常见指标对比如表 1.1 所示。

表 1.1　复杂指令集和精简指令集处理器常见指标对比

对比指标	复杂指令集处理器	精简指令集处理器
价格	硬件完成部分软件功能，硬件复杂性增加，芯片成本高	软件完成部分硬件功能，软件复杂性增加，芯片成本低
性能	程序少，指令的执行周期数多	指令的执行周期数少，程序多
指令集	包括大量的混杂型指令集，有简单快速的指令，也有复杂的多周期指令	以简单的单周期指令为主，包括少量多周期指令
高级语言支持	由硬件完成	由软件完成
寻址模式	寻址模式复杂，支持内存（内存储器）到内存（内存储器）的寻址	寻址模式简单，仅允许 LOAD 和 STORE 指令访问存储器，其他所有的指令都基于寄存器到寄存器
控制单元	微程序	直接执行
寄存器数目	较少	较多

下面以两个 8 位数相加的案例来说明这两种指令集的差异。

复杂指令集处理器：使用一条指令（如 ADD）完成运算，这条指令将完成从内存取数据、相加以及将结果写回内存的操作。

精简指令集处理器：首先使用 LOAD 指令将数据从内存加载到嵌入式处理器的内部寄存器，然后执行加操作，再使用 STORE 指令将寄存器内的结果写回内存。

可见，复杂指令集处理器使用了一个专门的电路来实现 ADD 运算，而精简指令集处理器则选用简单指令的组合来完成这个操作，从而导致精简指令集处理器的程序执行需要更多的指令条数和占用更多的存储单元，但这样却节约了晶体管和其他电路元件数量。

随着技术的发展，CISC 和 RISC 也在相互借鉴对方的优点，CISC 与 RISC 在指令集架构层面上的差异已经越来越小，由微架构和物理设计、工艺实现带来的性能提升已经逐渐掩盖 CISC 和 RISC 在指令集层面的差异。

（2）处理器存储结构

冯·诺依曼结构也称普林斯顿结构，是一种将程序指令存储器和数据存储器合并在一起的存储器结构。采用冯·诺依曼结构的计算机将指令和数据存放在同一存储空间中，统一编址，指令和数据通过同一总线访问。由于取指令和取操作数都在同一总线上，通过分时复用的方式进行，因此程序在高速运行时不能同时取指令和取操作数，从而造成了总线传输的瓶颈。

哈佛结构是一种并行计算机体系结构，其主要特点是程序和数据存储在不同的存储空间中，即将程序存储器和数据存储器分为两个相互独立的存储器，各自独立编址、独立访问。与之相对应的是计算机系统中采用了两条总线：程序总线和数据总线，从而使总线的吞吐率提高了一倍。

冯·诺依曼结构和哈佛结构的对比如图 1.3 所示。对于嵌入式系统而言，数据存储器和程序存储器的分离可以避免运行程序被修改，从而极大地提高了程序运行的可靠性。同时，对资源紧张的嵌入式系统而言，更大的存储带宽可以大大提高系统运行的效率。

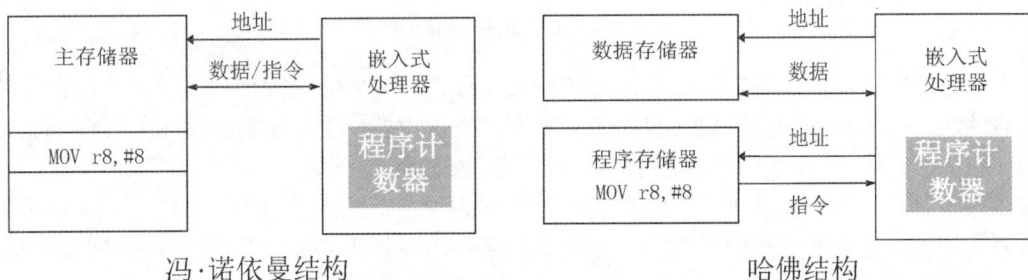

图 1.3 冯·诺依曼结构和哈佛结构的对比

目前嵌入式处理器大多采用改进的哈佛结构，即将嵌入式处理器内部的指令缓存和数据缓存分开，嵌入式处理器外部的存储器则统一编址。当嵌入式处理器访问内部缓存时，其行为与哈佛结构一致；当嵌入式处理器访问外部的存储器时，其行为更像是采用冯·诺依曼结构的嵌入式处理器。

2. 存储器

存储器是用来存储程序和数据的记忆部件，可分成内存和外存（外存储器）。内存是处理器通过地址和数据总线能直接访问的存储器，用来存放程序与临时数据。嵌入式系统的内存可位于嵌入式处理器芯片内，这种方式的特点是存储容量小、速度快；也可以在片外扩展，这种方式的特点是存储容量大，但要增加额外的成本。外存用来存放不经常使用的或者需要永久保存的程序和数据，其特点是容量大，但速度较内存慢。

存储器介绍

嵌入式系统设计过程中存储器的选择是一个非常重要的决策，需要考虑的因素包括处理器的性能、电压范围、读写速度、存储器的类型（即易失性或非易失性）、存储器的使用目的（即存储程序还是数据或者两者兼有）、存储容量、存储器的封装形式、擦除/写入的耐久性以及成本等。对于功能比较单一的嵌入式系统，处理器自带的存储器往往就能满足系统要求，而功能复杂的嵌入式系统可能需要额外扩充存储器。

（1）内存

按照存储器的访问方式，嵌入式系统中的存储器可以分为 3 类：随机存储器（Random Access Memory，RAM）、只读存储器（Read-Only Memory，ROM）和介于二者之间的混合存储器。嵌入式系统中常用的存储器如图 1.4 所示。

随机存储器 {
静态随机存取存储器
（Static Random Access Memory，SRAM）
动态随机存取存储器
（Dynamic Random Access Memory，DRAM）
}

存储器 {
混合存储器 {
电可擦可编程只读存储器
（Electrically Erasable Programmable Read Only Memory，EEPROM）
快闪存储器（Flash Memory）
非易失性随机访问存储器
（Non-Volatile Random Access Memory，NVRAM）
}

只读存储器 {
掩膜只读存储器（Mask Read Only Memory，简称掩膜ROM）
可编程只读存储器
（Programmable Read Only Memory，PROM）
可擦可编程只读存储器
（Erasable Programmable Read Only Memory，EPROM）
}
}

图 1.4　嵌入式系统中常用的存储器

随机存储器中存储单元的内容可按需随意取出或存入，存取的速度与存储单元的位置无关，而且存取速度快。这种存储器在断电时存储内容立即丢失，主要用于存储临时使用的程序和数据，通常为操作系统或其他正在运行中的程序提供临时数据存储媒介。

只读存储器是一种只能读出但不能修改已存数据的固态半导体存储器。其特性是一旦数据写入后，普通用户就无法修改或删除其内容。在嵌入式系统中通常用来存放系统软件和其他系统运行时不需要修改的程序和数据。

混合存储器既可以读出、写入数据，又可以在断电后保持其存储的内容不变。其中，快闪存储器（也称为闪存）结合了随机存储器和只读存储器的优点，不仅具备 EEPROM 的性能，还可以快速读取数据，同时数据不会因为断电而丢失。目前，NOR 闪存和 NAND 闪存是现在市面上两种主要的闪存。

NOR 闪存是在 EEPROM 的基础上发展起来的，其特点是容量小、写入速度慢，但支持随机读取，读取速度快。NOR 闪存支持芯片内执行，即存储在 NOR 闪存里面的程序可以直接运行而无须复制到 RAM 中，这样可以减少 RAM 的使用量，从而节约了成本。但 NOR 闪存制造成本比 NAND 闪存高，容量一般为 4MB ~ 64MB，寿命一般是可擦写十万次。在嵌入式系统中，通常把系统的硬件初始化程序或操作系统引导程序放在 NOR 闪存中。

NAND 闪存没有采用随机读取技术，它的读取以数据块为单位，其内部采用非线性宏单元模式，为固态大容量闪存的实现提供了廉价有效的解决方案。NAND 闪存存储器具有容量较大、改写速度快等优点，一般可擦写一百万次，适用于大容量的数据存储，如手机存储卡、数码相机存储卡、体积小巧的 U 盘等。NAND 闪存的缺点是用户不能直接运行 NAND 闪存上的程序，程序对 NAND 闪存的读写需要通过驱动程序实现，因此大部分嵌入式系统中将 NAND 闪存作为大容量外部数据存储器使用。

各种类型的存储器特性比较如表 1.2 所示。

表 1.2　各种类型的存储器特性比较

存储器类型	是否是易失性存储器	是否可编程	优点	缺点
DRAM	是	是	成本低	需要 DRAM 动态刷新控制器
SRAM	是	是	速度快	集成度较低，成本较 DRAM 高
掩膜 ROM	否	否	成本低	生产厂家直接写入程序，无法修改
PROM	否	是	成本低	只允许编程一次
EPROM	否	是	成本低	擦除时需要使用紫外线照射一定的时间
EEPROM	否	是	成本低	重编程时间比较长，同时其有效重编程次数也比较低
NVRAM	否	是	读取速度快	成本高，写入次数有限且控制方式复杂
NOR 闪存	否	是	读取速度快	较低的存储密度和较高的成本
NAND 闪存	否	是	成本低	必须按块（Block）擦除

（2）外存

嵌入式系统中普遍采用非易失性存储器作为外存，包括电子盘（Disk On Chip，DOC）、EMMC（Embedded Multi Media Card）、SD（Secure Digital Memory）卡和 Micro SD 卡等。

DOC 是采用 NAND 闪存芯片作为基本存储单元，外加一些控制芯片，通过特殊的软、硬件来实现的一种模块化、系列化的电子存储装置。它一般采用 TrueFFS（True Flash File System）硬盘仿真技术对闪存进行管理，可以把闪存模拟成为硬盘，使用方便且容量较大。

EMMC 将存储控制器和 NAND 闪存封装在一起，大幅降低了电路板的空间占用，并且 EMMC 提供的标准接口易于集成，适合各种嵌入式应用。它支持多种速度等级，传输速度比传统的 SD 卡高，存储容量通常在 1GB 到 512GB 之间，适合中等存储需求的嵌入式设备。

SD 卡大小类似于一张邮票，质量只有 2 克，但却拥有高记忆容量、高数据传输率、极好的便携性以及很好的安全性。SD 卡容量通常为 1GB ~ 128GB，读写速度可以超过 100MB/s。大部分的数码相机生产商都将 SD 卡作为外部存储设备。

Micro SD 卡，原名 TF 卡（Trans Flash Card），是一种极细小的存储器，它的体积为 15mm×11mm×1mm，差不多手指甲盖大小，是目前最细小的记忆卡。它主要应用于智能手机，同时也在 GPS 设备、便携式音乐播放器和一些闪存盘中使用。

3. 外围接口

嵌入式系统的硬件除了嵌入式处理器和存储器，通常会根据应用需求扩充多种外围接口，这些接口包括通信接口、输入输出接口、设备扩展接口等。一般情况下，嵌入式处理器内部会集成很多常用的外部设备控制器，硬件设计时只需要引出其对应的端口，这样一来就大大降低了应用设计难度，节约了成本和电路板面积。通常将这类集成在处理器内部的外部设备称为片内外设，而需要使用独立外设芯片来扩充的外部设备称为外部外设。嵌入式系统中用的外围接口种类繁多，功能、速度各异，常用的接口包括 USB 接口、以太网接口、蓝牙接口、Wi-Fi 接口、LCD 接口、RS-232、RS-485、CAN、SPI、I2C、I2S 等。

1.2.2 硬件抽象层

由于不同的嵌入式系统应用中硬件环境差异较大，为了保持嵌入式系统软件的稳定性，减少开发人员在不同硬件平台之间编程和移植程序的工作量，嵌入式系统在硬件和软件之间引入了一个中间层，称之为硬件抽象层（Hardware Abstraction Layer，HAL）。HAL 位于嵌入式操作系统和硬件之间，它包含了嵌入式操作系统中与硬件相关的大部分功能。HAL 向操作系统提供底层的硬件信息，并根据操作系统的要求完成对硬件的操作。由于 HAL 屏蔽了底层硬件的细节，嵌入式操作系统不再直接面对具体的硬件环境，而是面向由 HAL 所代表的硬件环境。HAL 的引入大大减少了嵌入式操作系统和嵌入式应用程序在不同嵌入式硬件环境中移植和开发的工作量。

HAL 使得嵌入式操作系统上层应用程序不再受制于底层硬件的变化，应用程序能够专注且有效地运行在与硬件无关的环境上。HAL 将硬件操作和控制的共性抽象出来，为嵌入式操作系统上层应用程序访问硬件设备提供了应用程序接口（Application Programming Interface，API）。这些 API 屏蔽了具体的硬件细节，实现了上层应用程序与底层硬件的隔离，从而大大提高了系统的可移植性。HAL 具有以下主要特点。

1. 硬件相关性

HAL 中包含了直接操作硬件的程序，通常称其为板级支持包（Board Support Package，BSP）。BSP 负责初始化硬件（如配置处理器总线时钟频率和引脚功能），并向上层应用程序提供设备驱动接口。通常产业链上游的嵌入式处理器芯片供应商或者嵌入式系统软件集成商会提供与芯片配套的 BSP 供开发人员进行修改和移植。

不同的嵌入式操作系统对 BSP 有不同的规范。例如，运行在同一个嵌入式硬件平台上的 VxWorks 操作系统和 Linux 操作系统中的 BSP 尽管实现的功能相同，但具体程序的内容和 API 却完全不同。

2. 操作系统相关性

不同的嵌入式操作系统具有各自的软件层次结构，其中 HAL 的实现方法和功能各不相同。如 Windows 操作系统下的 HAL 位于操作系统最底层，直接操作硬件设备；而 Linux 操作系统下的 HAL 位于操作系统核心层和驱动程序之上，是一个运行在用户空间中的服务程序，HAL 不直接操作硬件，对硬件的控制仍然由对应的驱动程序来完成；Android 操作系统中的 HAL 则将控制硬件的程序都放到用户空间中，只需要操作系统内核设备驱动提供最简单的读写寄存器操作。

1.2.3 嵌入式系统软件

从广义上角度理解，嵌入式系统软件包含运行在嵌入式系统上的软件和运行在 PC 上进行嵌入式系统开发的工具软件。通常所说的嵌入式系统软件主要指前者，它包括嵌入式操作系统、嵌入式文件系统、嵌入式系统中间件、嵌入式图形系统、嵌入式应用程序等。

1. 嵌入式操作系统

嵌入式操作系统负责嵌入系统的全部软、硬件资源的分配和调度工作，控制和协调它们并发活动。其主要特点是具备一定的实时性，系统内核较为精简，占用资源少，有较强的可靠性和可移植性。常见的嵌入式操作系统有嵌入式 Linux、VxWorks、QNX、FreeRTOS、μC/OS，RT-Thread 等。嵌入式操作系统的选择较多，不同嵌入式操作系统的特点和性能差异较大，设计人员需要根据应用场景选择合适的嵌入式操作系统。

2. 嵌入式文件系统

嵌入式文件系统负责管理存储在嵌入式系统中的各种数据、程序和运行支撑库等。嵌入式文件系统通常是特定嵌入式操作系统的一个子模块，也可以独立出来单独作为一个模块运行在不同嵌入式系统之上。嵌入式系统的存储介质一般是闪存，其容量、寿命、速度与通用计算机系统相比都有较大差异，嵌入式文件系统需要针对这些差异设计不同的存储格式和访问策略。

3. 嵌入式系统中间件

嵌入式系统中间件通常用来满足上层应用程序对运行环境的需求，随着移动互联网、物联网等技术的不断进步，人们往往需要在不同软、硬件配置的终端上运行相同的应用程序。嵌入式系统中间件一般包括嵌入式数据库、嵌入式 Java 虚拟机和轻量级的通信协议栈等，其目的是向上层应用程序提供必要的运行支撑环境。嵌入式系统中间件能够增加软件的复用程度，减少软件二次开发和移植的工作量。

4. 嵌入式图形系统

嵌入式图形系统并不是嵌入式系统所必需的部分，实际上很多应用场景中的嵌入式系统根本就没有显示设备，因此也不需要图形系统。但随着手持终端、智能手机、智能仪表等与用户交互频繁的嵌入式系统的广泛应用，嵌入式系统对诸如图形用户界面（Graphical User Interface，GUI）的图形系统的要求也越来越高。GUI 要求简单、直观、可靠、占用资源小且反应快速，以适应嵌入式系统硬件资源有限的环境。另外，由于嵌入式系统的硬件本身的特殊性，嵌入式 GUI 应具备高度可移植性与可裁减性，以适应不同的硬件平台和使用需求。常用的嵌入式 GUI 有 QT、LVGL 和 AWTK 等。

5. 嵌入式应用程序

嵌入式应用程序是针对特定应用领域，基于某一特定的硬件平台，用来实现用户预期目标的计算机应用程序。由于用户任务可能有实时性和执行精度上的要求，因此嵌入式应用程序往往需要嵌入式实时操作系统的支持。嵌入式应用程序与普通应用程序相比有一定的区别，它不仅要求在准确性、安全性和稳定性等方面能够满足实际应用的需要，而且还要尽可能地对程序进行优化，以减少对系统资源的消耗。在实际应用中，嵌入式应用程序开发多使用 C 语言，原因是 C 语言有较高的执行效率。

1.3 嵌入式系统的开发

1.3.1 嵌入式系统的开发流程

与桌面系统相比，嵌入式系统的开发流程更加烦琐，因为嵌入式系统在满足应用功能要求的同时，还必须满足成本、性能、功耗、开发周期等其他要求。大多数嵌入式系统开发需要一个开发团队相互协作来完成，要求开发人员必须遵循一定的设计原则，明确分工并积极沟通。由于在开发过程中容易受到各种各样的内部和外部因素影响，因此，良好的设计方法在嵌入式系统的开发过程中是必不可少的。嵌入式系统的开发流程和软件系统的设计流程非常相似，通常包括：系统需求分析、体系结构设计、软/硬件协同设计、系统集成、系统测试等。如图 1.5 所示为嵌入式系统开发流程。

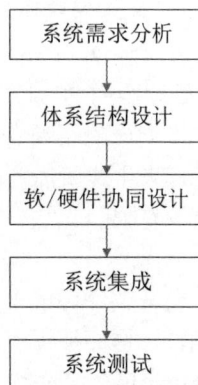

图 1.5 嵌入式系统开发流程

9

系统需求分析的目的是确定设计任务和设计目标，并总结出设计规格说明书。该说明书将作为正式设计的指导和验收的标准，并提供严格、规范的技术要求说明。系统的需求一般分为功能性需求和非功能性需求两方面。功能性需求是系统应该执行的具体功能，如输入输出信号、操作方式等；非功能性需求包括性能、成本、功耗、体积、重量等要求。

体系结构设计是描述系统如何实现所述的功能需求和非功能需求，包括对硬件、软件和执行装置的功能划分，以及系统的软、硬件选型等。一个好的体系结构是设计成功的关键，在这一步往往需要选定主要的芯片、确定 RTOS、确定编程语言、选择开发环境、确定测试工具和其他辅助设备。

软/硬件协同设计是基于体系结构，对系统的软、硬进行详细设计。为了缩短产品开发周期，软件与硬件的设计往往是并行的。嵌入式系统设计的工作大部分都集中在软件设计上，面向对象技术、软件组件技术和模块化设计方法是现代软件工程经常采用的手段。

系统集成是指把系统的软、硬件和执行装置集成在一起进行调试，在调试过程中发现并改进单元设计的错误。

系统测试是对设计完成的系统进行测试，检查其是否满足规格说明书所确定的功能要求。嵌入式系统开发流程的最大特点是软、硬件联合开发，这是因为嵌入式产品是软、硬件的结合体，软件是针对硬件来设计和优化的。因此，嵌入式系统的测试往往是软、硬件联合测试。

1.3.2　嵌入式系统的开发模式

嵌入式系统的
开发模式

嵌入式系统在开发过程中一般都采用"宿主机-目标机"的开发模式：即利用宿主机（通常是 PC）上丰富的软、硬件资源以及相对完备的开发环境，再配合调试工具来开发目标板（目标机）上的软件。开发人员在宿主机上编写的程序由交叉编译环境生成目标程序或可执行文件，再通过串行通信接口（以下简称串口）、USB 或者以太网等将目标程序下载到目标板上。开发人员利用交叉调试器监控程序在目标板上的运行情况，实时分析运行结果。程序调试完成后，通过交叉调试器将程序固化到目标板上，从而完成整个开发过程。其开发模式如图 1.6 所示。

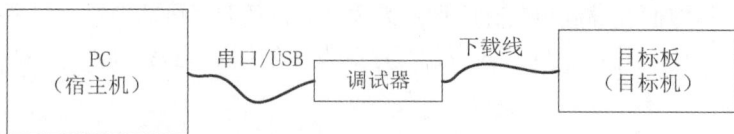

图 1.6　嵌入式系统的开发模式

1. 交叉编译和交叉编译环境

交叉编译（Cross Compiling）是指在一个平台上生成另一个平台上的可执行程序。比如，在基于 x86 处理器的 PC 上开发和编译程序，而这个程序最终要运行在以 ARM 处理器为核心的平台上。需要交叉编译的原因有两个：一是在项目的起始阶段，要设计的目标平台尚未建立，因此需要通过交叉编译来生成所需要的启动引导程序（Bootloader）和嵌入式操作系统核心映像；二是由于目标平台上资源有限，无法运行编译程序，甚至有可能缺乏基本的输入输出接口，这时需要用交叉编译器来进行编译。

交叉编译环境集成了从事嵌入式软件开发所需各种功能的集成环境，它提供的功能包括：源程序编辑、程序编译、软件仿真、程序下载、软件与硬件联合测试与调试、程序下载固化等。交叉编译环境是嵌入式系统开发的利器，可以有效地缩短开发周期。开发人员在从事嵌入式软件开发之前，首先需要在宿主机上建立交叉编译环境。嵌入式系统开发过程中经常用到的交叉编译环境有：Linux

下的 GNU 交叉编译环境、MDK 集成开发环境、DS-5 开发工具套件。

2. 嵌入式系统调试

调试是嵌入式系统开发过程中必不可少的环节，嵌入式系统的调试包括硬件调试和软件调试。硬件系统运行正常是进行软件开发的基本保障，如果不能确保硬件运行的正确性和稳定性，调试过程中就不知道故障源是软件还是硬件。针对目标平台上的各个硬件模块，开发人员可以采用逐一测试的方法进行验证，借助常见的测试仪器，如万用表、示波器、逻辑分析仪等进行电气参数的测试与调试。但是，随着嵌入式处理器的内部结构越来越复杂，大部分嵌入式处理器的硬件模块需要通过软件配置后才能正常工作，因此嵌入式系统调试实际上是一个软、硬件联合调试的过程。

嵌入式系统中存在多种不同的调试方法，如模拟调试（Simulator Debugging）、程序插桩（stub）及在线调试（In Circuit Debugging，ICD）。其中 ICD 也被称为片上调试（On Chip Debugging，OCD），它也是远程调试技术的一种，由在线仿真（In Circuit Emulator，ICE）发展而来的。

ICD 的实现方法是在嵌入式处理器内部加入额外的控制模块，当满足了一定的触发条件时，嵌入式处理器进入某种特殊状态。在这种状态下，被调试程序停止运行，宿主机通过 ICD 调试器可以访问嵌入式处理器内部的各种资源（如寄存器、存储器等）并执行指令。ICD 不占用目标平台的通信端口，无须修改目标操作系统，便于系统开发人员调试，因而得到了广泛的应用。

不管是 ICE 还是 ICD，都需要在宿主机上运行一个集成开发环境来实现调试功能，如前面所述的 MDK、DS-5 等软件。通过集成开发环境，开发人员能够实现查看嵌入式处理器的寄存器状态和存储器内容、分析地址映射、设置断点、实现反汇编等功能。功能复杂的集成开发环境甚至能实现操作系统进程、线程运行情况分析、内存消耗分析、功耗分析等功能。

由于使用习惯的原因，开发人员对仿真器或调试器的称谓一般没有严格区分，通常指的都是 ICD。不同公司生产的嵌入式处理器遵循的调试协议可能不同，因此调试器都是针对特定体系结构或者特定型号的处理器。常用的调试器有 J-Link 仿真器、ST-Link 仿真器、ULINK 系列仿真器、TRACE32 系列仿真器等。

1.4　习题

1. 嵌入式系统的定义是什么？
2. 嵌入式系统一般具备哪些特点？
3. 简述嵌入式系统由哪些主要部分构成。嵌入式系统的硬件和软件分别包括哪些内容？
4. 在嵌入式系统结构中，硬件抽象层的作用是什么？
5. 嵌入式系统的应用领域有哪些？列举几个你身边的嵌入式应用案例。
6. CISC 处理器和 RISC 处理器的区别有哪些？
7. 冯·诺依曼结构处理器和哈佛结构处理器各有什么特点？
8. 比较随机存储器、只读存储器和混合存储器，说出各自的特点。
9. NOR 闪存和 NAND 闪存有什么不同？
10. 处理器在对寄存器、闪存、DRAM、SRAM 访问时速度存在差异，那么速度从快到慢的排列顺序是什么？
11. 嵌入式系统中常用的外围设备有哪些？何为片内外设？何为外部外设？
12. 什么是交叉编译？为什么需要用到交叉编译？
13. 嵌入式系统开发过程中使用的调试方法主要有哪些？最常用的是哪种？

2 第 2 章 Cortex-M3 架构

2004 年 ARM 公司发布了 ARM v7 体系结构，它包括 A、R 和 M 三个系列，自 ARM v7 开始，ARM 处理器采用 Cortex 命名，统称为 Cortex 架构处理器。ARM 公司并不制造或出售处理器芯片，而是将 ARM 体系结构授权给其他芯片设计和生产厂家，各个芯片生产厂家在 Cortex 架构的基础上根据自身产品定位进行性能调整或功能扩充。

Cortex-M3 是基于 ARM v7-M 的微体系结构，其特点是逻辑门数低、中断延迟短、调试成本低且功耗低，主要是为那些对成本和功耗敏感，同时对性能要求又相当高的实时嵌入式应用而设计的。在嵌入式系统的设计过程中，往往需要综合考虑系统性能、功耗、成本和开发难度等因素，基于 Cortex-M3 架构的嵌入式处理器很好地平衡了上述几个因素，在获得高性能的同时保持了低功耗和低成本，因此在产品设计中得到广泛应用。Cortex-M3 处理器典型应用领域包括工业控制、楼宇自动化、机器人和物联网控制等。

Cortex-M3 处理器得到广泛应用的另一个原因是其完善的开发环境支持。例如，ARM 公司的 Keil MDK 集成开发环境集成了多款 Cortex-M3 处理器所需的外设驱动和实时内核等支撑软件。完善的开发环境使得工程师开发软件时不再受制于特定芯片生产厂家的技术支援能力，而是能够用较低的成本迅速获得整个软、硬件生态系统的支持，大大降低了软件开发和移植的工作量。这让工程师在开发过程中更专注于需要处理的业务，而不是开发环境本身。

Cortex-M3 的
总线

2.1 Cortex-M3 的内部结构

Cortex-M3 处理器系统的内部结构如图 2.1 所示，由于描述侧重点不同，

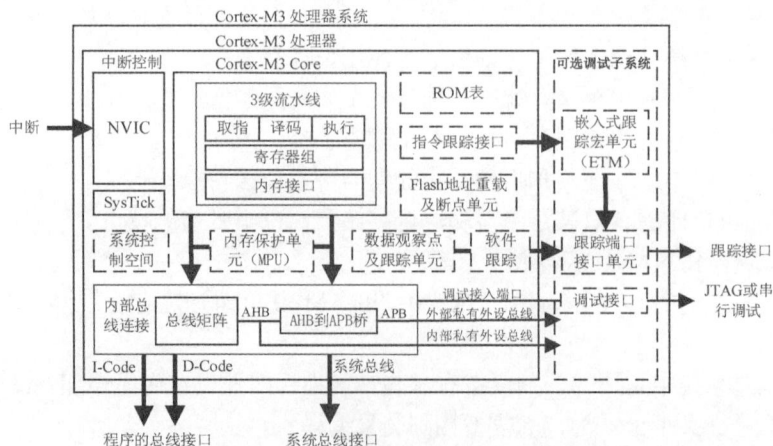

图 2.1　Cortex-M3 处理器系统的内部结构

不同资料中列举的结构框图可能会稍有差异。受篇幅所限，本章只涉及框图中的主要功能模块，如果读者需要了解各功能模块的技术细节，可以阅读芯片生产厂家提供的技术文档。

1. Cortex-M3 Core

Cortex-M3 Core 是 Cortex-M3 架构中的处理器核心，它具备以下特点：采用 3 级哈佛流水线结构；支持 Thumb-2 指令集，能以 16 位的程序密度提供 32 位的性能；内部集成了单周期乘法指令、硬件除法指令；内置快速中断控制器，具有较好的实时特性。

2. 嵌套向量中断控制器

嵌套向量中断控制器（Nested Vectored Interrupt Controller，NVIC）是一个在 Cortex-M3 Core 中内嵌的中断控制器，它支持的中断数量可以由芯片生产厂家自行定义。NVIC 支持中断嵌套，这使得 Cortex-M3 处理器具有较强的中断嵌套功能。NVIC 采用向量中断机制，当中断产生时，中断控制器会自动取出对应的中断服务程序入口地址，并调用中断服务程序，无须通过软件判定中断源，从而缩短了中断响应时间。

3. 系统定时器

系统定时器（System Tick Timer，SysTick）是一个 24 位倒计时定时器，它每隔一定的周期产生一个时钟中断，对操作系统来说这就类似于心跳信号。SysTick 使得处理器在睡眠模式下也能间歇工作，从而大大降低了功耗。

4. 内存保护单元

除了 Cortex-M0，其他的 Cortex-M 系列架构都有可选的存储器保护单元（Memory Protection Unit，MPU）来定义存储空间的访问权限和存储空间的属性。MPU 可以把存储器划分成不同的区域，并分别设定访问规则，从而实现存储区域保护。例如，MPU 可以让某些存储区域在用户态下变成只读模式，从而阻止程序对该区域内关键数据的破坏。MPU 为多任务之间的隔离提供了硬件支持，这对于实时操作系统来说是非常重要的。实时操作系统通过 MPU 为每个任务配置存储空间，并定义存储空间的访问权限，从而保证每个任务都不会越界破坏其他任务的地址空间。

5. 内部总线连接

内部总线连接（Internal Bus Interconnect）包括总线矩阵、高级高速总线、高级外设总线以及总线之间的桥接，它是处理器核心与外设、外设与外设间的数据传输通道。微控制器芯片内部会集成不同速度的外设控制器，外设中既有高速的设备（如 SRAM），也有低速的设备（如 USART），内部总线连接需要协调不同速度设备间的数据传输需求。

Cortex-M3 采用了高级高速总线（Advanced High Performance Bus，AHB）和高级外设总线（Advanced Peripheral Bus，APB）来应对不同传输速度的需求，AHB 用于高性能、高时钟速率模块间的数据传输，APB 则用于处理器核心与低速外设之间的数据传输。

总线矩阵（Bus Matrix）可以让数据在不同的总线之间并行传输且不发生干扰，能使多个主设备并行访问不同的从设备，增强了数据传输能力，提高了访问效率，同时也改善了功耗。

AHB 到 APB 桥（AHB to APB bridge）是高级高速总线和高级外设总线之间的一个总线桥。它把若干个 APB 设备连接到 Cortex-M3 Core 的私有外设总线上，实现了 AHB 协议和 APB 协议的相互转换。

私有外设总线（private peripheral bus，PPB）包括内部私有外设总线和外部私有外设总线。内部私有外设总线挂在 AHB 上，用于连接高速外设，如 NVIC 和调试组件；外部私有外设总线挂在 APB 上，用于连接低速外设。Cortex-M3 架构允许芯片生产厂家把附加的外部设备挂在外部私有外设总线上，处理器核心通过 APB 来访问这些外部设备。

6. AHB-Lite 总线

AHB-Lite 总线协议是 AHB 协议的子集，它只支持一个总线主设备，不需要总线仲裁器及相应的总线请求/授权机制。由于 Cortex-M3 架构采用了哈佛结构，其指令总线和数据总线是分开的，因此包含了 3 条基于 AHB-Lite 协议的总线，分别是 I-Code 总线（指令总线）、D-Code 总线（数据总线）和系统总线，这 3 条总线都是 32 位总线。

I-Code 总线负责寻址范围为 0x0000 0000～0x1FFF FFFF 的取指操作。该总线取指总是以 32 位的字长执行，即使是对于 16 位指令也如此，因此处理器核心可以一次取出两条 16 位 Thumb 指令。

D-Code 总线负责寻址范围为 0x0000 0000～0x1FFF FFFF 的数据访问操作。尽管 Cortex-M3 架构支持非对齐访问，但 D-Code 总线会把非对齐的数据传送都转换成对齐的数据传送。因此，连接到 D-Code 数据总线上的任何设备都只需支持 AHB-Lite 总线协议的对齐访问，不需要支持非对齐访问。

系统总线负责寻址范围为 0x2000 0000～0xFFFF FFFF 的所有数据传输，包括取指、外设访问和 SRAM 中的数据访问。与 D-Code 总线相同，所有的数据传输都采用对齐访问方式。

7. 各种调试组件

各种调试功能的实现离不开处理器中调试组件的支持。Cortex-M3 架构提供了强大的调试功能，以便设计人员了解处理器核心和各个外设的工作状态。这些调试功能由以下一些调试组件构成。

调试接口（Debug Interface）包括串行线调试接口（Serial Wire Debug Port，SW-DP）和串行线/JTAG 调试接口（Serial Wire and JTAG Debug Port，SWJ-DP）。SWJ-DP 支持串行线协议和 JTAG 协议，而 SW-DP 只支持串行线协议。调试接口与 AHB 协同工作，使得调试器可以通过调试接口发起 AHB 上的数据传输，从而控制处理器进行调试活动。

嵌入式跟踪宏单元（Embedded Trace Macrocell，ETM）可以实现实时指令跟踪，用于查看指令的执行过程。在调试复杂程序时 ETM 非常有用，它能提供指令执行的历史序列，用于软件评测和程序覆盖分析。ETM 是一个选配组件，不是所有的 Cortex-M 系列的产品都具有实时指令跟踪能力。

数据观察点及跟踪单元（Data Watchpoint and Trace Unit，DWT）是一个执行数据观察和跟踪功能的模块，它能够产生数据观察点事件，也能够产生数据跟踪包。DWT 让开发人员可以访问被跟踪的存储区域，以及查看程序计数器、事件计数器和中断执行信息等。

软件跟踪（Software Trace）通过 DWT 来设置数据观察点。当一个数据的地址或数据的值匹配了观察点时，会产生一次匹配命中事件。匹配命中事件能够触发一个观察点事件，观察点事件用于激活调试器以产生数据跟踪信息，或者让 ETM 联动。

跟踪端口接口单元（Trace Port Interface Unit，TPIU）用于和外部的跟踪装置（如调试器）进行数据交互。在 Cortex-M3 架构中，跟踪信息都被封装成"高级跟踪总线包"，TPIU 重新封装这些数据，从而让调试器能够捕捉到它们。

8. 其他部件

闪存地址重载及断点单元（Flash Patch and Breakpoint，FPB）提供了两种功能：一是可以产生硬件断点，二是可以为闪存中的程序提供补丁功能。FPB 包含了 8 个比较器用于地址比较，当预设的断点地址与正在执行的指令地址匹配时，FPB 将触发断点调试事件，从而停止程序的正常执行。FPB 还可以对不可写区域（如存储介质是掩膜 ROM 或者 PROM）的访问重映射到 SRAM 区域，开发人员可以利用此功能为已经烧录的程序提供补丁。

ROM 表是一个简单的查找表，它用于保存该处理器中包含的调试和跟踪组件的地址。调试工具通过 ROM 表可以确定处理器中有哪些调试组件可用。

系统控制空间（System Control Space，SCS）是一个 4KB 的地址空间，它提供了若干 32 位寄存器用于配置或者报告处理器状态。

> ？：ARM v7-M 和 Cortex-M3 体系结构，以及它们和意法半导体的 STM32F103 系列处理器之间是什么关系呢？

> 🔊：ARM v7-M 是 ARM 公司定义的一个处理器体系结构，它定义了处理器支持的指令集、异常模式和存储模型等，用于表示抽象的 ARM 处理器。Cortex-M3 是基于 ARM v7-M 的微体系结构，它明确了如何实现体系结构中定义的规范，涵盖了处理器的流水线设计、片内缓存大小的确定、是否乱序执行和可选功能的设置等，此外 Cortex-M4/M7 也属于 ARM v7-M 体系结构，习惯上用 Cortex-M 架构作为它们的统称。STM32F103 系列处理器则是意法半导体在获得 ARM 公司 Cortex-M3 授权后生产的具体处理器型号。

Cortex-M3 的
系统地址映射

2.2　Cortex-M3 的系统地址映射

嵌入式处理器会为总线上每一个可访问的区域分配一段连续的物理地址，并且将多个这样的区域按某种方式进行排列，从而形成整个可访问的地址空间，这种地址空间的排布方式称为系统地址映射（System Address Map），习惯上也称为地址映射或者存储器地址映射。

ARM v7-M 体系结构采用了一个固定的地址映射，所有程序存储器、数据存储器、寄存器和输入输出端口都被安排在同一个 32 位、最大容量为 4GB 的线性地址空间中，其地址分配表如图 2.2 所示。这个 4GB 存储空间映射是统一的，虽然处理器内部可以有多个总线接口，但程序、数据、外设和调试组件的访问地址都在这个 4GB 线性空间范围内。各种 AHB-Lite 总线的地址分配在图 2.2 中均有详细的说明。

上述系统地址分配属于比较粗略的范围，在具体处理器中每个区域的地址分配都要进一步明确。

需要注意的是，虽然各个厂家生产的处理器均会按照该表来分配具体地址，处理器内各功能模块都是对号入座的，且拥有一致的起始地址，但不排除有些组件是可选的，还有些组件是生产厂家另行添加的，因此不同生产厂家生产的 Cortex-M3 处理器细化到各个功能模块的具体物理地址会稍有不同，总结起来这些处理器的系统地址映射有以下一些共性。

1.　预定义的内核地址映射

不同厂家生产的基于 Cortex-M3 架构的处理器地址映射基本相同，且相对比较固定。这使得开发人员在掌握了一种 Cortex-M3 系列的处理器的使用方法后，能够很快上手另一款 Cortex-M3 系列的处理器。面对不同厂家生产的 Cortex-M3 系列的处理器时，开发人员可以使用同一套编译和仿真环境，从而极大减轻了程序开发和移植的工作量。

2.　支持位带操作

当使用布尔型数值或者执行输入输出操作时，经常需要对单个位（bit）进行操作，如使用移位或者位操作来实现对单个位的访问，而编程中最小的数据读写单位是字节（byte）。为了简化对单个位的操作，Cortex-M3 处理器提供了可选的位带（bit-band）功能。位带是将一段地址空间中的一个位映射到另一段别名地址空间的一个字（32 位）上，准确来讲是这个字的最低位，从而实现允许处理器核心以访问别名地址空间的字数据的形式来访问该地址空间的位数据。

Cortex-M3 处理器提供了两个 1MB 地址区间用作别名地址空间，一段是从地址 0x2000 0000 开始的 SRAM 地址空间，另一段是从地址 0x4000 0000 开始的外设地址空间。这两个地址空间除了可以像普通 RAM 一样使用外，还都有各自的"位带别名区"。位带别名区把每个位膨胀成一个 32 位的字，程序访问位带别名区的这些字，就可以达到访问原始位的目的。

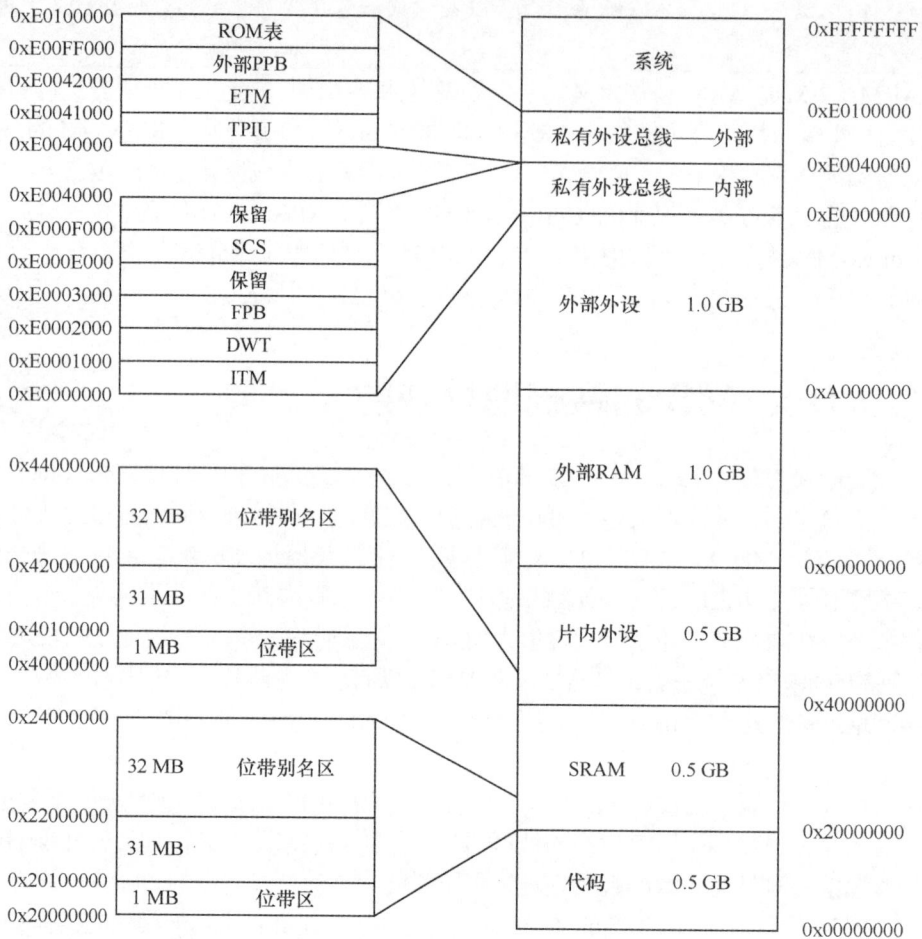

图 2.2　ARM v7-M 体系结构地址分配表

3. 支持存储器的非对齐访问

Cortex-M3 处理器的字长为 32 位，其内部存储器也都是按 32 位编址的。如果处理器只支持对齐访问，那么当程序中的常量和变量是字节（8bit）或半字（16bit）类型时，这些字节或半字类型的数据也必须占用一个 32 位的存储单元，显然这会浪费部分存储空间。非对齐访问使得处理器可以访问存储在一个 32 位单元中的字节或者半字类型数据，这样可以使 4 个字节类型（或 2 个半字类型）的数据被分配在一个 32 位的存储单元中，提高了存储器的利用率，节约了存储空间。

4. 支持存储器的互斥访问

互斥访问是对存储器中一定区域的内容进行保护的一种机制。Cortex-M3 处理器提供了 3 对用于互斥访问的存储器访问指令，分别是 LDREX/STREX、LDREXH/STREXH、LDREXB/STREXB。这 3 对指令分别对应字、半字、字节数据的读出和写入。

5. 数据存储格式

数据在存储器中的存储可以被配置成小端格式或者大端格式，相关内容将在 2.3.2 小节中详细阐述。

2.3 Cortex-M3 的编程模型

ARM v7-M 体系结构包括编程模型、指令集、存储系统和调试支持等众多知识。其中，编程模型包括处理器支持的数据类型、存储格式、工作模式、寄存器组和异常处理等内容。在常规 Cortex-M3 处理器应用开发中，开发人员只需要站在编程的角度了解处理器的异常处理、存储器地址映射、外设使用以及设备驱动库等核心内容，其他琐碎的技术细节可以暂且忽略。本节将介绍 Cortex-M3 处理器的工作模式、存储格式和寄存器组。

2.3.1 工作模式和运行级别

1. 工作模式

Cortex-M3 的工作模式和运行级别

Cortex-M3 处理器支持两种工作模式：线程模式（Thread Mode）和异常处理模式（Handler Mode）。线程模式是处理器正常运行时的模式，系统复位时进入线程模式，从异常处理模式返回时也会进入线程模式。当发生异常时处理器进入异常处理模式，在该模式下执行中断处理相关的程序，当异常处理完成后处理器重新回到线程模式。

2. 运行级别

Cortex-M3 提供了两种软件运行的特权级别，分别是特权模式（Privileged Mode）和非特权模式（Unprivileged Mode），非特权模式也称为用户模式。

特权模式具有完全的访问权限，可以执行所有指令并访问所有硬件资源，用于执行嵌入式操作系统内核程序。非特权模式具有有限的访问权限，用于运行用户态下的程序。非特权模式下的限制包括：指令用法的限制、对协处理器寄存器访问的限制、对存储器和外围设备访问的限制、对系统时钟和嵌套向量中断控制器的访问限制等。

当处理器进入异常处理模式时，软件运行始终处于特权模式。当处理器进入线程模式时，软件运行可以处于特权模式或者非特权模式。当处理器工作在线程模式时，软件可以将处于特权线程模式的处理器切换到非特权线程模式，然而却无法从非特权模式切换回特权模式，如果需要，处理器必须使用异常机制来完成非特权模式向特权模式的切换。

特权模式和非特权模式为实现存储器映射中关键区域的保护提供了一种机制，这是嵌入式操作系统中实现内核态程序和用户态程序隔离的硬件支撑。

3. 堆栈

堆栈是一种存储器使用机制，它将一部分内存用作"后进先出"的数据缓冲区。Cortex-M3 处理器提供了两个堆栈指针，分别是主堆栈指针（Main Stack Pointer, MSP）和进程堆栈指针（Process Stack Pointer，PSP）。在某个时刻只有一个堆栈指针起作用，这样可以将用户程序的堆栈和操作系统的堆栈分离开，避免相互影响。Cortex-M3 处理器使用的堆栈是满递减堆栈，即堆栈向下生长且堆栈指针总是指向最后一个入栈的内容。表 2.1 梳理了处理器工作模式、特权级别和堆栈的使用之间的关系。

表 2.1 处理器工作模式、特权级别和堆栈使用之间的关系

处理器模式	执行对象	特权级别	堆栈的使用
线程模式	应用程序	特权或非特权模式	主堆栈或进程堆栈
异常处理模式	中断服务程序	仅特权模式	主堆栈

2.3.2　存储格式

Cortex-M3 处理器将存储器看成是从 0 开始向上编址的字节的线性集合，由于 Cortex-M3 处理器的字长是 32 位，所以对存储器的访问是字（4 字节）对齐的。例如，第 0~3 字节存放在第 1 个字中，同理，第 4~7 字节存放在第 2 个字中。

数据存储格式

Cortex-M3 处理器的存储器系统支持小端格式（little endian format）和大端格式（big endian format），也就是能够以小端格式或大端格式访问存储器中的数据，但访问时始终使用小端格式。Cortex-M3 处理器默认的存储器格式是小端格式。

何为小端格式和大端格式呢？所谓大端和小端是描述一个字中的 4 个字节在存储器中是如何排列的。小端格式是低位字节存放在低位地址中，高位字节存放在高位地址中；大端格式则正好相反，低位字节存放在高位地址中，高位字节存放在低位地址中。下面通过一个例子来描述大端格式和小端格式的区别。假设在存储地址 0x0000 0100 上存放了一个 32 位的数——0x0102 0304，其中 0x04 是低位字节，0x01 是高位字节，这个 32 位数分别采用大端格式和小端格式存储，两者的比较如表 2.2 所示。

表 2.2　大端格式和小端格式的比较

存储器地址	小端格式存放数据	大端格式存放数据
……	……	……
0x0000 0100	0x04	0x01
0x0000 0101	0x03	0x02
0x0000 0102	0x02	0x03
0x0000 0103	0x01	0x04
……	……	……

采用大端格式进行数据存放更符合程序员的思维习惯，而采用小端格式进行指令存放则方便顺序取指。不管是采用大端格式还是小端格式来存储数据对程序执行结果都没有影响，但程序员在编程时要注意不同的存储格式可能带来的潜在风险。比如，从通信端口接收一段数据存放到存储器中进行处理，有可能出现发送方传输过来的数据是大端格式，而当前存储器采用的是小端格式存储的情况，这时就需要对数据进行转换。

2.3.3　寄存器组

Cortex-M3 处理器提供了大量通用寄存器用来进行数据处理和控制，这些寄存器被统称为寄存器组。ARM 处理器要对一个数进行处理时，它会首先使用 LOAD 指令将该数据从 RAM 加载到处理器内部寄存器组中，然后对该数据执行操作，处理完成后使用STORE指令将寄存器组内的结果写回RAM，这个过程被称为ARM处理器的"load-store architecture"。这种设计很容易实现，并且使用 C 编译器能够生成高效的程序。Cortex-M3 处理器核心拥有 13 个 32 位通用寄存器（如果算上 R13、R14 和 R15，则共有 16 个）和数个特殊功能寄存器。具体如图 2.3 所示。

Cortex-M3 的寄存器组

1.　寄存器 R0~R12

R0~R12 是通用寄存器组，用于数据操作。其中，R0~R7 被称为低组寄存器，R8~R12 被称为高组寄存器。绝大多数 16 位 Thumb 指令只能访问 R0~R7，而 32 位 Thumb-2 指令则可以访问所有寄存器。通用寄存器的字长都是 32 位，处理器复位后这些寄存器的初始值是不确定的。

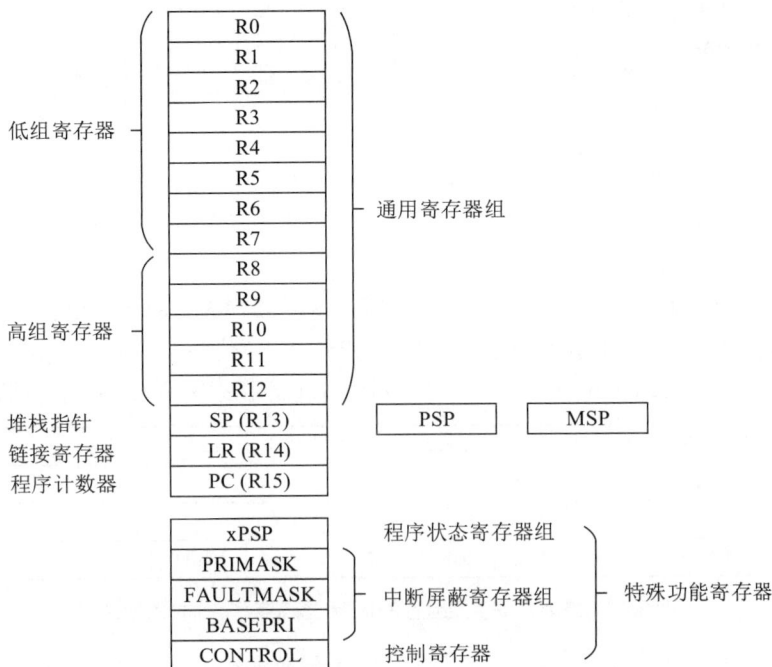

图 2.3　Cortex-M3 寄存器

2.　寄存器 R13

R13 为堆栈指针（Stack Pointer，SP）。Cortex-M3 处理器的架构中存在 MSP 和 PSP 两个堆栈指针，但在某一时刻只有一个堆栈起作用。编程时为了区分这两个堆栈，一般将 MSP 写成 SP_main，它是复位后默认使用的堆栈指针，用于操作系统内核以及异常处理例程；PSP 则被写成 SP_process，用于常规的应用程序。在 Cortex-M3 处理器的架构中，堆栈指针的最低两位永远是 0，也就是说，堆栈地址总是 4 字节对齐的。

当嵌入式系统运行简单的控制任务时，无须使用嵌入式操作系统，此时程序使用 MSP 就足够了，不需要使用 PSP。基于嵌入式操作系统的任务会使用 PSP，因为嵌入式操作系统中的内核堆栈和应用程序堆栈是分开的。当处理器复位时，PSP 的初始值没有定义，MSP 的初始值取自存储器中的第一个 32 位字。

3.　寄存器 R14

R14 为链接寄存器（Link Register，LR），用于在调用函数或者子程序时保存返回地址。若程序中使用了跳转指令 BL、BLX 或者产生异常时，处理器会自动将程序的返回地址填充到 LR。当函数调用或子程序运行结束时，函数或者子程序会在程序的末尾将 LR 的值填入程序计数器，此时程序将返回主程序中继续运行。有了 LR 以后，很多只有一级子程序调用的程序无须使用堆栈，从而提高了子程序调用的效率。多于一级的子程序调用，在调用子程序之前需要将前一级的 R14 值保存到堆栈中，并在子程序调用结束时依次弹出。R14 也可以作为通用寄存器来使用。

4.　寄存器 R15

R15 为程序计数器（Program Counter，PC），用于指向当前正在取址的指令的地址。Cortex-M3处理器使用了 3 级流水线，如果将当前正在执行的指令约定为第一条指令，那么读取 PC 时返回的值将指向第三条指令。修改 PC 的值可以改变程序的执行顺序。PC 的最低一位永远是 0，也就是说，PC 总是 2 字节对齐或 4 字节对齐的。

5. 特殊功能寄存器

特殊功能寄存器用来设定和读取处理器的工作状态，包括屏蔽和允许中断。应用程序一般不需要访问这些寄存器，通常是嵌入式操作系统或者产生嵌套中断时才需要访问这些寄存器。特殊功能寄存器不在存储器映射的地址范围内，只能通过特殊功能寄存器访问指令 MSR 和 MRS 来访问它们，下面列举一些常用的特殊功能寄存器。

（1）程序状态寄存器组

程序状态寄存器组（PSR 或 xPSR）由 3 个子状态寄存器构成：应用程序状态寄存器（APSR）、中断/异常状态寄存器（IPSR）和执行状态寄存器（EPSR）。它们各个位的定义如图 2.4 所示，图中第一行为 32 位寄存器的位 31～位 0，其余行分别对应 3 个子状态寄存器相应位的设置。

	31	30	29	28	27	26:25	24	23:16	15:10	9:8	7:0
APSR	N	Z	C	V	Q						
IPSR											异常编号
EPSR						ICI/IT	T		ICI/IT		

图 2.4　程序状态寄存器组的 3 个子状态寄存器各个位的定义

IPSR 是只读寄存器，用来存放与当前正在运行的中断服务程序对应的异常编号。当没有异常时，IPSR 的值为 0。

EPSR 的 T 位用来标识当前处理器执行的是何种指令集。在 Cortex-M3 处理器中，T 位必须是 1，这表示始终执行 Thumb 指令。EPSR 仅在调试状态下使用，处理器正常运行时，EPSR 的值始终为 0，这表示写入将被忽略。

APSR 用来记录应用程序的运行状态，APSR 各个位的功能描述如表 2.3 所示。

表 2.3　APSR 各个位的功能描述

标志位	功能	功能说明
N（Negative）	负数标志	当指令执行结果为负数时，N 为 1；当指令执行结果为 0 或者正数时，N 为 0
Z（Zero）	零结果标志	当数据操作指令结果为 0 时，Z 为 1；反之，Z 为 0 当比较指令结果为相等时，Z 为 1；反之，Z 为 0
C（Carry）	进位/借位标志	用于处理无符号数，当加法有进位或减法无借位时，C 被置 1。另外，该位还可参与移位指令运算
V（Overflow）	溢出标志	用于有符号数的处理，如果两个数相加后产生了溢出，则 V 置 1
Q（Saturation）	饱和标志	用于在 DSP 扩展指令中表示乘法溢出，不作条件转移的依据

APSR 中共有 5 个标志位，但只有 N、Z、C、V 这 4 个标志位可用于条件跳转及条件执行的判断依据，它们既可单独使用，又可组合使用，由此一共可以产生 15 种条件跳转，如表 2.4 所示。

（2）中断屏蔽寄存器组

Cortex-M3 处理器的中断屏蔽寄存器组用于控制中断的使能和屏蔽，包括：PRIMASK、FAULTMASK 和 BASEPRI 寄存器，如图 2.5 所示。处理器的每个异常或者中断都有一个优先级，其中异常或者中断编号越小的优先级越高。这些特殊功能寄存器用于根据优先级数值来屏蔽异常，它们只能在特权模式下访问。它们的特点如下。

① PRIMASK 默认值为 0，表示没有屏蔽任何中断，一旦 PM 位被置 1 后，就会关掉所有可屏蔽的中断，只剩下不可屏蔽中断（Non-Maskable Interrupt，NMI）和 Hard Fault 可以响应。

表 2.4　APSR 的标志位产生的条件跳转

符号	条件	相关标志位	符号	条件	相关标志位
EQ	相等（EQual）	Z==1	HI	无符号数大于	C==1 && Z==0
NE	不等（NotEqual）	Z==0	LS	无符号数小于等于	C==0 || Z==1
CS/HS	进位（CarrySet）	C==1	GE	带符号数大于等于	N==V
CC/LO	无进位（CarryClear）	C==0	LT	带符号数小于	N!=V
MI	负数（MInus）	N==1	GT	带符号数大于	Z==0 && N==V
PL	非负数	N==0	LE	带符号数小于等于	Z==1 || N!=V
VS	溢出	V==1	AL	总是（无条件）	
VC	未溢出	V==0			

② FAULTMASK 默认值为 0，表示没有屏蔽任何中断，FM 位被置 1 时，只有不可屏蔽中断才能响应，其他所有中断包括 Hard Fault 都被屏蔽。

③ BASEPRI 用于设置屏蔽优先级的阈值，该寄存器的默认值为 0。当 BASEPRI 被设置为某个值后，所有优先级数值大于等于该值的中断都被屏蔽；若被设置成 0，则表示不屏蔽任何中断。

（3）控制寄存器

控制（CONTROL）寄存器在特权和非特权模式下都可以读取，但只能在特权模式下进行修改。CONTROL 寄存器只使用了 32 位中的最低两位，分别用于定义特权级别和选择当前使用的堆栈指针。CONTROL 寄存器如图 2.6 所示。

	31:8	7:1	0
PRIMASK	保留位		PM
FAULTMASK	保留位		FM
BASEPRI	保留位		BASEPRI

图 2.5　中断屏蔽寄存器组

	31:2	1	0
CONTROL	保留位	SPSEL	nPRIV

图 2.6　CONTROL 寄存器

CONTROL 寄存器中的 nPRIV 位表示当前的特权级别。当 nPRIV 位置 0 时，表示当前是特权模式；当 nPRIV 位置 1 时，表示是非特权模式。只有在特权模式下才允许对该位进行写操作。处理器一旦进入非特权模式，返回特权模式的唯一途径就是触发一个中断，然后在中断服务程序中改写第 0 位，这是因为中断服务程序始终是运行在特权模式下的。

CONTROL 寄存器 SPSEL 位用于选择当前的堆栈指针。当 SPSEL 位置 0 时，表示选择 MSP；当 SPSEL 位置 1 时，表示选择 PSP。当处理器复位时，CONTROL 寄存器的默认值为 0，表示处理器当前处于特权线程模式，此时使用 MSP 作为堆栈指针。

2.4　Cortex-M3 的异常

Cortex-M3 的异常

异常是指打断程序正常执行的事件。当一个异常发生时，处理器挂起当前正在执行的任务，转向执行异常处理程序，当异常处理程序执行完成后，处理器回到正常的程序运行状态。在 ARM 体系结构中，中断是异常的一种。中断通常由外设或者外部输入产生，在某些情况下也可由软件触发。

Cortex-M3 处理器的异常是由 NVIC 统一进行管理的。NVIC 可以处理多种中断请求（Interrupt Request，IRQ）和 NMI 请求。通常 IRQ 由外设或者输入输出端口产生，NMI 则由看门狗定时器或者电源管理模块触发。处理器核心本身也是异常事件的来源，例如处理器执行错误，或者产生了软件中断。Cortex-M3 的 NVIC 支持的内部异常入口有 16 个，编号为 0～15；编号 16 以上的均为外部中断，总共有 240 个中断源。通过 IPSR 可以了解到是哪一个中断源产生了中断信号，中断编号数值越小的中断源，响应优先级别越高。需要注意的是，为了节约芯片面积和节省功耗，这 256 个异常和中断源不一定都会用到，不同型号处理器具体使用了多少个异常和中断源是由芯片生产厂商决定的。

NVIC 支持中断嵌套、向量中断、动态优先级调整、中断屏蔽等。除了个别异常的优先级已经固定外，其他异常的优先级都是可编程的。当一个中断产生时，如果它的优先级高于正在处理的中断，并且中断屏蔽寄存器组没有屏蔽它，那么处理器会优先处理这个高优先级的中断。表 2.5 描述了 Cortex-M3 处理器的异常类型和优先级。

表 2.5　Cortex-M3 处理器的异常类型和优先级

异常编号	类型	优先级	描述
0	N/A	N/A	没有异常在运行
1	Reset	−3（最高）	复位
2	NMI	−2	不可屏蔽中断（来自外部 NMI 输入脚）
3	HardFault	−1	所有其他异常处理机制无法响应的 Fault，包括那些被禁用或者被屏蔽的 Fault。用于不可恢复的系统故障。该异常不可屏蔽，优先级始终为−1
4	MemManage Fault	可调整	存储管理单元 Fault，由 MPU 触发的违反访问规则以及无效访问的 Fault
5	BusFault	可调整	总线收到了错误响应而产生的异常，原因可能是指令预取终止或数据访问错误
6	Usage Fault	可调整	程序错误导致的异常，通常是由无效指令或者是非法的状态转换触发
7～10	保留	N/A	N/A
11	SVC	可调整	执行系统服务调用指令（SVC）引发的异常，该异常不可屏蔽，但优先级可调
12	Debug Monitor	可调整	调试监视器触发的异常，包括断点、数据观察点或者外部调试请求
13	保留	N/A	N/A
14	PendSV	可调整	可挂起的系统请求，用于软件触发的中断
15	SysTick	可调整	系统定时器中断
16	IRQ #0	可调整	外部中断#0
17	IRQ #1	可调整	外部中断#1
……	……	……	……
255	IRQ #239	可调整	外部中断#239

表 2.5 中每个异常或中断源都需要对应的处理程序，称之为中断服务程序（Interrupt Service Routine，ISR），也可称之为中断处理（Interrupt Handler）程序。中断服务程序的入口地址称为中断向量，每个中断向量占据 4 字节存储空间。所有中断服务程序的入口地址构成一个表，称为中断向量表，表 2.6 展示了 Cortex-M3 处理器的中断向量表。从中可以看出每个中断向量的地址偏移量等于其异常编号乘 4。在中断响应过程中，处理器根据异常编号从中断向量表中读取对应的中断向量，再根据中断向量设置 PC 跳转到中断服务程序的入口地址，从而打断程序的正常执行，转向执行中断服务程序。

表 2.6　Cortex-M3 的中断向量表

异常编号	地址	内容（字数据）
0	0x0000 0000	MSP 的初始值
1	0x0000 0004	复位向量（PC 初始值）
2	0x0000 0008	NMI 服务入口地址
3	0x0000 000C	HardFault 服务入口地址
4	0x0000 0010	MemManage Fault 服务入口地址

续表

异常编号	地址	内容（字数据）
5	0x0000 0014	BusFault 服务入口地址
6	0x0000 0018	Usage Fault 服务入口地址
……	……	……
16	0x0000 0040	外部中断#0 中断服务入口地址
17	0x0000 0044	外部中断#1 中断服务入口地址
……	……	……
255	0x0000 03FF	外部中断#239 中断服务入口地址

　　Cortex-M3 处理器规定复位时总是从 0x0000 0000 地址开始读取中断向量表。由表 2.6 可知，中断向量表中偏移量为 0x00 的地址上的内容为 MSP 的初始值，当处理器复位时，这个值将会自动装载到 MSP。处理器复位异常的入口地址偏移量为 0x04，当处理器复位时，将从这个地址取出程序执行的开始地址并装载到 PC。通常位于 0x0000 0000 地址上的都是闪存或者 ROM 存储器，这类存储器不便于在程序执行过程中修改中断向量表中的内容。为了方便修改中断向量表，Cortex-M3 处理器提供了中断向量表重定位功能，通过配置中断向量表偏移寄存器（Vector Table Offset Register，VTOR），处理器复位完成后可以在存储器映射的 CODE 区或者 SRAM 区中重新定义中断向量表。

2.5　指令集和汇编语言

2.5.1　Thumb 指令集概述

　　早期基于 ARM7TDMI 和 ARM9 架构的 ARM 处理器支持两种相对独立的指令集：32 位的 ARM 指令集和 16 位的 Thumb 指令集。它们分别对应于 ARM 处理器的两种工作状态：ARM 状态和 Thumb 状态。ARM 状态执行字对齐的 32 位 ARM 指令；Thumb 状态执行半字对齐的 16 位 Thumb 指令。

　　Thumb 指令集在功能上是 ARM 指令集的一个子集，它比 ARM 指令集拥有更高的程序密度、更少的储存空间。Thumb 指令集主要针对基本的算术和逻辑操作，包含了有限的功能，比如：在 Thumb 状态下只能访问有限的寄存器，无法完成中断处理、长跳转、协处理器操作等任务。基于以上原因，很多程序会同时使用 ARM 和 Thumb 程序段，取长补短。Thumb 子程序和 ARM 子程序互相调用时处理器必须在两种工作状态之间来回切换，由此会产生额外的时间和空间开销。同时，ARM 程序和 Thumb 程序需要以不同的方式编译，这也增加了软件开发和维护的难度。

　　Thumb-2 指令集在 Thumb 指令集的基础上做了一些扩充，是 Thumb 指令集和 ARM 指令集的超集，它将 16 位和 32 位指令相结合，在程序密度和性能之间做了平衡，降低功耗的同时又提高了性能。

　　Cortex-M3 处理器的架构只支持 Thumb-2 指令集，处理器在执行 16 位和 32 位混合指令时不需要切换工作状态，在降低软件开发复杂度和减少软件开发时间的同时，又获得了较高的程序密度。Thumb-2 指令集包含了很多指令，不同的 Cortex-M 架构处理器支持这些指令的不同子集。Cortex-M3 架构支持的指令包括：存储器访问指令、通用数据处理指令、乘法和除法指令、饱和指令、位字段指令、分支和控制指令、协处理器指令等。

　　由于嵌入式开发工具链（如 Keil C 编译器）已经能够生成高效的程序，软件集成开发环境提供的程序库和中间件也集成了高效的函数和算法，所以嵌入式应用程序开发人员一般无须深究每个指令的具体用法。但在底层程序的开发过程中，如操作系统进程调度、操作系统引导、中断响应等还涉及少量指令和汇编程序，因此开发人员还是需要了解一些 Cortex-M3 处理器架构的汇编语言基础知识，以便更好地理解 ARM 汇编程序。

2.5.2　汇编语言基础

汇编语言是依赖于体系结构的语言，它直接操作寄存器和存储器地址，不同体系结构处理器的汇编语言差别很大。开发人员在编写汇编语言程序时，需要时刻关注当前处理器状态、寄存器使用情况和存储器的分配状况，这也是汇编语言程序编写相对困难的原因。

嵌入式应用程序通常使用 C 语言或其他高级语言编写，应用程序开发人员无须了解指令集和汇编语言编程的细节。但在特殊情况下，能够阅读和修改汇编语言程序仍然是底层开发人员需要掌握的技能。例如：阅读开机时处理器执行的启动程序；在处理速度有限而功耗要求又很苛刻的场合下，使用汇编语言来直接操作寄存器和缓存等。本小节将介绍一些基于 Cortex-M3 处理器架构的程序开发过程中常用的汇编语言知识，帮助大家建立对汇编语言程序的初步认识。

汇编语言程序一般由汇编指令、宏指令和伪指令组成。

1．汇编指令

（1）汇编指令格式

汇编指令由操作码和操作数两部分组成。操作码用于说明处理器要执行哪种操作，它是指令中不可缺少的组成部分；操作数是指令执行的参与者，也就是操作的对象。

汇编指令的书写格式如下。

```
{标号}    <opcode>{<cond>}{S}   <Rd> , <Rn> , <operand2>        ;{注释}
```

① <>表示其中的内容是必需的，{ }表示其中的内容是可选的。

② 标号用来表示这一行指令对应的地址，它是可选的，如果有的话必须顶格写。编译器在编译过程中会将标号翻译成对应的指令地址。

③ opcode 为指令助记符，也称为操作码，说明了指令要进行的操作，它对应于一条 Thumb 指令。操作码后面往往跟随若干个操作数，多个操作数之间用逗号隔开。

④ cond 表示可选的条件码，也就是指令执行的条件，包括 EQ（相等）、NE（不等）、LT（带符号数小于）、GT（带符号数大于）等。例如，在 ADD 指令的末尾加上了 EQ，表示当 CMP（比较大小）的结果为相等时，执行 ADD 操作。

```
CMP    r0, r1
ADDEQ  r0, r0, #1
```

⑤ S 是可选后缀，它表示这条指令的执行是否影响标志位（即 APSR 寄存器的值）。

```
ADD    r2, r2, #1            ;运行结果不影响标志位
ADDS   r2, r2, #1            ;运行结果影响各标志位
```

⑥ Rd 表示目标寄存器，它指出了该指令的执行结果存放于何处。有些指令对 Rd 有特殊要求，例如必须在 R0～R7 或 R0～R14 之间，有些指令则没有。

⑦ Rn 表示存放第一个操作数的寄存器。同样，有些指令对 Rn 有特殊要求。

⑧ operand2 表示第二个操作数，它可以是一个立即数、寄存器或者是寄存器移位值，下面 3 行程序分别对应于这 3 种情况。

```
MOV   r0,  #0x0A0A          ;将立即数 0x0A0A 送到 r0 中
MOV   r1,  r2               ;将寄存器 r2 的值送到 r1 中
MOV   r0,  r2,   LSL #2     ;将 r2 的内容取出左移 2 位，左移后的结果存入 r0 中
```

⑨ 注释部分用";"开头，表示后面的部分为程序的注释。

下面分别列举了一段功能相同的 C 语言程序段和汇编语言程序段，它们都是用来求解从 1 累加到 100 的结果，读者可以通过这两段程序来分析 C 语言程序和汇编语言程序的对应关系。C 语言程序段如下：

```
int i,sum=0;
for(i=1;i<=100;i++)
    sum = sum +i;
```

表 2.7 为上述 C 语言程序段对应的汇编语言程序段及其功能解释。

表 2.7　汇编语言程序段及其功能解释

行号	存储地址	汇编指令	功能解释
1	0x0800 03B4	MOVS　r2, #0x00	寄存器 r2 存放 sum 的值，初始值为 0
2	0x0800 03B6	MOVS　r1, #0x01	寄存器 r1 存放 i 的值，初始值为 1
3	0x0800 03B8	B　0x080003BE	跳转到第 6 行，判断循环条件
4	0x0800 03BA	ADD　r2, r2, r1	r2 = r2 + r1
5	0x0800 03BC	ADDS　r1, r1, #1	r1 = r1 + 1
6	0x0800 03BE	CMP　r1, #0x64	比较 r1 和十六进制数 0x64
7	0x0800 03C0	BLE　0x080003BA	如果 r1 小于 0x64，跳转到第 4 行，执行循环体

（2）汇编指令与数据类型

汇编指令所访问的数据类型可能是 8 位、16 位、32 位或者多个 32 位。针对不同数据类型的汇编指令，助记符通常用不同的后缀加以区分，再配合不同的寻址方式，这些指令可以组合出各种灵活的数据访问形式。如表 2.8 中列出了针对不同数据类型的常用存储器访问汇编指令，其中读操作表示从存储器中读入数据到寄存器，写操作表示将寄存器中的内容写入存储器中。读者从中可以体会到汇编指令的一些内部规律。

表 2.8　常用存储器访问汇编指令

数据类型	读操作指令	写操作指令
无符号 8 位	LDRB	STRB
有符号 8 位	LDRSB	STRSB
无符号 16 位	LDRH	STRH
有符号 16 位	LDRSH	STRSH
32 位	LDR	STR

2. 宏指令

宏指令也称为宏调用，它是一段独立的程序，其功能类似于高级语言中的函数模块。如果在汇编源程序中需要多次使用同一个程序段，可以将这个程序段定义为一个宏指令，然后每次调用时用宏指令名来代替该程序段。

3. 伪指令

伪指令是一些特殊指令助记符，它们在汇编语言源程序中的作用是为编译器做好各种准备工作，仅在编译过程中起作用，一旦程序编译完成，伪指令的使命也就完成了。与指令系统的助记符不同，伪指令没有相对应的操作码，它所完成的操作称为伪操作。常用的 ARM 汇编伪指令包括符号定义伪指令、数据定义伪指令、汇编控制伪指令、信息报告伪指令以及其他伪指令等。

除了上述内容，开发人员编写完整的汇编语言程序还需要掌握各个指令的功能、寄存器使用方法、操作数的寻址方式以及处理器中各个功能寄存器的定义，通过一定的积累才能写出正确的、高效的汇编语言程序。

2.5.3 统一汇编语言

如前文所述，不同体系结构的 ARM 处理器支持的汇编指令集并不完全相同，这些指令集包括 32 位的 ARM 指令集、16 位的 Thumb 指令集以及兼容 16 位和 32 位的 Thumb-2 指令集。这些指令除了功能上有差异，指令的语法格式也稍有差异。为了减轻开发人员的编程负担，ARM 编译器引入了统一汇编语言（Unified Assembler Language，UAL）。Thumb-2 指令的语法和 ARM 指令的语法虽有不同，但引入 UAL 之后两者的书写格式就统一了。如在未使用 UAL 之前，大部分 16 位 Thumb 指令都内置了修改 APSR 的功能，因此指令不需要加 S 后缀；但在使用了 UAL 之后，S 后缀必须明确给出。

```
ADD   r0, r1       ; 未使用 UAL 之前，默认根据运行结果修改各标志位
ADDS  r0, r1       ; 使用 UAL 之后，需要加 S 后缀，才会根据运行结果修改各标志位
```

汇编语言的语法还跟软件集成开发环境有关，不同的开发环境中汇编语法可能会稍有不同，读者需要阅读开发环境提供的汇编语言语法规范。另外，在大多数情况下应用程序使用 C 语言编写，C 编译器更倾向于使用 16 位 Thumb-2 指令，因为它有更高的程序密度。

下面对上文中求解 1 到 100 累加和的汇编程序进行补充，得到一个相对较为完整的汇编语言程序。

```
    AREA      ARMex, CODE, READONLY       ;伪指令，表示为只读程序段
    ENTRY                                 ;伪指令，表示程序入口
    MOVS   r2, #0x00
    MOVS   r1, #0x01
    B   LOOP1
LOOP2
    ADD    r2, r2, r1
    ADDS   r1, r1, #1
LOOP1
    CMP    r1, #0x64
    BLE    LOOP2
STOP
    B   STOP                              ;程序结束，进入死循环
    END                                   ;伪指令，表示程序段结尾
```

需要注意的是，上述汇编程序虽然在语法上和功能上都没有错误，但却不能独立编译执行，这是因为 ARM 处理器对存储地址的分配和使用有一定的规则，例如，在程序段的开始地址上存放的是中断向量表，而不是第一条可执行指令，因此需要在程序中预留中断向量表的存储空间。另外，处理器在执行程序前，还需要正确地配置处理器参数，例如处理器时钟、外设时钟、片内外设参数和片外外设参数等。当硬件配置和存储空间分配都正确以后，程序才能在处理器上正确运行起来。

2.6 习题

1. Cortex-M3 处理器的架构内部总线有哪些？各自负责的主要任务是什么？
2. Cortex-M3 处理器的架构的主要特点有哪些？

3.　简述 NVIC 的特点。

4.　简述 ARM 指令与 Thumb 指令的关系。Cortex-M3 架构支持的是哪种指令集？

5.　Cortex-M3 处理器的架构有哪两种工作模式？如何进行工作模式切换？

6.　请简述 Cortex-M3 处理器中 R13、R14 和 R15 三个寄存器在程序管理中的功能和作用。

7.　Cortex-M3 处理器中数据的存储支持小端格式和大端格式，如果要将字数据 0x6677 8899 以小端格式的存储模式存放在地址为 0x2000 1234 的空间中，应如何存放？请完成表 2.9。

表 2.9　存储器内容

内存地址	存放内容
0x2000 1231	
0x2000 1232	
0x2000 1233	
0x2000 1234	
0x2000 1235	
0x2000 1236	
0x2000 1237	

8.　阐述 Cortex-M3 处理器的存储空间的特点。

9.　Cortex-M3 处理器的总线中的内核 I 总线、D 总线、系统总线的作用分别是什么？

10.　ARM 汇编语言源程序一般由哪几个部分组成？

3 第3章 STM32系列处理器

　　STM32系列处理器是由意法半导体（STMicroelectronics，ST）公司生产的一系列32位微控制器的总称，它包括了Cortex-M0/M1/M3/M4等各种类型的嵌入式处理器，各种细分型号加起来有上千种。意法半导体成立于1987年，由意大利SGS半导体公司和法国汤姆逊半导体公司合并而成，是全球最大的半导体公司之一。在2006年ARM公司推出Cortex-M3架构之前，全球主流的16位和32位MCU厂商大多都是采用自家的处理器架构，包括飞思卡尔、Microchip、Atmel、TI以及日立、东芝等，这些公司一开始对使用Cortex-M3架构的积极性并不高。ST选择了与ARM合作，成为第一家与ARM合作生产基于Cortex-M3架构MCU的公司，由此奠定了ST公司在生产Cortex-M系列处理器上的领导地位。自2007年第一颗STM32微控制器问世以来，如今出货量已经超过110亿颗。STM32目前提供20多个大产品线（F2、F4、F7、H5、H7、C0、F0、F1、F3、G0、G4、L0、L1、L4、L4+、L5、U5、WB、WBA、WL、MP1），超过1000个型号，广泛应用于工业控制、消费电子、物联网、通信设备、医疗服务、安防监控等领域。图3.1描述了ST公司现有的部分产品线。

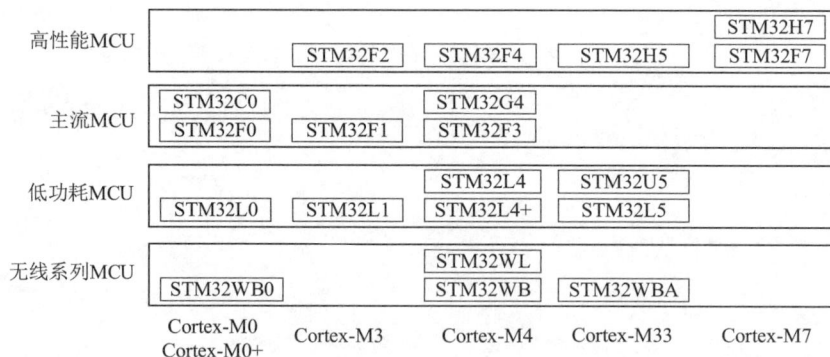

高性能MCU			STM32F2	STM32F4	STM32H5	STM32H7 STM32F7
主流MCU	STM32C0 STM32F0	STM32F1	STM32G4 STM32F3			
低功耗MCU	STM32L0	STM32L1	STM32L4 STM32L4+	STM32U5 STM32L5		
无线系列MCU	STM32WB0		STM32WL STM32WB	STM32WBA		
	Cortex-M0 Cortex-M0+	Cortex-M3	Cortex-M4	Cortex-M33	Cortex-M7	

图3.1　ST公司现有的部分产品线

　　根据STM32系列处理器的性能，可以把它们划分为以下几个类别。

　　（1）超低功耗类别

　　该类处理器支持超低功耗的产品应用。包括基于Cortex-M0+架构的STM32L0系列，基于Cortex-M3架构的STM32L1系列，基于Cortex-M4架构的STM32L4系列和STM32L4+系列，基于Cortex-M33架构的STM32L5系列和STM32U5系列。

　　（2）主流类别

　　该类处理器主要是灵活、可扩展的MCU，支持极为宽泛的产品应用。基于 Cortex-M0 架构的 STM32F0 系列是入门级别的 MCU，用于替换 8 位和 16 位微控制器。基于 Cortex-M3 架构的 STM32F1 系列是基础系列。基于 Cortex-M4 架构的 STM32F3 系列是在 F1 系列上的升级。

（3）高性能类别

该类处理器具有较高的集成度和丰富的连接。基于 Cortex-M3 架构的 STM32F2 系列是性价比极高的中档 MCU，基于 Cortex-M4 架构的 STM32F4 系列支持高性能 DSP 和 FPU 指令，基于 Cortex-M7 架构的 STM32F7 系列是极高性能的 MCU 类别。

（4）无线系列类别

STM32WB 系列是支持无线功能的双核 MCU，内嵌工作频率为 64MHz 的 Cortex-M4 处理器（应用处理器）和工作频率为 32MHz 的 Cortex-M0+处理器（网络处理器）。支持蓝牙 5.0 和 ZigBee 的协议栈，并且集成了 2.4G 射频模块。

ST 公司在提供 STM32 系列处理器的同时，还提供大量开发板和配套软件开发工具，形成了完整的嵌入式系统开发生态链。STM32 系列处理器在国内高校、科研机构和企业得到了广泛的应用，有大量可供参考的书籍和教程，同时容易找到各种廉价的开发板作为学习平台，是目前嵌入式系统学习较为理想的平台。其中 STM32F1 系列处理器具有较高的性价比，在实际应用中使用范围较广，很多开发平台都使用了该系列的处理器。本书选择了 STM32F1 系列处理器作为讲解基于 Cortex-M3 架构的处理器开发的硬件环境。

3.1　STM32F1 系列处理器介绍

STM32F1 系列处理器是一个基于 Cortex-M3 架构的处理器系列，包含多种不同配置的处理器型号，这些处理器通过不同的后缀加以标识。不同后缀的处理器区别

STM32F1 系列
处理器介绍

在于闪存和 SRAM 的容量大小、I/O 端口数量和外设功能模块的多少，但在硬件功能相同的部分尽量做到了芯片之间管脚功能完全兼容，软件部分也完全兼容。读者在学习过程中只要掌握其中一款处理器即可，以后在实际项目开发中再根据应用需求和成本选择具体型号的处理器。本书所有案例是基于 STM32F103ZETx 处理器来实现的。

STM32F103ZETx 处理器支持的最高主频为 72MHz，内部集成了 512KB 容量的闪存、64KB 容量的 SRAM、11 个定时器（4 个通用定时器+2 个高级定时器+2 个基本定时器+2 个看门狗定时器+1 个 SysTick 定时器）、3 个 SPI、2 个 I2C、5 个 USART/UART、1 个 USB、1 个 CAN、1 个 SDIO、3 个 12 位 ADC 模块、2 个 12 位 DAC 模块及 1 个 FSMC（可变静态存储控制器）等丰富资源，具有很强的扩展能力。简化后的 STM32F103ZETx 处理器内部结构如图 3.2 所示。

在本书的后续章节，将陆续讲解该处理器中的各个主要模块，此外读者还需要了解以下一些背景知识。

1．灵活的 DMA

2 个 DMA 可以管理存储器到存储器、设备到存储器及存储器到设备的数据传输。DMA 还支持环形缓冲区的管理，从而避免了控制器传输到达缓冲区尾部时所产生的中断。每个 DMA 通道都有专门的硬件 DMA 请求逻辑，每个 DMA 通道的传输长度、传输源地址和目标地址都可以通过软件单独设置。

2．总线矩阵

总线矩阵使得多个主设备可以并行访问不同的从设备，但在每个特定的时间内，只有一个主设

备拥有总线控制权。如果有多个主设备同时出现总线请求，就需要进行仲裁，仲裁机制保证每个时刻只有一个主设备通过总线矩阵对从设备进行访问。

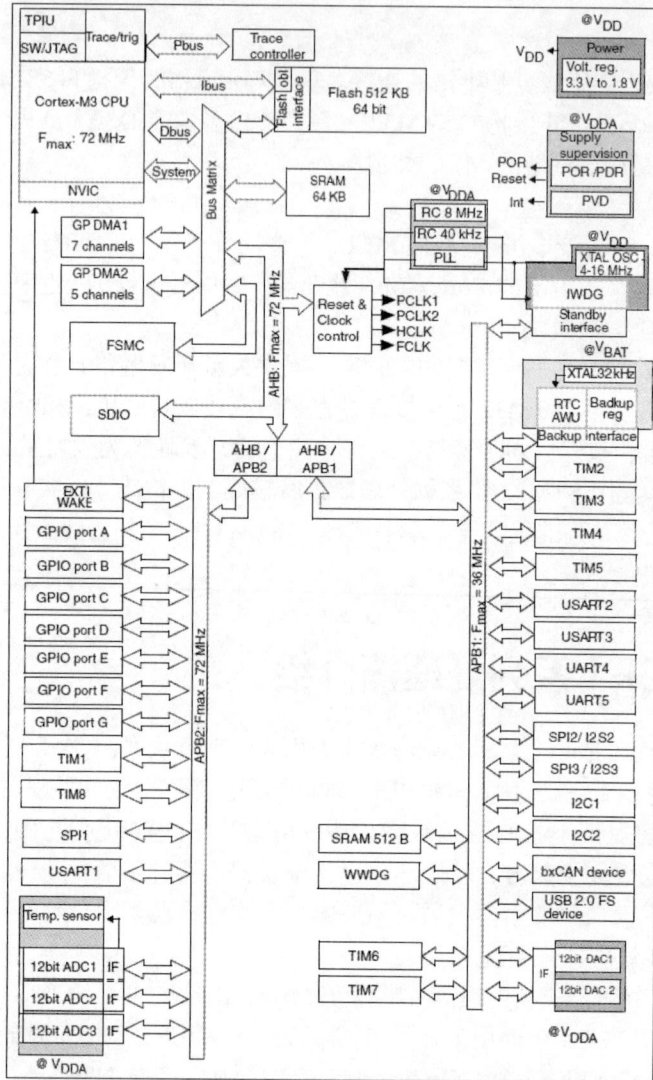

图 3.2　简化后的 STM32F103ZETx 处理器内部结构

STM32F103ZETx 处理器的总线矩阵包含 4 条主控总线：内核 D 总线、内核系统总线、DMA1 总线及 DMA2 总线。4 条被控总线：闪存存储器接口、SRAM、FSMC 和 AHB/APB 桥。AHB 外设通过总线矩阵与系统总线相连，允许 DMA 访问。

3．AHB/APB1 桥和 AHB/APB2 桥

AHB/APB1 桥（简称为 APB1 桥）和 AHB/APB2 桥（简称为 APB2 桥）是 AHB 和 APB 之间的总线桥。它们是 APB 上的主模块，同时也是 AHB 上的从模块。APB1 桥和 APB2 桥的主要功能是锁存来自 AHB 的地址、数据和控制信号，并提供 2 级译码以产生对 APB 设备的选择信号，从而实现 AHB 协议到 APB 协议的转换。

STM32F103ZETx 处理器中 APB1 用于低速外设，速度最高可达 36MHz；APB2 用于高速外设，速度最高可达 72MHz。

3.2　处理器地址映射

STM32F1 系列处理器的地址映射是 Cortex-M3 架构地址映射的一个具体实现。它在 Cortex-M3 架构所规定的地址映射基础上，细化了各个可访问模块的具体物理地址和访问规则。STM32F1 系列处理器将 4GB 的线性存储空间划分成 8 个区域，每个区域容量都是 512MB，称为一个 Block，每个 Block 对应于微控制器中不同的功能模块。下面以 STM32F103ZETx 处理器为例，重点讲解程序区、片内 SRAM 区和片内外设（Peripheral）区的地址分配情况，基于该处理器的程序设计主要集中在对这几个区域的操作上。

（二维码）STM32F1 系列处理器的外设地址映射

1. 程序区

程序区包括闪存、系统存储器和选项字节等部分，如图 3.3 所示。

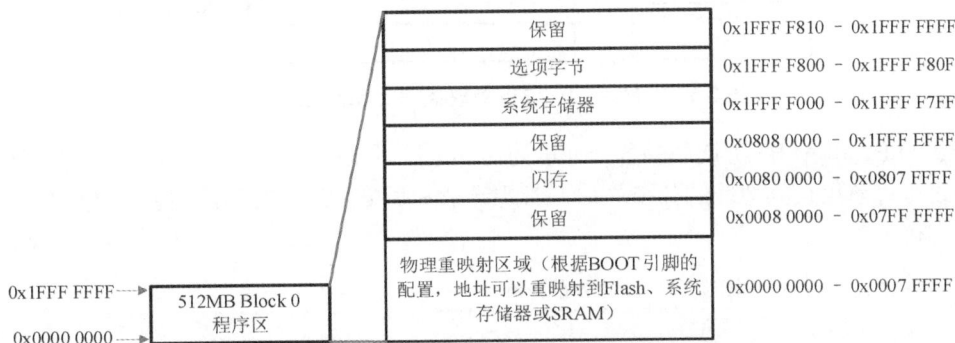

保留	0x1FFF F810 - 0x1FFF FFFF
选项字节	0x1FFF F800 - 0x1FFF F80F
系统存储器	0x1FFF F000 - 0x1FFF F7FF
保留	0x0808 0000 - 0x1FFF EFFF
闪存	0x0080 0000 - 0x0807 FFFF
保留	0x0008 0000 - 0x07FF FFFF
物理重映射区域（根据BOOT引脚的配置，地址可以重映射到Flash、系统存储器或SRAM）	0x0000 0000 - 0x0007 FFFF

0x1FFF FFFF / 0x0000 0000　512MB Block 0 程序区

图 3.3　STM32F103ZETx 处理器的存储器程序区结构图

从 0x0000 0000 到 0x0007 FFFF 的 512KB 区域比较特殊，它是一个物理重映射区域，也称为零地址区。处理器上电复位的时候，可以根据 BOOT 引脚的配置，从闪存、系统存储器或 SRAM 中获取 BootLoader，同时各种启动配置下对应介质的物理地址将被映射到零地址上。

512KB 的闪存主要用于存储程序和只读数据，由多个扇区构成，每个扇区有 2KB 大小。其中，程序通常是指由编译器编译生成的 HEX 文件，涉及启动程序、中断处理程序、函数及其他执行程序等；只读数据通常是指常量、校准数据等，这些数据在程序执行期间只能被读取，不可以被修改。

系统存储器存放引导程序，该区域为只读区，大小为 2KB，里面存放了系统在自举模式下的启动程序，启动程序是一段特殊程序，用于在启动时加载或更新应用程序的固件。

选项字节区域共 16 字节，里面存放闪存的配置信息及保护信息。

2. 片内 SRAM 区

该区域为存放临时数据的 SRAM 存储器，STM32F103ZETx 处理器内包含 64KB 的系统 SRAM，其具体地址分配如图 3.4 所示。

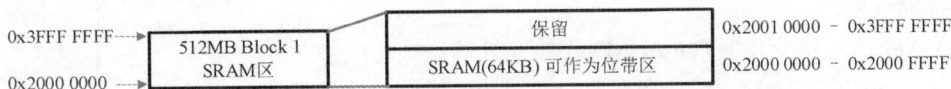

0x3FFF FFFF / 0x2000 0000　512MB Block 1 SRAM区

| 保留 | 0x2001 0000 - 0x3FFF FFFF |
| SRAM(64KB) 可作为位带区 | 0x2000 0000 - 0x2000 FFFF |

图 3.4　STM32F103ZETx 处理器的 SRAM 区具体地址分配图

系统 SRAM 可按字节、半字（16 位）或全字（32 位）访问，读写操作以处理器运行速度执行，且等待周期为 0。同时该区域也可作为位带区（bit-band region）使用。

总共 64KB 的片内 SRAM 存储空间对于大多数应用场景来说是足够的，在片内 SRAM 空间不足的情况下，需要通过在片外扩展 RAM 来存储临时数据。

3. 片内外设（Peripheral）区

STM32F103ZETx 处理器的外设接口非常丰富，处理器核心通过总线矩阵与这些外设交换数据。内部总线根据各种外设的传输速度，将这些外设分布在 AHB 和 APB 上。片内外设的控制器、寄存器被统一安排在从 0x4000 0000 开始的 512MB 区域中，对该区域内地址的读写就是对相应的外设进行操作。片内外设的地址分配如图 3.5 所示。

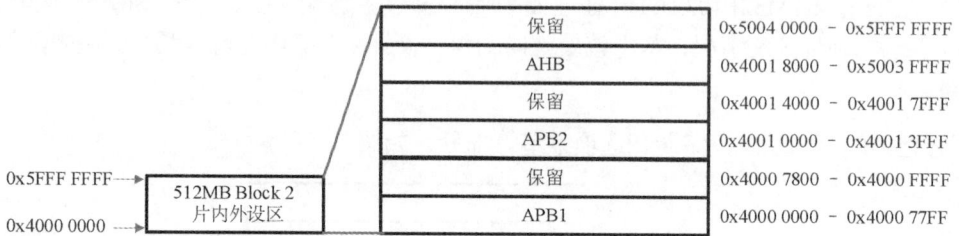

图 3.5　STM32F103ZETx 处理器片内外设的地址分配图

AHB、APB2 和 APB1 上挂载的各个外设的访问地址可以进一步细化，表 3.1 给出了连接在各总线上的外设寄存器组访问地址的分布关系，若想详细了解更多外设寄存器地址，读者可以查阅处理器配套的文档手册。

表 3.1　各总线上外设寄存器组访问地址的分布关系

访问地址	外设	总线
……	……	AHB
0x4001 8000 - 0x4001 83FF	SDIO	
……	……	APB2
0x4001 0C00 - 0x4001 0FFF	GPIO port B	
0x4001 0800 - 0x4001 0BFF	GPIO port A	
0x4001 0400 - 0x4001 07FF	EXTI	
0x4001 0000 - 0x4001 03FF	AFIO	
……	……	APB1
0x4000 0400 - 0x4000 07FF	TIM3	
0x4000 0000 - 0x4000 03FF	TIM2	

4. 其他区域

STM32F103ZETx 处理器存储空间的其他区域结构如图 3.6 所示。

FSMC 区内包含 4 个主要功能模块：AHB 接口（包括 FSMC 配置寄存器）、NOR 闪存/PSRAM 控制器、NAND 闪存、PC 卡控制器和外部器件接口。

Cortex-M3 核内外设区指 Cortex-M3 架构在处理器核心内包含的外设，包括 NVIC、ROM 表、DWT、ITM、TPIU 等，地址范围为 0xE000 0000 ~ 0xFFFF FFFF。

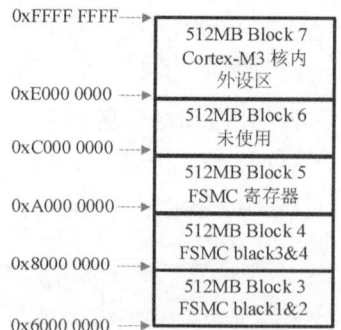

图 3.6　STM32F103ZETx 处理器存储空间的其他区域结构图

3.3　处理器时钟

　　时钟信号相当于处理器的脉搏，它是处理器核心和各个外设模块正常工作的基础。

　　STM32F103ZETx 处理器的时钟源包括 HSI、HSE、PLL、LSI 和 LSE，各个时钟源的含义如表 3.2 所示。

表 3.2　STM32F103ZETx 处理器的时钟源

用途	名称	说明
系统时钟源	HSI（High Speed Internal）	处理器内嵌的 8MHz RC 振荡器，当处理器复位时会默认选择该振荡器作为处理器核心的时钟源，与 HSE 相比该时钟源的精度稍差
	HSE（High Speed External）	使用一个 4MHz～16MHz 的外部晶振作为时钟源，精度比 HSI 高，通常选择 8MHz 的晶振
	PLL（Phase Locked Loop）	HSI 或 HSE 时钟源产生的振荡信号通过 PLL（锁相环）以后产生的输出信号，可作为系统时钟（最高为 72 MHz），也可用于驱动 USB
低速时钟源	LSI（Low Speed Internal）	处理器内嵌的 40kHz RC 振荡器。它可作为低功耗时钟源让处理器在停机和待机模式下保持运行，也可作为独立看门狗（IWDG）和实时时钟（Real Time Clock，RTC）的时钟源
	LSE（Low Speed External）	外接频率为 32.768kHz 的晶振，用于为 RTC 的时间和日历功能提供一个精确的时钟源

　　STM32F103ZETx 处理器有 3 种不同的时钟源可用于驱动系统时钟（System Clock，SYSCLK），分别是 HSI、HSE 和 PLL 时钟。HSI 和 HSE 产生的时钟信号可以送入 PLL，实现时钟频率加速，最快可至 72MHz。

　　由于处理器核心、AHB 和 APB 所需的时钟速度各不相同，SYSCLK 会进一步分频，生成高性能总线时钟（High Performance Bus Clock，HCLK）、自由运行时钟（Free Running Clock，FCLK）和外部设备总线时钟（Peripheral Bus Clock，PCLK）。为了方便读者理解这些时钟之间的关系，图 3.7 将 STM32F103ZETx 处理器中所有时钟之间的关系通过一个树形结构来表示，这种描述时钟产生路径的树形图称为时钟树。

　　HCLK 是用于驱动 AHB、处理器核心、存储器和 DMA 的时钟，其最大速度等于 SYSCLK。当处理器休眠时，HCLK 可以停止输出从而降低功耗。

　　FCLK 是输出至处理器核心的自由运行时钟，它与 HCLK 同步，因此在编程时无须单独配置 FCLK。"自由"表现在 FCLK 虽然与 HCLK 同步，但是它并不依赖于 HCLK，即便处理器休眠将 HCLK 停止时，FCLK 也能维持输出。当处理器处于休眠状态时，通过 FCLK 可以确保采样到中断和跟踪事件。

　　PCLK 是用于 APB 的外设时钟。由于 APB1 和 APB2 所需的时钟速度不同，因此 PCLK 又分为 PCLK1 和 PCLK2。在 STM32F103ZETx 处理器中，PCLK1 用于驱动 APB1，其最高频率为 36MHz，适用于低速外设；PCLK2 用于驱动 APB2，其最快频率为 72MHz，适用于高速外设。

　　可见，设置处理器时钟电路的路径有多种，下面梳理出了常用的处理器时钟产生路径。

　　① HSE 产生的振荡信号进入 PLL，根据 PLL 的参数配置产生 PLLCLK，用作 SYSCLK。

　　② SYSCLK 经过 AHB 预分频器产生 HCLK，供给处理器核心、AHB 总线和 DMA。

　　③ HCLK 经过 APB1 的预分频器产生 PCLK1，供给 APB1 上的设备。

　　④ HCLK 经过 APB2 的预分频器产生 PCLK2，供给 APB2 上的设备。

　　图 3.8 描述了常用的时钟产生路径，从中可知正确地配置 PLL、AHB 预分频器、APB1 预分频器和 APB2 预分频器的参数是处理器中各个模块正常工作的前提。为了节约功耗，处理器中各个外设模块都有对应的时钟信号，关闭某个外设的时钟信号则该外设停止运行。

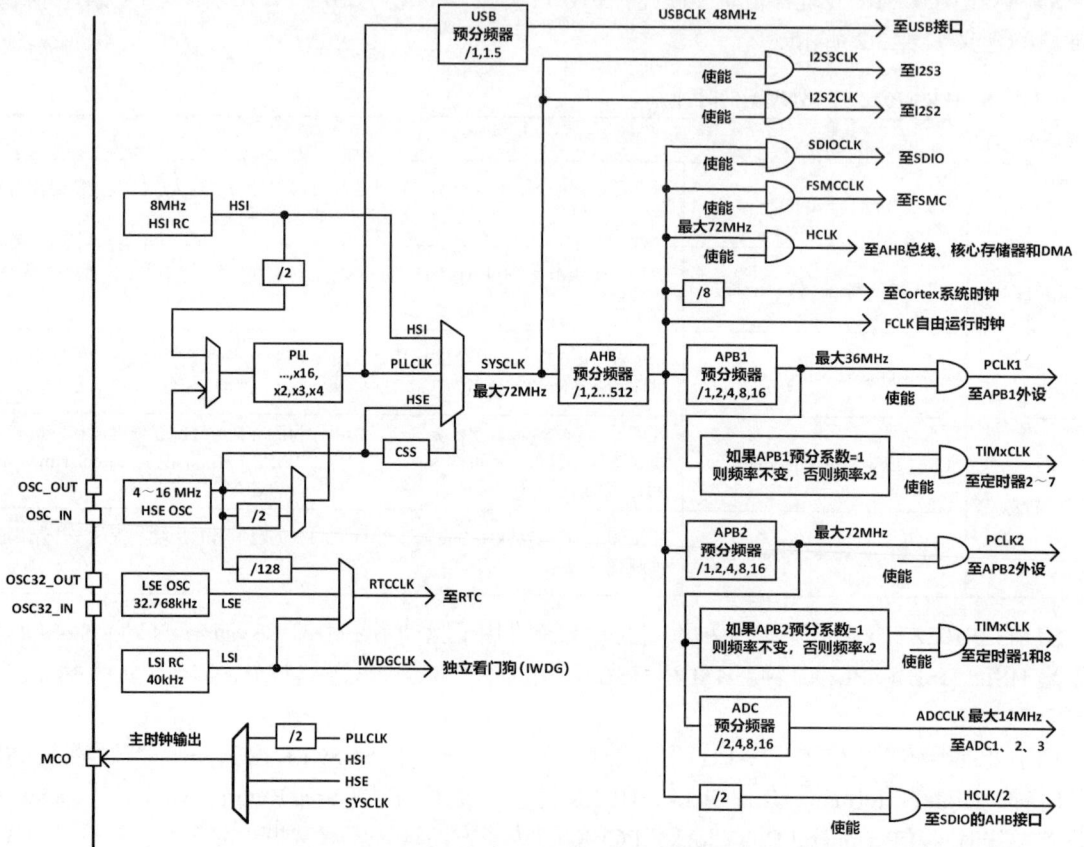

图 3.7　STM32F103ZETx 处理器时钟树

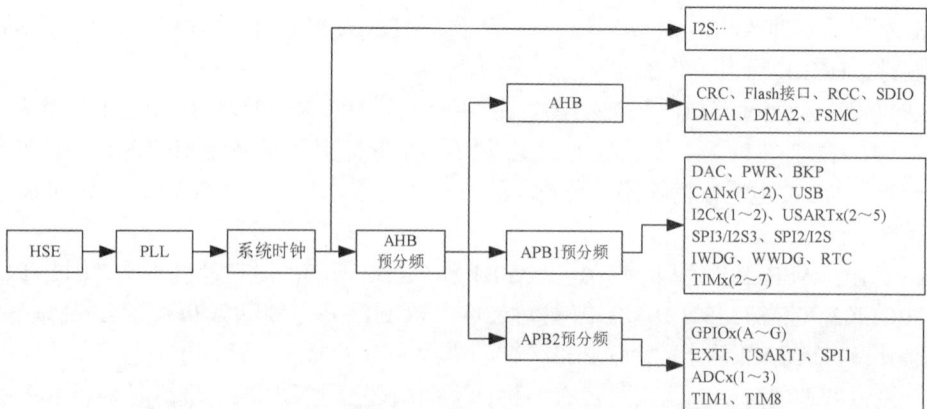

图 3.8　常用的时钟产生路径

3.4　处理器命名规则

STM32 系列产品有上千个特定型号，了解 STM32 产品的命名规则能够帮助开发人员根据项目需求快速确定所需要的具体型号，如图 3.9 所示为 STM32 产品命名规则。STM32 产品的命名最多由 17 个字母和数字组成，能够表示下列各类信息。

1. 产品家族

STM32 产品命名中，开头的几个字母代表产品家族。如以 "STM32" 开头，表示该产品是基于 ARM 体系结构的 32 位 MCU；以 "STM8" 开头，表示该产品是 8 位 MCU。

2. 产品类别

STM32 产品命名中常用 1 个字母表示产品类型，如 "F" 表示该产品为基础型处理器，常用产品类别代码见表 3.3。

表 3.3　常用产品类别代码

代码	产品类别	代码	产品类别
A	汽车级	WB	无线型
F	基础型	H	高性能
L	超低功耗	G	主流型
S	标准型		

3. 产品子系列

STM32 产品命名中用 3 位数字表示子系列，每种子系列产品具有一定的特定功能，如 "103" 表示该产品是 STM32 基础型的处理器，常用产品子系列代码见表 3.4。更多的产品子系列代码的含义可以通过查阅各个产品系列的技术文档来获得。

表 3.4　常用产品子系列代码

代码	产品子系列	代码	产品子系列
051	入门型	407	高性能，带 DSP 和 FPU
103	基础型	152	超低功耗
303	103 升级版，带 DSP 和模拟外设		

4. 引脚数目

STM32 产品命名中用 1 位字母表示引脚数目。如 "T" 表示该产品共有 36 个引脚，图 3.9 中标出了常用于表示引脚数目的字母。

5. 闪存容量

STM32 产品命名中用 1 位数字或者字母表示片内闪存容量大小。如 "4" 表示该产品有 1.6×10^4 字节的快闪存储器，图 3.9 中标出了常用于表示闪存容量的数字或字母。

6. 封装信息

STM32 产品命名中用 1 位字母表示产品的封装信息。如 "H" 表示该产品采用的是 BGA 封装，图 3.9 中标出了常用于表示封装信息的字母。

7. 温度范围

STM32 产品命名中用 1 位数字或者字母表示产品正常工作允许的温度范围。如"6"表示该产品可以在-40℃~85℃的温度环境下正常工作，图 3.9 中标出了常用于表示工作温度范围的数字或字母。

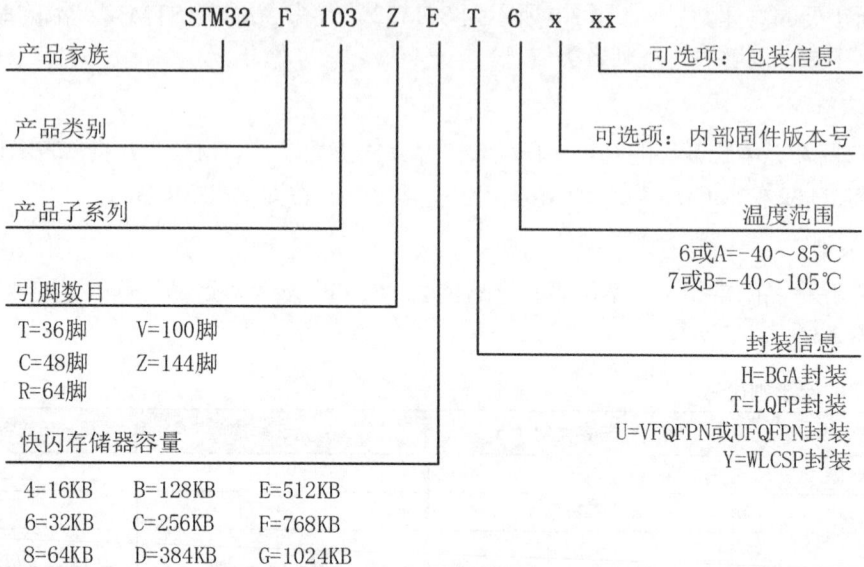

STM32 F 103 Z E T 6 x xx

产品家族

产品类别

产品子系列

引脚数目

T=36脚　　V=100脚
C=48脚　　Z=144脚
R=64脚

快闪存储器容量

4=16KB　　B=128KB　　E=512KB
6=32KB　　C=256KB　　F=768KB
8=64KB　　D=384KB　　G=1024KB

可选项：包装信息

可选项：内部固件版本号

温度范围

6或A=-40~85℃
7或B=-40~105℃

封装信息

H=BGA封装
T=LQFP封装
U=VFQFPN或UFQFPN封装
Y=WLCSP封装

图 3.9　STM32 产品命名规则

8. 其他可选项

STM32 产品命名中，这部分内容可以没有，常用于标注内部固件版本号和包装信息。

根据 STM32 产品命名规则，读者可以识别出型号为 STM32F103ZET6 的处理器是 STM32 基础型产品，处理器容量为 512KB，芯片采用的是 LQFP 封装，共有 144 个引脚，它可以在-40℃~85℃的环境中正常工作。

3.5　处理器引脚

对于同一个产品子系列的 STM32 处理器而言，通常外部引脚越多的处理器芯片，其内置闪存和 SRAM 容量越大，包含的外设种类越多，功能也更强，当然价格也会更贵。读者在实际应用中可根据应用需求和成本等因素综合考虑选取何种型号的芯片。

下面以 STM32F103ZETx 处理器芯片为例，简要说明该处理器芯片引脚的功能和电气特性，读者在遇到其他不同型号的处理器时可以举一反三。STM32F103ZETx 处理器芯片的管脚定义如图 3.10 所示，其引脚分为以下几大类。

1. 电源和地引脚

电源和地引脚一般是成对使用，如 V_{DD_x} 引脚和 V_{SS_x} 引脚，V_{DD_x} 表示接正电压，V_{SS_x} 表示接地，其中 X 取 1~11，这是因为处理器内部是分区域供电的，每个区域都有各自的电源和地引脚。实际使用时，一般将 V_{DD_x} 统称为 VDD，V_{SS_x} 统称为 VSS，VDD 用于向处理器核心和数字电路部分供电，STM32F1 系列处理器的供电电压为 1.8~3.6V。

V_{DDA} 引脚用于向模拟部分供电（如 ADC 和 DAC），它和 V_{SSA} 引脚配对使用。处理器规定 V_{DDA} 必须和 VDD 相连，V_{SSA} 必须和 VSS 相连。在内置 ADC 的芯片中，为了确保输入为低压时获得更好的精度，可以连接一个独立的外部参考电压到 V_{REF+} 和 V_{REF-} 引脚上。在 V_{REF+} 的电压范围为 2.4V ~ V_{DDA}。

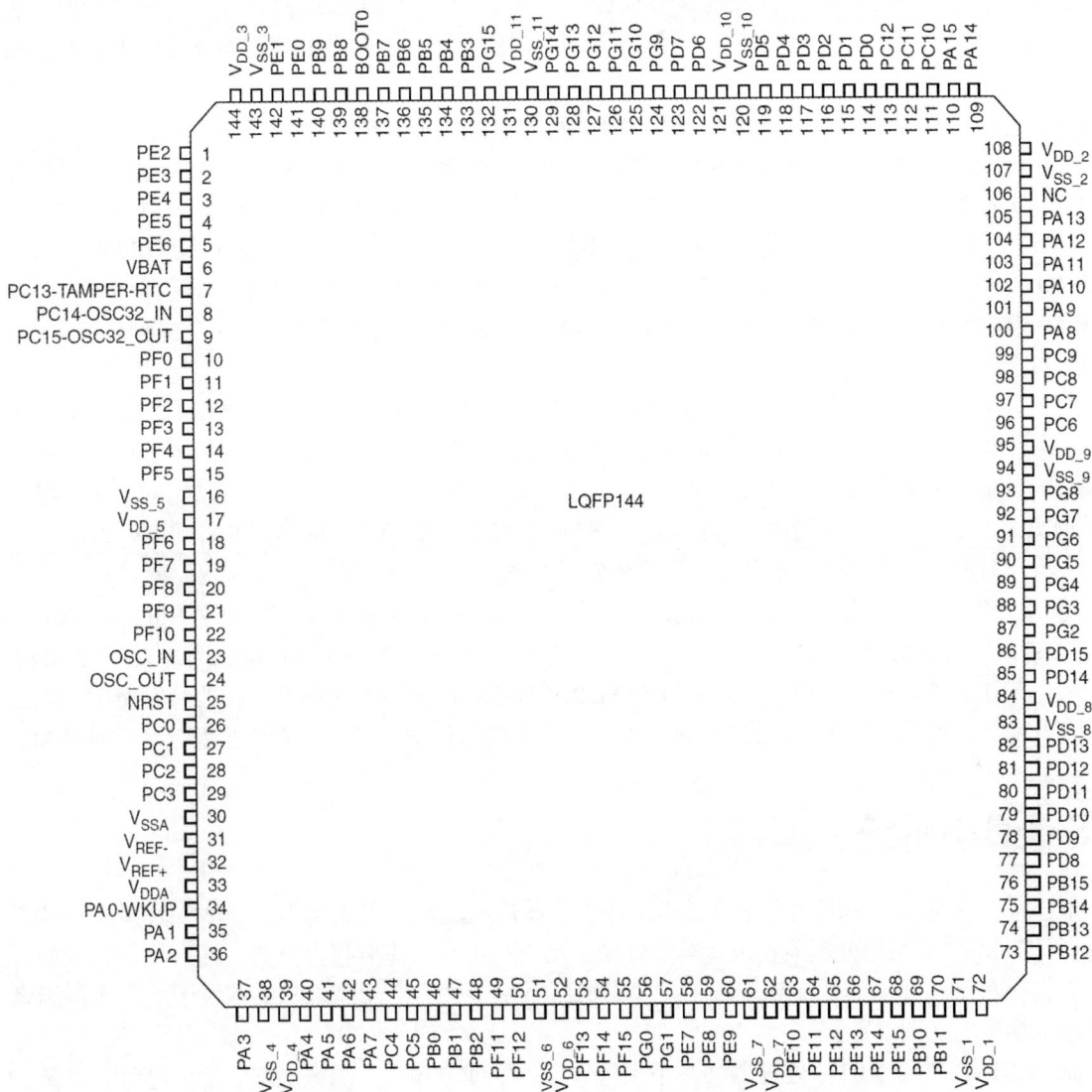

图 3.10　144 引脚的 STM32F103ZETx 处理器引脚图

VBAT 引脚用于接入后备电池，用于 VDD 掉电时向实时时钟和备份寄存器供电。

2. NRST 引脚

NRST 引脚在处理器内部被上拉到高电平，当该引脚上产生一个低电平时，处理器将会复位。NRST 引脚通常是和复位按键相连，用来产生复位信号。

3. BOOT0 和 BOOT1 引脚

BOOT0 和 BOOT1 引脚用于选择复位时的启动方式。需要注意的是，BOOT1 引脚与 PB2 引脚复用，可以理解为 PB2 既可做通用输入输出引脚，又可用作 BOOT1 引脚。

4. 通用输入输出引脚

STM32 系列处理器内部集成的外设非常丰富，片外扩展能力也很强。如果每个外设都有对应的专用引脚，必然将会导致芯片引脚数量快速增长，芯片面积和电路布线复杂度也会随之增加。然而实际应用中又很少会同时用到处理器中所有的外设，因此，将芯片的引脚设计成可用于输入、输出或其他可复用的特殊功能，并通过软件来配置引脚在某个时刻的功能状态，就能有效地减少处理器引脚数量，同时又能满足处理器在各种情况下的功能需求。通常将具备这种能力的引脚称为通用输入输出（General Purpose Input Output，GPIO）引脚。不同型号的 STM32 处理器 GPIO 引脚数量从几十个到上百个不等，实际应用中通常又将处理器中的 GPIO 引脚统称为 GPIO 端口（GPIO Ports）。

以 STM32F103ZETx 处理器芯片为例。GPIO 端口共分 7 组，编号从 GPIOA 到 GPIOG，习惯上用 GPIOx 来表示，其中 x 的取值范围是 A ~ G。每个 GPIO 组包含 16 个引脚，编号为 0 ~ 15，例如 GPIOA 组对应的引脚为 PA0、PA1……PA15。STM32F103ZETx 处理器共有 144 个引脚，其中有 112 个引脚可用作 GPIO 端口。

可见，GPIO 端口占用的处理器引脚数量是最多的。这些引脚中大部分既可以用作通用输入输出引脚，也可以用作外设的信号引脚，通过设置 GPIO 控制寄存器和重映射控制寄存器，可以从每个引脚预设的多个功能中挑选出一个功能来使用。比如 PA9 和 PA10 引脚，它们既可以作为通用的输入输出引脚使用，也可以分别作为串行通信端口 USART1 的发送（TX）和接收（RX）引脚使用。

❓：STM32 系列处理器有哪些国产的替代型号呢？

🔊：近年来，国产处理器发展迅速，已经有大量的基于 Cortex-M0/M3/M4 架构的国产 MCU 可以替代 STM32 系列处理器。例如，兆易创新的 GD32 系列、华大半导体的 HC32 系列、中科芯的 CKS32 系列等。部分国产处理器在芯片封装上与 STM32 系列芯片能够脚对脚兼容，软件开发使用的底层支持库和开发工具也基本一致。读者在掌握 STM32 处理器的开发方法后，能够迅速切换到国产 MCU。

3.6 最小系统

最小系统又称为最小应用系统，是指由最少元器件组成且可以正常工作的嵌入式系统。从理论上来讲，STM32F1 系列处理器在没有其他外围电路支持下，只需要接上电源，通过软件正确配置好时钟就能正常工作。当然，实际应用中还要考虑到系统调试、应用需求和电路抗干扰等多种因素，需要增加相应的外围电路。

基于 STM32F103ZETx 处理器的最小系统包括：处理器芯片、晶振电路、复位电路、电源、下载电路、启动模式设置等。

1. 电源部分

STM32F103ZETx 处理器芯片工作电压为 1.8 ~ 3.6V，典型值为 3.3V。当主电源引脚 VDD 掉电后，通过 VBAT 引脚接入备份电池为 RTC 和备份寄存器提供电源。此外，处理器内部包含完整的上电复位（POR）和掉电复位（PDR）电路，当 VDD 低于指定的限位电压时，处理器保持为复位状态，无须外接复位电路。表 3.5 为电源部分引脚的名称和说明。

2. 晶振

外部 HSE 晶振引脚一般接频率为 8MHz 的石英振荡器，该频率信号经处理器内部的 PLL 倍频后，可以为处理器提供 SYSCLK；外部 LSE 晶振引脚一般接频率为 32.768kHz 的石英振荡器，为 RTC 时钟提供脉冲信号。表 3.6 为晶振引脚的名称和说明。

表 3.5　STM32F103ZETx 处理器的电源部引脚

类型	引脚名称	说明
电源	VDD/VSS	电源正（VDD）/负（VSS）引脚，给处理器的 I/O 引脚供电
	V_{DDA}/V_{SSA}	模拟部分电源正/负引脚，给处理器内部 ADC/DAC、复位模块、RC 振荡器和 PLL 模拟部分提供参考电压
	VBAT	RTC 和后备区域供电引脚，给 RTC 和后备区域供电。一般 VBAT 接电池，用于断电维持 RTC 工作，如果不需要，可直接将 VBAT 接 VDD

表 3.6　STM32F103ZETx 处理器的晶振引脚

类型	引脚名称	说明
晶振	OSC_IN/OSC_OUT	外部 HSE 晶振引脚，用于给处理器提供高精度系统时钟，如果内部 HSI 能满足使用需求，这两个引脚可以不接晶振
	OSC32_IN/OSC32_OUT	外部 LSE 晶振引脚，用于给处理器内部提供 RTC 时钟，如果内部 LSI 能满足使用需求，这两个引脚可以不接晶振

3. 复位

NRST 引脚为复位引脚，用于复位 STM32F103ZETx 处理器，低电平有效。

4. 启动模式

STM32F103ZETx 处理器内嵌了自举程序，当处理器复位时，芯片 BOOT0 和 BOOT1 引脚的电平状态决定了复位后从哪个区域开始执行程序，共有 3 种启动模式可选。启动模式选择如表 3.7 所示，表中 "0" 和 "1" 分别对应于低电平和高电平，"X" 表示可以是高电平也可以是低电平。

表 3.7　启动模式选择

启动模式选择管脚		启动模式	说明
BOOT1	BOOT0		
X	0	从闪存的主存储区启动	正常工作模式
0	1	从闪存的系统存储区启动	该模式的启动程序由厂家提供
1	1	从内置 SRAM 启动	该模式主要用于调试

其中，BOOT0 为专用引脚，而 BOOT1 则与通用输入输出引脚复用。一旦完成对 BOOT1 的采样，相应引脚立即进入空闲状态，可用于其他用途。

处理器复位后，选中启动模式下对应介质的物理地址将被映射到零地址上，但我们仍然可以通过原先的地址来访问它。比如选中从闪存的主存储区启动，则闪存的主存储区的起始地址将被映射到零地址（0x0000 0000）上，但仍能够通过它原有的起始地址（0x0800 0000）来访问它，即 Flash 主存储区的内容在 0x0000 0000 和 0x0800 0000 这两个起始地址上均可以访问。

根据表 3.7，有以下三种情况。

（1）从闪存的主存储区启动

存储器地址 0x0800 0000 将被重映射到零地址上，此时将执行烧录到闪存中的程序，默认的中断向量表位于闪存中。

（2）从闪存的系统存储区启动

存储器地址 0x1FFF F000 将被重映射到零地址上，此时将执行厂家提供的启动程序，默认的中断向量表位于内置 Bootloader 区。

（3）从内置 SRAM 启动

存储器地址 0x2000 0000 将被重映射到零地址上，此时将执行通过调试器下载到 SRAM 中的程序，默认的中断向量表位于 SRAM 区。

实际使用中，读者可通过开关或者跳线切换处理器复位时的 BOOT0 和 BOOT1 引脚电平，实现配置 STM32F103ZETx 处理器的启动方式。

5. 下载和调试

表 3.8 给出了 STM32 系列处理器开发中几种常用的仿真器。

表 3.8　STM32 系列处理器开发中常用的仿真器

	名称	说明
仿真器	J-Link	支持多种不同类型的 ARM 芯片，通用性强、稳定性好、功能丰富
	ST-Link	ST 公司专为 STM8 和 STM32 系列处理器设计的开发工具，专用性强、使用方便、价格实惠
	mini HSDAP 仿真器	基于 CMSIS-DAP 标准，高速、免驱、高性价比

不同仿真器的配置和使用方法基本类似，读者只要学会使用其中一种仿真器，就能很快掌握其他仿真器的使用方法。本书中所有案例选用的仿真器都是 mini HSDAP，其可实现程序下载、闪存烧录和程序调试等功能。

3.7　习题

1. STM32F1 系列处理器的内核和指令集分别是什么？

2. 列出 STM32F103 处理器在 AHB/APB1 和 AHB/APB2 上分别连接了哪些外设。

3. STM32F103 处理器的 APB 总线的时钟有哪些？最高时钟速度为多少？

4. STM32F1 系列处理器的程序区由哪些部分组成？

5. 在 STM32F1 系列处理器的某个应用中，BOOT1 引脚接低电平，BOOT0 引脚接高电平，请问开机后如何找到启动程序？

6. STM32F1 系列处理器有哪些时钟源？处理器复位后，默认使用的时钟源是哪个？

7. 简述 STM32F1 系列处理器最小系统的组成。

8. 如何控制时钟信号来降低 STM32F1 系列处理器的功耗？

9. STM32 处理器有众多的型号，请根据 STM32 系列产品的命名规则，描述 STM32F407RG 处理器的基本特点。

10. 基于 STM32F1 系列处理器的产品出厂时，用户编写的应用程序通常存放在哪个地址存储区域？程序运行时，局部变量（或动态数据存储）通常设置在哪个地址存储区域？

11. STM32F1 系列处理器将不同类别的存储信息存放到 4GB 的整体存储空间，并分别映射不同地址区间，请说明下列变量或函数分别存放在什么存储区？请将答案填写在表格中。

变量或函数	地址	存储区
main.o(i.main)	0x0800 1b64	
GPIO 端口寄存器	0x4002 0400	
ADCValue	0x2000 0020	

12. 时钟信号是处理器的核心和各个外设模块正常工作的基础，STM32F103 处理器的时钟树配置如图 3.11 所示，若在某个应用中使用到 GPIOF 模块，那么提供给该模块的时钟频率是多少？

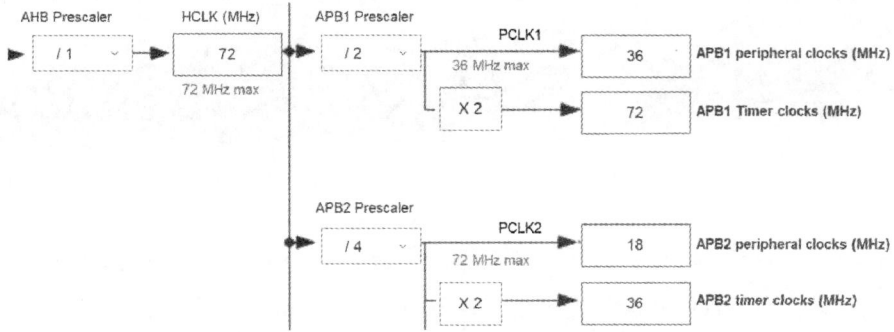

图 3.11　STM32F103 处理器的时钟树

4 第 4 章 STM32 设备驱动库

嵌入式处理器中的各个功能模块都需要在驱动程序的支持下才能正常工作，有了软件集成开发环境、设备驱动库和辅助开发工具的支持，开发人员才能快速地完成嵌入式系统硬件调试和软件开发。

4.1 CMSIS 介绍

CMSIS 介绍

基于 Cortex 架构的处理器芯片、操作系统、应用软件和开发工具链是一个庞大的生态系统，这个生态系统中包含了多种型号的处理器和功能各异的软件。为了减轻开发人员移植软件的负担，需要一个标准的软件框架来保证在不同开发环境中编写的软件之间的兼容性，同时也要考虑不同厂家生产的 Cortex 处理器之间的软件兼容性。为了解决这个问题，ARM公司针对 Cortex 架构处理器开发了一个独立于特定处理器芯片的硬件抽象层，称之为 Cortex 微控制器软件接口标准（Cortex Microcontroller Software Interface Standard，CMSIS）。CMSIS 的目标是为 Cortex 架构处理器提供一个简单的、标准化的软件接口，它能降低软件移植的难度，简化软件编程的工作量，同时也能减少开发人员的学习难度并缩短新设备的上市时间。

CMSIS 提供了一套 API 函数接口标准，ARM 公司、芯片生产商和其他第三方软件供应商所提供的设备驱动、实时操作系统和协议栈均按照该标准来编写。CMSIS 提供的 API 函数包括系统引导、处理器内部寄存器访问和外设访问等所有嵌入式系统共性的部分，基于这些 API 函数开发的软件对具体型号的处理器依赖程度较低，因此在某个 Cortex 处理器上开发的程序很容易移植到另一个同类型处理器上。CMSIS 使得芯片生产商在定制处理器时，不再受制于互不兼容的软件标准，从而达到软件复用和降低开发成本的目的。图4.1 描述了 CMSIS 的主要功能以及它在嵌入式软、硬件系统中所处的位置。

CMSIS 主要实现了以下一些功能。

① 定义了访问外设寄存器和中断向量的通用方法。

② 定义了外设寄存器的名称和中断向量的名称。

③ 针对 RTOS 定义了与设备独立的接口。

CMSIS 包含了众多的组件，其内部组件如图 4.2 所示。

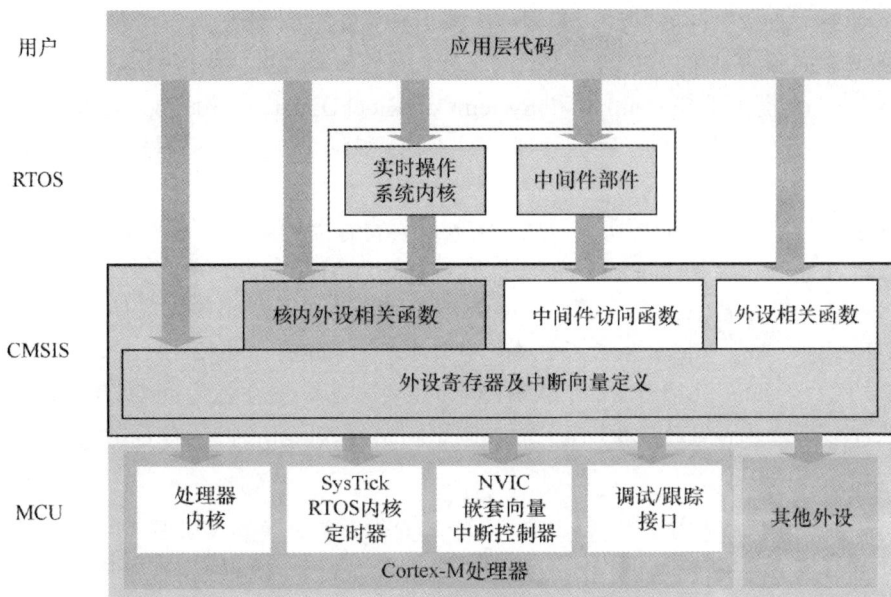

图 4.1　CMSIS 的主要功能和所处的位置

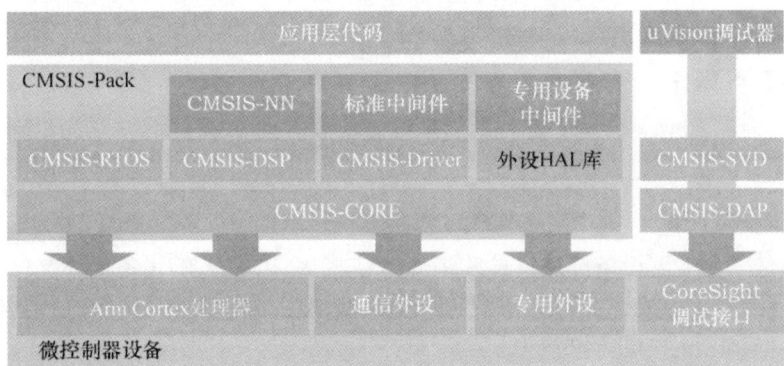

图 4.2　CMSIS 的内部组件

1. CMSIS-CORE 组件

CMSIS-CORE 包含了一套与工具链无关的访问 Cortex 处理器内核的 API 函数，有 Cortex-M 和 Cortex-A 两个版本（本书只涉及 Cortex-M），包括处理器引导程序、处理器内核接口和外设访问接口函数。

CMSIS-CORE 中主要源文件之间的关系如图 4.3 所示。在软件集成开发环境中新建项目工程时，需要包含这些源文件，这是使用其他 CMSIS 组件的前提。其中 "device" 的具体表现形式与处理器型号有关。

（1）startup_<device>.s 文件

startup_<device>.s 文件中定义了中断向量表，在处理器复位时，根据该文件来配置堆栈和中断向量，执行复位程序 Reset_Handler，然后调用 SystemInit 函数初始化

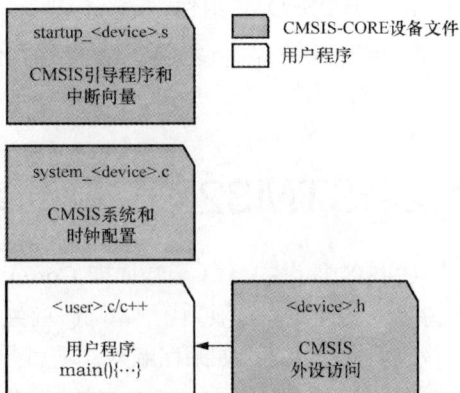

图 4.3　CMSIS-CORE 中主要源文件之间的关系

FPU、外部 RAM 和 VTOR，并最终跳转到用户自定义的 main 函数中。

（2）system_<device>.c 文件

system_<device>.c 提供了 SystemInit 和 SystemCoreClockUpdate 两个函数。这些函数可以在用户程序中调用，负责配置处理器时钟、存储器和必要的 I/O 引脚，使处理器内核处于正常的工作状态。

（3）<device>.h 文件

<device>.h 提供了众多的函数声明，包括：访问外设寄存器的函数、处理异常和中断的函数、执行处理器特殊指令的函数、系统时钟相关的函数和调试访问相关的函数等。

上述几个文件的文件名中"device"表示特定的处理器型号，如果当前使用的处理器型号是 STM32F103ZETx，则 startup_<device>.s 文件对应的文件名为 startup_stm32f103xe.s，system_<device>.c 文件对应的文件名为 system_stm32f1xx.c，<device>.h 文件对应的文件名为 stm32f1xx.h，其中用"xx"（或"xxx"）表示该文件兼容 STM32F1 系列产品中不同引脚数量和不同闪存容量的芯片。

2. CMSIS-Driver 组件

CMSIS-Driver 为中间件和用户程序提供了一套与操作系统无关的、可重用的设备驱动接口。通过这些接口，中间件和用户程序可以将处理器硬件与通信协议栈、文件系统和图形系统等关联起来。

3. CMSIS-DSP 组件

CMSIS-DSP 包含了许多常用的数字信号处理函数，如 FFT 和各种滤波器。这些函数针对 Cortex 架构做了优化，使软件开发人员在 Cortex 处理器上创建 DSP 应用程序变得更加简单。

4. CMSIS-RTOS 组件

CMSIS-RTOS 为在 Cortex 架构上运行的 RTOS 定义了一套 API 标准，它为不同的 RTOS 提供了一个通用的编程接口，基于该接口开发的中间件和应用程序都具有很好的通用性和可移植性。

5. CMSIS-SVD 组件

CMSIS-SVD 是一个处理设备描述文件的组件，这些 XML 格式的设备描述文件描述了处理器内核和外设的系统视图。设备描述文件通常由芯片生产商提供，调试工具利用这些文件来匹配处理器内部寄存器并产生各个外设控制器的视图。

6. CMSIS-Pack 组件

CMSIS-Pack 是处理包描述文件（PDSC）的组件。这些 XML 格式的包描述文件用来描述软件组件的内容，包括源程序、头文件、库文件、文档和示例项目等。

7. CMSIS-DAP 组件

CMSIS-DAP 是为调试接口提供的组件，它为连接在 JTAG 或者串行调试接口上的调试工具链提供了标准化固件。

4.2 STM32 设备驱动库

STM32 设备
驱动库

CMSIS 提供的 API 函数面向 Cortex 架构的通用特性，其函数功能比较底层，支持的外设种类也有限。由于不同厂商生产的处理器通常会在 Cortex 架构基础上做一些改动，开发人员如果在嵌入式项目开发中仅使用 CMSIS 提供的 API 函数，则仍然需要做大量的二次开发工作，影响开发效率。为了方便开发人员，各个处理器芯片生产厂商会在 CMSIS 基础上进一步封装，提供针对自身产品的软件开发工具和设备驱动函数库。

习惯上将生产厂商为某个特定型号处理器提供的设备驱动函数库称为固件库。固件库为该型号处理器的每个外设定义了一套 API 函数，通常这些 API 函数的名称和变量名都是标准化的，在该厂商的同系列产品中都是兼容的。固件库内容包括驱动程序、数据结构定义和宏定义等，也包括一些示例程序。开发人员无须深入了解固件库的实现细节，只要学会调用这些 API 函数就可以轻松地配置每一个外设。固件库的引入降低了软件编程难度，缩短了软件开发时间，同时也减小了软件移植难度。站在系统设计的角度来看，一个硬件抽象程度较高的固件库能将处理器迭代升级或者相互替换时对应用软件的影响降到最低。

ST 公司为 STM32 系列处理器芯片提供了配套的固件库。由于 STM32 系列覆盖了十余种处理器产品线，这些处理器之间性能差异可能很大，因此很难兼顾固件库的运行效率和可移植性。直接操作硬件寄存器的程序运行效率高，但通用性较低；反之硬件抽象程度高的程序可移植性好，但其运行效率会降低。为了应对上述矛盾，同时兼顾其固件库的发展，ST 公司提供了 4 种固件库供开发人员选择，分别是 STM32Snippets 、SPL（Standard Peripheral Libraries）库、HAL（Hardware Abstraction Layer）库和 LL（Low Layer）库。

STM32Snippets 是直接操作 STM32 系列处理器外设寄存器的示例程序集合，这些示例程序只适合特定型号处理器，不具备可移植性，也不支持复杂的外部设备（如 USB）。STM32Snippets 适合于使用汇编或者 C 语言的底层开发人员，尤其是那些有 8 位 MCU 开发经验的工程师。目前STM32Snippets 仅支持 STM32L0/F0 系列。

SPL 库、HAL 库和 LL 库都是项目开发中常用的固件库，它们之间并不兼容，但其使用原理相通，通常开发人员只要掌握了其中一种库的使用方法，就可以很容易地上手另外两种。其中 SPL 库需要单独下载，HAL 库和 LL 库则包含在 ST 公司提供的 STM32Cube 嵌入式软件开发包中。表 4.1 比较了上述 4 种固件库的特性，表 4.2 总结了 4 种固件库所支持的 STM32 系列处理器，"√"表示支持。

表 4.1　ST 公司的 4 种固件库对比

固件库		可移植性	优化	上手速度	技术就绪度	硬件覆盖
STM32Snippets			+++			+
SPL		++	++	+	++	+++
STM32Cube	HAL	+++	+	++	+++	+++
	LL	+	+++	+	++	++

表 4.2　4 种固件库所支持的 STM32 系列处理器

固件库	支持的 STM32 系列处理器								
	F0	F1	F3	F2	F4	F7	L0	L1	L4
STM32Snippets	√						√		
SPL	√	√	√	√	√		√		
STM32Cube HAL	√	√	√	√	√	√	√	√	√
STM32Cube LL	√	√	√	√	√	√	√	√	√

STM32 项目开发中通常选用 HAL 库。HAL 库是 ST 公司为 STM32 处理器提供的嵌入式中间件，用来取代之前的 SPL 库。HAL 库包含的 API 函数更关注各个外设的共性功能，它定义了一套通用的、用户友好的 API 函数接口，从而可以轻松地将程序从一个 STM32 系列移植到另一个 STM32 系列。HAL 库具备以下一些特点。

① 通用的 API 函数覆盖了常用的外设，扩展的 API 函数可以用于特殊的外设，这些 API 函数实

现了跨处理器型号兼容。

② 设备驱动支持 3 种编程模式：轮询、中断和 DMA。

③ API 函数与 RTOS 兼容。

④ 支持多个进程同时访问外设。

⑤ 所有 API 函数都实现了用户程序回调功能。

⑥ 提供对象锁定功能，避免共享设备出现访问冲突。

⑦ 为阻塞式进程访问设备提供超时功能。

⑧ 提供了 USB、TCP/IP、Graphics 等中间件。

HAL 库较好地实现了硬件抽象化，具有很好的 RTOS 兼容性，确保了上层应用程序在 STM32 系列产品之间的可移植性，能够节约软件开发时间。同时，HAL 库基于 BSD 许可协议开放了源程序。基于以上优势，HAL 库是 STM32 项目开发中主推的固件库，本书后续的示例程序都是基于 HAL 库。

HAL 库也有不足之处，相同功能的 HAL 库程序较之于 SPL 库程序，HAL 库程序编译后会占用更多的存储空间，其执行效率也不如后者，所以 HAL 库不适合应用于 Cortex-M0/L0 这类低端的处理器。

假设要在 STM32F103ZETx 处理器的 PF9 引脚上输出低电平，PF10 引脚上输出高电平，使用 HAL 库的实现程序如下。

```
HAL_GPIO_WritePin(GPIOF, GPIO_PIN_9, GPIO_PIN_RESET);    /*PF9 引脚输出低电平*/
HAL_GPIO_WritePin(GPIOF, GPIO_PIN_10, GPIO_PIN_SET);     /*PF10 引脚输出高电平*/
```

从上述程序可以看出，HAL 库程序的抽象程度较好，只用一个函数就实现了对 GPIO 引脚输出电平的控制。

完整的嵌入式开发项目中包括了 CMSIS、HAL 库和用户程序，图 4.4 描述了项目中部分源程序文件所处的层次关系。表 4.3 中列出了 CMSIS、HAL 库和用户程序中主要的源程序文件及其功能。

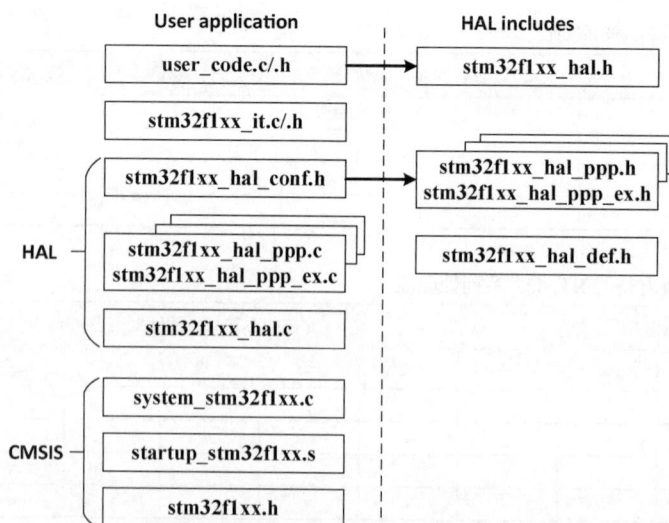

图 4.4　项目源文件层次结构

表 4.3　源程序文件及其功能

层次	文件名称	功能描述
用户程序	user_code.c/.h	用户程序
HAL 库	stm32f1xx_hal.c	包含了 HAL 库通用的 API 函数，如 HAL_Init、HAL_DeInit、HAL_Delay 等

续表

层次	文件名称	功能描述
HAL 库	stm32f1xx_hal.h	HAL 库的头文件，在 user_code.c 中引用
	stm32f1xx_hal_conf.h	HAL 库的配置文件，用于选择使用哪些外设，配置时钟相关参数等，未用的外设可以通过注释符注释掉，该文件在 stm32f1xx_hal.h 中引用
	stm32f1xx_hal_def.h	包含了 HAL 库中的自定义（typedef）和宏定义（macro）类型
	stm32f1xx_hal_ppp.c stm32f1xx_hal_ppp.h	用 ppp 代表 STM32 处理器中的各种外设，提供了操作 STM32 处理器中通用外设的各种 API 函数
	stm32f1xx_hal_ppp_ex.c stm32f1xx_hal_ppp_ex.h	在 stm32f1xx_hal_ppp.c 和.h 文件的基础上提供的拓展 API 函数，用于特殊的外设或者处理器型号
	stm32f1xx_hal_msp.c	存放与外设相关的各种外设回调函数，其中定义了 HAL_MspInit 和 HAL_MspDeInit 函数分别用于各个外设模块的初始化和复位。这两个函数分别被 stm32f1xx_hal.c 中的 HAL_Init 和 HAL_DeInit 所调用
CMSIS	stm32f1xx_it.c stm32f1xx_it.h	包含了所有异常和中断处理程序
	stm32f1xx.h	适合于 STM32F1 处理器的顶层头文件
	system_stm32f1xx.c system_stm32f1xx.h	定义了系统初始化函数 SystemInit、系统时钟全局变量 SystemCoreClock 和系统时钟更新函数 SystemCoreClockUpdate
	startup_stm32f1xx.s	包括了处理器启动时执行的引导程序，每个处理器系列都有对应的.s 文件

4.3　HAL 库中常见的 C 语言知识点

CMSIS 和 HAL 库提供了大量预定义数据类型、结构体的声明及函数文件。其中，预定义数据类型包括变量类型、布尔类型、标志位状态类型、功能状态类型以及错误状态类型等。结构体声明则是根据各个外设的控制器来定义的，其成员为该外设相关函数调用的参数。为了更好地使用 CMSIS 和 HAL 库提供的 API 函数，开发人员需要熟悉和掌握一些 C 语言知识，核心在于理解它们的使用规律，而不必拘泥于这些知识点在某个特定型号处理器的应用。下面结合 STM32F103ZETx 处理器本身的特点及 CMSIS 和 HAL 库的使用情况，简单介绍一下其中涉及的 C 语言常见知识点。

数据类型

4.3.1　数据类型

任何数据在计算机内部都是以二进制形式存储的，存放一位二进制数的记忆单元称为 1 个二进制位，简称"位"（bit），每一位的状态只能是"0"或者"1"。位是计算机存储数据、表示数据的最小单位。8 个二进制位就构成了 1 个"字节"（Byte），计算机的存储空间是按字节进行编码的。

C 语言有丰富的数据类型，这些数据类型分为基本类型和导出类型。其中，基本类型包括整型和浮点型，整型又包括各种整型、字符型和枚举型。不同数据类型能表达的数据范围和所占的存储器空间也是不一样的。STM32F103ZETx 处理器中常用数据类型及其特点如表 4.4 所示。

表 4.4　STM32F103ZETx 处理器中常用的数据类型及其特点

数据类型	完整的类型名	说明	字节数	所占内存空间大小
char	signed char	有符号 8 位整数	1	1
	unsigned char	无符号 8 位整数	1	1
int	signed short int	有符号 16 位整数	2	2
	unsigned short int	无符号 16 位整数	2	2
	signed int	有符号 32 位整数	4	4
	unsigned int	无符号 32 位整数	4	4

例如：语句 "unsigned char temp = 0x00"，表示 temp 是无符号 8 位整型变量。

❓：表 4.4 中，为什么没有出现浮点类型呢？

🔊：Cortex-M3 架构中不包含硬件浮点运算单元（Floating Point Unit，FPU），这意味着所有的浮点计算都是通过软件模拟（将浮点数的乘法和除法转化为整数运算，并通过位移来处理小数部分），而不是通过硬件直接支持的，这将导致浮点运算的执行速度明显下降。

4.3.2　关键字 enum

枚举类型是具有整数值的简单类型，其包含的值可由用户定义。常用的表达形式如下。

enum[枚举名]{标识符[=常量表达式], 标识符[=常量表达式], …}变量表;

其中，[ ]表示任选，{ }是枚举符表，由逗号隔开的每个部分称为一个枚举符，每个枚举符定义一个用标识符命名的整型常量，称为枚举常量。枚举标识符后面可以有等号 "=" 和常量表达式，该表达式必须为整数，它用来指定等号左边标识符所代表的值。如果枚举符表中所有的标识符都没有指定值，则规定每个标识符所代表的值从左到右分别为整数 0、1、2……。

枚举定义通常用于给一组相互有联系的整型常量命名。HAL 库文件中定义了大量枚举类型，示例程序如下。

```
enum
{
  GPIO_PIN_RESET = 0U,        /*U 表示 unsigned */
  GPIO_PIN_SET
} GPIO_PinState;               /*定义一个枚举常量，表示 GPIO 端口有两种状态，低电平和高电平*/
```

4.3.3　关键字 typedef

typedef 是 C 的一个关键字，用于为已存在的类型名定义一个别名（即类型定义名），任何类型都可以用 typedef 定义类型名，包括指针、数组、结构、联合和函数等。

HAL 库文件中使用了大量 typedef 语句，示例程序如下。

```
/* exact-width signed integer types */
typedef   signed char          int8_t;      /*给 signed char 起一个新名字 int8_t*/
typedef   signed short int      int16_t;     /*给 signed short int 起一个新名字 int16_t */
typedef   signed  int           int32_t;
typedef   signed __INT64        int64_t;

/* exact-width unsigned integer types */
typedef unsigned char          uint8_t;
typedef unsigned short int      uint16_t;
typedef unsigned int            uint32_t;
typedef unsigned __INT64        uint64_t;
```

语句 "int16_t temp" 就表示定义了一个无符号 16 位整形变量 temp。

stm32f1xx.h 中定义了一些常用的状态类型，包括布尔类型、标志位状态类型、功能状态类型和错误状态类型。

```
typedef enum {FALSE = 0U, TRUE = !FALSE} bool;                  /*定义布尔类型*/
typedef enum {RESET = 0U, SET = !RESET} FlagStatus, ITStatus;   /*定义标志位状态类型*/
typedef enum {DISABLE = 0U, ENABLE = !DISABLE} FunctionalState; /*定义功能状态类型*/
typedef enum {SUCCESS = 0U, ERROR = !SUCCESS} ErrorStatus;      /*定义错误状态类型*/
```

4.3.4　关键字 volatile

在 C 语言中，volatile 关键字用于声明一个变量，告诉编译器该变量的值可能会在程序的其他地方被意外更改，因此应当避免对其进行优化。如果一个变量被声明为 volatile，编译器将不会对它的读取或写入进行优化（或者缓存），每次访问都会直接从内存中读取该变量的值。

在嵌入式编程中，经常需要访问硬件寄存器，这些寄存器的值可能会被外部事件（如中断或其他硬件设备）所改变。在这种情况下，将寄存器声明为 volatile 可以确保程序总是从硬件读取最新值。需要注意的是，虽然 volatile 关键字对于确保硬件寄存器或中断服务程序中的变量正确性非常有用，但过度使用可能会导致程序性能下降，因为每次访问这样的变量都会绕过优化。

如 core_cm3.h 中就定义了 I/O 类型限定符，用于对变量的访问权限进行限制。相关程序如下。

```
#define  __I    volatile const          /*!< Defines 'read only' permissions */
#define  __O    volatile                /*!< Defines 'write only' permissions */
#define  __IO   volatile                /*!< Defines 'read / write' permissions */
```

语句"__IO uint32_t IDR;"，表示 IDR 是被允许进行读写操作的无符号 32 位整型变量，用作 GPIO 端口的输入数据寄存器。

4.3.5　运算符

C 语言的运算符十分丰富，由运算符构成的表达式形式多样，使用灵活。运算符执行对运算对象（或称为操作数）的各种操作，按操作数的数目分类有单目（一元）运算符、双目（二元）运算符和三目（三元）运算符；按运算符的功能分类有算术运算符、关系运算符、逻辑运算符、自增和自减运算符、位运算符、赋值运算符和条件运算符。它们分别如表 4.5～表 4.9 所示。

表 4.5　算术运算符

运算符	说明	运算符	说明
单目+	正号	*	乘
单目-	取负数	/	除
双目+	加	%	求余数
双目-	减		

表 4.6　关系运算符

运算符	说明	运算符	说明
<	小于	>	大于
<=	小于等于	>=	大于等于
==	等于	!=	不等于

表 4.7　逻辑运算符

运算符	说明
&&	与
||	或
!	非

表 4.8　自增和自减运算符

运算符	说明
++	增1
--	减1

表 4.9 位运算符

运算符	说明	运算符	说明
~	求反	|	按位或
&	按位与	^	按位异或
>>	右移	<<	左移

赋值运算符有简单赋值符和复合赋值符，简单赋值符是一元运算符，它的表达形式如下。

操作数 1 = 操作数 2 　　　;将操作数 2 的值直接赋给操作数 1

复合赋值符是二元运算符，它的表达形式如下。

操作数 1 op = 操作数 2 　　;操作数 1 = 操作数 1 op 操作数 2

其中，op 代表了 "+、−、*、/、%、&、|、^、<<、>>" 中的任意一个。

HAL 库文件中使用了大量含有运算符的语句，示例程序如下。

```
RCC_ClkInitStruct.ClockType = RCC_CLOCKTYPE_HCLK|RCC_CLOCKTYPE_SYSCLK;
pllmull = ( pllmull >> 18U) + 2U;  /*将变量 pllmull 的值右移 18 位后加 2，结果送回给 pllmull*/
```

条件运算符 "?:" 是三元运算符，它的表达形式如下。

表达式 1? 表达式 2:表达式 3;

如果表达式 1 为非 0 值，则表达式 2 被求值，并将其作为整个表达式的结果；否则，表达式 3 被求值，并将其作为整个表达式的结果

CMSIS 和 HAL 库文件中同样也使用了大量含有条件运算符 "?:" 的语句，示例程序如下。

```
input_channel = (OutputChannel == TIM_CHANNEL_1) ? TIM_CHANNEL_2 : TIM_CHANNEL_1;
/*若 OutputChannel 与 TIM_CHANNEL_1 相等，则条件表达式为真，返回值为 TIM_CHANNEL_2，否则返回值为 TIM_CHANNEL_1*/
```

4.3.6 结构体

在 C 语言中，结构体（struct）是一种用户定义的数据类型，它允许将不同类型的数据组合在一起，形成一个复合数据类型。结构体可以被声明为变量、指针或数组等，用以实现较复杂的数据结构。结构体同时也是一些元素的集合，这些元素称为结构体的成员（member），且这些成员可以为不同的类型，成员一般用名字访问。常用的表达形式如下。

结构体

```
struct [结构体名]{结构体说明表}[说明符, …];
```

其中，[ ]表示任选，结构体名是标志该结构体类型的标识符；结构体说明表是说明语句的序列，被说明的对象是组成该结构体的成员，结构体成员可以为任何类型。结构体的成员和结构体外部的其他变量可以同名，不同结构体中的成员也可以同名，但是同一结构体的成员不能同名。

HAL 库中为 STM32F103ZETx 处理器每个外设都定义了访问该外设所需的结构体，结构体中的内容与该外设的控制寄存器相对应，编程时通过指向该结构体的指针就可访问对应外设的各个控制寄存器。下面举一个 GPIO 结构体定义的例子，其内容如下。

```
typedef struct
{
    __IO uint32_t CRL;        /* 端口配置低寄存器，偏移地址：0x00*/
    __IO uint32_t CRH;        /* 端口配置高寄存器，偏移地址：0x04*/
    __IO uint32_t IDR;        /* 端口输入数据寄存器，偏移地址：0x08*/
    __IO uint32_t ODR;        /*端口输出数据寄存器，偏移地址：0x0C*/
    __IO uint32_t BSRR;       /* 端口置位/复位寄存器，偏移地址：0x10*/
```

```
    __IO uint32_t BRR;           /* 端口复位寄存器，偏移地址：0x14*/
    __IO uint32_t LCKR;          /*端口配置锁定寄存器，偏移地址：0x18*/
} GPIO_TypeDef;
```

4.3.7　宏定义 define

C 语言编译程序的预处理功能是其特色之一，编译预处理负责在编译之前处理源程序中的特殊行，这些特殊行必须以#开头，以换行符结尾，称之为预处理控制。预处理控制不是 C 语言的语法成分，在编译源程序之前，须先由编译预处理程序将它们替换成 C 编译程序可以接受的正文。C 语言程序设计中最常用的预处理功能是文件嵌入#include 和宏定义#define，本小节主要讲解宏定义的使用。

宏定义预处理控制有 3 种形式：简单宏定义、带参数的宏定义和取消宏定义。

简单宏定义本质上是用一种形式的串代表另一种形式的串，其形式如下。

\# define 标识符　单词串

标识符是宏的名字，单词串（简称串）是任意以换行符结尾的替换正文。编译预处理程序用标识符后的单词串替代该源文件中出现的所有该标识符，也称之为宏替换。宏名作用域是从#define 定义直到该宏定义所在文件结束。

HAL 库文件中使用了大量简单宏定义语句，用来定义各种外设资源配置模式、参数的初值、函数等，示例程序如下。

```
/******************** Bit definition for GPIO_CRL register *******************/
#define GPIO_CRL_MODE_Pos          (0U)
#define GPIO_CRL_MODE_Msk          (0x33333333UL << GPIO_CRL_MODE_Pos)
#define GPIO_CRL_MODE              GPIO_CRL_MODE_Msk
…
/* Aliases for __IRQn */
#define ADC1_IRQn                  ADC1_2_IRQn
#define DMA2_Channel4_IRQn         DMA2_Channel4_5_IRQn
#define TIM1_BRK_TIM9_IRQn         TIM1_BRK_IRQn
…
#define __HAL_DBGMCU_FREEZE_TIM5()   SET_BIT(DBGMCU—>CR, DBGMCU_CR_DBG_TIM5_STOP)
#define __HAL_DBGMCU_UNFREEZE_TIM5() CLEAR_BIT(DBGMCU—>CR, DBGMCU_CR_DBG_TIM5_STOP)
```

带参数的宏定义预处理控制的形式如下。

\# define 标识符（标识符，标识符，标识符，…，标识符）单词串

从形式上看，带参数的宏定义与简单宏定义的区别，在于前者表示宏名的标识符之后有一个用一对圆括号括起来的参数表，且宏名与圆括号之间不能有空格。圆括号中的标识符是宏的参数，类似形式参数，但是需要注意的是从本质上来说它们不同于函数的形参。

CMSIS 和 HAL 库文件中使用了一些带参数的宏定义语句，用来替换一些功能性函数，实现程序封装，增加程序的可读性，示例程序如下。

```
/* @brief  Checks whether the specified EXTI line flag is set or not.
  * @param  __EXTI_LINE__: specifies the EXTI line flag to check.
  *           This parameter can be GPIO_PIN_x where x can be(0~15)
  * @retval The new state of __EXTI_LINE__ (SET or RESET).
  */
#define __HAL_GPIO_EXTI_GET_FLAG(__EXTI_LINE__)  (EXTI—>PR & (__EXTI_LINE__))
```

取消宏定义预处理控制的形式如下。

```
#undef 标识符
```

其中，标识符为已定义过的宏名，该预处理控制可以将已定义的宏名变为未定义标识符。

HAL 库文件中也使用了一些取消宏定义预处理控制的语句，示例程序如下。

```
#undef NULL  /* others (e.g. <stdio.h>) also define */
```

4.3.8　文件包含 include

文件包含编译预处理控制的形式如下。

```
#include  <filename>
#include  "filename"
```

双引号或尖括号中是要被包含到源文件中的文件的名字，这些文件被称为嵌入文件或头文件，编译预处理用指定文件的整个内容替换程序中的预处理行。嵌入文件的内容通常由#include 行和外部说明组成。当一个 C 语言程序分散在若干个文件中时，可以将多个文件共有的符号常量定义、宏定义、extern 说明等集中在一起，单独组成一个头文件（其扩展名通常用.h 表示），然后在每个需要使用这些定义和说明的源文件中用#include 行包含这个头文件。这样做的好处是，一方面可以避免在每个源文件中为键入同样内容而做重复劳动，另一方面也可以避免因为输入或修改的失误而造成的不一致性。

CMSIS 和 HAL 库文件中频繁使用了文件包含编译预处理控制语句，用来包含各种头文件，示例程序如下。

```
/* Includes ------------------------------------------------------------*/
#include "stm32f1xx_hal_def.h"
…
/* Includes ------------------------------------------------------------*/
#include "stm32f1xx_hal.h"
…
/* Includes ------------------------------------------------------------*/
#include "main.h"
…
```

4.3.9　条件编译

条件编译预处理指按照一定的条件有选择地将某个源程序包括或不包括到源文件中，从而使编译程序能够对用户的源程序有选择性地生成满足一定条件的目标程序，利用条件编译预处理功能，能够方便地编写可移植的程序和便于调试的程序。

条件编译预处理控制有以下 3 种表现形式。

1.　#if 控制

#if 控制语句的形式如下。

```
#if  常量表达式  正文
[#elif  常量表达式  正文]
…
[#elif  正文]
#endif
```

[ ]表示可选，"正文"中可以包含#include 和#define 预处理，"…"表示 elif 部分可以任意重复多次。

CMSIS 和 HAL 库文件中频繁使用了#if 控制语句，示例程序如下。

```
/* @brief STM32 Family */
#if  !defined (STM32F1)
```

```
        #define STM32F1
#endif        /* STM32F1 */
```

2. #ifdef 控制

#ifdef 控制语句的形式如下。

```
#ifdef  标识符  正文
[#elif  常量表达式  正文]
…
[#elif  正文]
#endif
```

#ifdef 控制测试 ifdef 后的标识符是否在该文件中已用#define 行定义过，如果已经定义过，那么标识符后的正文被包含进来。#ifdef 控制其余部分的结构及功能与#if 控制完全相同。

CMSIS 和 HAL 库文件中频繁使用了#ifdef 控制语句，示例程序如下。

```
/* Includes ------------------------------------------------------------*/
/* @brief Include module's header file */
#ifdef  HAL_RCC_MODULE_ENABLED
      #include "stm32f1xx_hal_rcc.h"
#endif /* HAL_RCC_MODULE_ENABLED */

#ifdef  HAL_GPIO_MODULE_ENABLED
      #include "stm32f1xx_hal_gpio.h"
#endif /* HAL_GPIO_MODULE_ENABLED */
```

3. #ifndef 控制

#ifndef 控制语句的形式如下。

```
#ifndef  标识符  正文
[#elif  常量表达式  正文]
…
[#elif  正文]
#endif
```

#ifndef 控制测试 ifndef 后的标识符是否在该文件中没有被定义过，如果没有被定义过，那么将其后的正文包含进来。#ifndef 控制其余部分的结构及功能与#if 控制完全相同。

CMSIS 和 HAL 库文件中频繁使用了#ifndef 控制语句，示例程序如下。

```
/* Define to prevent recursive inclusion -------------------------------*/
#ifndef __STM32F1xx_HAL_CONF_H
#define __STM32F1xx_HAL_CONF_H
      #ifdef __cplusplus
            extern "C" {      /* 一般在文件开始处，告诉编译器，该部分程序按 C 语言的方式进行编译*/
      #endif
      …                        /* C 语言风格的函数声明或定义*/
      #ifdef __cplusplus
            }                  /* 一般在文件结尾处*/
      #endif
#endif
```

__cplusplus 是一个在 C++编译器中定义的宏，用来表示当前程序是用 C++编译器编译的。如果使用 C++编译器来编译程序，该宏会自动被定义。

extern "C" 是 C++中的一种语言链接规范，表示下面的函数或程序块应该按照 C 的方式进行编译和链接。

4.3.10 指针

指针

在 C 语言中，指针是一种特殊的变量，它用于存储另一个变量的内存地址。通过指针，可以间接访问和操作变量的值。在嵌入式系统中，通过将指针指向特定的内存地址，可以有效地访问和控制硬件，提升了设备控制的灵活性和程序执行效率。

程序中的任何变量都占据一定数目的存储单元，所需存储单元的数目由变量的类型决定。如在 STM32F103ZETx 处理器中，一个 signed int 变量是 4 字节，占据 4 个字节的存储空间。变量所占据的存储单元的地址就是变量的地址，其表达式如下。

```
& 变量名
```

"&" 又称为取地址运算符，其操作数是变量名，该地址表达式的值为操作数变量的地址。

```
signed int  data, *p ;
p = & data ;
```

将 signed int 数据类型变量 data 的首地址存入指针变量 p。一般称 "p 指向 data"，或 "p 是 data 的指针"，被 p 指向的变量 data 称为 "p 的对象"，所以，"对象" 就是一个有名字的内存区域，即一个变量。

单目运算符 "*" 是 "&" 的逆运算，被称为解引用运算符，用于获取指针所指向的变量的值，其操作数是对象的地址。

此外，"*" 还用于指针声明中，用于声明指针变量的名称和所指对象的类型。

```
signed int  *add ;
```

此处的程序声明了 add 是一个指向 signed int 类型数据的指针。

前文已经介绍了 HAL 库中为 STM32F103ZETx 处理器每个外设都定义了访问该外设所需的结构体，结构体中的内容与该外设的控制寄存器相对应，因此，编程时通过指向该结构体的指针就可访问对应外设的各个控制寄存器。那么到底如何实现对各外设寄存器的访问呢？下面我们以 GPIO 控制器为例进行讲解。

根据 STM32F103ZETx 处理器的内部结构和存储器地址映射，GPIO 控制器是挂在 APB2 总线上的，APB2 在存储器映射中的起始地址为 0x4001 0000，在 stm32f103ex.h 文件中对各个 GPIO 控制器访问地址的定义如下。

```
#define PERIPH_BASE         0x40000000U           /*外设区基地址，U 表示 unsigned */
…
#define APB1PERIPH_BASE     PERIPH_BASE                      /*低速外设基地址*/
#define APB2PERIPH_BASE     (PERIPH_BASE + 0x00010000UL)     /*高速外设基地址*/
…                                                           /*UL 表示 unsigned long */
#define GPIOA_BASE          (APB2PERIPH_BASE + 0x00000800UL) /*GPIOA 端口地址*/
#define GPIOB_BASE          (APB2PERIPH_BASE + 0x00000C00UL) /*GPIOB 端口地址*/
#define GPIOC_BASE          (APB2PERIPH_BASE + 0x00001000UL) /*GPIOC 端口地址*/
…
#define GPIOG_BASE          (APB2PERIPH_BASE + 0x00002000UL) /*GPIOG 端口地址*/
```

假设要访问 GPIOB 的 IDR（Input Data Registers 输入数据寄存器），该寄存器的物理地址是怎样计算出来的呢？梳理一下上述内容，可以发现以下特点。

① 外设区在存储器地址映射中的基地址是 0x4000 0000。

② 外设区中 APB2 高速总线访问地址的偏移量是 0x0001 0000。

③ GPIOB 在 APB2 总线上访问地址的偏移量是 0x0000 0C00。

④ 输入数据寄存器 IDR 在 GPIO_TypeDef 结构体中定义的偏移量为 0x08。（参照 4.3.6 小节 ）

⑤ 将上述基地址与各偏移量依次相加,得到 GPIOB 输入数据寄存器的物理地址为:0x4001 0C08

通过 GPIO 结构体和访问地址的定义,GPIO 中各个寄存器的物理地址计算能够自动完成。

同时,stm32f103ex.h 文件中还定义了访问这些 GPIO 寄存器的指针,通过这些指针,就能实现对具体寄存器的访问。

```
#define GPIOA        ((GPIO_TypeDef *) GPIOA_BASE)    /*指向 GPIOA 物理地址的指针*/
#define GPIOB        ((GPIO_TypeDef *) GPIOB_BASE)
#define GPIOC        ((GPIO_TypeDef *) GPIOC_BASE)
…
#define GPIOG        ((GPIO_TypeDef *) GPIOG_BASE)
```

如果要实现对 GPIOA 的 ODR（ Output Data Registers,输出数据寄存器 ）清零任务,根据 GPIOA 的定义可知,GPIOA 是一个指向 GPIO_TypeDef 结构体的指针,那么将 GPIOA 中的 ODR 清零,可以使用如下语句来实现。

```
GPIOA->ODR = 0;
```

此处,"–>"是指向结构体成员运算符,需要注意的是,只有"指针变量名"后面才能加"–>"。

4.3.11　assert_param 函数

assert_param 函数是 STM32 库函数中的一种宏,它是STM32 开发工具包中的自带宏。assert_param 函数的工作原理是通过断言判断参数的正确性, 如果参数不正确, 它就会断言失败, 并停止运行, 提示开发者存在参数错误, 从而帮助开发者检测函数参数的有效性。此外, 该函数还能够检测函数的访问权限, 如果访问的存储地址无效, 或该存储地址不允许被访问, 就会出现断言失败, 并提示出错。

CMSIS 和 HAL 库文件中大量使用了 assert_param 函数,示例程序如下。

```
/** @defgroup GPIO_Private_Macros GPIO Private Macros
  * @{
  */
#define IS_GPIO_PIN_ACTION(ACTION)  (((ACTION) == GPIO_PIN_RESET) || ((ACTION) \
                                == GPIO_PIN_SET))
#define IS_GPIO_PIN(PIN)  (((((uint32_t)PIN) & GPIO_PIN_MASK ) != 0x00u) && \
                            ((((uint32_t)PIN) & ~GPIO_PIN_MASK) == 0x00u))
…
void HAL_GPIO_WritePin(GPIO_TypeDef *GPIOx, uint16_t GPIO_Pin, GPIO_PinState PinState)
{
  /* Check the parameters */
  assert_param(IS_GPIO_PIN(GPIO_Pin));
  assert_param(IS_GPIO_PIN_ACTION(PinState));
…
}
```

4.4　习题

1. CMSIS 的作用是什么? CMSIS 包含了哪些主要的组件?
2. ST 公司为 STM32 系列处理器提供了哪些固件库,这些固件库各自的特点是什么?
3. 简述 HAL 库中源文件的命名规则。

4. 简单描述一下 STM32 系列处理器中常用的数据类型有哪些？分别是多少位的？
5. 在 STM32 的 HAL 库中，STM32 系列处理器的寄存器是被当作什么来处理的？
6. STM32F103 处理器中 GPIOD 口的输入数据寄存器的存储地址是如何计算的？
7. "　__IO　uint16_t temp = 0x8000　" 语句的含义是什么？
8. 在基于 Cortex_M3 架构的处理器上编程时，为什么要尽量避免在程序中使用浮点类型？

第 5 章　开发环境搭建

适合 STM32 系列处理器的集成开发环境有很多，其中以 ARM 公司提供的 Keil MDK 集成开发环境使用最为广泛。Keil MDK 包含了工业标准的 Keil C 编译器、宏汇编器、调试器、实时内核等组件，支持多种型号的 ARM 处理器。它集成了业内领先的技术，包括 μVision 集成开发环境与 RealView 编译器 RVCT。Keil MDK 支持 ARM7、ARM9 和 Cortex 系列处理器，它可以自动配置启动程序，集成了闪存烧录模块，具备强大的仿真和性能分析等功能。

Keil MDK 适合不同层次的开发者使用，包括专业的应用程序开发工程师和嵌入式软件开发的入门者。同时，Keil MDK 也能够很好地与 CMSIS、固件库和 STM32CubeMX 相配合。本教材使用的 STM32F103ZETx 处理器应用开发流程如图 5.1 所示。

图 5.1　STM32F103ZETx 处理器应用开发流程图

5.1　STM32CubeMX 辅助开发工具

STM32CubeMX 是 ST 公司提供的一款辅助开发工具，它支持全系列的 STM32 处理器，能够自动生成处理器中各功能模块的初始化和配置程序，这些程序中还包含了开发示例、中间件和硬件抽象层。STM32CubeMX 让开发人员从烦琐的参数配置过程中解放出来，提高了软件开发效率。开发人员可以选择跳过 STM32CubeMX，直接使用 SPL、HAL 或者 LL 库来编写程序，也可以使用 STM32CubeMX 辅助生成部分程序，并在此基础上进行添加和修改。

STM32CubeMX 使用图形化的方式来配置各个模块的参数，包括设置芯片引脚功能、处理引脚冲突、设置时钟树、配置外设参数和选择中间件等。STM32CubeMX 导出的工程项目文件支持常见的集成开发环境，如 IAR、Keil、GCC 等，非常适合初学者使用。

STM32CubeMX 包含两个关键部分：图形化配置界面和 STM32 软件包。其中 STM32 软件包内包含了完整的 HAL 库、LL 库、中间件（包括 TCP/IP、USB、GUI、文件系统和 RTOS）以及各种外设的示例等。STM32CubeMX 的结构如图 5.2 所示。

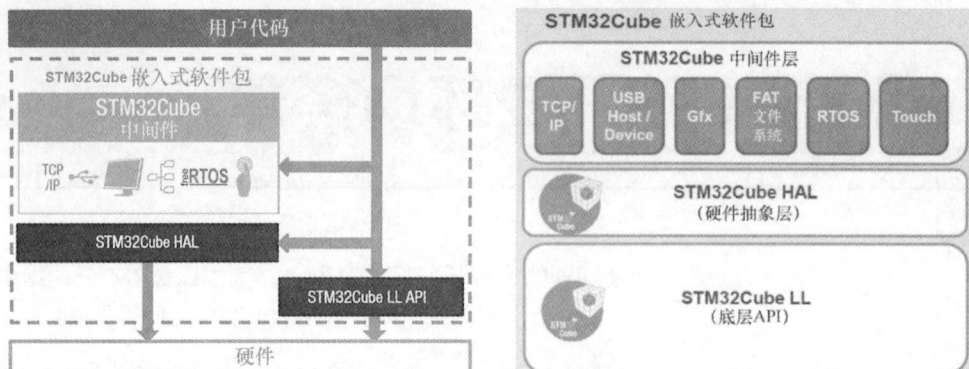

图 5.2　STM32CubeMX 结构简图

STM32CubeMX 的安装包可以从 ST 公司的官网上下载。在安装该软件之前，需要预先安装 Java 运行环境。下面简要介绍一下 STM32CubeMX 的使用。

1. 开始界面

启动 STM32CubeMX 后的开始界面如图 5.3 所示。开始界面右侧的区域是 STM32 软件包安装的管理界面，这个区域用来管理 STM32 软件包的更新、安装和移除，如图 5.4 所示。在图 5.4 所示的界面中，单击 "install or remove embedded software packages" 下方的 "INSTALL/REMOVE" 按键，随后会弹出 STM32 软件包安装窗口，如图 5.5 所示。在图 5.5 所示的界面中，首先选择 STM32 处理器的产品类别，如 STM32F1，然后选择该类别下需要安装的软件包版本，选择完成后单击 "Install Now" 按键，STM32CubeMX 就会自动联网下载并安装选中的软件包。

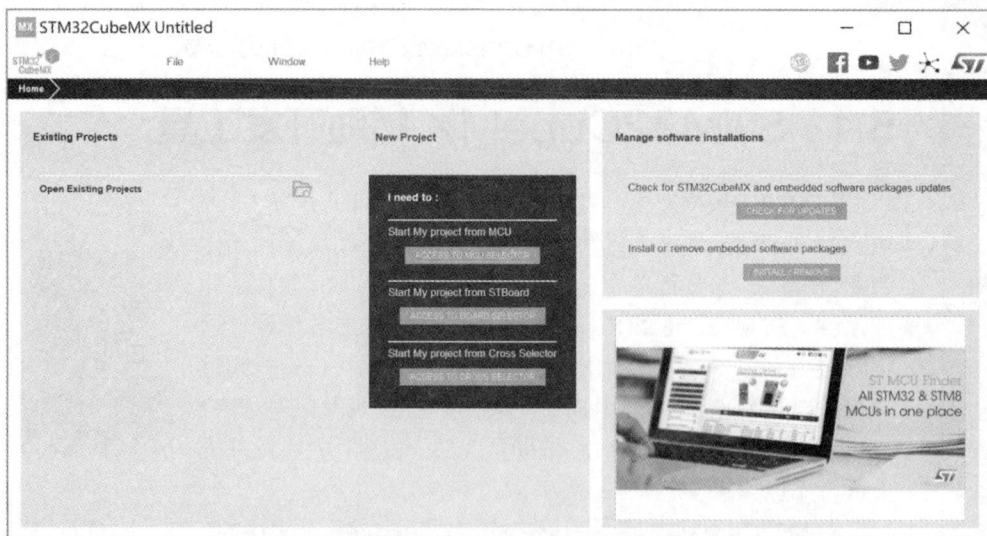

图 5.3　STM32CubeMX 开始界面

STM32CubeMX 开始界面左侧区域用于打开已有工程或者新建工程，如图 5.6 所示。如果要新建工程，选择 "File→New Project"，随后会弹出选择 MCU 的窗口，如图 5.7 所示。图 5.7 所示的界面中，左侧区域用来筛选该项目中使用的 MCU 型号，有如下的选择方式：选项卡 "MCU/MPU Selector" 根据 MCU 的架构、类别、封装或者价格等多种条件进行筛选；选项卡 "Board Selector" 根据开发板型号进行筛选；选项卡 "Cross Selector" 则根据 MCU 生产厂商和产品系列进行筛选。以 "MCU/MPU

Selector"为例，开发人员可以根据 MCU 的架构、类别、封装或者价格等多种条件进行勾选，右侧区域则会列出符合筛选条件的 MCU 型号和参数。选择完成后，单击图 5.7 所示界面右上角的"Start Project"按键，进入工程参数设置界面。

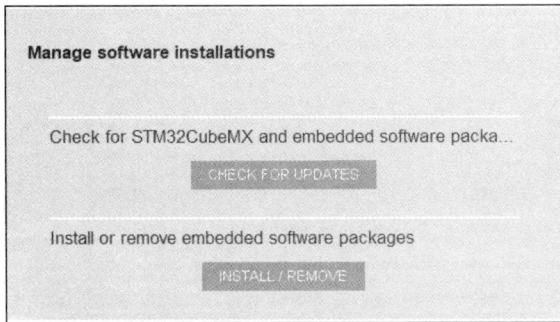

图 5.4　STM32CubeMX 的软件包安装的管理界面

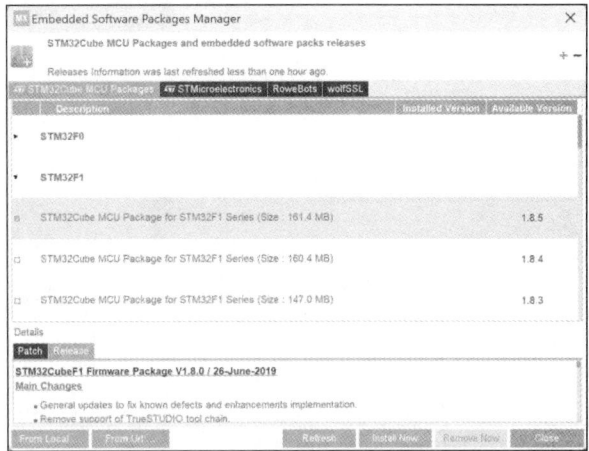

图 5.5　STM32 软件包安装窗口

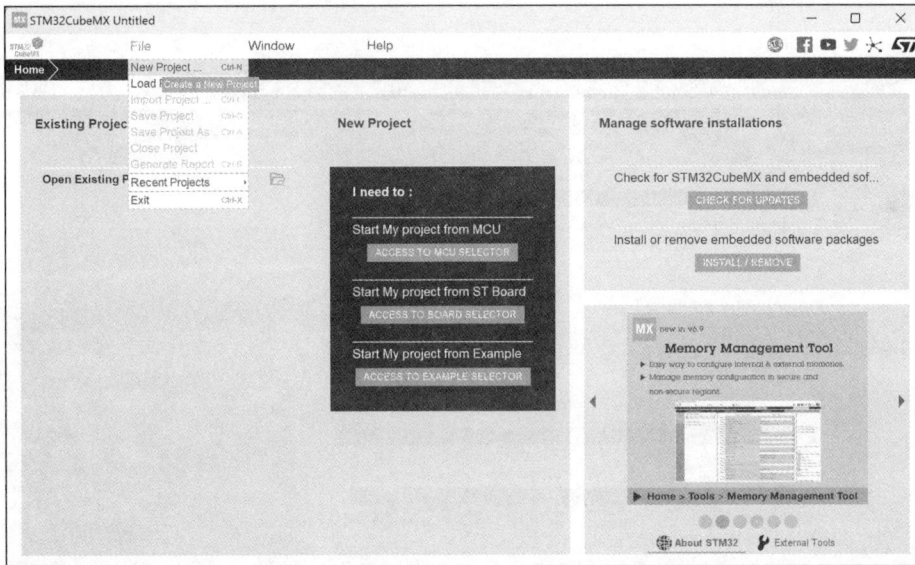

图 5.6　STM32CubeMX 开始界面左侧区域

2. 参数设置界面

参数设置界面中包含了 4 个选项卡，分别是"Pinout & Configuration"、"Clock Configuration"、"Project Manager"和"Tools"。下面分别介绍这几个选项卡对应界面的功能，其中"Tools"界面主要用于功耗分析，本书暂不介绍。

（1）"Pinout & Configuration"界面

"Pinout & Configuration"界面用于 MCU 引脚功能选择和外设参数配置，如图 5.8 所示。该界面左侧区域为 MCU 中的外设列表，开发人员可以从列表中选取要配置参数的外设；中间区域为所选外设的参数配置界面；右侧区域用于 MCU 引脚功能配置，在引脚图上选中待配置的引脚后，界面上会列出该引脚所支持的功能模式。

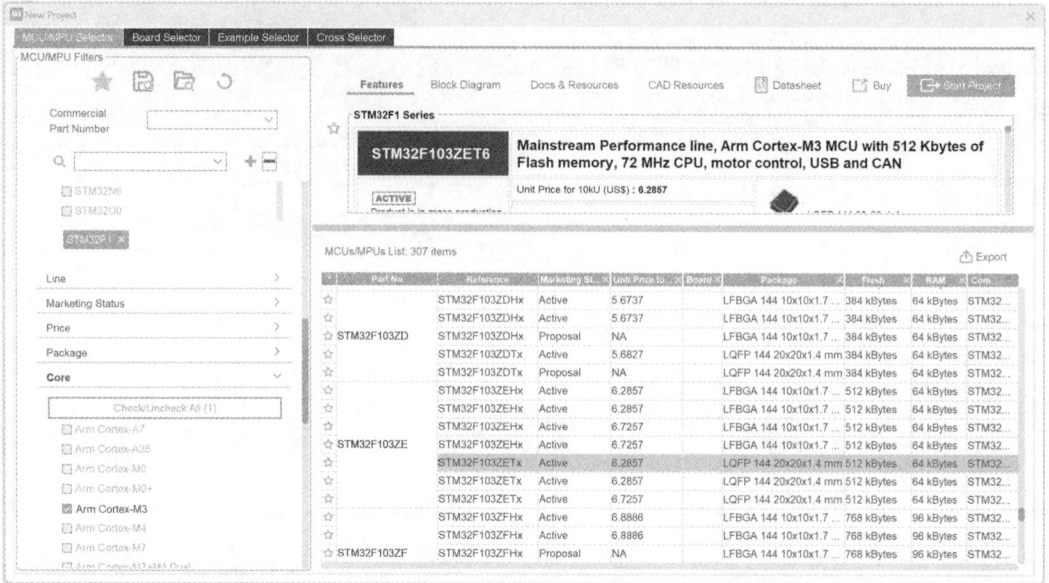

图 5.7　MCU 选择窗口

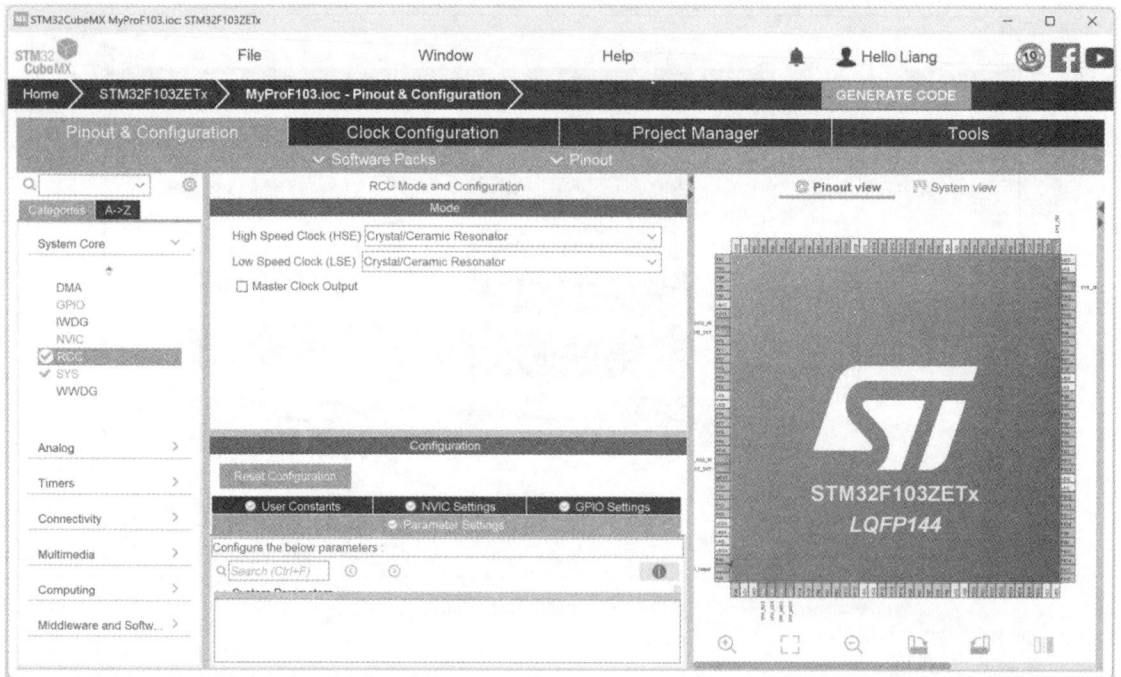

图 5.8　MCU 引脚和外设参数配置

（2）"Clock Configuration"界面

"Clock Configuration"界面用于配置时钟参数，包括时钟源、PLL 参数以及各个总线的时钟速度，如图 5.9 所示。读者可以结合 3.3 节的内容进行学习理解。

（3）"Project Manager"界面

"Project Manager"界面是工程配置界面，包含"Project"、"Code Generator"和"Advanced Settings"3 个子菜单。

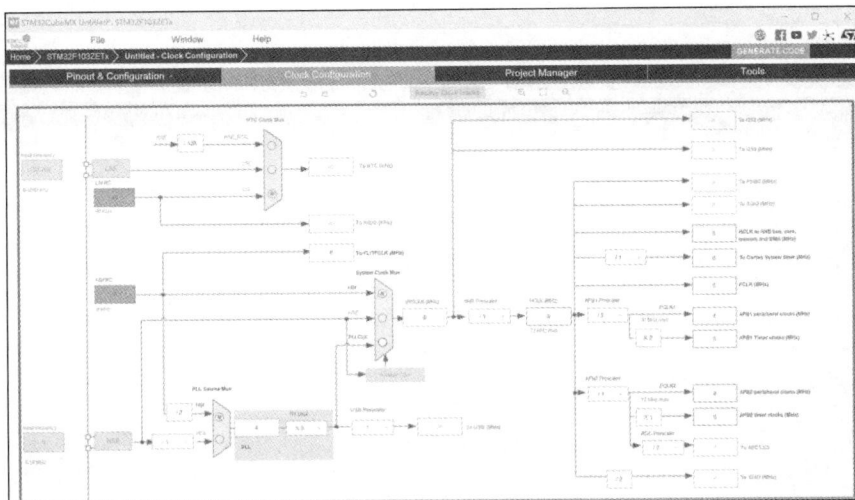

图 5.9　时钟参数配置

①　"Project"子菜单

"Project"子菜单用于配置工程名称、工程存放路径、IDE 及编译软件、堆和栈的大小等，如图 5.10 所示。其中"Toolchain/IDE"栏用于选择 STM32CubeMX 导出的工程文件支持何种集成开发环境，如选择"MDK-ARM V5"，就表示导出的工程文件适合于 Keil MDK 集成开发环境。

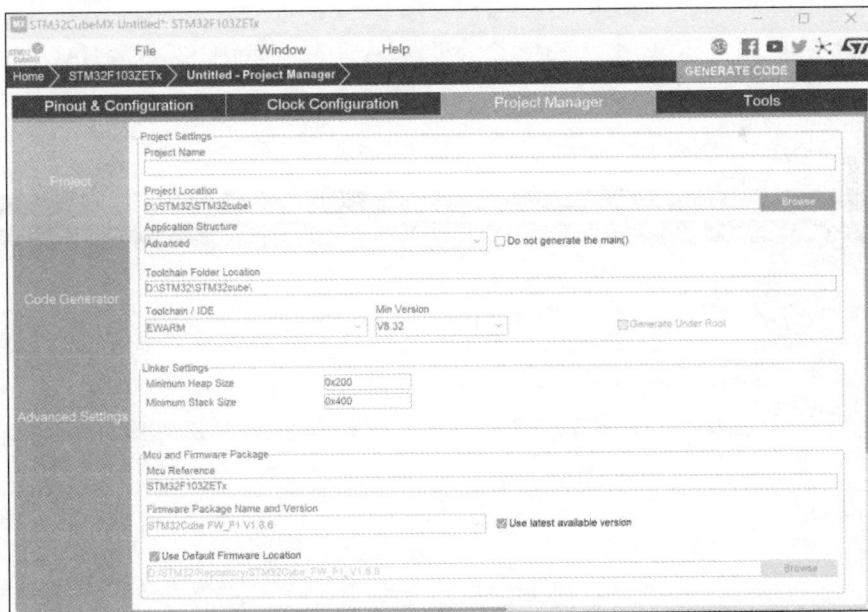

图 5.10　"Project"子菜单

②　"Code Generator"子菜单

"Code Generator"子菜单用于设置程序的生成方式，如图 5.11 所示。

图 5.11 所示界面中"STM32Cube MCU packages and embedded software packs"栏包括 3 个选项。

如果选中"Copy all used libraries into the project folder"选项，可在导出工程文件时复制所有的库文件（包括 CMSIS 和 HAL 库），不管这些库文件在该工程中是否被用到。在项目开发过程中，如果 MCU 所有的外设模块都被用到，或者暂不能确定哪些外设将来会被用到时，可以选择该选项。

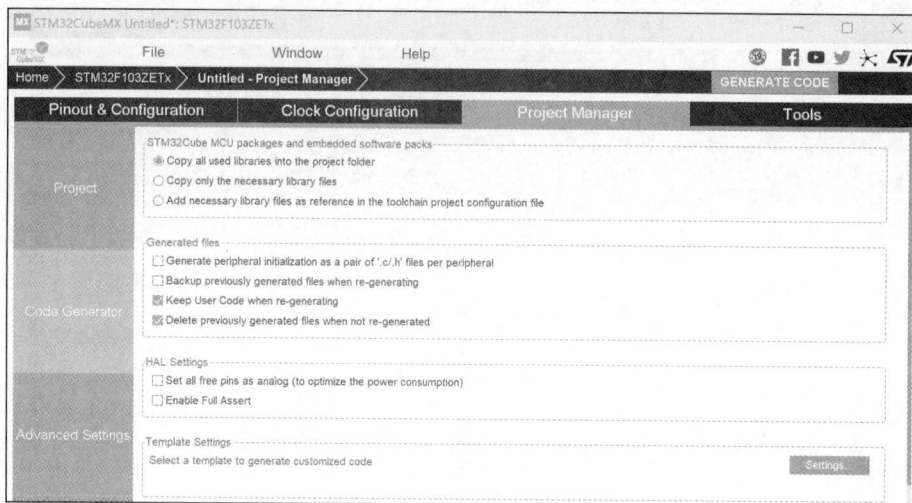

图 5.11　"Code Generator"子菜单

　　如果选中"Copy only the necessary library files"选项，则在导出工程文件时只复制用到的库文件。该选项下复制的库文件较少，但项目开发过程中如果添加了新的外设模块，则需要重新导出。

　　如果选中"Add necessary library files as reference in the toolchain project configuration file"选项，则不复制任何库文件，只会将库文件路径添加到工程中。

　　③　"Advanced Settings"子菜单

　　"Advanced Settings"子菜单用于确定每个外设模块选用哪种库函数（包括 HAL 库或 LL 库），界面下方列出了一些自动生成函数的信息，如图 5.12 所示。

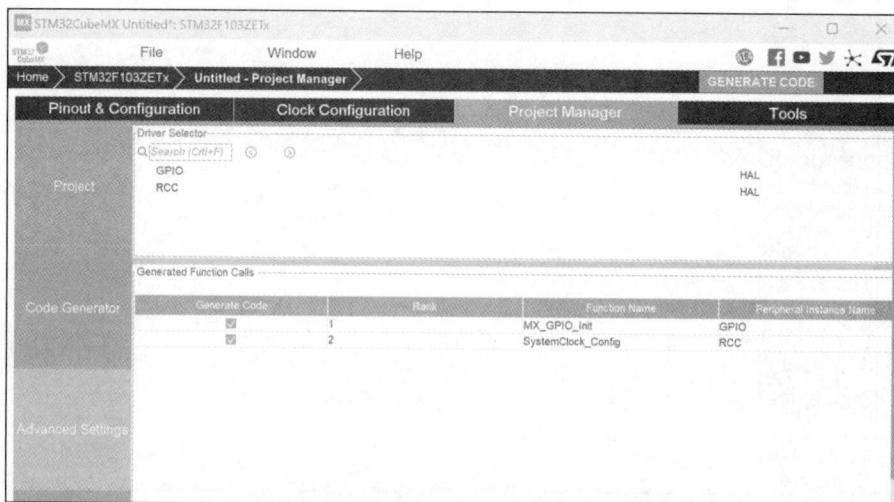

图 5.12　"Advanced Settings"子菜单

3. 导出工程文件

　　MCU 参数和工程参数配置完成后，单击主界面右上角的"GENERATE CODE"按键，STM32CubeMX 会导出相关工程文件到指定目录中。此处"Toolchain/IDE"需要选择"MDK-ARM V5"，再选择"Application Structure"中的任意一个选项即可（仅第一次导出时可选），如果选择的是"Advanced"，则导出的工程文件夹中内容如图 5.13 所示。

"Advanced"结构工程文件夹介绍如下。

① Drivers 目录中存放 HAL 库或 LL 库文件，以及 CMSIS 的相关文件。

② Core 目录中存放与工程相关的其他头文件和源文件，例如用户编写的程序。

③ MDK-ARM 目录中存放 MDK 项目文件，包含引导文件、MDK 工程文件（*.uvprojx）等。双击该目录下的 MDK 工程文件，可以在 Keil MDK 集成开发环境中打开该工程，如图 5.14 所示。

④ test 是 STM32CubeMX 工程文件，双击它可以在 STM32CubeMX 中打开该项目。

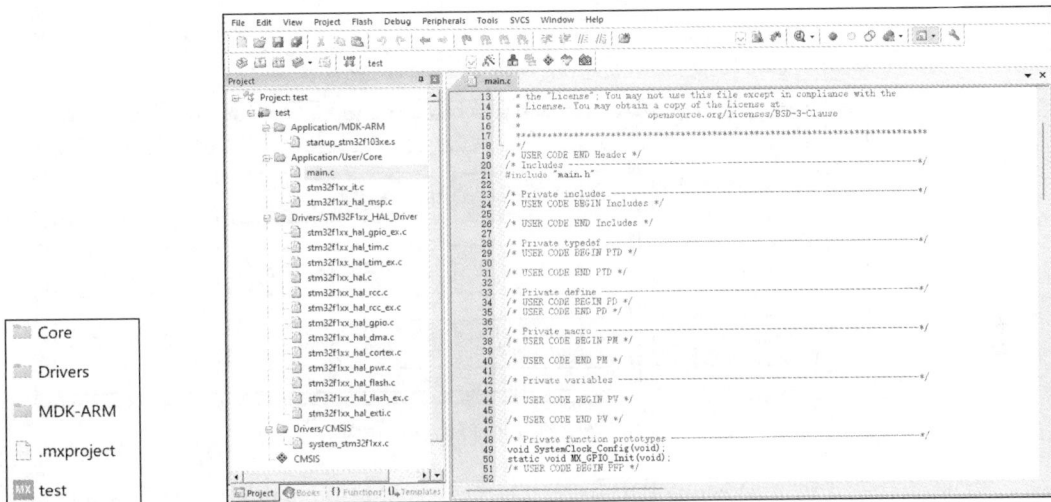

图 5.13　"Advanced"结构工程文件夹　　　　　　　　图 5.14　工程文件

4. 工程文件结构

在 Keil MDK 集成开发环境中打开 STM32CubeMX 导出的工程，其工程文件的结构如图 5.14 中界面左边的树形图所示。下面对该树形图中各个分组的用途稍作解释。

① "Application/MDK-ARM"分组中包含启动文件 startup_stm32f103xe.s。

② "Application/User/Core"分组中包含用户编写的源文件，以及由 STM32CubeMX 自动生成但需要用户修改的源文件，如 main.c 和 stm32f1xx_it.c 文件。

③ "Drivers/STM32F1xx_HAL_Driver"分组中包含了与本项目相关的 HAL 库文件。

④ "Drivers/CMSIS"分组中包含文件 system_stm32f1xx.c，该文件提供了 CMSIS 层处理器初始化所需的函数。

分析 STM32CubeMX 导出的工程文件中的源文件可知，处理器复位后从 startup_<device>.s 开始运行程序，这些程序完成了处理器复位后最主要的工作，包括设置中断向量表和中断处理程序、配置时钟和 I/O 端口、根据配置参数初始化各个外设等，这些初始化工作完成后，处理器就处于一个稳定的工作状态了。最后跳转至 main.c 文件中的 main 函数执行用户程序。

5.2　Keil MDK 集成开发环境

Keil 软件最早是美国 Keil Software 公司推出的用于调试 8051 系列单片机的集成开发环境。它提供了包括 C 编译器、宏汇编、链接器、库管理和仿真调试功能在内的完整开发方案，在 8051 系列单片机的开发过程中得到广泛应用。ARM 公司 2005 年将 Keil Software 公司收购，然后推出了一系列用于调试 ARM7、ARM9 和 Cortex 系列处理器的开发工具，

统称为微控制器开发套件（Microcontroller Development Kit，MDK）。MDK 为基于微控制器的嵌入式系统开发提供了一个完善的开发环境，它易学易用而且功能强大。

ARM 公司有一系列的集成开发环境用于支持不同类型的 ARM 处理器，其中 Keil MDK 主要面向微控制器应用领域，它集成了 CMSIS，适合于调试基于微控制器和实时操作系统的应用。Keil MDK 包括 MDK 工具和软件包（Software Packs）两个组成部分，如图 5.15 所示。

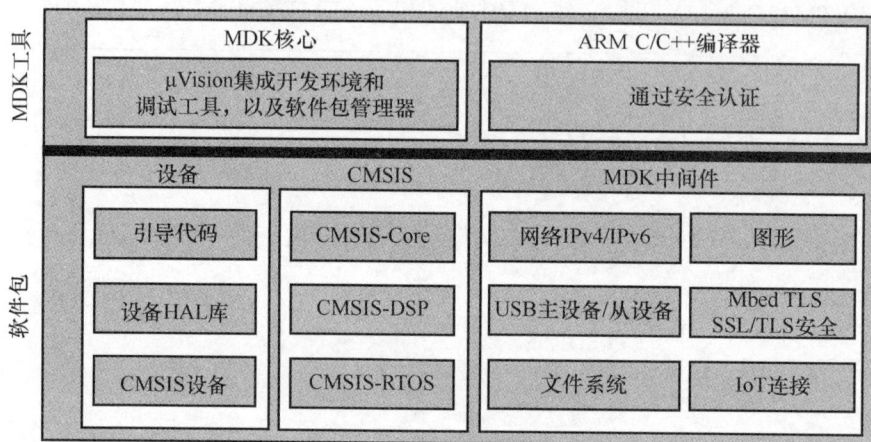

图 5.15　Keil MDK5.x 结构

MDK 工具主要包含 μVision5 IDE 集成开发界面、ARM Compiler5 和 Pack Installer。uVision5 IDE 集成开发界面提供了多个程序编辑和调试的窗口，旨在提高开发人员的编程效率，实现更快、更有效的程序开发。ARM Compiler5 是一个交叉编译器，它整合了 C/C++编译器、汇编器和链接器，并对 ARM 处理器做了特别的优化。Pack Installer 是 Keil MDK 第 5 版新加入的包安装工具，它是一个集成了软件包安装、升级和卸载功能的工具软件。Pack Installer 能够在无须重新安装 MDK 软件的前提下实现 MDK 中各种板级支持包和中间件的管理（包括下载、移除和更新）。

软件包包含了 MDK 中整合的各种软件包，包括板级支持包、CMSIS、中间件和程序模板等，同时还集成了 TCP/IP 协议栈。

Keil MDK 的安装包可以登录 Keil 官网下载，其使用授权可通过 ARM 公司的授权代理商获得。下面以 MDK 5.x 版本为例，简单介绍一下 MDK 的安装过程。

1. 开始安装

双击下载好的安装包，弹出图 5.16 所示的"License Agreement"窗口，选中"I agree to all…"，单击"Next"，进入下一步。

2. 配置软件安装目录

软件安装目录配置界面如图 5.17 所示。Core 是指 Keil MDK 主程序的安装目录，系统默认将其安装到"C:\Keil_v5"目录中。Pack 是指 Keil MDK 安装完成后，由 Pack Installer 下载的软件包的安装目录。安装目录设置好后单击"Next"进入下一步。

3. 填写用户信息

用户信息填写界面如图 5.18 所示，相关信息填写完成后单击"Next"进入下一步。

4. 选择是否安装 ULINK 仿真器驱动

安装过程中会弹出询问用户是否同意安装 ULINK 仿真器驱动的窗口，弹出的界面如图 5.19 所示。

Keil MDK 默认会安装 ULINK 仿真器驱动，此处选择"安装"。该驱动安装完成后，单击"Finish"
完成剩余的安装过程。

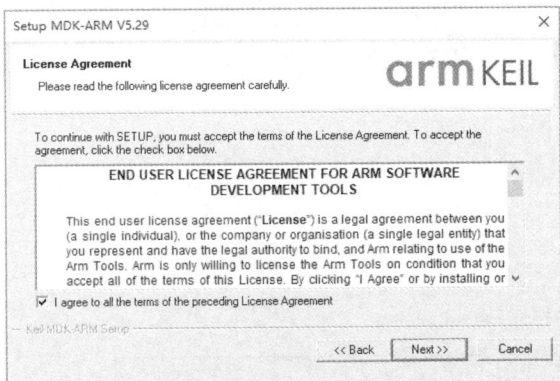

图 5.16 License Agreement 窗口

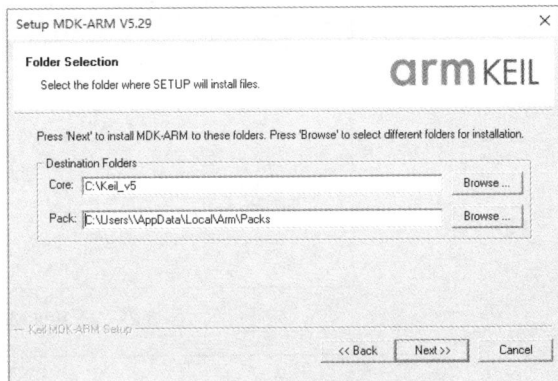

图 5.17 软件安装目录配置界面

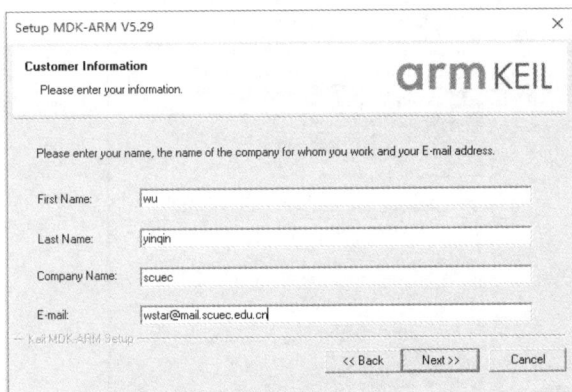

图 5.18 用户信息填写界面

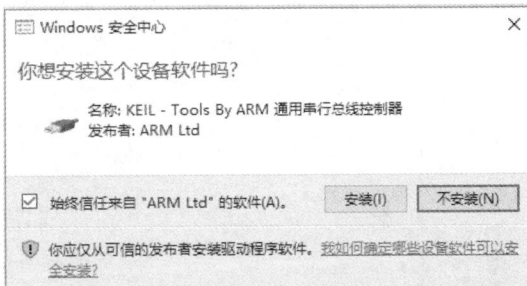

图 5.19 安装 ULINK 仿真器驱动询问窗口

　　Keil MDK 安装完成后，会自动弹出 Pack Installer 的提示窗口，如图 5.20 所示。该窗口也可以通过单击 Keil MDK 菜单栏上的"Project→Manage→Pack Installer"打开，如图 5.21 所示。

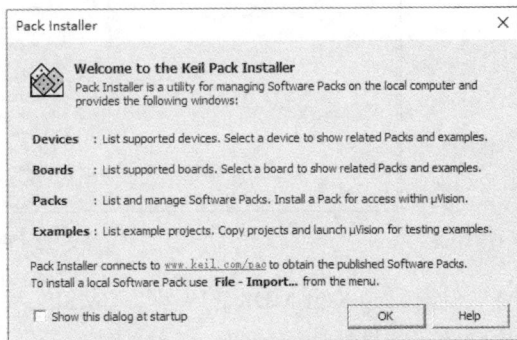

图 5.20 Pack Installer 提示窗口

　　对于 Keil MDK 第 5 版之前的版本，用户在使用第三方软件包（如 SPL 库）时，必须手动下载和安装这些软件包，其安装过程很不方便而且容易出错。Pack Installer 将软件或硬件供应商提供的固件库、CMSIS、中间件、实时操作系统和网络协议栈等软件包整合到一个安装环境中，既方便了软件包的安装和升级，又解决了软件版本兼容性的问题。

　　Pack Installer 运行的主界面如图 5.22 所示，当在左侧窗口中选中某个芯片（Devices）或开发板（Boards）时，右侧窗口中就会列出该芯片或开发板所对应的软件包。在软件包的"Action"属性中，单击"Install"就可以安装对应的软件包。对于已经安装过的软件包，单击"Update"就会对软件包进行升级。若显示"Up to date"则表示这些软件包已经是最新版本。软件包的"Description"属性用于描述该包的用途。

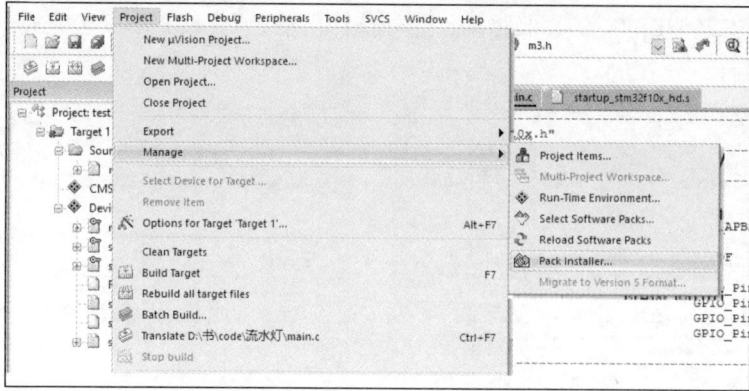

图 5.21　在 Keil MDK 中打开 Pack Installer

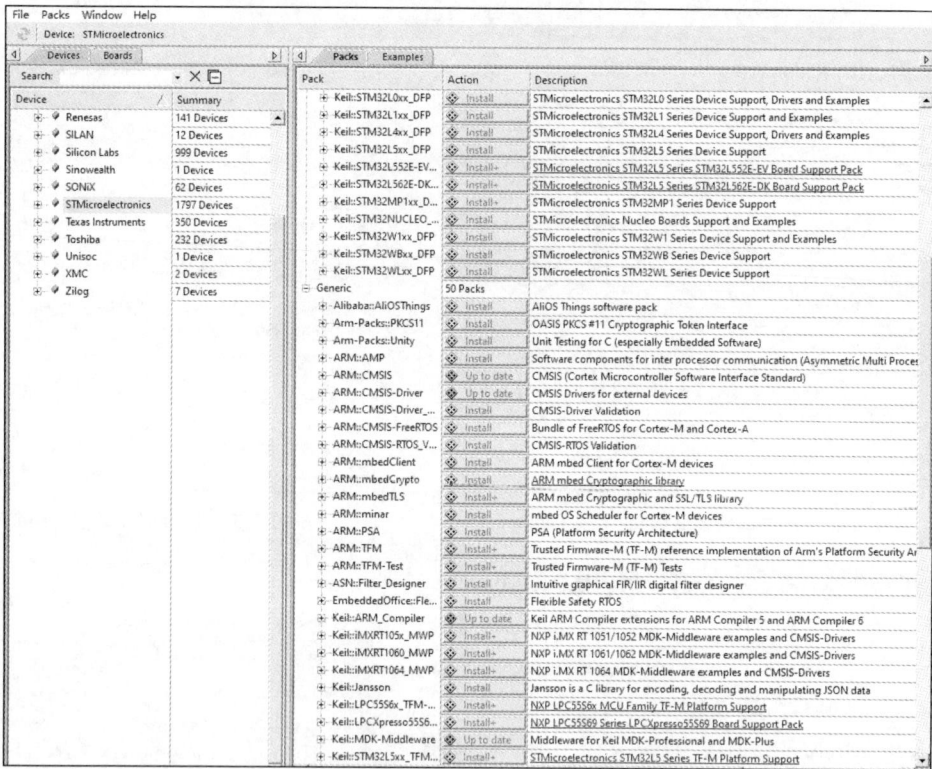

图 5.22　Pack Installer 运行主界面

　　针对每个 Keil MDK 的工程，CMSIS、CMSIS-Driver、ARM_Compiler 和 MDK-Middleware 这 4 个软件包都是默认安装的，其他软件包开发人员可以根据应用需求选择安装。

　　Pack Installer 中有大量的软件包，它们是各种型号处理器的设备驱动包。这些设备驱动包通常由处理器芯片生产厂商提供，每个设备驱动包支持同一个产品子系列的处理器，统称为设备系列支持包（Device Family Pack，DFP）。DFP 符合 CMSIS 标准，包含处理器配置程序、外设驱动和示例程序。例如，开发人员要在 Keil MDK 中开发基于 STM32F103ZETx 处理器的项目，那么应该通过 Pack Installer 安装 STM32F103ZETx 处理器的设备驱动包 STM32F1xx_DFP。安装方法是，首先在界面左侧窗口中选择 STMicroelectronics，然后在右侧窗口中选择"Install"安装 STM32F1xx_DFP，界面右下角会实时提示安装进度。

对于 STM32 系列处理器来说，Keil MDK 中安装的 DFP 和 STM32CubeMX 中导出的设备驱动库在使用时并不矛盾，它们都是由 ST 公司维护的，功能基本相同。虽然 STM32CubeMX 导出的工程中调用了 STM32CubeMX 提供的设备驱动库，但在 Keil MDK 中仍然需要安装对应处理器的 DFP，以便 Keil MDK 在编译和调试过程中能够正确配置处理器参数。

Keil MDK 中的工程可以由用户直接创建，也可以选择使用 STM32CubeMX 自动生成的工程文件源程序。本教材所有案例是由 STM32CubeMX 和 Keil MDK 联合开发完成的，即在 STM32CubeMX 中配置处理器中各种资源的参数，导出包含相关资源初始化和配置程序的工程文件，然后在 Keil MDK 中打开该工程文件，根据任务目标继续对程序进行完善。具体实现方法将在后续章节中结合案例详细介绍。

5.3　软件应用中的常见问题及解决方法

从前文可以看出，基于 Cortex 架构的软件开发工具链是一个庞大的生态系统。这些工具链包括 ARM 公司的 CMSIS 中提供的一套 API 函数接口标准；Keil MDK 集成开发环境提供的 C 编译器、宏汇编、链接器、库管理和仿真调试功能；由 ST 公司提供的图形化操作软件 STM32CubeMX，用来自动生成处理器中各功能模块的初始化和配置程序。对于初学者而言，在开发过程中总会碰到各种问题。下面介绍一些在 STM32 系列处理器程序开发过程中常见的问题或困惑，并提供相应的解决方案，以帮助初学者更快更好地学习。

5.3.1　STM32CubeMX 应用技巧

❓：新建工程选择处理器型号时，每次都需要根据处理器的架构、类别、封装等多种条件进行筛选，过程有些烦琐，有没有更快的途径选中所需的处理器型号？

🔊：有，巧用 "MCU/MPU Selector" 选项卡中左上角的 "★"，如图 5.23 所示。读者第一次在右侧选中所需处理器型号后，单击处理器型号选择列表中对应的 "☆" 变成 "★"，如图 5.24 所示，此时单击界面左上角的 "★"，那么该处理器型号就会被加入私有 "MCUs/MPUs List" 中。以后读者再次新建工程选择该处理器型号时，可以直接单击左上角的 "★"，那么 "MCUs/MPUs List" 中就会显示曾经被加入的处理器型号，如图 5.25 所示，读者可以从中快速地找到所需要的处理器型号。

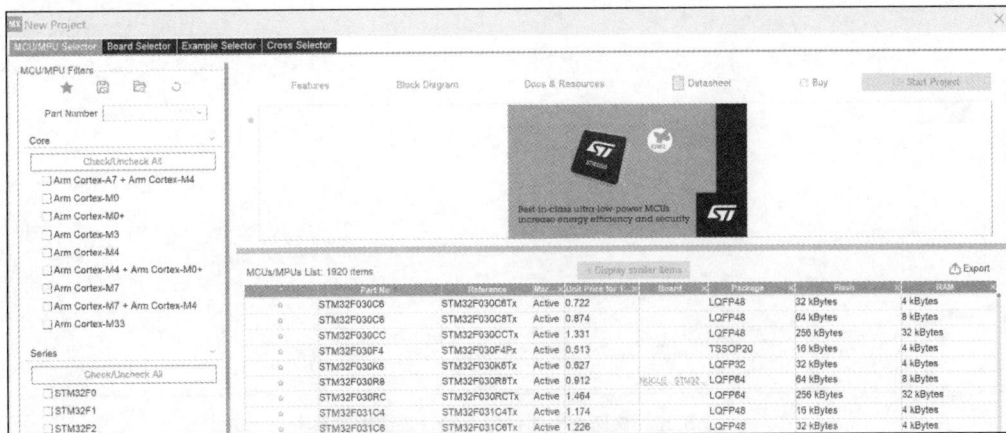

图 5.23　处理器型号选择

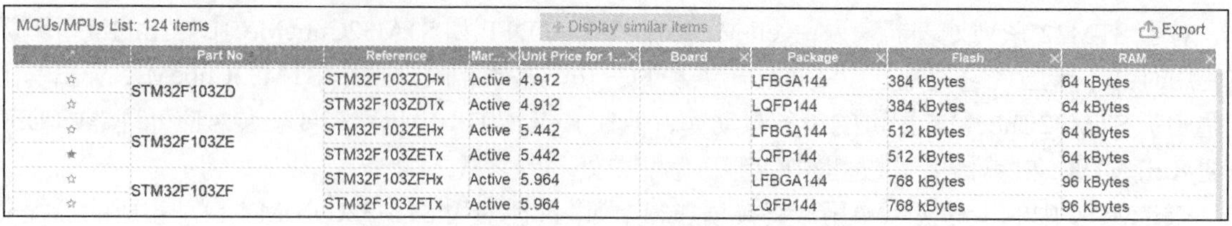

Part No	Reference	Mar...	Unit Price for 1...	Board	Package	Flash	RAM
☆ STM32F103ZD	STM32F103ZDHx	Active	4.912		LFBGA144	384 kBytes	64 kBytes
☆	STM32F103ZDTx	Active	4.912		LQFP144	384 kBytes	64 kBytes
☆ STM32F103ZE	STM32F103ZEHx	Active	5.442		LFBGA144	512 kBytes	64 kBytes
★	STM32F103ZETx	Active	5.442		LQFP144	512 kBytes	64 kBytes
☆ STM32F103ZF	STM32F103ZFHx	Active	5.964		LFBGA144	768 kBytes	96 kBytes
☆	STM32F103ZFTx	Active	5.964		LQFP144	768 kBytes	96 kBytes

图 5.24　选中处理器型号前的"☆"变成"★"

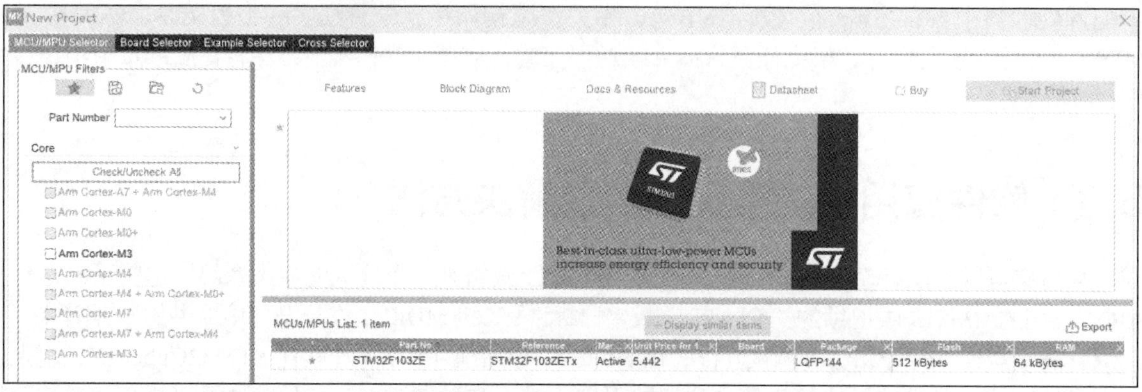

图 5.25　快速寻找处理器型号

❓：配置时钟树，选择时钟树路径上各分频或倍频系数时，可选组合比较多，且有时候组合起来不能满足约束条件，还需要进一步调整。那么有没有简便的方法配置时钟树上的各分频或倍频系数呢？

🔊：有，先根据实际需求理论分析并确定系统时钟频率，然后找到 HCLK（MHz）标识下的矩形框，直接输入该值并按下回车键，也可点击上方的"Resolve Clock Issues"选项，如图 5.26 所示，软件会自动匹配时钟树上的各分频或倍频系数。

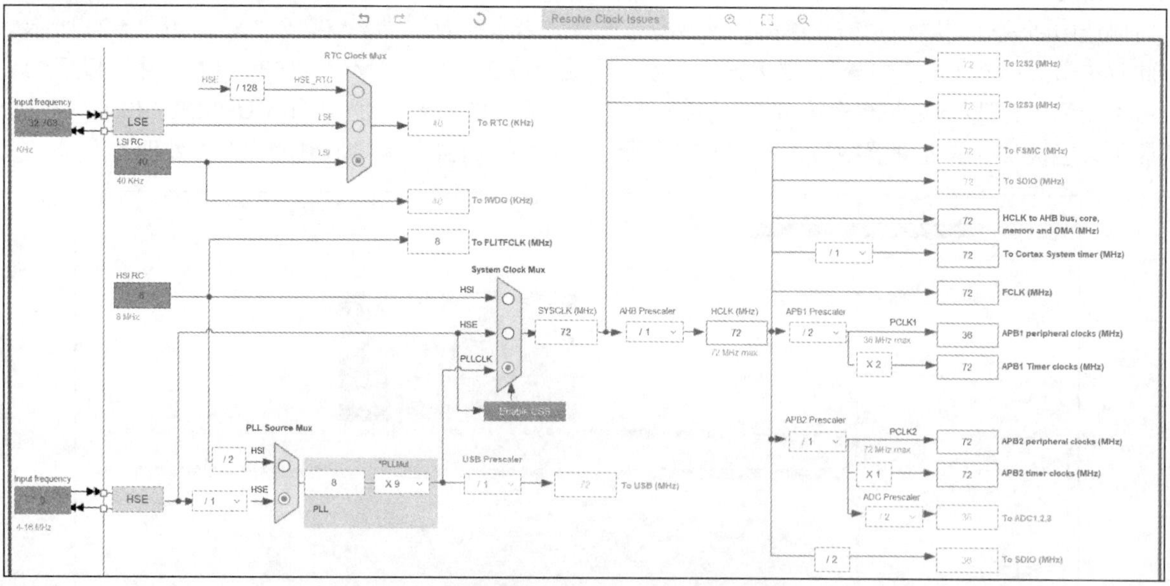

图 5.26　快速配置时钟树上各分频或倍频系数

？：某些场合下，处理器虽然可以正常工作，但是测量得到的输出信号频率（如 DAC 三角波输出频率）始终与理论值不一致，这是为什么呢？

：当碰到系统可以正常工作，但是输出信号实际频率与理论设计频率不一样的情况时，开发人员可以检查一下"Clock Configuration"选项卡中外部高速晶振的输入频率值是否与开发板上实际使用的晶振频率一致。如图 5.27 所示。

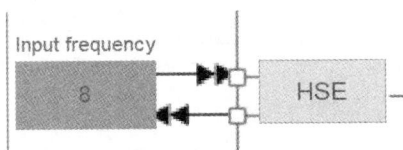

图 5.27　核实 HSE 频率

？：在 STM32CubeMX 软件中设置完各资源参数，单击"GENERATE CODE"按键后，显示程序成功生成，继续单击"Open Project"，却不能打开该工程文件，提示信息如图 5.28 所示，这是什么原因造成的？

：STM32CubeMX 软件默认的导出文件是适合 IAR EWARM 集成开发环境的，而非 Keil MDK 集成开发环境。在"Project"子菜单中的"Toolchain/IDE"栏中选择"MDK-ARM V5"，然后单击"GENERATE CODE"按键生成程序，继续单击"Open Project"，此时就可以在 Keil MDK 集成开发环境中打开 STM32CubeMX 自动导出的工程文件了。

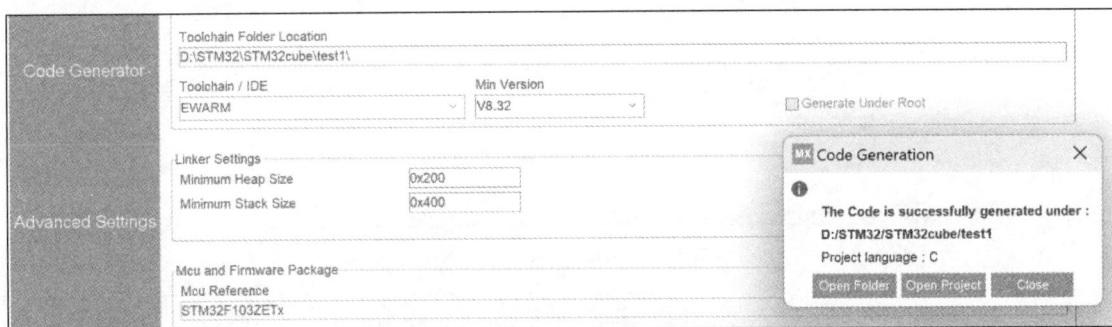

图 5.28　正确选择集成开发环境

？：当"Toolchain/IDE"中选择的是"MDK-ARM V5"时，"Application Structure"中有两个选项"Basic"和"Advanced"，它们有何不同，该选择哪一种呢？

：选择哪一种都可以，看个人使用习惯。若"Application Structure"中选择的是"Basic"，则导出的工程文件夹中内容如图 5.29 所示；若"Application Structure"中选择的是"Advanced"，则导出的工程文件夹中内容如图 5.30 所示。

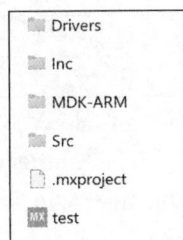

图 5.29　"Basic"结构工程文件夹　　图 5.30　"Advanced"结构工程文件夹

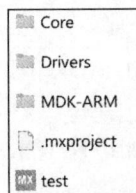

69

"Advanced"结构工程文件夹内容与"Basic"结构工程文件夹内容相同，只是"Basic"结构工程文件夹的 Inc 目录和 Src 目录内容一起存放在了"Advanced"结构工程文件夹的 Core 目录下。

5.3.2　Keil MDK 应用技巧

❓：Keil MDK 集成开发环境中的窗口较多，一不小心丢失了某个窗口，如图 5.31 所示丢失了"Project"窗口，怎么找回来呢？

🔊：单击主菜单上的"Window"下的"Reset View to Defaults"子菜单，如图 5.32 所示。跳出如图 5.33 所示的对话框，单击"Reset"按键，则 Keil MDK 主界面将恢复"Project"窗口，如图 5.34 所示。

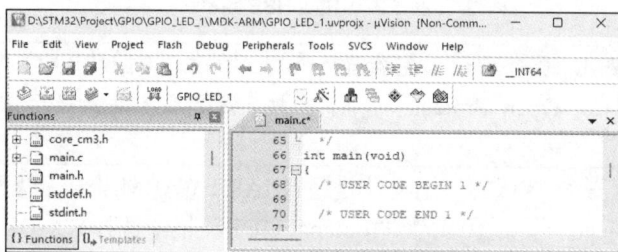

图 5.31　丢失了"Project"窗口

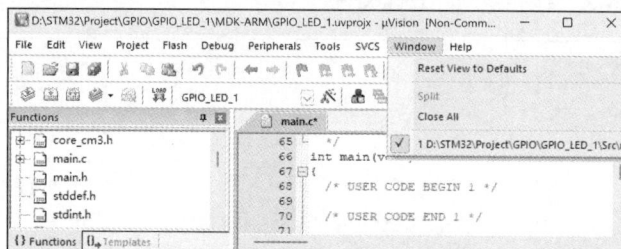

图 5.32　选择"Window"菜单

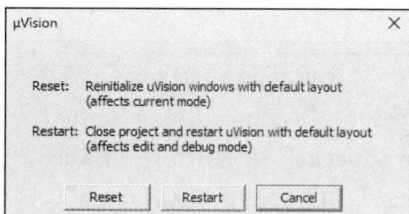

图 5.33　对话框

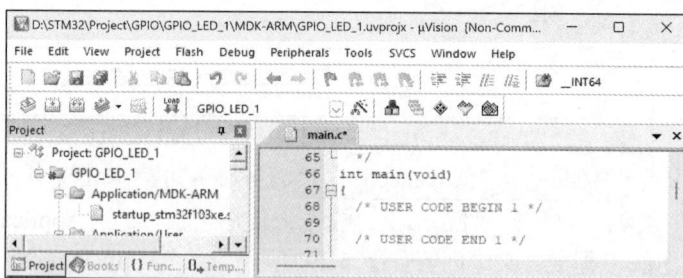

图 5.34　恢复"Project"窗口

❓：Keil MDK 工程中的变量名和函数名都很长，输入时极易出错，有没有什么办法可以减少这方面的错误？

🔊：有，可以配置 Keil MDK 的联想输出功能，快速补全变量名或函数名，节约时间的同时又最大程度地避免了手动输入出错。单击主菜单上的"Edit"下的"Configuration"子菜单，如图 5.35 所示，或单击快捷按键 🖉，即可显示"Configuration"配置界面，如图 5.36 所示，选择"Text Completion"选项卡，勾选"Symbols after 3 Characters"，表示当连续输入 3 个或 3 个以上字符时，开启联想变量名或函数名。当然，此处也可以将"3"改为其他数值。

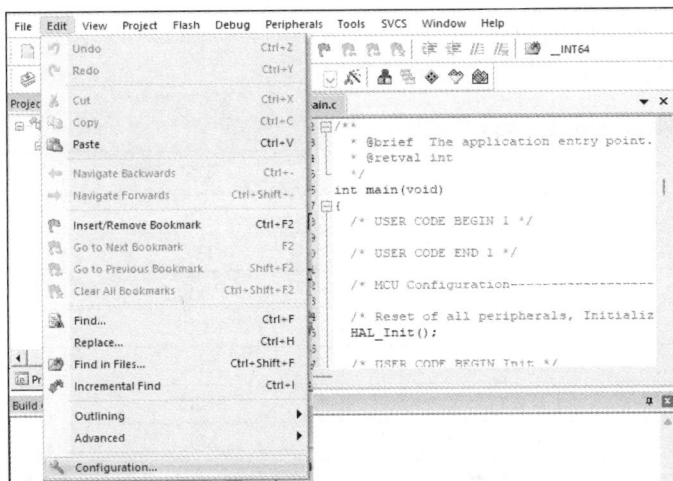

图 5.35　选择"Edit"菜单

例如，需要添加延时 500ms 的语句"HAL_Delay(500);"，就可以在程序待添加处输入字符"hal"，此时所有以字符"hal"（大小写不分）开头的变量名或函数名都会出现在下拉框中，如图 5.37 所示。找到并选中所需要的"HAL_Delay"，单击回车键，"HAL_Delay"函数名就会完整地出现在待添加的程序处了，如图 5.38 所示。此时再按照 C 语言编程规范补全该函数所需的各种信息就可以了，如图 5.39 所示。

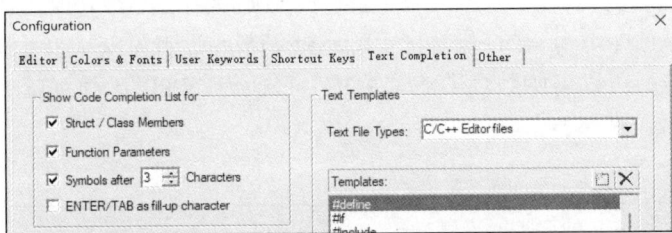

图 5.36　"Configuration"配置界面

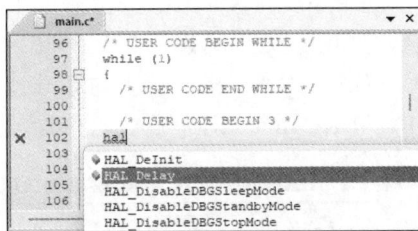

图 5.37　函数联想功能

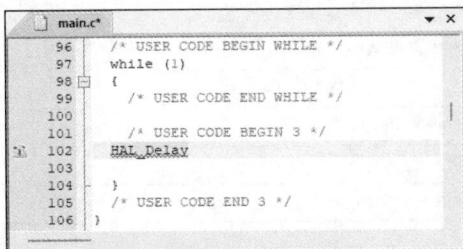

图 5.38　联想函数名完整出现

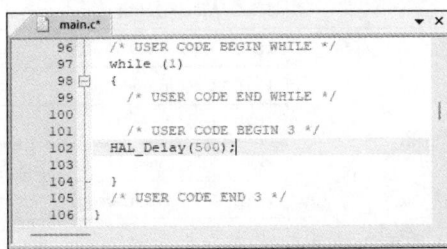

图 5.39　补全联想函数

❓：Keil MDK 工程文件中包含了各种各样的函数和宏定义，有些比较熟悉，有些则不太熟悉，若每次编程时都翻阅手册，会很耗时，如何才能快速了解各函数和宏定义的功能呢？

🔊：HAL 库提供了大量的 API 函数和宏定义，并规定了这些函数和宏定义的使用方法，了解和掌握其中的规律，将大大助力读者的编程工作。

HAL 库中的常规源文件都以"处理器系列" + hal + "外设名称"来命名。例如，STM32F103 处理器对应的设备驱动文件名为 stm32f1xx_hal_ppp.c 和 stm32f1xx_hal_ppp.h，其中 ppp 为外设或功能模块的缩写，缩写规则如表 5.1 所示。

HAL 库文件及函数

以 STM32F103 处理器的 GPIO 端口为例，对应 HAL 库中设备驱动的源文件名为 stm32f1xx_hal_gpio.c。注意，一般情况下文件名用小写，模块名用大写。

表 5.1　产生中断的外设/功能模块名称缩写列表

缩写	外设/功能模块名称	缩写	外设/功能模块名称
ADC	模数转换器	IWDG	独立看门狗
CAN	CAN 总线模块	LTDC	LCD 控制器
CRC	CRC 校验模块	PWR	电源/功耗控制
DAC	数模转换模块	RCC	复位与时钟控制器
DBGMCU	调试接口模块	RTC	实时时钟
DMA	DMA 模块	SDIO	安全数字输入输出接口
EXTI	外部中断事件控制器	SPI	串行外设接口
FLASH	闪存控制器	SYSCFG	系统配置控制器
FSMC	可变静态存储控制器	TIM	高级、通用或基本定时器
GPIO	通用输入输出端口	USART	通用同步/异步收发器
I2C	I2C 总线接口	WWDG	窗口看门狗

下面就 HAL 库中的函数和宏定义的使用方法作简要介绍，读者从中可以了解到 HAL 库中函数和宏定义名称的一些内部规律。

（1）外设 API 函数

通用外设的 API 函数一般由 4 种类型的函数构成：初始化和注销函数、I/O 操作函数、控制函数及状态和错误处理函数。表 5.2 列出了 HAL 库中为 ADC 模块提供的 API 函数，读者可以从中了解一下 HAL 库函数的功能，对于其他外设，可以将函数名中的"ADC"替换为"PPP"，例如函数"HAL_DAC_Init"即为 DAC 的初始化函数。

表 5.2　HAL 库中针对 ADC 模块的 API 函数

类型	函数名称	功能描述
初始化和注销函数	HAL_ADC_Init	外设初始化，包括涉及的时钟、GPIO 等
	HAL_ADC_DeInit	注销设备，将外设恢复到默认状态，释放相关软件和硬件资源
I/O 操作函数	HAL_ADC_Start	以轮询方式启动 ADC 采样
	HAL_ADC_Stop	停止轮询方式下的 ADC 采样
	HAL_ADC_Start_IT	以中断方式启动 ADC 采样
	HAL_ADC_Stop_IT	停止中断方式下的 ADC 采样
	HAL_ADC_IRQHandler	ADC 的中断处理函数
	…	…
控制函数	HAL_ADC_ConfigChannel	配置 ADC 采样时使用的通道
	HAL_ADC_AnalogWDGConfig	配置 ADC 采样时使用的模拟看门狗
状态和错误处理函数	HAL_ADC_GetState	读取 ADC 的工作状态
	HAL_ADC_GetError	读取中断处理过程中 ADC 发生的错误

除了外设的初始化和注销函数以外，HAL 库还提供了用于 HAL 核心初始化和注销的函数，分别是 HAL_Init 和 HAL_DeInit 函数。这两个函数在 stm32f1xx_hal.c 中定义，其中 HAL_Init 函数需要在用户程序的开始位置调用，它负责初始化数据和指令缓存，配置中断优先级组，设置 SysTick，并通过回调函数初始化底层硬件（如 Clock、GPIOs、DMA 和中断）；HAL_DeInit 函数则将所有外设恢复

到初始状态。

HAL 库提供的 API 函数通常是在用户程序中调用,特殊情况下也可以在中断处理程序中调用(如 DMA 中断)。

（ 2 ）中断相关的函数和宏定义

HAL 库的中断处理函数在 stm32f1xx_it.c 中定义，函数名为 HAL_PPP_IRQHandler，HAL 库中有关处理中断和时钟控制的宏定义在 stm32f1xx_hal_ppp.h 中定义，表 5.3 中列出了常用中断和时钟控制的宏定义。

表 5.3　常用中断和时钟控制的宏定义

宏定义名称	功能	宏定义名称	功能
__HAL_PPP_ENABLE_IT	开启指定外设的中断	__HAL_PPP_CLEAR_FLAG	清除指定外设的标志状态
__HAL_PPP_DISABLE_IT	禁止指定外设的中断	__HAL_PPP_ENABLE	使能指定外设
__HAL_PPP_GET_IT	获取指定外设的中断状态	__HAL_PPP_DISABLE	禁用指定外设
__HAL_PPP_CLEAR_IT	清除指定外设的中断状态	__HAL_PPP_XXXX	特殊外设的宏定义
__HAL_PPP_GET_FLAG	获取指定外设的标志状态	__HAL_PPP_GET_IT_SOURCE	检查特定外设的中断源

❓：Keil MDK 工程文件中包含了大量函数，而且其函数名由多个部分组成，很容易忘记或混淆，那有没有什么办法可以快速找到这些函数的全名呢？

🔊：有，可以巧用主界面左侧 "Functions" 窗口，如图 5.40 所示。该窗口可以显示工程文件中所有的函数名。

如要实现某 GPIO 端口的状态翻转，分析可知此操作属于对 GPIO 端口的直接控制。因此，在 "Functions" 窗口列表中找到 stm32f1xx_hal_gpio.c 文件，单击前面的 "+" 展开文件内容，此时窗口中就会显示该文件中包含的所有函数，如图 5.41 所示。由函数名的命名规则可知，实现 GPIO 端口状态翻转函数的函数名是 "HAL_GPIO_TogglePin"，将该函数名复制到程序添加处，最后按照 C 语言编程规范补全该函数所需的各种信息就可以完成操作了。

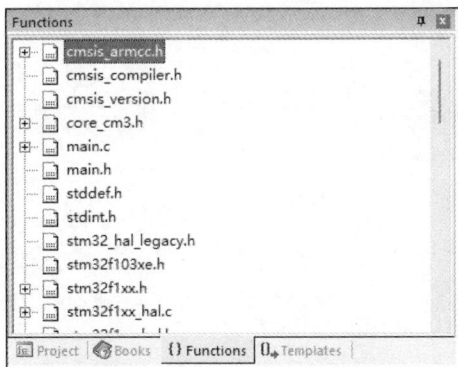

图 5.40　"Functions" 窗口

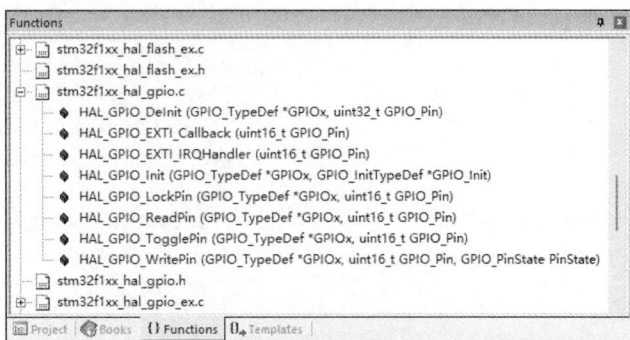

图 5.41　函数列表

❓：编写 Keil MDK 工程功能程序时，很多函数都需要输入一个或多个实参，且多数实参是已定义的宏名称，手动输入很容易出现错误，那么该如何减少实参输入错误的发生呢？

🔊：HAL 库中函数书写比较规范，在每个函数定义之前，一般都存在有关该函数的注释语句，这些语句描述了该函数实现功能、各入口参数及返回值等相关信息。

以函数 HAL_GPIO_TogglePin(GPIO_TypeDef *GPIOx, uint16_t GPIO_Pin)为例，首先可以根据前面介绍的方法，在左侧 "Functions" 窗口中快速找到该函数，双击其函数名，则右侧程序窗口会自动跳到该函数定义处显示，如图 5.42 所示。

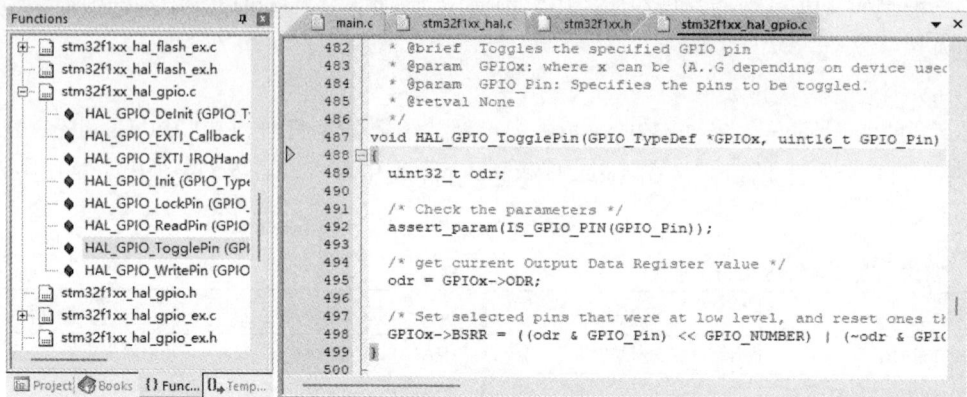

图 5.42　函数定义处显示窗口

此时，仔细阅读有关该函数的注释说明，调用函数 HAL_GPIO_TogglePin(GPIO_TypeDef *GPIOx, uint16_t GPIO_Pin)需要输入两个实参，一个实参是 GPIO 分组的指针 GPIOx，另一个实参是引脚在组内的编号 GPIO_Pin。

```
/**
  * @brief  Toggles the specified GPIO pin
  * @param  GPIOx: where x can be (A..G depending on device used) to select the GPIO
peripheral
  * @param  GPIO_Pin: Specifies the pins to be toggled.
  * @retval None
  */
```

HAL 库文件 stm32f103xe.h 和 stm32f1xx_hal_gpio.h 中，分别给出了所有 GPIO 分组的指针和组内引脚编号的宏定义。

```
/** @addtogroup Peripheral_declaration
  * @{
  */
…
#define GPIOA               ((GPIO_TypeDef *)GPIOA_BASE)
#define GPIOB               ((GPIO_TypeDef *)GPIOB_BASE)
#define GPIOC               ((GPIO_TypeDef *)GPIOC_BASE)
…
#define GPIOG               ((GPIO_TypeDef *)GPIOG_BASE)
/**
  * @}
  */

/** @defgroup GPIO_pins_define GPIO pins define
  * @{
  */
#define GPIO_PIN_0          ((uint16_t)0x0001)  /* Pin 0 selected    */
#define GPIO_PIN_1          ((uint16_t)0x0002)  /* Pin 1 selected    */
#define GPIO_PIN_2          ((uint16_t)0x0004)  /* Pin 2 selected    */
#define GPIO_PIN_3          ((uint16_t)0x0008)  /* Pin 3 selected    */
…
#define GPIO_PIN_15         ((uint16_t)0x8000)  /* Pin 15 selected   */
```

```
#define GPIO_PIN_All            ((uint16_t)0xFFFF)  /* All pins selected */

#define GPIO_PIN_MASK           0x0000FFFFu/* PIN mask for assert test */
/**
  * @}
  */
```

可见，调用函数 HAL_GPIO_TogglePin 需要的两个实参，一个需从 GPIOA、GPIOB、…、GPIOG 中选择，另一个需从 GPIO_PIN_0、GPIO_PIN_1、…、GPIO_PIN_MASK 中选择。

例如，实现引脚 PF6 状态翻转的语句如下。

```
HAL_GPIO_TogglePin(GPIOF,GPIO_PIN_6);
```

❓：在 STM32CubeMX 和 Keil MDK 联合开发过程中，不可避免地会出现在 Keil MDK 中编写功能性程序时，需要修改某些资源的参数配置，此时就需要停止编程工作，回到 STM32CubeMX 重新配置参数，并生成新的工程文件，此时之前编辑过的程序有可能被还原，有没有什么办法可以避免这种情况的发生？

🔊：有。在 STM32CubeMX 自动生成的源文件中，预留了大量用户填写程序的区域，通过"/*USER CODE BEGIN…*/"和"/*USER CODE END…*/"来标注，如/* USER CODE BEGIN Includes */和/* USER CODE END Includes */、/* USER CODE BEGIN 3 */和/* USER CODE END 3 */等。

开发人员可以在预留区域配对的 BEGIN 和 END 之间添加程序，当 STM32CubeMX 再次导出该工程时，这些预留区域内的程序能够被保留下来。

❓：编写 C 语言程序时，程序的格式规整是非常重要的，规整的程序可以大大提高其可读性和可维护性，从而提高开发效率和程序质量。程序编写过程中需要注意哪些格式规范呢？

🔊：下面是一些关于调整程序格式的建议，仅供读者参考。

（1）缩进

缩进是程序规整的基础，可以帮助开发者更好地理解程序的层次结构，一般可使用 4 个空格作为缩进。单击主菜单上"Edit"下的"Configuration"子菜单或快捷按键🔧，在"Configuration"的配置界面中选择"Editor"选项卡，"Tab size"选择"4"，表示按下一个 Tab 键相当于一次填充 4 个空格，如图 5.43 所示。

此外，也可以选中待缩进的程序行或段落，单击快捷按键（右缩进）或（左缩进），每操作一次程序行或段落会整体缩进"Tab size"中数值个空格。

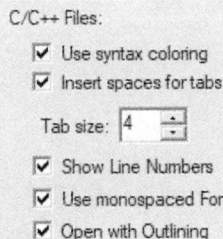

图 5.43　"Tab size"的选择

（2）空格

一般来说，可以在运算符、逗号、分号等符号的前后加上空格，这样可以使程序更加清晰易读。CMSIS 和 HAL 库文件中程序的书写基本都遵守该规则，示例程序如下。

```
void HAL_GPIO_TogglePin(GPIO_TypeDef *GPIOx, uint16_t GPIO_Pin)
…
GPIOx->BSRR = ((odr & GPIO_Pin) << GPIO_NUMBER) | (~odr & GPIO_Pin);
…
```

（3）注释

注释是程序中非常重要的一部分，它可以帮助开发者更好地理解程序的含义和作用。注释一般写在程序的上方或右侧，并且应该使用清晰明了的语言。示例程序如下。

```
/* Definitions for bit manipulation of CRL and CRH register */
#define  GPIO_CR_MODE_INPUT             0x00000000u /*!< 00: Input mode (reset state)  */
```

```
#define  GPIO_CR_CNF_ANALOG            0x00000000u /*!< 00: Analog mode   */

#define  GPIO_CR_CNF_INPUT_FLOATING    0x00000004u /*!< 01: Floating input (reset state) */
```
...

此外，Keil MDK 提供了快捷按键 ▯▤ 和 ▥▤，可以实现快速注释和取消注释的功能。使用时，只要选中注释区域，然后单击相应的快捷按键即可。

（4）命名规范

前文已经提及 CMSIS 和 HAL 库文件中的函数、变量、宏定义等都是按照一定规则命名的，开发人员自己定义的函数、变量、宏定义等也需要按照一定的规则命名，这样程序会更加易读和易于维护，后面章节将结合具体的案例进行讲解。

> ❓：在给 Keil MDK 中的程序注释时，部分开发人员还是习惯使用中文输入注释。当输入中文时，若显示 "??…"，如图 5.44 所示，该怎么处理？

🔊：Keil MDK 默认的字符集编码方式是 "Encode in ANSI"，该编码方式会导致部分汉字显示出错。将字符集编码方式换成 "Chinese GB2312(Simplified)" 就可以了。

```
/* USER CODE BEGIN 3 */
HAL_GPIO_TogglePin(LED1_GPIO_Port,LED1_Pin);  //??????|
```

图 5.44　中文显示出错

单击主菜单上 "Edit" 下的 "Configuration" 子菜单或快捷按键 🔧，在 "Configuration" 的配置界面中选择 "Editor" 选项卡，"Encoding" 选择 "Chinese GB2312(Simplified)"，如图 5.45 所示。此时再回到注释处输入中文，就可以成功显示中文内容了，如图 5.46 所示。

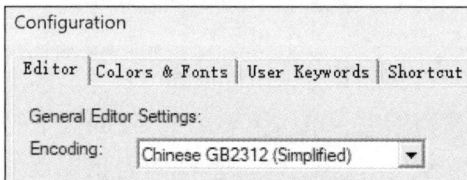

```
Configuration
  Editor | Colors & Fonts | User Keywords | Shortcut
  General Editor Settings:
  Encoding:    Chinese GB2312 (Simplified)     ▼
```

图 5.45　选择字体编码方式

```
/* USER CODE BEGIN 3 */
HAL_GPIO_TogglePin(LED1_GPIO_Port,LED1_Pin);  //引脚状态翻转
```

图 5.46　中文显示正确

> ❓：在 Keil MDK 中如果要查看某函数或变量定义的具体内容，有没有快速的方法呢？

🔊：可以巧用 "Browse information" 功能，快速定位到函数或变量被定义的地方。单击主菜单上 "Project" 下的 "Options for Target '…'" 子菜单或快捷按键 🔩，在该配置界面中选择 "Output" 选项卡，勾选 "Browse information"，如图 5.47 所示。

编译工程，选中待查找的函数名或变量名，单击鼠标右键，选择 "Go To Definition Of '…'"，如图 5.48 所示，那么程序窗口会自动跳到该函数名或变量名定义处显示，如图 5.49 所示。

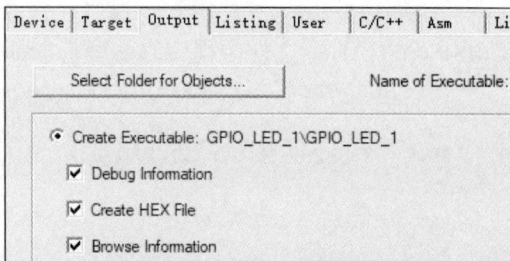

```
Device | Target | Output | Listing | User  | C/C++ | Asm | Li

  Select Folder for Objects...           Name of Executable:

  ⦿ Create Executable: GPIO_LED_1\GPIO_LED_1
    ☑ Debug Information
    ☑ Create HEX File
    ☑ Browse Information
```

图 5.47　勾选 "Browse information"

另外，在查阅程序的过程中，读者可巧用快捷按键 ⬅（返回之前一个位置）和 ➡（前进到下一个位置），这两个快捷按键的灵活应用会大大提高查阅程序的速度。

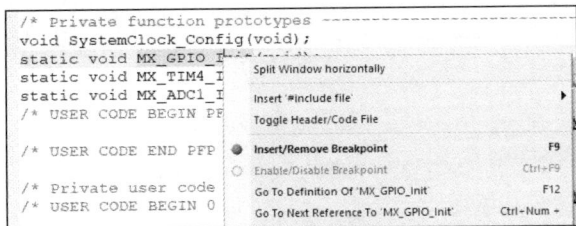

图 5.48　选中"Go To Definition Of '…'"

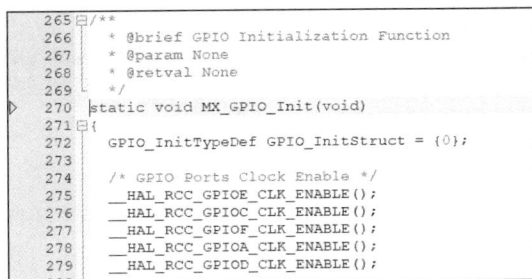

图 5.49　显示跟踪程序

❓：工程文件已经编译成功，仿真器也按要求连接好，但下载目标程序时出错，该如何检查呢？

🔊：如果下载时出现如图 5.50 所示的各种错误信息，建议检查一下"Debug"选项卡，在确定该选项卡的内容设置正确后，再下载目标程序。

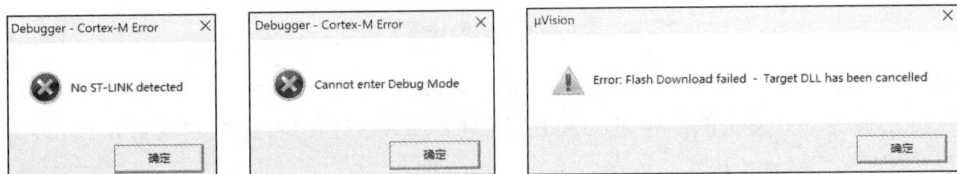

图 5.50　错误信息

单击图标 ，在"Options for Target '…'"的配置界面中选择"Debug"选项卡，界面如图 5.51 所示，该界面用于配置调试参数。界面左侧部分用于纯软件仿真时的参数设置，界面右侧部分用于仿真器调试时的参数设置。"Debug"选项卡中的大部分参数可以选择系统默认值。

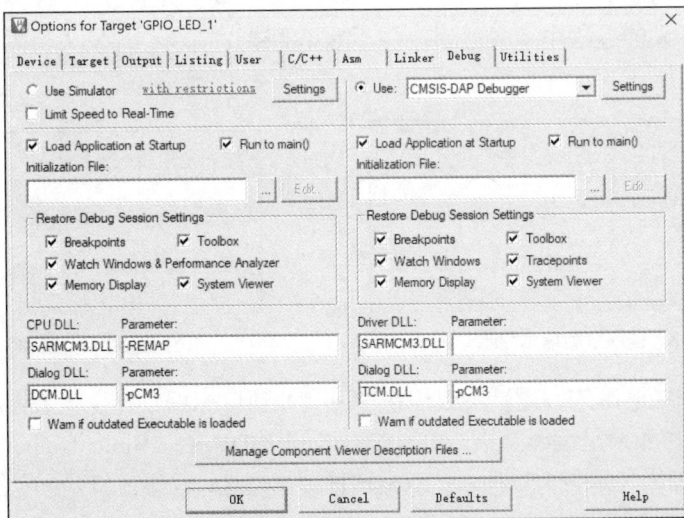

图 5.51　"Debug"选项卡

"Use Simulator"选项用于选择是否使用 Keil MDK 自带的软件仿真工具进行仿真，这是一种纯软件的仿真，程序并没有真正运行在开发板上。"Limit Speed to Real-Time"选项用于选择软件仿真时，仿真对象的处理器时钟是否与当前 PC 时钟同步。

"Use"选项用于选择使用何种仿真器进行程序下载和调试，开发人员可在下拉列表中选择要使用的仿真器。本书中所有案例选用的仿真器为 mini HSDAP 仿真器，所以此处选择"CMSIS-DAP Debugger"。选择好仿真器后，单击右侧的"Settings"按键，会弹出该仿真器的参数配置界面，如图 5.52 所示。

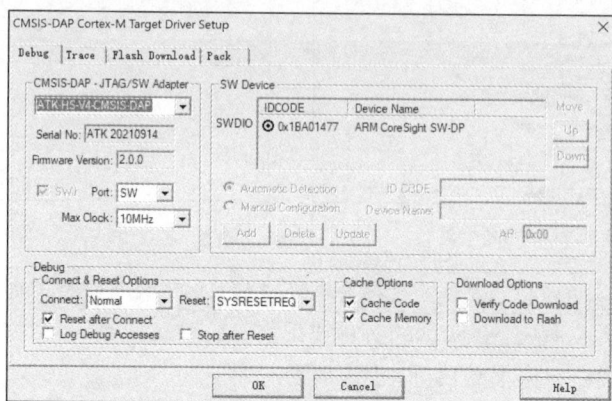

图 5.52　仿真器参数配置

"Debug"配置界面中，如果仿真器连接正常，该界面左上角会显示仿真器的相关参数。"Port"选项用于选择仿真器与开发板的连接是 JTAG 方式还是 SW 方式，若使用的是 mini HSDAP 仿真器，此处需选择"SW"。"Max Clock"选项用于设置仿真器与开发板的通信速率。其余参数一般采用系统默认配置。

在确定仿真器连接正常，且程序编译成功生成目标程序后，就可以单击主菜单上"Flash"中的"Download"或快捷按键 🔧 下载程序。同时，MDK 的"Build Output"窗口会显示下载的相关信息，如图 5.53 所示。

❓：下载目标程序时，若出现如图 5.54 所示的错误信息，是什么原因造成的呢？

🔊：在嵌入式开发的过程中，会遇到一些不常见的错误提示，开发人员需要分析提示信息并定位产生错误的具体原因。

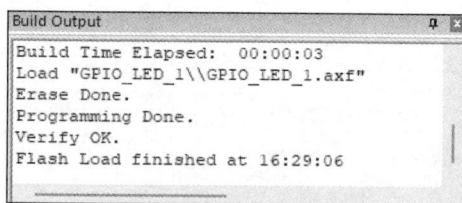

图 5.53　程序下载信息显示

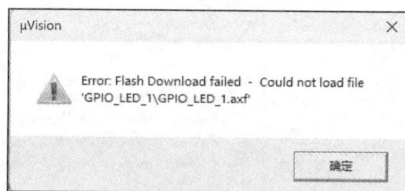

图 5.54　出错信息

从图 5.54 提示的错误可知，这是下载程序时没有找到目标程序，也就是程序没有执行编译，或编译了但是没有成功。如果是编译出错，可以查看 Keil MDK 的"Build Output"窗口，该窗口内显示了出错行的行数及原因，如图 5.55 所示。双击该行错误信息，程序窗口就可定位至该行，改正即可。

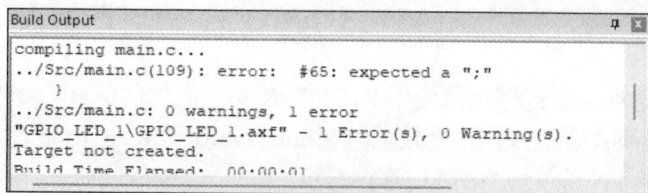

图 5.55　编译程序错误信息

　　此外，Keil MDK 也提供了代码提示与语法检测功能，可以在"Configuration"界面中的"Text Completion"选项卡下进行配置，一般是默认开启的。若在编写程序过程中，出现了函数名、变量名、语法等错误，那么在该代码行的行号前就会显示一个红色的"×"，如图 5.56 所示。当出错的代码修改正确后，红色的"×"也会随之消失。

```
101    while (1)
102    {
103      /* USER CODE END WHILE */
104
105      /* USER CODE BEGIN 3 */
106      HAL_GPIO_TogglePin(LED1_GPIO_Port,LED1_Pin);
× 107    HAL_Delay(500)
108    }
109    /* USER CODE END 3 */
110  }
```

图 5.56　程序错误提示

　　另外，当编译程序出现了较多的 error 或 warning 时，建议按照从上往下的顺序依次解决问题。

5.4　习题

1. STM32CubeMX 辅助开发工具的作用是什么？
2. Keil MDK 软件包括哪几个部分？简述一下各部分的特点及用途。
3. Keil MDK 中 DFP 的作用是什么？如何安装 DFP？
4. STM32 处理器启动文件的主要功能是什么？
5. ST 公司提供 HAL 函数包，实现硬件接口的抽象，请试着分析以下几个函数的功能是什么。
   ① HAL_StatusTypeDef HAL_UART_Init(…);
   ② void HAL_UART_RxCpltCallback(…);
   ③ HAL_StatusTypeDef HAL_UART_Transmit_DMA(…);
   ④ HAL_StatusTypeDef HAL_UART_Receive_IT(…);
   ⑤ HAL_UART_StateTypeDef HAL_UART_GetState(…);
6. 根据图 5.57 中 Keil 软件调试窗口的内容，分析 STM32 处理器当前处于哪种工作模式？使用的是哪种堆栈指针？

```
Internal
   Mode        Thread
   Privilege   Privileged
   Stack       MSP
   States      47244642043
   Sec         4724.46420430
```

图 5.57　Keil 软件调试窗口

7. 在 Keil MDK 软件中对 STM32 处理器程序进行编译、调试、下载的过程中，总会碰到各种各样的错误信息，请解释产生下面错误信息的原因。

`../Src/main.c(117): error: #167: argument of type "const uint16_t *" is incompatible with parameter of type "uint32_t *"`

8. 根据图 5.58 所示 Keil 软件调试窗口的内容，分析当前程序指针寄存器（或程序计数器）的值是多少？

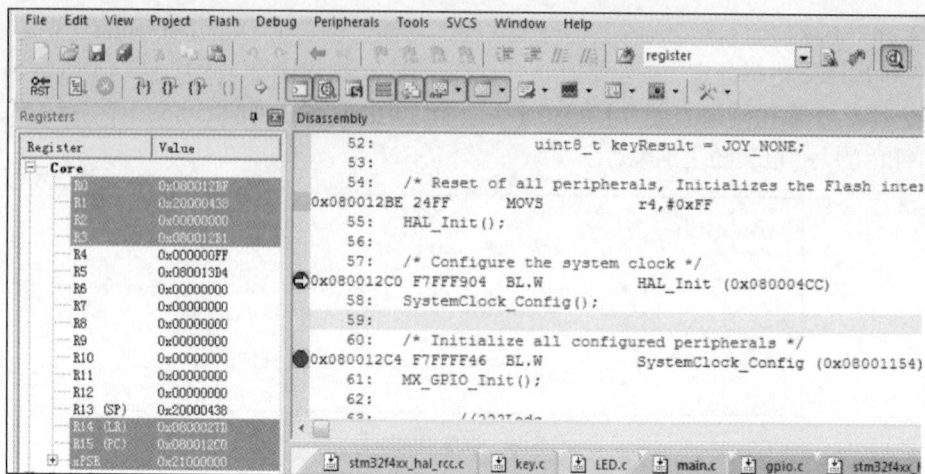

图 5.58　Keil 软件调试窗口

第 6 章　通用输入输出端口

6.1　STM32 处理器的 GPIO 端口

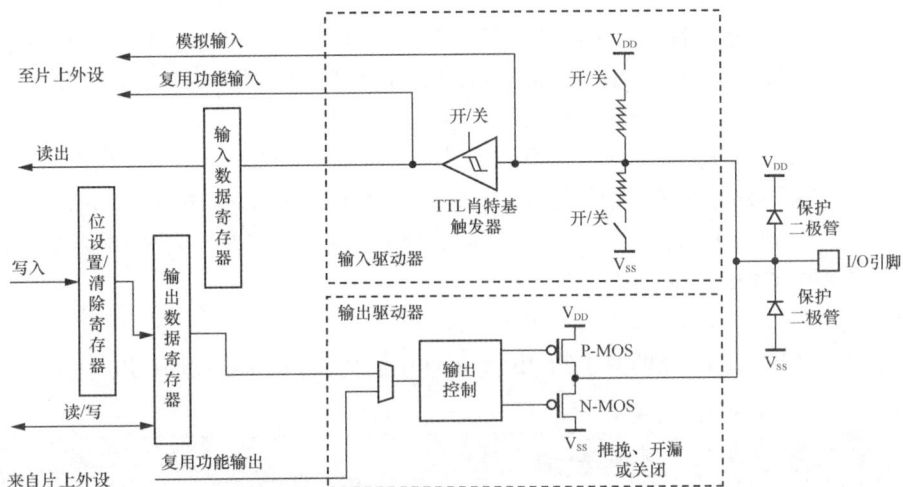

在 3.5 节中阐述了处理器的引脚的功能，其中 GPIO 端口占据了嵌入式处理器的大部分引脚。在处理器复位后的引导过程中，需要正确设置 GPIO 对应的引脚功能。才能保证处理器中各个外设模块正常工作。STM32F1 系列处理器的 GPIO 端口电路结构如图 6.1 所示。

图 6.1　GPIO 端口电路结构

GPIO 引脚的具体功能可以通过一系列的寄存器和开关来设置，常用的 GPIO 端口工作模式共有 8 种，如表 6.1 所示。

GPIO 端口使用时，还需要注意以下一些问题。

① 处理器复位后，GPIO 端口的复用功能不会自动开启。除部分特殊功能的 GPIO 引脚外（如 JTAG 引脚），其余 GPIO 引脚都默认被配置成浮空输入模式。

② GPIO 引脚可作为中断源，此时对应 GPIO 端口必须配置成输入模式。

③ 单个 GPIO 引脚输出的最大电流不能超过 25mA（拉电流和灌电流都不能超过 25mA），处理器芯片总输入电流不能超过 240mA。

④ 输出模式下，GPIO 端口有 3 种输出速度可以选择：2MHz、10MHz 和 50MHz。这个速度是指 I/O 口驱动电路的响应速度，通常输出速度越高，噪声越大，功耗越高，电磁干扰也越强。为了节约功耗和降低干扰，GPIO 引

脚的输出速度配置需要跟该引脚上输出信号的特征相匹配。例如，将串口的波特率设置为 115.2kbit/s 时，串口对应的 GPIO 引脚输出速度配置成 2MHz 就足够了；而对于通信速率为 9Mbit/s 的 SPI 接口来说，如果其对应 GPIO 引脚输出速度配置成 2MHz 就会导致波形失真。

表 6.1　GPIO 端口工作模式

工作模式	特点及应用
浮空输入	断开上拉和下拉电阻，读入的值完全由外部输入决定，若引脚悬空，输入值不确定
上拉输入	接通上拉电阻，断开下拉电阻，若引脚悬空，默认输入是高电平
下拉输入	接通下拉电阻，断开上拉电阻，若引脚悬空，默认输入是低电平
模拟输入	断开上拉和下拉电阻，直接将引脚上的模拟信号输入到片上外设模块，如 ADC、DAC
开漏输出	关闭 P-MOS 管，输出信号经过 N-MOS 管输出到引脚。输出高电平时，N-MOS 管关闭，此时引脚上的电平由电路决定；输出低电平时，N-MOS 管导通，此时引脚的电平就是低电平。在输出的同时，引脚上的电平也可以通过输入电路进行读取，读取的值取决于引脚上的电压
开漏复用输出	与开漏输出功能相同。只是输出的高低电平来源于外设模块，具体是何种外设模块由 GPIO 的复用功能来选择
推挽输出	同时开启 P-MOS 管和 N-MOS 管。输出高电平时，P-MOS 管导通，N-MOS 管关闭，此时引脚上输出高电平；输出低电平时，P-MOS 管关闭，N-MOS 管导通，此时引脚上输出低电平。在输出的同时，引脚上的电平也可以通过输入电路进行读取，读取的值与 MOS 管输出的电平相同
推挽复用输出	与推挽输出功能相同。只是输出的高低电平来源于外设模块，具体是何种外设模块由 GPIO 的复用功能来选择

此外，STM32 处理器 GPIO 端口的使用非常灵活，处理器中外设模块的输入输出信号可以分配到不同 GPIO 引脚上。例如，串行通信接口的 USART1_TX 信号可以分配给 PA9 或者是 PB6，这种做法在硬件设计过程中为电路板布线带来了很大的便利。

那么如何查询 GPIO 端口具体有哪些功能呢？这需要阅读处理器的用户手册，不同处理器提供的用户手册内容编排方式不同，其中有多个部分可能会提及 GPIO 引脚功能。一是会在处理器引脚功能的介绍中列出，包括主功能、默认复用功能和重映射功能；二是在各个外设模块的功能介绍中会列出该外设所需的 GPIO 引脚。接下来举例说明。

（1）通过处理器引脚定义查询 GPIO 引脚功能

以 STM32F103ZETx 处理器中的 PB5~PB7 引脚为例，表 6.2 给出了 PB5~PB7 引脚的功能定义。

表 6.2　PB5~PB7 引脚功能定义

引脚名称	类型	I/O 电平	主功能（复位后）	可选的复用功能	
				默认复用功能	重映射功能
PB5	I/O	—	通用 I/O	I2C1_SMBA/SPI3_MOSI/I2S3_SD	TIM3_CH2/SPI1_MOSI
PB6	I/O	FT	通用 I/O	I2C1_SCL/TIM4_CH1	USART1_TX
PB7	I/O	FT	通用 I/O	I2C1_SDA/FSMC_NADV/TIM4_CH2	USART1_RX

处理器复位后，PB5~PB7 默认作为通用 I/O 口使用，此时它们未与任何外设模块相关联。当 GPIO 配置为复用模式时，GPIO 引脚的功能由相关外设来使能。以 PB6 引脚为例，配置为默认复用功能时，使能 I2C1 后 PB6 用作 I2C1_SCL；若再次使能 TIM4，则 PB6 的功能会切换到 TIM4_CH1。如果配置 PB6 为重映射功能，PB6 只能用作 USART1_TX。

此外，GPIO 引脚 "I/O 电平" 备注若无 FT，表示该引脚只支持 CMOS 电平；若有 FT，表示该引脚既支持 CMOS 电平也支持 TTL 电平。

（2）通过外设的信号传输要求来配置 GPIO 引脚功能

处理器中每个外设的输入输出信号都有对应的 GPIO 引脚映射表，以 STM32F103ZETx 处理器中的 I2C 模块为例，表 6.3 给出了 I2C 输入输出信号与 GPIO 引脚的对应关系。其中，I2Cx_SCL 和 I2Cx_SDA 分别代表 I2C 的时钟信号和数据信号，它们是配对使用的。

表 6.3　I2C 输入输出信号对应的 GPIO 引脚

信号	可选 GPIO 引脚	
	默认复用功能	重映射功能
I2C1_SCL	PB6	PB8
I2C1_SDA	PB7	PB9

由表 6.3 可知，I2C1_SCL 和 I2C1_SDA 均有两个 GPIO 引脚可以选择，因此实现 I2C1 通信有 2 种 GPIO 引脚组合方式：PB6 和 PB7、PB8 和 PB9。开发人员可以根据项目需要选择合适的组合方式，这给硬件和软件设计带来了很大的灵活性。

6.2　GPIO 相关数据结构和 API 函数

下面分析一下 HAL 库中与 GPIO 相关的数据结构和 API 函数，了解这些数据结构和函数是进行 GPIO 编程的前提。

GPIO 相关数据结构和 API 函数

1. GPIO 相关数据结构及宏定义

HAL 库中的 stm32f103xe.h 文件定义了与 GPIOx 配置寄存器组相对应的数据结构 GPIO_TypeDef，其他有关 GPIO 端口的定义和声明都放在 stm32f1xx_hal_gpio.h 文件中。

```
typedef struct
{
    __IO uint32_t CRL;              /*端口配置低寄存器*/
    __IO uint32_t CRH;              /*端口配置高寄存器*/
    __IO uint32_t IDR;              /*端口输入数据寄存器*/
    __IO uint32_t ODR;              /*端口输出数据寄存器*/
    __IO uint32_t BSRR;             /*端口设置/清除寄存器*/
    __IO uint32_t BRR;              /*端口清除寄存器*/
    __IO uint32_t LCKR;             /*端口配置锁存寄存器*/
} GPIO_TypeDef;
```

stm32f1xx_hal_gpio.h 文件中的 GPIO_InitTypeDef 定义了 GPIO 引脚的详细配置参数，包括工作模式、上拉下拉电阻的选择和输出速度等设置。GPIO_PinState 是一个枚举类型，它用 GPIO_PIN_RESET 代表低电平，GPIO_PIN_SET 代表高电平。此外还预先提供了各种参数定义的宏，比如每个 GPIO 组中的 16 个引脚，依次用 GPIO_PIN_0、GPIO_PIN_1……GPIO_PIN_15 来表示。

```
typedef struct
{
  uint32_t Pin;                    /*需要配置的GPIO引脚列表*/
  uint32_t Mode;                   /*工作模式*/
  uint32_t Pull;                   /*上拉和下拉参数*/
  uint32_t Speed;                  /*输出速度*/
 }GPIO_InitTypeDef;

typedef enum
{
  GPIO_PIN_RESET = 0,              /*引脚低电平*/
  GPIO_PIN_SET                     /*引脚高电平*/
}GPIO_PinState;
```

```
#define GPIO_PIN_0        ((uint16_t)0x0001)            /*选中引脚 0*/
#define GPIO_PIN_1        ((uint16_t)0x0002)            /*选中引脚 1*/
…
#define GPIO_PIN_15       ((uint16_t)0x8000)            /*选中引脚 15*/
#define GPIO_PIN_All      ((uint16_t)0xFFFF)            /*选中全部引脚*/

#define  GPIO_MODE_INPUT              0x00000000U        /*浮空输入*/
#define  GPIO_MODE_OUTPUT_PP          0x00000001U        /*推挽输出*/
#define  GPIO_MODE_OUTPUT_OD          0x00000011U        /*开漏输出*/
#define  GPIO_MODE_AF_PP              0x00000002U        /*推挽复用输出*/
#define  GPIO_MODE_AF_OD              0x00000012U        /*开漏复用输出*/
#define  GPIO_MODE_AF_INPUT           GPIO_MODE_INPUT    /*复用输入*/
#define  GPIO_MODE_ANALOG             0x00000003U        /*模拟模式*/

#define  GPIO_NOPULL                  0x00000000U        /*关闭上拉和下拉*/
#define  GPIO_PULLUP                  0x00000001U        /*上拉*/
#define  GPIO_PULLDOWN                0x00000002U        /*下拉 */

#define  GPIO_SPEED_FREQ_LOW          0x00000000U        /*低速 2 MHz*/
#define  GPIO_SPEED_FREQ_MEDIUM       0x00000001U        /*中速 10 MHz*/
#define  GPIO_SPEED_FREQ_HIGH         0x00000002U        /*高速 50 MHz*/
…
#define  GPIO_MODE_IT_RISING          0x10110000U        /*上升沿触发外部中断*/
#define  GPIO_MODE_IT_FALLING         0x10210000U        /*下降沿触发外部中断*/
#define  GPIO_MODE_IT_RISING_FALLING  0x10310000U        /*上升/下降沿触发外部中断*/

#define  GPIO_MODE_EVT_RISING         0x10120000U        /*上升沿触发外部事件*/
#define  GPIO_MODE_EVT_FALLING        0x10220000U        /*下降沿触发外部事件*/
#define  GPIO_MODE_EVT_RISING_FALLING 0x10320000U        /*上升/下降沿触发外部事件*/
…
```

2. GPIO 相关 API 函数

表 6.4 列出了 HAL 库中部分常用 GPIO 相关 API 函数及其功能说明，与 GPIO 中断相关的函数将在后续章节中讲解，表 6.4 中暂未涉及。

表 6.4　常用 GPIO 相关 API 函数及其功能说明

函数名称	功能描述
HAL_GPIO_Init	根据 GPIO_InitTypeDef 结构体的参数初始化 GPIO 端口
HAL_GPIO_DeInit	将 GPIO 端口的功能恢复到默认状态
HAL_GPIO_ReadPin	读出 GPIOx 输入寄存器值
HAL_GPIO_WritePin	将数据写入 GPIOx 输出寄存器
HAL_GPIO_LockPin	锁定 GPIOx 寄存器，锁定后将无法修改，直到复位
HAL_GPIO_TogglePin	翻转某个 GPIO 引脚的电平

6.3　点亮发光二极管

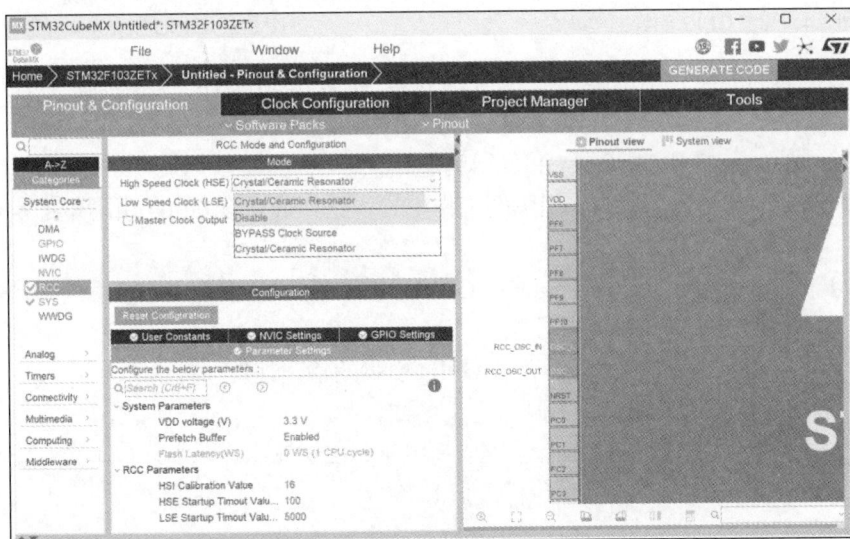

案例 6.1：STM32F103ZETx 处理器的 PE5 引脚上外接了一个发光二极管 LED0，电路如图 6.2 所示，编程实现 LED0 以 1s 为周期闪烁。

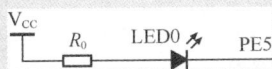

图 6.2　发光二极管电路

分析电路可知，当 PE5 输出高电平时，LED0 熄灭；当 PE5 输出低电平时，LED0 点亮。GPIO 引脚外接发光二极管时，可将 GPIO 管脚的工作模式设置为推挽输出模式。此外，为了降低功耗，该案例中 GPIO 端口的输出速度不需要很高。

点亮发光二极管

1. STM32CubeMX 工程配置

（1）新建项目

打开 STM32CubeMX 软件，在 STM32CubeMX 开始界面左侧的区域新建工程。选择 "File→New Project"，在弹出的选择 MCU 的窗口中，选中 STM32F103ZETx 处理器，单击界面中右上角的 "Start Project" 按键，进入工程参数设置界面。具体操作方法可参考 5.1 节。

（2）RCC 配置

在 "Pinout & Configuration" 面板中，展开左侧的 "System Core" 列表，选中 "RCC"，在弹出的 "RCC Mode and Configuration" 面板中有 3 个子选项，如图 6.3 所示。

图 6.3　Pinout & Configuration 面板

① "High Speed Clock（HSE）" 用于配置 HSE。当 HSE 外接晶振或者陶瓷振荡器时，选择 "Crystal/Ceramic Resonator"；当外接有源振荡器或时钟信号时，选择 "BYPASS Clock Source"。

② "Low Speed Clock（LSE）" 用于配置 LSE。当 LSE 外接晶振或者陶瓷振荡器时，选择 "Crystal/Ceramic Resonator"；当外接有源振荡器或时钟信号时，选择 "BYPASS Clock Source"。

③ "Master Clock Output" 用于选择是否使用 MCO 引脚输出时钟信号。

此处，HSE 和 LSE 都外接了晶振，所以 HSE 和 LSE 的工作模式均设置为 "Crystal/Ceramic

Resonator"。此时图 6.3 的右侧"Pinout view"面板中，OSC_IN 和 OSC_OUT 会自动设置为 HSE 的晶振输入和输出引脚，PC14 和 PC15 也会自动设置为 LSE 的晶振输入和输出引脚。

（3）引脚功能配置

选择 STM32CubeMX 主界面中的"Pinout & Configuration"面板，在界面右侧的"Pinout view"面板的搜索框中输入"PE5"，则引脚图中的 PE5 引脚随之不停闪烁，该方法可以帮助开发人员快速定位引脚。将光标移到该引脚上，然后单击，配置引脚的工作模式为"GPIO_Output"，如图 6.4 所示。

展开主界面左侧的"System Core"列表，选中"GPIO"，在的"GPIO Mode and Configuration"面板中列出了已经配置好的 GPIO 引脚及其详细参数，如图 6.5 所示。

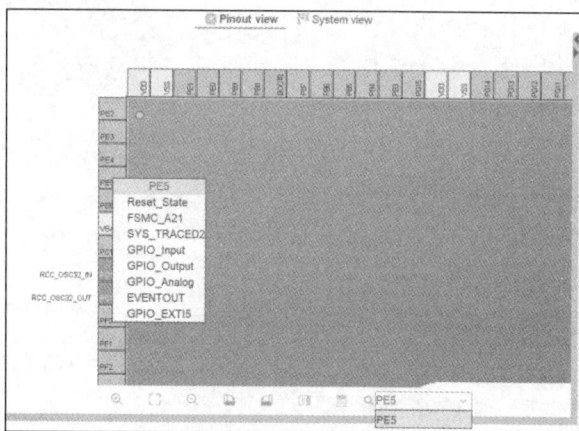

图 6.4 配置 GPIO 引脚工作模式

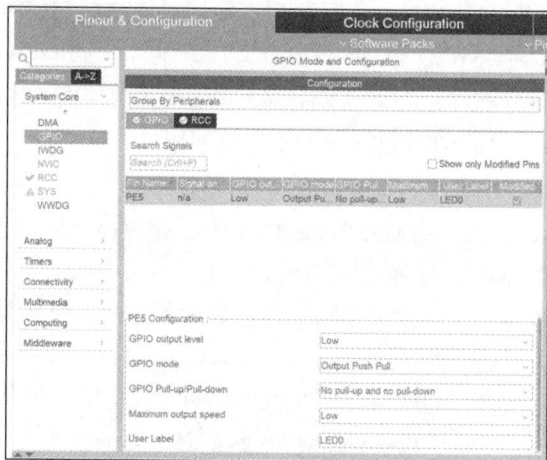

图 6.5 GPIO 引脚及其详细参数

在图 6.5 所示界面的列表中选中某个 GPIO 引脚，在该界面下方的参数列表中可以设置该 GPIO 引脚的详细参数。

① "GPIO output level"用于设置 GPIO 引脚的默认输出电平。

② "GPIO mode"用于设置 GPIO 引脚的工作模式，比如选择该 GPIO 引脚是推挽输出还是开漏输出。

③ "GPIO Pull-up/Pull-down"用于设置该 GPIO 引脚的上拉和下拉电阻，可选择是否接上拉电阻或者下拉电阻，或者上拉和下拉电阻都不接。

④ "Maximum output speed"用于设置该 GPIO 引脚的输出速度。

⑤ "User Label"用于为该 GPIO 引脚自定义名称。

在案例 6.1 中，可以将 PE5 初始状态设置成低电平，推挽输出，无须外接上拉和下拉电阻，输出速度为低速，并设置该引脚的"User Label"为 LED0。

（4）时钟参数配置

选择主界面中的"Clock Configuration"面板，窗口中将展示出 STM32F103ZETx 处理器的时钟树，如图 6.6 所示。该图根据时钟树产生路径从左至右依次列出了时钟源、各分频倍频系数和计算得到的输出时钟频率。开发人员可以在该界面上调整配置参数，完成处理器的各模块时钟配置。

开发人员根据开发板上实际接入的晶振参数，修改图 6.6 所示界面左边的 HSE 时钟和 LSE 时钟的输入参数。此处 HSE 晶振为 8MHz，LSE 晶振为 32.768kHz，同时都选择 HSE 作为 PLL 时钟源。

选择 PLLCLK 的输出作为 SYSCLK。假如需要将 SYSCLK 设置为 72MHz，可选的倍频系数和分频系数有多种组合，图 6.6 给出了其中一种设置方式。在修改时钟配置参数的过程中，每次修改参数值，由该参数计算得到的输出时钟频率都会随之动态更新，如果参数设置导致时钟频率取值超出了允许范围，则相应时钟输出就会变为红色，表示该参数选取不恰当，需要重新设置。

"AHB Prescaler""APB1 Prescaler"和"APB2 Prescaler"分别用于选择 HCLK、PCLK1 和 PCLK2 的分频系数，图 6.6 中给出了上述几个时钟频率取最大值时的参数：AHB Prescaler=1，APB1 Prescaler=2，APB2 Prescaler=1。

在本书后续的章节中，若无特殊说明，案例中的时钟树均默认采用图 6.6 中的参数。

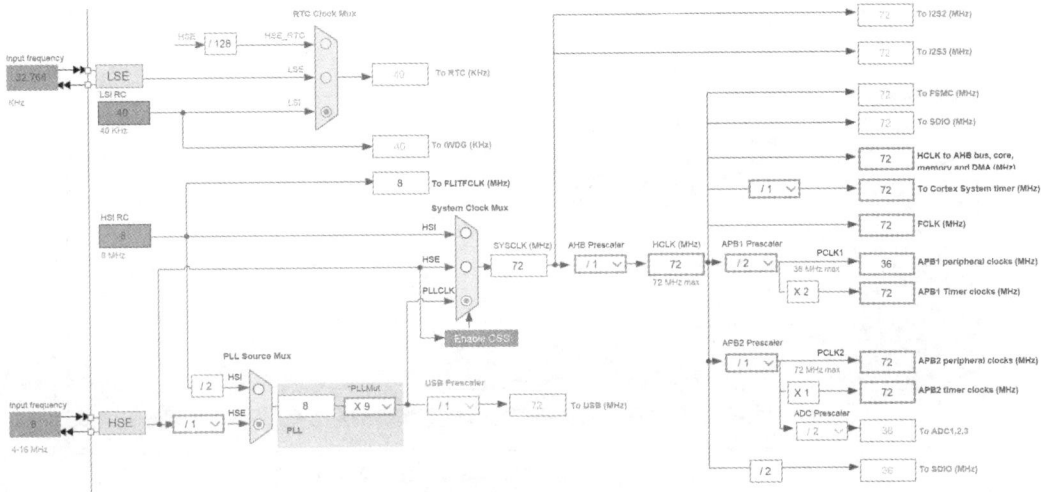

图 6.6　时钟树

（5）工程参数配置

"Project Manager"是工程参数配置界面，它包括"Project""Code Generator"和"Advanced Settings"3 个子菜单。

"Project"子菜单配置如图 6.7 所示，工程取名为 LED0，表示该工程完成的任务是点亮 LED0；

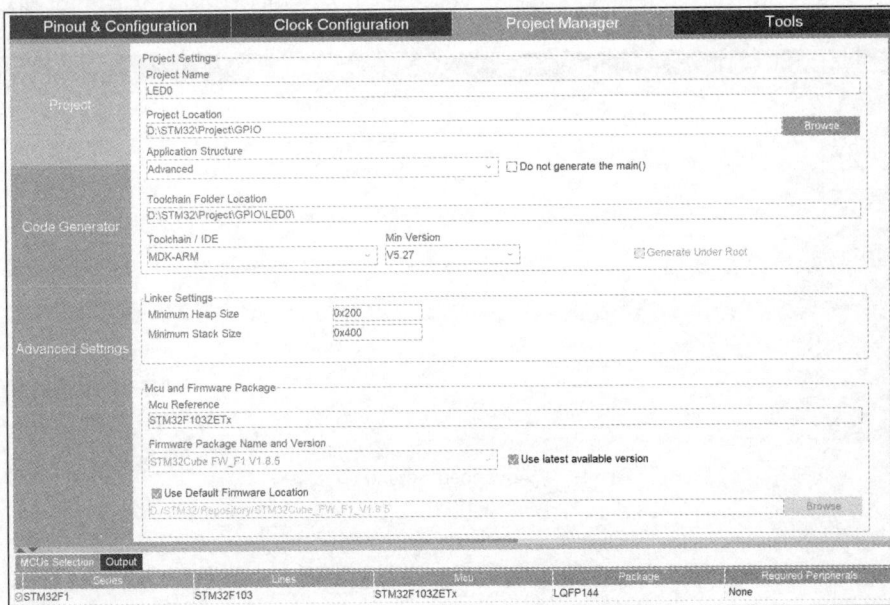

图 6.7　"Project"子菜单

工程存放路径为…\Project\GPIO；"Toolchain/IDE"选择"MDK-ARM V5"，表示导出的工程文件适合于 Keil MDK 集成开发环境。

本书后面所有案例中的工程文件统一存放在…\Project 路径下，比如 PPP 的案例放在…\Project\PPP 路径下。

"Code Generator"子菜单用于设置程序的生成方式，如图 6.8 所示。

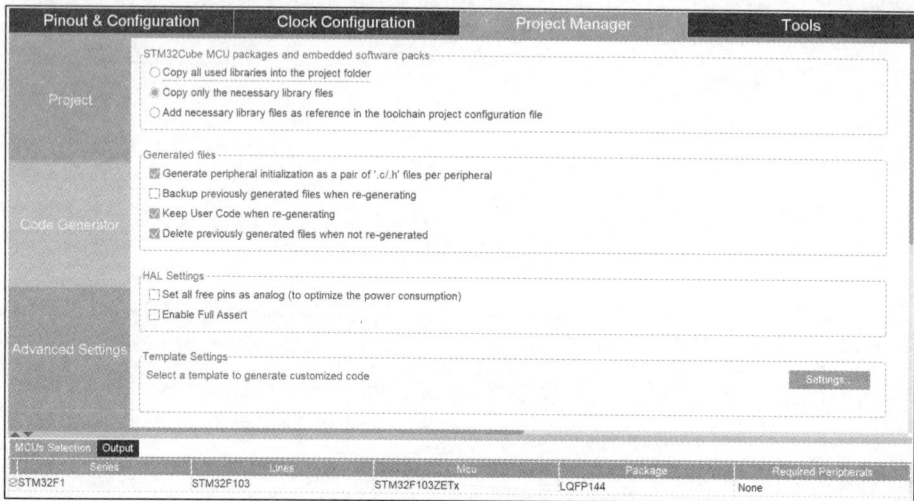

图 6.8　"Code Generator"子菜单

建议勾选"Copy only the necessary library files"，导出工程文件时只复制用到的库文件。该选项下复制的库文件较少，但项目开发过程中如果添加了新的外设模块，则需要重新导出。

建议勾选"Generate peirpheral initialization as a pair of '.c/.h' files per peripheral"，这样对应每个外设，都会生成独立的.c/.h 文件。

"Advanced Settings"子菜单用于确定每个外设模块选用哪种库函数（包括 HAL 库或 LL 库），界面下方列出了一些自动生成函数的信息，如图 6.9 所示。此处一般选用默认设置，无须修改。

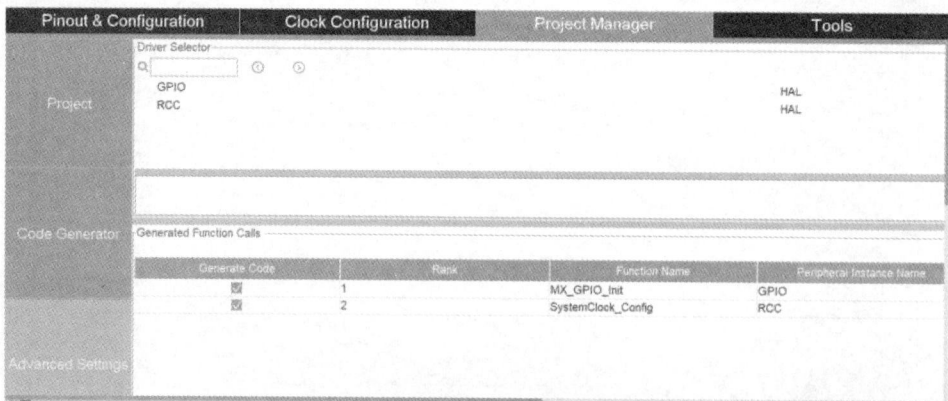

图 6.9　"Advanced Settings"子菜单

（6）导出工程文件

当 MCU 的各资源参数和工程参数配置完成后，单击主界面右上角的"GENERATE CODE"按键，导出 MDK 工程文件和程序，并存放到指定目录中。

2. Keil MDK 编程及下载

（1）打开工程

在 Keil MDK 集成开发环境中打开 STM32CubeMX 导出的工程，其工程文件的结构如图 6.10 界面中左边的树形图所示。

在 STM32CubeMX 导出的工程中，"Application/User/Core"分组中为用户程序，包含了 main.h 文件和 main.c 文件，开发人员需要根据具体业务需求进行修改或补充。"Drivers/STM32F1xx_HAL_Driver"分组中包含了该工程所需的 HAL 库文件，如案例 6.1 中使用到的 stm32f1xx_hal_gpio.c 文件。

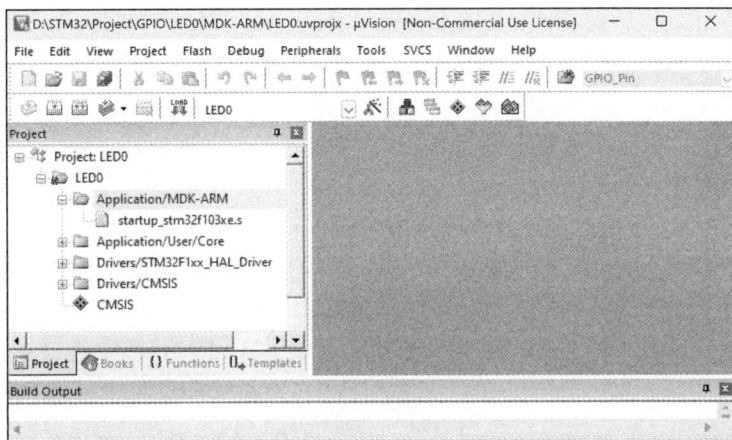

图 6.10　工程文件

（2）程序解析

在 STM32CubeMX 中配置引脚功能时，设置 PE5 的"User Label"为 LED0，HAL 会自动产生该引脚相关的宏定义，并存放在 main.h 文件中，其中宏名称 LED0_GPIO_Port 为该引脚所属的分组，LED0_Pin 为该引脚在所属分组中的引脚编号。按功能给引脚设置"User Label"，这样会方便后期编写程序，同时程序的可读性也较好，便于移植。

```
/* Private defines ----------------------------------------------------------*/
#define LED0_Pin     GPIO_PIN_5              /*HAL 自动生成的有关 LED0 的宏定义*/
#define LED0_GPIO_Port   GPIOE
```

GPIO 端口的配置是在 **MX_GPIO_Init** 函数中完成的，其程序如下。

```
void MX_GPIO_Init(void)
{
  GPIO_InitTypeDef GPIO_InitStruct = {0};

  /* GPIO Ports Clock Enable */
  __HAL_RCC_GPIOE_CLK_ENABLE();
  __HAL_RCC_GPIOC_CLK_ENABLE();

  /*Configure GPIO pin Output Level */
  HAL_GPIO_WritePin(LED0_GPIO_Port, LED0_Pin, GPIO_PIN_RESET);

  /*Configure GPIO pin : PtPin */
  GPIO_InitStruct.Pin = LED0_Pin;
  GPIO_InitStruct.Mode = GPIO_MODE_OUTPUT_PP;
  GPIO_InitStruct.Pull = GPIO_NOPULL;
  GPIO_InitStruct.Speed = GPIO_SPEED_FREQ_LOW;
```

```
    HAL_GPIO_Init(LED0_GPIO_Port, &GPIO_InitStruct);
}
```

MX_GPIO_Init 函数完成了以下内容。

① 初始化 GPIO_InitTypeDef 结构体，使能 GPIOC 和 GPIOE 的时钟信号。在案例 6.1 中，发光二极管是连接在 PE5 引脚上的，所以需要使能 GPIOE 的时钟信号，那为什么又要使能 GPIOC 的时钟信号呢？这是因为 LSE 外接晶振的引脚为 PC14 和 PC15，所以需要使能 GPIOC 的时钟信号，其对应 GPIO 引脚会自动配置为晶振输入输出引脚。

② 调用 HAL_GPIO_WritePin 函数，将 PE5 设置为输出低电平，这是因为在 STM32CubeMX 中 PE5 配置为默认输出低电平。

③ 在 GPIO_InitStruct 结构体中将 PE5 配置为推挽输出模式，无须上拉和下拉电阻，输出速度为 2MHz。

④ 调用 HAL_GPIO_Init 函数将上述参数写入 GPIOE 对应的寄存器，完成 GPIO 配置工作。

（3）编写业务程序

分析 STM32CubeMX 生成的 main 函数可知，main 函数首先调用 HAL_Init 函数来初始化 HAL 库的核心数据结构，接着调用 SystemClock_Config 函数完成处理器中各个时钟参数的配置工作，然后再调用 MX_GPIO_Init 函数对 GPIO 引脚功能进行配置。

在调用完 MX_GPIO_Init 函数后，main 函数最后进入了 while(1)循环，在该循环中翻转 PE5 引脚（LED0）的电平，就能实现发光二极管点亮和熄灭的效果。延时功能可以调用 HAL 库提供的 HAL_Delay 函数来实现，该函数的参数为毫秒，例如 HAL_Delay(500)表示延时 500ms。修改后的 main 函数如下。

```
int main(void)
{
  HAL_Init();
  SystemClock_Config();
  MX_GPIO_Init();
  while (1)
  {
    /* USER CODE BEGIN 3 */
      HAL_GPIO_TogglePin(LED0_GPIO_Port,LED0_Pin);        /*翻转 LED0 状态*/
      HAL_Delay(500);                                     /*延时 500ms*/
  }
  /* USER CODE END 3 */
}
```

（4）编译和下载程序

单击快捷按键 ，在"Options for Target '…'"的配置界面中选择"Output"选项卡，勾选"Create HEX File"，如图 6.11 所示。

单击 （Build Target）或 （Rebuild all target files）快捷按键，直到"Build Output"窗口显示"0 Error(s), 0 Warning(s)"，若编译出错，请按照错误提示信息修改程序，再次编译，如此往复，直到编译成功，如图 6.12 所示。

程序编译成功后，下载前需确认仿真器是否正确连接，仿真器的参数配置可参考 5.3.2 小节中的"Debug"选项卡。然后，单击主菜单上"Flash"中的"Download"或快捷按键 ，下载程序。同时，MDK 的"Build Output"窗口会显示有关下载的各种信息，如图 6.13 所示。

程序下载成功后，将开发板重新上电或复位，观察发光二极管 LED0 的闪烁状态是否和预期要求一致。

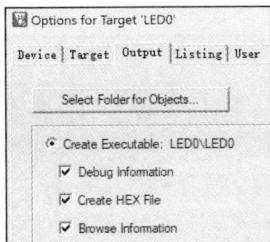

图 6.11 勾选 "Create HEX File"

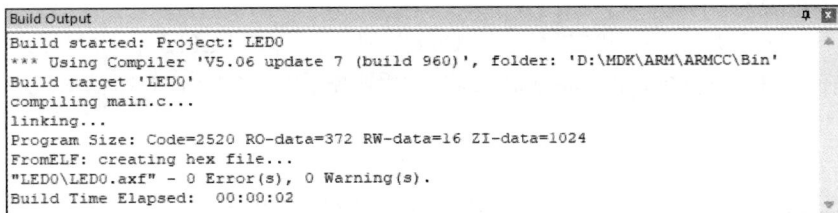

图 6.12 编译成功

案例 6.1 展示了如何利用 STM32CubeMX 辅助开发工具和 Keil MDK 集成开发环境协作完成程序开发的全过程，全书所有案例的程序开发流程都与该案例类似，读者可以举一反三。在后续的案例中，本书将重点阐述在 STM32CubeMX 中如何配置参数以及在 Keil MDK 中如何编写业务相关程序。

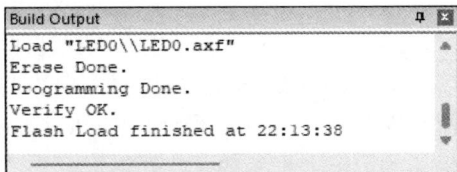

图 6.13 程序下载信息显示

❓：为什么在 main.c 文件的 main 函数中，程序最后是进入 while(1)死循环呢？

🔊：startup_stm32f103xe.s 中的 Reset_Handler 执行完 SystemInit 后进入了 main 函数，在没有操作系统支持的情况下，从 main 函数退出将导致程序执行进入不可预测的状态。因此在 main 函数中进入 while(1)循环可以保证程序执行流程可控。此时，仍可以通过中断来打断 while 循环的正常执行。

6.4 按键控制发光二极管

案例 6.2：STM32F103ZETx 处理器的 PE5 引脚上外接发光二极管 LED0，PE4 引脚上外接按键 KEY0，电路如图 6.14 所示，编程实现按下 KEY0，LED0 点亮；放开 KEY0，LED0 熄灭。

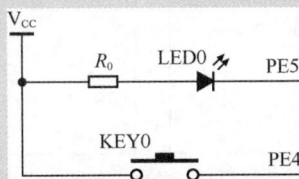

图 6.14 按键及发光二极管电路

通过分析图 6.14 所示的电路可知，PE4 引脚需要设置为下拉输入模式，当按下按键 KEY0 时，PE4 引脚为高电平；当放开按键 KEY0 时，PE4 引脚为低电平。PE5 引脚可设置为推挽输出模式，当 PE5 引脚输出高电平时，发光二极管 LED0 熄灭；当 PE5 输出低电平时，发光二极管 LED0 点亮。

1. STM32CubeMX 工程配置

（1）新建项目、配置 RCC 和时钟树

在 STM32CubeMX 中创建一个新项目，选择 STM32F103ZETx 处理器，配置 RCC，选择 HSE 和 LSE 作为时钟源，选择 PLLCLK 的输出作为 SYSCLK，并配置好时钟树参数（参考案例 6.1）。

（2）配置引脚功能

选择 STM32CubeMX 主界面中的 "Pinout & Configuration" 面板，在界面右侧的 "Pinout view" 面板的搜索框中输入 "PE5"，在引脚图中选中该引脚，配置引脚的工作模式为 "GPIO_Output"；继续在搜索框中输入 "PE4"，在引脚图中选中该引脚，配置引脚的工作模式为 "GPIO_Intput"，如

图 6.15 所示。

展开主界面左侧的"System Core"列表，选中"GPIO"，在"GPIO Mode and Configuration"面板中配置好 PE4 和 PE5 引脚参数，如图 6.16 所示。

需要注意的是，此处设置外接按键的 PE4 引脚的"User Label"为 KEY0，设置外接发光二极管的 PE5 引脚的"User Label"为 LED0，HAL 会自动产生与这些引脚相关的宏定义，并存放在 main.h 文件中，编程时可直接调用这些宏定义。

（3）配置工程参数并生成工程文件

选择 STM32CubeMX 主界面中的"Project Manager"工程配置界面，在"Project"和"Code Generator"面板中配置好相关的输出工程参数。此处工程名为"KEY0"，存放路径为"…\Project\GPIO"，如图 6.17 所示。单击"GENERATE CODE"，导出 MDK 工程文件和程序。

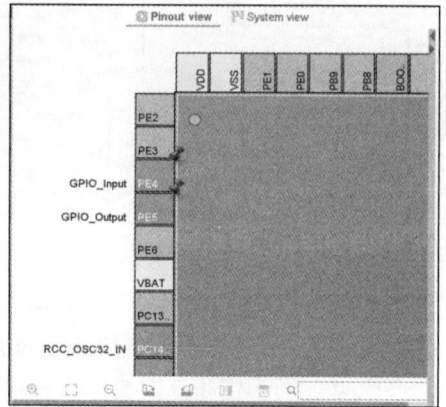

图 6.15 配置引脚工作模式

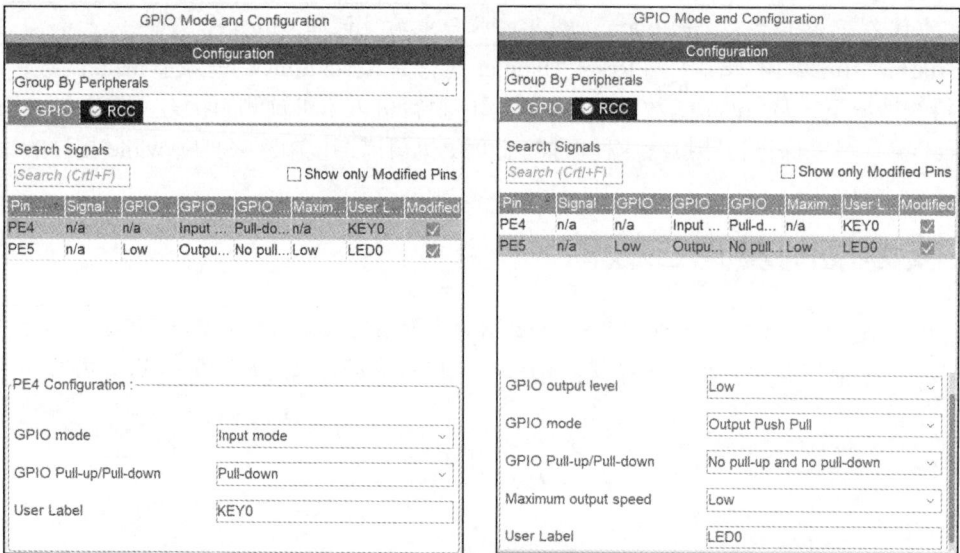

图 6.16 配置引脚功能

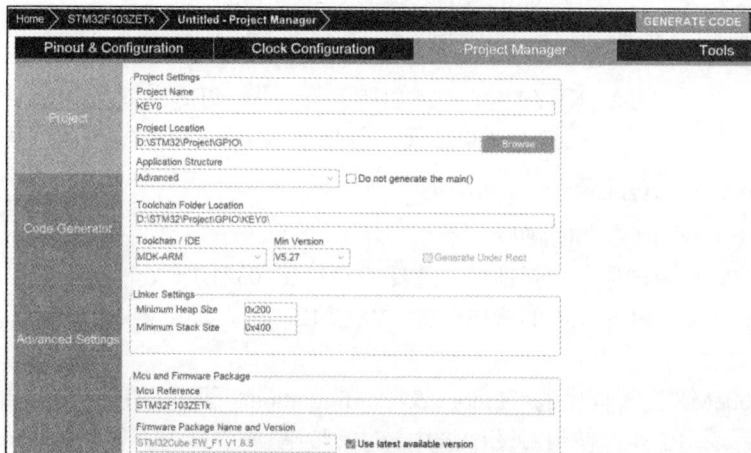

图 6.17 配置工程参数

2. Keil MDK 编程

（1）输入输出引脚定义

在 Keil MDK 集成开发环境中打开 STM32CubeMX 导出的工程，重点关注 STM32CubeMX 自动生成的 main.h 和 main.c 文件。

在 STM32CubeMX 中配置引脚功能时，设置 PE4 的"User Label"为 KEY0，设置 PE5 的"User Label"为 LED0，所以在 main.h 文件中自动生成了关于这些引脚的宏定义。

```
/* Private defines ------------------------------------------------------------*/
#define KEY0_Pin     GPIO_PIN_4        /*HAL 自动生成的有关 PE4 的宏定义*/
#define KEY0_GPIO_Port   GPIOE
#define LED0_Pin     GPIO_PIN_5        /*HAL 自动生成的有关 PE5 的宏定义*/
#define LED0_GPIO_Port   GPIOE
```

（2）编写功能性程序

分析 STM32CubeMX 生成的 main 函数可知，分析 STM32CubeMX 生成的 main 函数可知，main 函数中依次调用 HAL 初始化函数 HAL_Init、系统时钟配置函数 SystemClock_Config 和 GPIO 初始化函数 MX_GPIO_Init，然后进入 while(1)循环。

在 while 循环中，可以检测 PE4 引脚（KEY0）的电平状态，当检测到 KEY0 为高电平时，代表按键被按下，此时 PE5 引脚（LED0）需输出低电平，发光二极管点亮；当检测到 KEY0 为低电平时，代表按键被松开，此时 LED0 需输出高电平，发光二极管熄灭。修改后的 main 函数如下。

```
int main(void)
{
  …
  while (1)
  {
    …
    /* USER CODE BEGIN 3 */
       if (HAL_GPIO_ReadPin(KEY0_GPIO_Port,KEY0_Pin) == GPIO_PIN_RESET)
           HAL_GPIO_WritePin(LED0_GPIO_Port,LED0_Pin,GPIO_PIN_SET);
       else
           HAL_GPIO_WritePin(LED0_GPIO_Port,LED0_Pin,GPIO_PIN_RESET);
  }
  /* USER CODE END 3 */
}
```

（3）编译和下载程序

程序编译成功后，正确配置仿真器参数，仿真器成功连接后，将生成的 HEX 文件下载到 STM32F103ZETx 处理器中。在开发板上运行程序，并观察实验现象是否与预设的一致。

❓：用按键来控制发光二极管，使用上述案例中的程序，多次测试并观察 LED 的状态，会发现什么现象？

🔊：多次重复测试并观察会发现，按键按下和弹开的瞬间 LED 的状态并不稳定，这是因为按键是机械弹性开关，由于机械触点的弹性作用，按键闭合及断开的瞬间均伴随一连串的抖动，由于处理器执行速度较快，容易引起一次按键被误读多次的情况。解决按键抖动一个简单的办法是读取到按键状态变化后，延迟一小段时间后再次读取按键状态，当两次读取的状态一致时，表明按键状态已经稳定，读者可以自行修改程序测试。

6.5 点亮 LED 数码管

6.5.1 原理介绍

数码管是一种常见的显示器件，用于显示字符信息。它是由 8 个独立发光二极管（LED）组成，包括 a、b、c、d、e、f、g7 个线段和 1 个 dp 小数点，如图 6.18 所示。通过点亮或熄灭这些线段或点，就可以显示不同的字符。

数码管有共阳数码管和共阴数码管之分。所谓共阳数码管是指所有 LED 的阳极（正极）连接在一起，即数码管的公共端需接高电平，数码管才能工作，而 LED 的阴极（负极）被分别连接到数码管芯片引脚上，当控制芯片引脚为低电平时，对应的 LED 将被点亮，如图 6.19 所示。所谓共阴数码管是指将所有 LED 的阴极连接在一起，即数码管的公共端须接低电平，数码管才能工作，而 LED 的阳极被分别连接到数码管芯片引脚上，当控制数码管芯片引脚为高电平时，对应的 LED 被点亮，如图 6.20 所示。

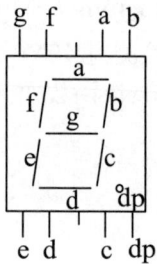

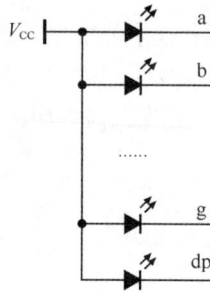

图 6.18 数码管   图 6.19 共阳数码管   图 6.20 共阴数码管

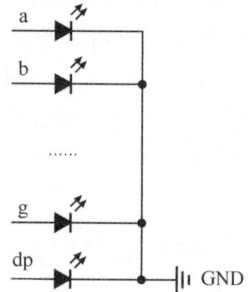

通过控制数码管各 LED 引脚的电平状态就可以实现不同字符显示，也就说若要数码管显示某个字符，数码管各段所需电平信号总是确定的，称之为段选，将所有 LED 输入引脚信号组合在一起编码，就形成了段选码（又称字形码），将常用字符的字形码罗列在一起，这就构成了字形码表。以共阳数码管为例，常用字符的字形码如表 6.5 所示。读者也可以依据该方法，制作出共阴数码管的字形码表。

表 6.5 共阳数码管的字形码表

显示字符	各 LED 所需输入信号								字形码
	dp	g	f	e	d	c	b	a	
0	1	1	0	0	0	0	0	0	0xc0
1	1	1	1	1	1	0	0	1	0xf9
2	1	0	1	0	0	1	0	0	0xa4
3	1	0	1	1	0	0	0	0	0xb0
4	1	0	0	1	1	0	0	1	0x99
5	1	0	0	1	0	0	1	0	0x92
6	1	0	0	0	0	0	1	0	0x82
7	1	1	1	1	1	0	0	0	0xf8
8	1	0	0	0	0	0	0	0	0x80
9	1	0	0	1	0	0	0	0	0x90
A	1	0	0	0	1	0	0	0	0x88
B	1	0	0	0	0	0	1	1	0x83

续表

显示字符	各 LED 所需输入信号								字形码
	dp	g	f	e	d	c	b	a	
C	1	1	0	0	0	1	1	0	0xc6
D	1	0	1	0	0	0	0	1	0xa1
E	1	0	0	0	0	1	1	0	0x86
F	1	0	0	0	1	1	1	0	0x8e
.	0	1	1	1	1	1	1	1	0x7f

可见，要在共阳数码管上显示某个字符，先要将共阳极接到高电平上，然后处理器根据字形码控制数码管各 LED 引脚。

6.5.2　案例实现

案例 6.3：STM32F103ZETx 处理器外接了一个共阳数码管，电路如图 6.21 所示，编程实现数码管循环显示 0~9 字符，相邻两个字符显示间隔时间为 1s。

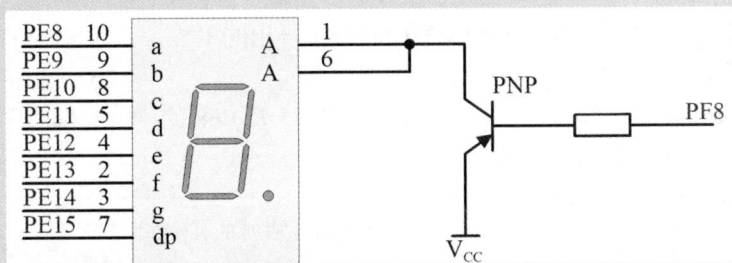

图 6.21　共阳数码管连接电路

通过分析图 6.21 所示的电路可知，PE8~PE15 及 PF8 引脚都可设置为推挽输出模式，当 PF8 输出低电平时，数码管工作，此时处理器可将字形码送入各 LED 引脚，对应的段或点就会点亮，显示出相应字符。

1. STM32CubeMX 工程配置

（1）新建项目、配置 RCC 和时钟树

在 STM32CubeMX 中创建一个新项目，选择 STM32F103ZETx 处理器，配置 RCC，选择 HSE 和 LSE 作为时钟源，选择 PLLCLK 的输出作为 SYSCLK，并配置好时钟树参数（参考案例 6.1）。

（2）配置引脚功能

选择 STM32CubeMX 主界面中的 "Pinout & Configuration" 面板，在界面右侧的 "Pinout view" 面板的搜索框中分别输入 "PF8" "PE8" "PE9" …… "PE15"，在引脚图中选中相应引脚，配置引脚的工作模式为 "GPIO_Output"。

展开主界面左侧的 "System Core" 列表，选中 "GPIO"，在 "GPIO Mode and Configuration" 面板中配置好 PE8~PE15 及 PF8 引脚参数，如图 6.22 所示。

数码管初始状态为全熄，设置引脚的 "User Label" 为 "SEG_x"，HAL 会自动产生与这些引脚相关的宏定义，并存放在 main.h 文件中，编程时可直接调用这些宏定义。

（3）配置工程参数并生成工程文件

选择 STM32CubeMX 主界面中的"Project Manager"工程配置界面，在"Project"和"Code Generator"面板中配置好相关的输出工程参数。此处工程名为 "Single_SEG"，存放路径为 "…\Project\GPIO"，

单击"GENERATE CODE"，导出 MDK 工程文件和程序。

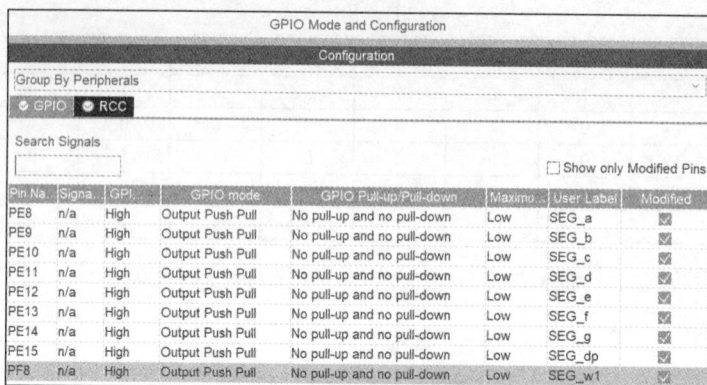

图 6.22　配置各引脚参数

2. Keil MDK 编程

（1）输入输出引脚定义

在 Keil MDK 集成开发环境中打开 STM32CubeMX 导出的工程，关注 STM32CubeMX 自动生成的 main.h 和 main.c 文件。

STM32CubeMX 中配置引脚时，分别设置 PE8～PE15 及 PF8 的"User Label"，所以在 main.h 文件中自动生成了关于这些引脚的宏定义。

```
/* Private defines ------------------------------------------------------------*/
#define SEG_w1_Pin    GPIO_PIN_8         /*HAL 自动生成的有关 PF8 的宏定义*/
#define SEG_w1_GPIO_Port    GPIOF
#define SEG_a_Pin    GPIO_PIN_8          /*HAL 自动生成的有关 PE8 的宏定义*/
#define SEG_a_GPIO_Port    GPIOE
…
#define SEG_dp_Pin    GPIO_PIN_15        /*HAL 自动生成的有关 PE15 的宏定义*/
#define SEG_dp_GPIO_Port    GPIOE
```

（2）程序实现分析

为了增强程序可读性，提高编程效率，在 main.c 文件中利用宏定义编写了控制段 a 点亮和熄灭的程序。

```
/* Private define --------------------------------------------------------------*/
/* USER CODE BEGIN PD */
#define SEG_a_state(x) \
    do{ x ? \
        HAL_GPIO_WritePin(SEG_a_GPIO_Port, SEG_a_Pin, GPIO_PIN_SET) : \
        HAL_GPIO_WritePin(SEG_a_GPIO_Port, SEG_a_Pin, GPIO_PIN_RESET); \
    } while (0)        /*控制段 a 亮灭*/
/* USER CODE END PD */
```

/*参照上述宏定义，读者可以自行编写实现对段 b～段 g 和点 dp 控制的程序，宏名称为：SEG_b_state(x)、SEG_c_state(x)～SEG_g_state(x)和 SEG_dp_state(x)。*/

接着，定义数组 SEG_data[]用于存放字形码表。该数组的第一个元素下标从 0 开始，正好对应着存放字符"0"的字形码，依此类推，开发人员也可以根据需要自行添加其他字符的字形码。"."的字形码单独存放在一个变量中，若字符需要加"."显示，可先将待显示的字符字形码与"."的字形码做"&"操作后形成新字形码，然后输出显示。

函数 SEG_send_char 完成字形码输出的功能，变量 count 用于计数，进入 while(1)循环前，首先需要让共阳数码管使能，根据图 6.21 中的电流驱动电路，当 PF8（SEG_w1）输出低电平时，数码管使能。在 while(1)循环体内，每隔 1s 调用一次函数 SEG_send_char，依次循环送出数组中的字符 0～9 的字形码。实现程序如下。

```c
/* Private user code -------------------------------------------------*/
/* USER CODE BEGIN 0 */
uint8_t SEG_data[] ={0xc0,0xf9,0xa4,0xb0,\
                     0x99,0x92,0x82,0xf8,\
                     0x80,0x90,0x88,0x83,\
                     0xc6,0xa1,0x86,0x8e};   /*字形码表: 0~9、a~f*/
uint8_t SEG_dot = 0x7f;                      /*"."的字形码*/

/**
  * @brief   送字形码显示
  * @note    若无须加点显示字符，调用 SEG_send_char(data);
             若要加点显示字符，调用 SEG_send_char(data & SEG_dot);
  * @param   data: 待显示字符的字形码，建议与字形码表配合使用
  * @ retval 无
  */
void SEG_send_char(uint8_t data)
{
    SEG_a_state(data & 0x01);        /*控制段 a 亮灭*/
    SEG_b_state(data>>1 & 0x01);     /*控制段 b 亮灭*/
    SEG_c_state(data>>2 & 0x01);     /*控制段 c 亮灭*/
    SEG_d_state(data>>3 & 0x01);     /*控制段 d 亮灭*/
    SEG_e_state(data>>4 & 0x01);     /*控制段 e 亮灭*/
    SEG_f_state(data>>5 & 0x01);     /*控制段 f 亮灭*/
    SEG_g_state(data>>6 & 0x01);     /*控制段 g 亮灭*/
    SEG_dp_state(data>>7 & 0x01);    /*控制点 dp 亮灭*/
}
/* USER CODE END 0 */

int main(void)
{
  /* USER CODE BEGIN 1 */
  uint8_t count = 0;
  /* USER CODE END 1 */
  …
  /* USER CODE BEGIN 2 */
  HAL_GPIO_WritePin(SEG_w1_GPIO_Port,SEG_w1_Pin,GPIO_PIN_RESET);
                                    /*数码管公共端有效，也就是使能数码管*/
  /* USER CODE END 2 */
  …
  while (1)
  {
    …
    /* USER CODE BEGIN 3 */
    SEG_send_char(SEG_data[count%10]);   /*调用函数，送字形码显示*/
    HAL_Delay(1000);                     /*延时 1s*/
    count ++;
    if (count > 9)  count =0;
```

```
    }
    /* USER CODE END 3 */
}
```

（3）编译和下载

程序编译成功后，正确配置仿真器参数，仿真器成功连接后，将生成的 HEX 文件下载到 STM32F103ZETx 处理器中。在开发板上运行程序，并观察实验现象是否与预设一致。

6.6 动态 LED 数码管显示

6.6.1 原理介绍

数码管显示通常有两种方式，一种是静态显示，另一种是动态显示。静态显示一般用于一位数码管显示信息，动态显示往往用于多位数码管同时显示信息。

在动态显示中，不同数码管相同的段或点是连接在一起的，如所有数码管的段 a 是相连在一起的。那么如何实现在不同数码管上显示的内容不同呢？这里用到了分时的概念，例如有两个数码管，需要显示"12"，先使能第一个数码管，关闭第二个数码管，送出"1"的字形码，保持一小段时间，再使能第二个数码管，关闭第一个数码管，送出"2"的字形码，保持一小段时间，交替往复。当交替的速度足够快时，由于视觉暂留作用，眼睛看到的数字就是连续显示的"12"。

6.6.2 案例实现

案例 6.4：STM32F103ZETx 处理器外接了 4 个共阳数码管，电路如图 6.23 所示，编程实现数码管显示"1234"。

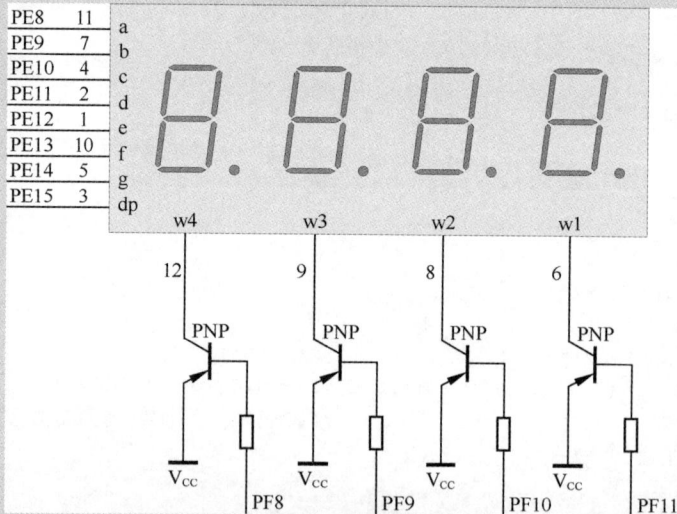

图 6.23 共阳数码管连接电路

分析电路可知，PE8 ~ PE15 及 PF8 ~ PF11 引脚都可设置为推挽输出模式，但某个时刻 PF8 ~ PF11 引脚中只在一个引脚上输出低电平，也就是只有一个数码管工作。依次使能各数码管，同时送出待显示字符的字形码，就能实现不同数码管上显示不同的信息。

1. STM32CubeMX 工程配置

（1）新建项目、配置 RCC 和时钟树

在 STM32CubeMX 中创建一个新项目，选择 STM32F103ZETx 处理器，配置 RCC，选择 HSE 和 LSE 作为时钟源，选择 PLLCLK 的输出作为 SYSCLK，并配置好时钟树参数（参考案例 6.1）。

（2）配置引脚功能

选择 STM32CubeMX 主界面中的 "Pinout & Configuration" 面板，在界面右侧的 "Pinout view" 面板的搜索框中分别输入 "PE8""PE9"…… "PE15""PF8" …… "PF11"，在引脚图中选中相应引脚，配置引脚的工作模式为 "GPIO_Output"。

展开主界面左侧的 "System Core" 列表，选中 "GPIO"，在 "GPIO Mode and Configuration" 面板中配置好 PE8 ~ PE15 及 PF8 ~ PF11 引脚参数，如图 6.24 所示。

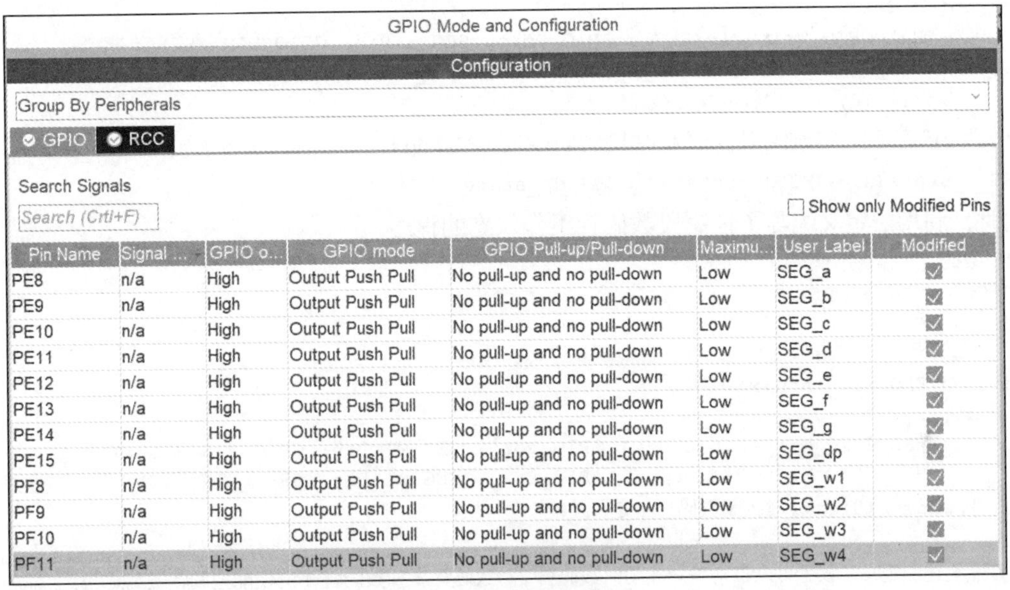

Pin Name	Signal ...	GPIO o...	GPIO mode	GPIO Pull-up/Pull-down	Maximu...	User Label	Modified
PE8	n/a	High	Output Push Pull	No pull-up and no pull-down	Low	SEG_a	☑
PE9	n/a	High	Output Push Pull	No pull-up and no pull-down	Low	SEG_b	☑
PE10	n/a	High	Output Push Pull	No pull-up and no pull-down	Low	SEG_c	☑
PE11	n/a	High	Output Push Pull	No pull-up and no pull-down	Low	SEG_d	☑
PE12	n/a	High	Output Push Pull	No pull-up and no pull-down	Low	SEG_e	☑
PE13	n/a	High	Output Push Pull	No pull-up and no pull-down	Low	SEG_f	☑
PE14	n/a	High	Output Push Pull	No pull-up and no pull-down	Low	SEG_g	☑
PE15	n/a	High	Output Push Pull	No pull-up and no pull-down	Low	SEG_dp	☑
PF8	n/a	High	Output Push Pull	No pull-up and no pull-down	Low	SEG_w1	☑
PF9	n/a	High	Output Push Pull	No pull-up and no pull-down	Low	SEG_w2	☑
PF10	n/a	High	Output Push Pull	No pull-up and no pull-down	Low	SEG_w3	☑
PF11	n/a	High	Output Push Pull	No pull-up and no pull-down	Low	SEG_w4	☑

图 6.24　配置各引脚参数

图 6.24 中设置的数码管初始状态为全熄，同时还设置各个引脚的 "User Label"。

（3）配置工程参数并生成工程文件

选择 STM32CubeMX 主界面中的 "Project Manager" 工程配置界面，在 "Project" 和 "Code Generator" 面板中配置好相关的输出工程参数。此处工程名为 "Four_SEG"，存放路径为 "…\Project\GPIO"。单击 "GENERATE CODE"，导出 MDK 工程文件和程序。

2. Keil MDK 编程

（1）输入输出引脚定义

main.h 文件中自动生成了有关 "User Label" 引脚的宏定义，后期在对这些引脚进行操作时，可直接使用这些宏名称。

```
/* Private defines -------------------------------------------------------*/
#define SEG_w1_Pin    GPIO_PIN_8           /*HAL 自动生成的有关 PF8 的宏定义*/
#define SEG_w1_GPIO_Port    GPIOF
…
#define SEG_w4_Pin    GPIO_PIN_11          /*HAL 自动生成的有关 PF11 的宏定义*/
#define SEG_w4_GPIO_Port    GPIOF
```

```
#define SEG_a_Pin    GPIO_PIN_8            /*HAL 自动生成的有关 PE8 的宏定义*/
#define SEG_a_GPIO_Port    GPIOE
…
#define SEG_dp_Pin    GPIO_PIN_15          /*HAL 自动生成的有关 PE15 的宏定义*/
#define SEG_dp_GPIO_Port    GPIOE
```

在 main 函数中，程序依次调用了 HAL 初始化函数 HAL_Init、系统时钟配置函数 SystemClock_Config 和 GPIO 初始化函数 MX_GPIO_Init，然后进入 while(1) 循环。

（2）程序实现分析

与案例 6.3 相同，在 main.c 文件中利用宏定义编写了控制段 a 点亮和熄灭的程序。

```
/* Private macro -------------------------------------------------------------*/
/* USER CODE BEGIN PM */
#define SEG_a_state(x) \
    do{ x ? \
        HAL_GPIO_WritePin(SEG_a_GPIO_Port, SEG_a_Pin, GPIO_PIN_SET) :  \
        HAL_GPIO_WritePin(SEG_a_GPIO_Port, SEG_a_Pin, GPIO_PIN_RESET); \
    } while (0)       /*控制段 a 亮灭*/
```

/*参照上述宏定义，读者可以自行编写实现对段 b~段 g 和点 dp 控制的程序，宏名称为：SEG_b_state(x)、SEG_c_state(x)~SEG_g_state(x) 和 SEG_dp_state(x) */

同时，利用宏定义编写了控制段数码管工作状态的程序。

```
/** 数码管工作状态**/
#define SEG_w_off   0
#define SEG_w_on   1

#define SEG_w1_state(x) \
    do{ x ? \
        HAL_GPIO_WritePin(SEG_w1_GPIO_Port, SEG_w1_Pin, GPIO_PIN_RESET) : \
        HAL_GPIO_WritePin(SEG_w1_GPIO_Port, SEG_w1_Pin, GPIO_PIN_SET); \
    } while (0)        /*控制数码管 1 是否使能*/
```

/*参照上述宏定义，读者可以自行编写实现对数码管 2、数码管 3 和数码管 4 的使能控制，宏名称为：SEG_w2_state(x)、SEG_w3_state(x) 和 SEG_w4_state(x) */
```
/* USER CODE END PM */
```

定义数组 SEG_data[] 用于存放字形码表，函数 SEG_send_char 完成输出字形码的功能，函数 SEG_shutdown_all 关闭所有数码管，函数 SEG_enable 可使能某个数码管。

设置待显示的字符 Show_data[] = {1,2,3,4}，数组中的元素排列顺序正好对应着这些字符在数码管中从左到右（w4~w1）的显示顺序。进入 while(1) 循环后，反复逐个显示各字符，程序如下。

```
/* Private user code ----------------------------------------------------------*/
/* USER CODE BEGIN 0 */
uint8_t SEG_data[] ={0xc0,0xf9,0xa4,0xb0,\
                     0x99,0x92,0x82,0xf8,\
                     0x80,0x90,0x88,0x83,\
                     0xc6,0xa1,0x86,0x8e};    /*字形码表: 0~9、a~f*/
uint8_t SEG_dot = 0x7f;                       /* "." 的字形码*/

/**
 * @brief  送字形码显示
…（查看案例 6.3 同名函数）
 */
```

```
void SEG_send_char(uint8_t data)
{
    ...
}


/**
  * @brief  使能某个数码管，关闭其他数码管
  * @note   数码管从左到右编码为 4、3、2、1
  * @param  seg_bit: 取 1、2、3、4 其中之一，代表使能了第几个数码管
  * @ retval  无
  */
void SEG_enable(uint8_t seg_bit)
{
    switch(seg_bit)
    {
        case 1: SEG_w1_state(SEG_w_on);  break;
        case 2: SEG_w2_state(SEG_w_on);  break;
        case 3: SEG_w3_state(SEG_w_on);  break;
        case 4: SEG_w4_state(SEG_w_on);  break;
        default: break;
    }
}


/**
  * @brief  关闭所有数码管
  * @param  无
  * @retval  无
*/
void SEG_shutdown_off(void)
{
    SEG_w1_state(SEG_w_off);
    SEG_w2_state(SEG_w_off);
    SEG_w3_state(SEG_w_off);
    SEG_w4_state(SEG_w_off);
}
/* USER CODE END 0 */
int main(void)
{
    /* USER CODE BEGIN 1 */
    uint8_t Show_data[] = {1,2,3,4};    /*从左到右要显示的数字*/
    uint8_t i;
    /* USER CODE END 1 */
    ...
    while (1)
    {
        ...
        /* USER CODE BEGIN 3 */
        for (i=0;i<4;i++)
        {
            SEG_shutdown_all();                      /*关闭所有数码管*/
            SEG_send_char(SEG_data[Show_data[i]]);   /*送字形码*/
            SEG_enable(4-i);                         /*使能所选数码管*/
            HAL_Delay(5);                            /*延时 5ms*/
```

```
        }
    }
    /* USER CODE END 3 */
}
```

（3）编译和下载程序

程序编译成功后，正确配置仿真器参数，仿真器成功连接后，将生成的 HEX 文件下载到 STM32F103ZETx 处理器中。在开发板上运行程序，并观察实验现象是否与预设一致。

6.6.3 动态显示程序整理

动态显示是一种较常见的多位显示方法，应用广泛，后期开发人员若再遇到多位数码管显示的应用场合，只要数码管模块硬件设计不变，就可以直接将以上程序移植到新应用中。

在工程根目录下新建一个文件夹 "Private"，路径为 "…\Project\Private"，用于存放处理器各种常用外接模块程序。在文件夹 "Private" 中新建文件夹 "SEG"，用于存放数码管模块的源文件 "seg.c" 和头文件 "seg.h"。当然，开发人员也可以按照个人习惯整理这些文件。

头文件 "seg.h" 内容如下。

```
/*********
 * 以下为 4 位数码管显示程序示例
 * uint8_t Show_data[] = {4,3,2,1};   //从左到右要显示的数字
 * uint8_t i;
 * for(i=0;i<4;i++)
 *   {
 *     SEG_shutdown_all();                //关闭所有数码管
 *     SEG_send_char(SEG_search_char(Show_data[i]));   //送字形码
 *     SEG_enable(4-i);                  //使能所选数码管
 *     HAL_Delay(5);                     //延时 5ms
 *   }
*********/

#ifndef _SEG_H
#define _SEG_H
#define SEG_a_state(x) \
        do{ x ? \
            HAL_GPIO_WritePin(SEG_a_GPIO_Port, SEG_a_Pin, GPIO_PIN_SET) : \
            HAL_GPIO_WritePin(SEG_a_GPIO_Port, SEG_a_Pin, GPIO_PIN_RESET); \
        } while (0)     /*控制段 a 亮灭*/
…（查看案例 6.4 宏定义）
#define SEG_w4_state(x) \
        do{ x ? \
            HAL_GPIO_WritePin(SEG_w4_GPIO_Port, SEG_w4_Pin, GPIO_PIN_RESET) : \
            HAL_GPIO_WritePin(SEG_w4_GPIO_Port, SEG_w4_Pin, GPIO_PIN_SET); \
        } while (0)     /*控制数码管 4 是否使能*/

uint8_t SEG_search_char(uint8_t data);   /*查找字形码*/
void SEG_send_char(uint8_t data);        /*将字形码输出到数码管*/
void SEG_enable(uint8_t seg_bit);        /*使能需要显示字形码的数码管*/
void SEG_shutdown_all(void);             /*关闭所有数码管*/

#endif
```

源文件"seg.c"内容如下。

```c
/* 4 位共阳数码管显示模块 */
#include "main.h"
#include "seg.h"

uint8_t SEG_data[] ={0xc0,0xf9,0xa4,0xb0,\
                     0x99,0x92,0x82,0xf8,\
                     0x80,0x90,0x88,0x83,\
                     0xc6,0xa1,0x86,0x8e};   /*字形码表: 0 ~ 9、a ~ f*/
uint8_t SEG_dot = 0x7f;                       /* "."的字形码*/

/**
  * @brief    搜索待显示字符的字形码
  * @note     本质上是通过位置(数组下标)找字形码,如要显示"A",那就需要先找到"A"在字形码表中的位
              置信息 0x0a
  * @param    data: 字符在字形码表中的位置
  * @retval   字形码
  */
uint8_t SEG_search_char(uint8_t data)
{
    return SEG_data[data];
}

/**
  * @brief    送字形码显示
…(查看案例 6.4 同名函数)
  */
void SEG_send_char(uint8_t data)
{
    …
}

/**
  * @brief    使能某个数码管,关闭其他数码管
…(查看案例 6.4 同名函数)
  */
void SEG_enable(uint8_t seg_bit)
{
    …
}

/**
  * @brief    关闭所有数码管
…(查看案例 6.4 同名函数)
  */
void SEG_shutdown_all(void)
{
    …
}
```

当将数码管模块的源文件"seg.c"和头文件"seg.h"整理出来后,在含有动态 LED 数码管显示的项目开发中,就可以直接调用这些源文件和头文件,具体实现步骤如下。

1. STM32CubeMX 工程配置

STM32CubeMX 中的引脚参数设置可以参考案例 6.4。如果数码管连接的 GPIO 与案例 6.4 不同，只要这些引脚的参数设置与表 6.6 保持一致就可以了。

表 6.6　数码管模块引脚参数设置

4 位数码管引脚	STM32 引脚	GPIO output level	GPIO mode	GPIO Pull-up/Pull-down	User Label
段 a					SEG_a
段 b					SEG_b
段 c					SEG_c
段 d					SEG_d
段 e	自主选择	High	Output Push Pull	No pull-up and no pull-down	SEG_e
段 f					SEG_f
段 g					SEG_g
点 dp					SEG_dp
数码管 1 使能端					SEG_w1
数码管 2 使能端					SEG_w2
数码管 3 使能端					SEG_w3
数码管 4 使能端					SEG_w4

此外，另起工程名为"SEG_test"，存放路径为"…\Project\GPIO"。

2. Keil MDK 编程

将文件 seg.c 复制到 main.c 的根目录下，文件 seg.h 复制到 main.h 的根目录下，如图 6.25 所示。

gpio.c　　　　　　　　gpio.h

main.c　　　　　　　　main.h

seg.c　　　　　　　　stm32f1xx_hal_conf.h

stm32f1xx_hal_msp.c　　stm32f1xx_it.h

stm32f1xx_it.c

system_stm32f1xx.c　　seg.h

图 6.25　复制文件到指定目录下

单击 Keil MDK 菜单栏上的"Project→Manage→Project Items"或单击快捷按键"🔧"，打开"Manage Project Items"窗口，如图 6.26 所示。

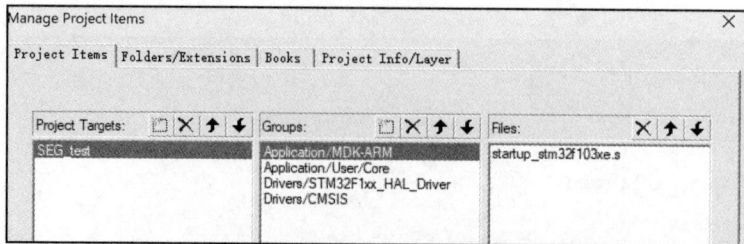

图 6.26　"Manage Project Items"窗口

选择"Groups"的"Application/User/Core"，如图 6.27 所示。将 seg.c 文件添加到该组中，如

图 6.28 所示。

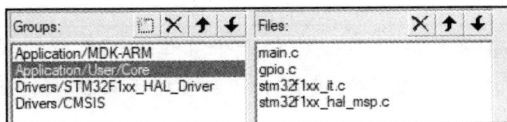

图 6.27　选择 "Application/User/Core"

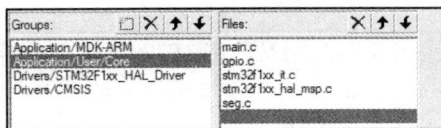

图 6.28　添加 seg.c 文件

此时打开 MDK 主界面的 "Project" 窗口，文件树中就显示 seg.c 文件已经被成功添加到该工程中，如图 6.29 所示。

以上工作正确完成后，接下来就只需完善主程序了。若要实现案例 6.4 的功能，则 main.c 的程序修改如下。

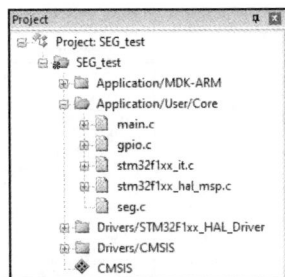

图 6.29　seg.c 文件成功添加到工程中

```
/* Private includes ------------------------------------*/
/* USER CODE BEGIN Includes */
#include "seg.h"
/* USER CODE END Includes */
…
int main(void)
{
  /* USER CODE BEGIN 1 */
  uint8_t Show_data[] = {1,2,3,4};        /*从左到右要显示的数字*/
  uint8_t i;
  /* USER CODE END 1 */
  …
  while (1)
  {
    …
    /* USER CODE BEGIN 3 */
      for (i=0;i<4;i++)
      {
        SEG_shutdown_all();                        /*关闭所有数码管*/
        SEG_send_char(SEG_search_char(Show_data[i]));  /*送字形码*/
        SEG_enable(4-i);                            /*使能所选数码管*/
        HAL_Delay(5);                               /*延时 5ms*/
      }
  }
  /* USER CODE END 3 */
}
```

6.7　矩阵键盘控制

6.7.1　原理介绍

4×4 键盘模块是一种常用的电子组件，它由 16 个按键或开关以矩阵方式排列而成，可以与微控制器或其他数字电路设备一起使用。该模块通常用于数据输入、操作界面控制等各种应用场合。

矩阵键盘的原理是通过在行和列之间建立一个矩阵连接来实现的。每个按键都被分配给矩阵中的一个行和一个列，这意味着可以通过扫描每个行和列的交点来确定哪个按键正在被按下。

6.7.2 案例实现

案例 6.5：STM32F103ZETx 处理器外接了一个 4×4 矩阵键盘模块和一个 4 位共阳数码管模块，电路如图 6.30 所示，编程实现当按下 Kn 按键时，数码管显示按键值 n，如当按下按键 K12 时，数码管显示"12"。

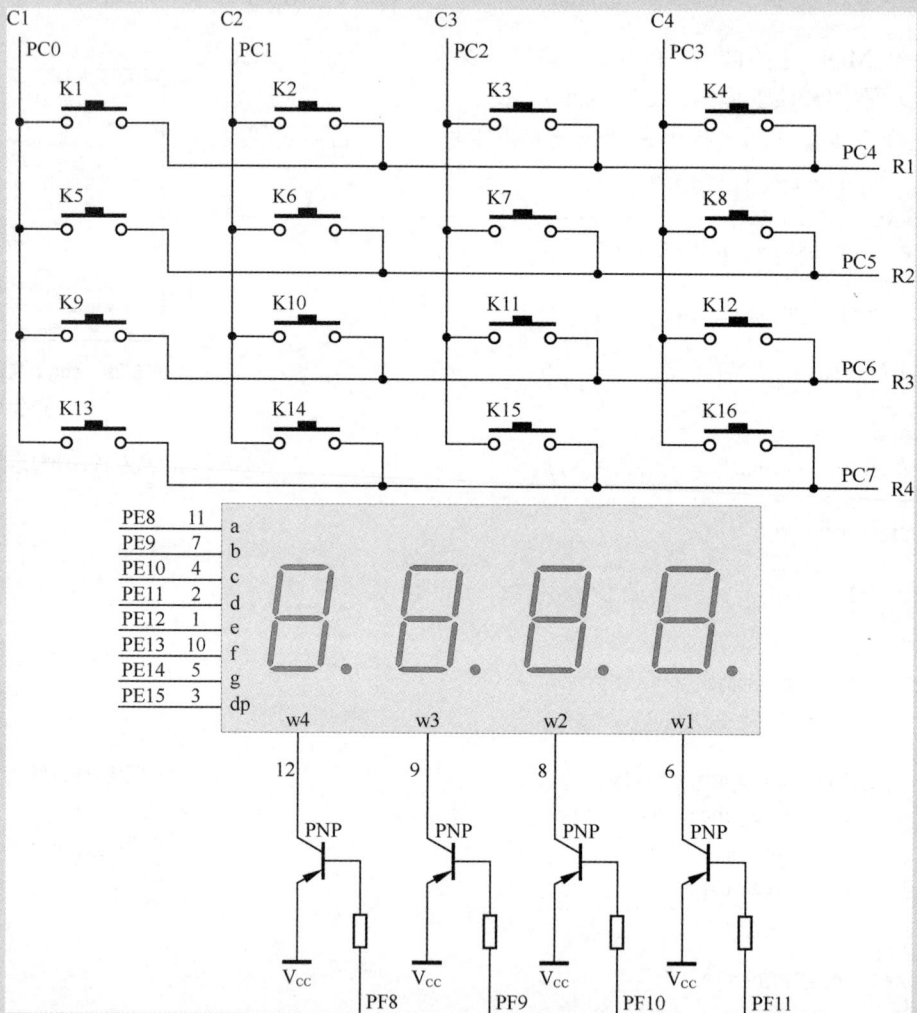

图 6.30　矩阵按键模块和数码管模块连接电路

　　分析图 6.30 所示的电路可知，矩阵键盘引出 4 行 4 列共 8 个引脚，分别简称为行引脚和列引脚，当按下按键时，相应的行引脚与列引脚相连。以某个按键为例，连接行引脚 Ry 的处理器引脚 GPIOy 可配置为下拉输入；连接列引脚 Cx 的处理器引脚 GPIOx 可配置为推挽输出，且初始状态为高电平，电路示意图如图 6.31 所示。当按键未按下时，GPIOy 引脚为低电平；当按下按键时，GPIOy 引脚就为高电平。

　　通过对 4 个列引脚同时配置高电平输出，并不断循环检测全部 4 个行引脚的电平是否发生变化，就可以检测出矩阵键盘

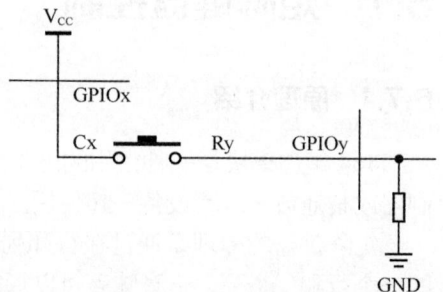

图 6.31　单个按键电路示意图

是否有按键被按下。通过逐列配置高电平输出，并逐行检测引脚电平就可以确定是哪个按键被按下了。在确认按键位置后，将该按键的编号（按键值）输出到数码管模块显示。

1. STM32CubeMX 工程配置

（1）新建项目、配置 RCC 和时钟树

在 STM32CubeMX 中创建一个新项目，选择 STM32F103ZETx 处理器，配置 RCC，选择 HSE 和 LSE 作为时钟源，选择 PLLCLK 的输出作为 SYSCLK，并配置好时钟树参数（参考案例 6.1）。

（2）配置引脚功能

选择 STM32CubeMX 主界面中的 "Pinout & Configuration" 面板，在界面右侧的 "Pinout view" 面板的搜索框中分别输入矩阵键盘的各行引脚和各列引脚，及数码管模块的各段引脚及点引脚，在引脚图中选中相应引脚，配置引脚的工作模式，此处 PC4 到 PC7 的工作模式为 "GPIO Intput"，其余引脚的工作模式均为 "GPIO Output"。然后展开主界面左侧的 "System Core" 列表，选中 "GPIO"，在 "GPIO Mode and Configuration" 面板中配置好引脚参数，如图 6.32 所示。

Pin Name	Signal on ...	GPIO outp...	GPIO mode	GPIO Pull-up/Pull-down	Maxim...	User La...	Modified
PC0	n/a	High	Output Push Pull	No pull-up and no pull-down	Low	KEYS_c1	☑
PC1	n/a	High	Output Push Pull	No pull-up and no pull-down	Low	KEYS_c2	☑
PC2	n/a	High	Output Push Pull	No pull-up and no pull-down	Low	KEYS_c3	☑
PC3	n/a	High	Output Push Pull	No pull-up and no pull-down	Low	KEYS_c4	☑
PC4	n/a	n/a	Input mode	Pull-down	n/a	KEYS_r1	☑
PC5	n/a	n/a	Input mode	Pull-down	n/a	KEYS_r2	☑
PC6	n/a	n/a	Input mode	Pull-down	n/a	KEYS_r3	☑
PC7	n/a	n/a	Input mode	Pull-down	n/a	KEYS_r4	☑
PE8	n/a	High	Output Push Pull	No pull-up and no pull-down	Low	SEG_a	☑
PE9	n/a	High	Output Push Pull	No pull-up and no pull-down	Low	SEG_b	☑
PE10	n/a	High	Output Push Pull	No pull-up and no pull-down	Low	SEG_c	☑
PE11	n/a	High	Output Push Pull	No pull-up and no pull-down	Low	SEG_d	☑
PE15	n/a	High	Output Push Pull	No pull-up and no pull-down	Low	SEG_dp	☑
PE12	n/a	High	Output Push Pull	No pull-up and no pull-down	Low	SEG_e	☑
PE13	n/a	High	Output Push Pull	No pull-up and no pull-down	Low	SEG_f	☑
PE14	n/a	High	Output Push Pull	No pull-up and no pull-down	Low	SEG_g	☑
PF8	n/a	High	Output Push Pull	No pull-up and no pull-down	Low	SEG_w1	☑
PF9	n/a	High	Output Push Pull	No pull-up and no pull-down	Low	SEG_w2	☑
PF10	n/a	High	Output Push Pull	No pull-up and no pull-down	Low	SEG_w3	☑

图 6.32　配置各引脚参数

在图 6.32 中，按键矩阵的各列初始状态都为高电平，数码管初始状态为全熄，同时设置了各个引脚的 "User Label"。

（3）配置工程参数并生成工程文件

选择 STM32CubeMX 主界面中的 "Project Manager" 工程参数配置界面，在 "Project" 和 "Code Generator" 面板中配置好相关的输出工程参数。此处，工程名定义为 "KEY_matrix"，存放路径为 "…\Project\GPIO"。单击 "GENERATE CODE"，导出 MDK 工程文件和程序。

2. Keil MDK 编程

（1）输入输出引脚定义

main.h 文件中自动生成了相关 "User Label" 引脚的宏定义，在对这些引脚进行操作时，可直接使用这些宏定义。

```
/* Private defines -----------------------------------------------------------*/
#define SEG_w1_Pin        GPIO_PIN_8          /*HAL 自动生成的有关 PF8 的宏定义*/
#define SEG_w1_GPIO_Port   GPIOF
…
#define KEYS_r4_Pin    GPIO_PIN_7              /*HAL 自动生成的有关 PC7 的宏定义*/
#define KEYS_r4_GPIO_Port    GPIOC
```

main 函数中依次调用 HAL 初始化函数 HAL_Init、系统时钟配置函数 SystemClock_Config 和 GPIO 初始化函数 MX_GPIO_Init，然后进入 while(1)循环。

（2）程序实现分析

与前面的案例类似，本案例在 main.c 文件中利用宏定义编写了控制按键状态的程序。

```
/* Private macro -------------------------------------------------------------*/
/* USER CODE BEGIN PM */
/** 列工作状态**/
#define KEYS_C_off  0
#define KEYS_C_on   1

#define KEYS_c1_state(x) \
       do{ x ? \
            HAL_GPIO_WritePin(KEYS_c1_GPIO_Port ,KEYS_c1_Pin,GPIO_PIN_SET) : \
            HAL_GPIO_WritePin(KEYS_c1_GPIO_Port ,KEYS_c1_Pin,GPIO_PIN_RESET); \
            } while (0)      /*允许/禁止第 1 列按键工作*/
```

/*参照上述宏定义，读者可以自行编写程序实现对第 2 列~第 4 列按键的控制，宏名称为：KEYS_c2_state(x) ~ KEYS_c4_state(x)。*/

```
 /** 按键状态**/
#define KEY_down     GPIO_PIN_SET     /*按键按下，行引脚高电平*/
#define KEY_up       GPIO_PIN_RESET   /*按键未按下，行引脚低电平*/

#define KEYS_r1_INPUT()    HAL_GPIO_ReadPin(KEYS_r1_GPIO_Port,KEYS_r1_Pin)
                             /*扫描第 1 行按键*/
#define KEYS_r2_INPUT()    HAL_GPIO_ReadPin(KEYS_r2_GPIO_Port,KEYS_r2_Pin)
                             /*扫描第 2 行按键*/
#define KEYS_r3_INPUT()    HAL_GPIO_ReadPin(KEYS_r3_GPIO_Port,KEYS_r3_Pin)
                             /*扫描第 3 行按键*/
#define KEYS_r4_INPUT()    HAL_GPIO_ReadPin(KEYS_r4_GPIO_Port,KEYS_r4_Pin)
                             /*扫描第 4 行按键*/
/* USER CODE END PM */
```

函数 KEY_get_state 用来查询矩阵键盘是否有按键被按下，函数 KEY_get_num 用来查询是哪个按键被按下，并返回该按键编号，即按键值。

数码管模块的主要程序已经整理到了 seg.h 中，所以此处只需将文件 seg.h 包含进来就可以了，同时编写函数 SEG_show_number，实现数码管模块的两位数值显示。

while(1)循环中反复查询是否有按键被按下，若有按键被按下，进一步确认是哪个按键被按下，同时数码管显示该按键值。可见，main 函数要完成的内容简洁明了，这要归功于前期编写完成的大量宏定义及功能性函数。修改后的程序如下。

```
/* Private includes ----------------------------------------------------------*/
/* USER CODE BEGIN Includes */
```

```
#include "seg.h"
/* USER CODE END Includes */
…
/* Private user code ----------------------------------------------------------*/
/* USER CODE BEGIN 0 */
/**
  * @brief   查询是否有按键被按下
  * @param   无
  * @retval 若有按键被按下, 返回 SUCCESS; 否则返回 ERROR
  */
ErrorStatus KEY_get_state(void)
{
    KEYS_c1_state (KEYS_C_on);
    KEYS_c2_state (KEYS_C_on);
    KEYS_c3_state (KEYS_C_on);
    KEYS_c4_state (KEYS_C_on);

    if ( KEYS_r1_INPUT()==KEY_down ||\
         KEYS_r2_INPUT()==KEY_down ||\
         KEYS_r3_INPUT()==KEY_down ||\
         KEYS_r4_INPUT()==KEY_down)
         return SUCCESS;
    else
        return ERROR;
}


/**
  * @brief   逐行扫描, 查询是哪个按键被按下
  * @param   无
  * @retval 返回按键值: 1    2    3    4
                        5    6    7    8
                        9   10   11   12
                       13   14   15   16
  */
uint8_t KEY_get_num(void)
{
    KEYS_c1_state (KEYS_C_on);                       /*第 1 列有效*/
    KEYS_c2_state (KEYS_C_off);
    KEYS_c3_state (KEYS_C_off);
    KEYS_c4_state (KEYS_C_off);
    if (KEYS_r1_INPUT()==KEY_down ) return 1;        /*扫描第 1 行*/
    if (KEYS_r2_INPUT()==KEY_down ) return 5;        /*扫描第 2 行*/
    if (KEYS_r3_INPUT()==KEY_down ) return 9;        /*扫描第 3 行*/
    if (KEYS_r4_INPUT()==KEY_down ) return 13;       /*扫描第 4 行*/

    KEYS_c1_state (KEYS_C_off);                      /*第 2 列有效*/
    KEYS_c2_state (KEYS_C_on);
    if (KEYS_r1_INPUT()==KEY_down ) return 2;
    if (KEYS_r2_INPUT()==KEY_down ) return 6;
    if (KEYS_r3_INPUT()==KEY_down ) return 10;
    if (KEYS_r4_INPUT()==KEY_down ) return 14;
```

```
        KEYS_c2_state (KEYS_C_off);                /*第 3 列有效*/
        KEYS_c3_state (KEYS_C_on);
        if (KEYS_r1_INPUT()==KEY_down ) return 3;
        if (KEYS_r2_INPUT()==KEY_down ) return 7;
        if (KEYS_r3_INPUT()==KEY_down ) return 11;
        if (KEYS_r4_INPUT()==KEY_down ) return 15;

        KEYS_c3_state (KEYS_C_off);                /*第 4 列有效*/
        KEYS_c4_state (KEYS_C_on);
        if (KEYS_r1_INPUT()==KEY_down ) return 4;
        if (KEYS_r2_INPUT()==KEY_down ) return 8;
        if (KEYS_r3_INPUT()==KEY_down ) return 12;
        if (KEYS_r4_INPUT()==KEY_down ) return 16;

        return 0;
    }


/**
  * @brief   数码管显示两位数
  * @param   待显示数值
  * @retval  无
  */
void SEG_show_number(uint8_t data)
{
    if(data > 9)
    {
        SEG_shutdown_all();                /*关闭所有数码管*/
        SEG_w3_state(SEG_w_on);            /*显示十位*/
        SEG_send_char(SEG_search_char((data %100 ) / 10));
        HAL_Delay(5);
    }
        SEG_shutdown_all();                /*关闭所有数码管*/
        SEG_w4_state(SEG_w_on);            /*显示个位*/
        SEG_send_char(SEG_search_char(data % 10));
        HAL_Delay(5);
}
/* USER CODE END 0 */
…
int main(void)
{
  /* USER CODE BEGIN 1 */
    uint8_t number=0;   /*存放按键值，初始无按键被按下，显示 0*/
  /* USER CODE END 1 */
  …
  while (1)
  {
    …
    /* USER CODE BEGIN 3 */
      if(KEY_get_state()==SUCCESS)        /*查询是否有按键被按下*/
      {
          HAL_Delay(10);                  /*去抖*/
          if(KEY_get_state()==SUCCESS)    /*再次查询是否有按键被按下*/
```

```
        {
            number =KEY_get_num();        /*查询是哪个按键被按下，并返回按键值*/
        }
        SEG_show_number(number);
    }
    /* USER CODE END 3 */
}
```

（3）编译和下载

程序编译成功后，正确配置仿真器参数，仿真器成功连接后，将生成的 HEX 文件下载到
STM32F103ZETx 处理器中。在开发板上运行程序，并观察实验现象是否与预设一致。

6.7.3　矩阵键盘程序整理

文件夹"Private"（路径为"…\Project\Private"）用于存放处理器各外接模块程序。此处，在文
件夹"Private"中新建文件夹"KEYS"，用于存放数码管模块的源文件"keys.c"和头文件"keys.h"。
头文件"keys.h"内容如下。

```
#ifndef _KEYS_H
#define _KEYS_H
#include "stm32f1xx_hal.h"

/** 列工作状态**/
#define KEYS_C_off  0
#define KEYS_C_on  1
…（查看案例 6.5 宏定义）

#define KEYS_r4_INPUT()   HAL_GPIO_ReadPin(KEYS_r4_GPIO_Port,KEYS_r4_Pin)
                            /*扫描第 4 行按键*/
ErrorStatus KEY_get_state(void);   /*查询是否有按键被按下*/
uint8_t KEY_get_num(void);          /*查询是哪个按键被按下，并返回按键值*/
#endif
```

源文件"keys.c"内容如下。

```
/* 4×4 矩阵键盘模块 */
#include "main.h"
#include "keys.h"

/**
  * @brief  查询是否有按键被按下
…（查看案例 6.5 同名函数）
  */
ErrorStatus KEY_get_state(void)
{
    …
}

/**
  * @brief  逐行扫描，查询是哪个按键被按下
…（查看案例 6.5 同名函数）
  */
```

```
uint8_t KEY_get_num(void)
{
    ...
}
```

案例 6.5 中增加了数码管模块显示两位数的程序，读者可以尝试将函数 SEG_show_number 整理到 seg.c 和 seg.h 中。

整理好矩阵键盘模块的 keys.c 和 keys.h 文件，并更新了数码管模块的 seg.c 和 seg.h 文件后，在新项目开发中，就可以直接调用这些源文件和头文件，具体步骤如下。

1. STM32CubeMX 工程配置

STM32CubeMX 中的引脚参数配置可以参考案例 6.5。如果矩阵键盘连接的 GPIO 与案例 6.5 不同，只要保证这些引脚的参数设置与表 6.7 一致就可以了，当然数码管模块的引脚参数设置也要与表 6.6 一致。此处项目工程名为 "KEY_matrix _test"，存放路径为 "…\Project\GPIO"。

表 6.7　矩阵键盘模块引脚参数设置

行引脚和列引脚	STM32 引脚	GPIO output level	GPIO mode	GPIO Pull-up/Pull-down	User Label
列 C1	自主选择	High	Output Push Pull	No pull-up and no pull-down	KEYS_c1
列 C2					KEYS_c2
列 C3					KEYS_c3
列 C4					KEYS_c4
行 R1		—	Input mode	Pull-down	KEYS_r1
行 R2					KEYS_r2
行 R3					KEYS_r3
行 R4					KEYS_r4

2. Keil MDK 编程

将文件 keys.c、seg.c 复制到 main.c 的根目录下，文件 keys.h、seg.h 复制到 main.h 的根目录下，如图 6.33 所示。

gpio.c　　　　　　　　　　gpio.h

keys.c　　　　　　　　　　keys.h

main.c　　　　　　　　　　main.h

seg.c　　　　　　　　　　 seg.h

stm32f1xx_hal_msp.c　　　 stm32f1xx_hal_conf.h

stm32f1xx_it.c　　　　　　stm32f1xx_it.h

system_stm32f1xx.c

图 6.33　复制文件到指定目录下

单击 Keil MDK 菜单栏上的 "Project→Manage→Project Items" 或单击快捷按键 "🔧"，打开 "Manage Project Items" 窗口，将 seg.c 和 keys.c 文件添加到 "Application/User/Core" 组中，如图 6.34 所示。

以上工作都正确完成后，接下来就只需完善主程序中了。若要实现案例 6.5 的功能，只需较少程序即可，程序修改如下。

```
/* Private includes ----------------------------------------------------------*/
/* USER CODE BEGIN Includes */
#include "seg.h"
#include "keys.h"
/* USER CODE END Includes */
```

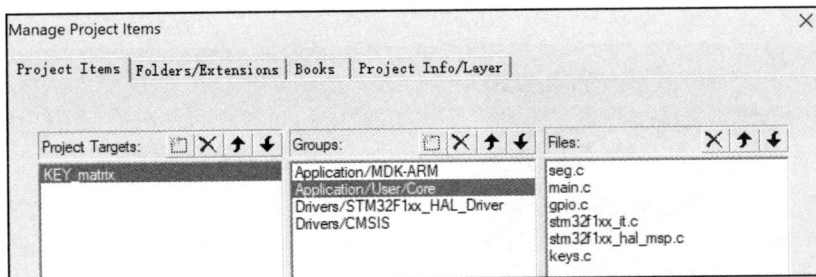

图 6.34　添加文件

```
…
int main(void)
{
  /* USER CODE BEGIN 1 */
   uint8_t number=0;   /*存放按键值*/
  /* USER CODE END 1 */
  …
  while (1)
  {
    …
    /* USER CODE BEGIN 3 */
     if(KEY_get_state()==SUCCESS)          /*查询是否有按键被按下*/
       {   HAL_Delay(10);                   /*去抖*/
          if(KEY_get_state()==SUCCESS)  /*再次查询是否有按键被按下*/
          {
            number =KEY_get_num();         /*查询是哪个按键被按下，并返回按键值*/
          }
       }
      SEG_show_number(number);             /*数码管显示按键值*/
  }
/* USER CODE END 3 */
}
```

6.8　OLED 模块

6.8.1　原理介绍

有机发光二极管（Organic Light-Emitting Diode，OLED），又称为有机电激光显示（Organic Electroluminescence Display）。OLED 属于一种电流型的有机发光器件，是通过载流子的注入和复合导致发光的现象，发光强度与注入的电流成正比。OLED 显示屏就是利用有机发光二极管制成的显示屏，只要在正负极上加上合适的电压就会发光。

本节以 128×64 的 OLED 显示屏为例进行讲解。图 6.35 为 OLED 显示屏实物，图 6.36 为 OLED 显示屏局部放大图，可见 128×64 的 OLED 显示屏是由 128 列和 64 行有机发光二极管有序排列组成的。

"由点到线，由线到面"，平面中显示的任何图案都是由像素点构成的，若要在 OLED 显示屏中显示图案，只需点亮图案中对应的有机发光二极管。将 OLED 显示屏中的有机发光二极管置于二维坐标系中，并注以坐标，如图 6.37 所示，那么只需知道有机发光二极管在该坐标系中的像素点位置信息(x, y)，然后置 1 或清 0 该像素点的值，即点亮或熄灭该有机发光二极管，就能在 OLED 显示屏上显示出各种图案。

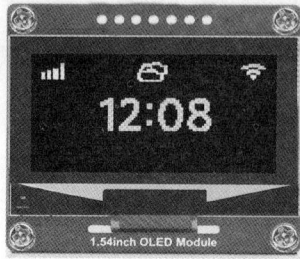

图 6.35　OLED 显示屏实物

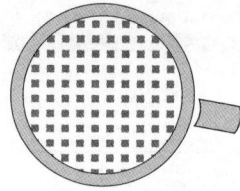

图 6.36　OLED 显示屏局部放大图

OLED 显示屏是由有机发光二极管点阵组成的，由于点阵中包含多个行控制引脚和列控制引脚，且其控制引脚数量非常多，处理器的 GPIO 数量无法满足要求。一般通过专用的 OLED 驱动芯片实现对 OLED 显示屏的控制，如图 6.38 所示。

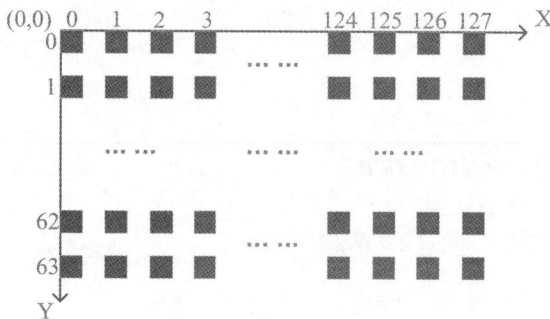

图 6.37　二维坐标系中的 OLED 显示屏

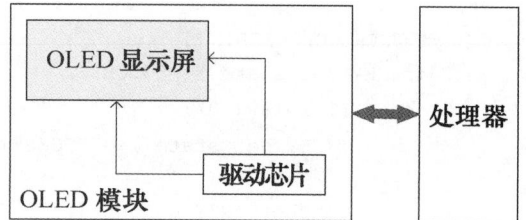

图 6.38　OLED 模块与处理器

OLED 驱动芯片有很多种，这里介绍一款常用的共阴 OLED 驱动芯片——SSD1306，它的显存为每个有机发光二极管分配了一个 bit，用于控制有机发光二极管的点亮或熄灭，128×64 个有机发光二极管共需 128×64 个 bit 用来存放状态。表 6.8 给出了 SSD1306 常用的一些控制指令。

表 6.8　SSD1306 常用的控制指令

| 序号 | 指令 | 各位描述 | | | | | | | | 命令 | 说明 |
	HEX	D7	D6	D5	D4	D3	D2	D1	D0		
1	0xAE/0xAF	1	0	1	0	1	1	1	X0	设置显示开关	X0=0，关闭显示 X0=1，开启显示
2	0x81	1	0	0	0	0	0	0	1	设置对比度	A 值越大，屏越亮
	A[7:0]	A7	A6	A5	A4	A3	A2	A1	A0		
3	0x8D	1	0	0	0	1	1	0	1	电荷泵设置	A2=0，关闭电荷泵 A2=1，开启电荷泵
	A[2:0]	/	/	0	1	0	A2	0	0		
4	0x20	0	0	1	0	0	0	0	0	设置内存地址模式	A[1:0]=0，水平地址模式 A[1:0]=1，垂直地址模式 A[1:0]=2，页地址模式 A[1:0]=3，无效
	A[1:0]	/	/	/	/	/	/	A1	A0		
5	0xb0+ X[2:0]	1	0	1	1	0	X2	X1	X0	设置页地址	X[2:0]=0～7，对应页 0～7
6	0x00+ X[3:0]	0	0	0	0	X3	X2	X1	X0	设置列地址低 4 位	设置 8 位起始列地址的低 4 位
7	0x10+ X[3:0]	0	0	0	1	X3	X2	X1	X0	设置列地址高 4 位	设置 8 位起始列地址的高 4 位

OLED 显示屏显示时，必须开启电荷泵。电荷泵是一种电路拓扑结构，可以将较低的电压转换为较高的电压，从而在不增加外部电源电压的情况下，为 OLED 显示屏提供所需的高压驱动。

SSD1306 有 3 种内存地址模式：页地址模式、水平地址模式和垂直地址模式，这里着重介绍页地址模式。在页地址模式中，SSD1306 的显存将 128×64 个 bit 分成 8 页，每页包含 128 字节，列地址指针会自动递增，如表 6.9 所示。当列地址指针到达列结束地址时，列地址指针重置为开始地址，但页地址指针不变。用户必须设置新的页地址和列地址，以便访问和操作下一页内容。

表 6.9　页地址模式

页	列地址				
	0	1	……	126	127
页 0					
页 1					
…					
页 7					

在 SSD1306 中，点的位置是由页地址、页字节和页字节中的位编号三者共同确定的，需要将表转换为人们更容易理解的二维坐标系的位置表示形式（x,y），表 6.10 列出了 SSD1306 显存点阵与二维坐标系的映射关系。

表 6.10　SSD1306 显存点阵与二维坐标系的映射关系

二维坐标系与 SSD1306 显存点阵			X 坐标（列地址）				
			0	1	……	126	127
Y 坐标（行地址）	0	页 0	bit0				
	1		bit1				
	2		bit2			……	
	3		bit3				
	4		bit4				
	5		bit5				
	6		bit6				
	7		bit7				
	8……15	页 1	bit0……bit7		……		
	16……23	页 2	bit0……bit7		……		
	24……31	页 3	bit0……bit7		……		
	32……39	页 4	bit0……bit7		……		
	40……47	页 5	bit0……bit7		……		
	48……55	页 6	bit0……bit7		……		
	56……63	页 7	bit0……bit7		……		

下列程序可用来实现对二维坐标系中(x, y)点的置 1 或清 0 工作。

```
static uint8_t g_oled_gram[128][8];   /* 对应于 SSD1306 的显存空间 128×8 byte=128×64 bit*/
/**
 * @brief   更新待显示点存储空间的像素点值
 * @param   x, y 为点在二维坐标系中的坐标（x, y）
              dot: 1，置1；0，清0
```

```
    * @retval 无
    */
void OLED_draw_point(uint8_t  x, uint8_t  y, uint8_t  dot)
{
    uint8_t page, page_bit, page_byte = 0;
                        /* page:页地址; page_byte:页字节; page_bit:页字节中的位编号*/
    if (x > 127 || y > 63)  return;                              /* 超出范围了 */
    page = y / 8;                                               /* 页地址 */
    page_bit = y % 8;                           /*  计算 y 在对应页字节中的位编号*/
    page_byte = 1 << page_bit;            /*  转换后 y 对应的 bit 位置，并将该 bit 置 1*/

    if ( dot )
        g_oled_gram[ x ][ page ] |= page_byte;      /*该点置 1,并保持页字节中其他点状态不变*/
    else
        g_oled_gram[ x ][ page ] &= ~ page_byte; /*该点清 0,并保持页字节中其他点状态不变*/
}
```

SSD1306 芯片由 8 个数据引脚和 5 个控制引脚组成,它与处理器通信有多种接口方式:并行 6800、并行 8080、串行 SPI 及串行 I2C,此处选用并行 8080 接口方式,在该接口方式下,引脚功能分配如表 6.11 所示。

表 6.11 SSD1306 工作在并行 8080 接口方式下的引脚功能分配

	SSD1306 引脚	并行 8080 接口方式下引脚	功能描述
数据引脚	D0 ~ D7	D0 ~ D7	数据线
控制引脚	E	$\overline{RD}$	读信号
	R/$\overline{W}$	$\overline{WR}$	写信号
	$\overline{CS}$	$\overline{CS}$	片选信号
	D/$\overline{C}$	D/$\overline{C}$	1：数据；0：命令
	$\overline{RES}$	$\overline{RES}$	复位

注：有上划线表示低电平有效

SSD1306 的并行 8080 总线时序包含了读时序和写时序,此处只要理解并实现写时序图,就可以完成对 OLED 显示屏显示的控制了如图 6.39 所示。

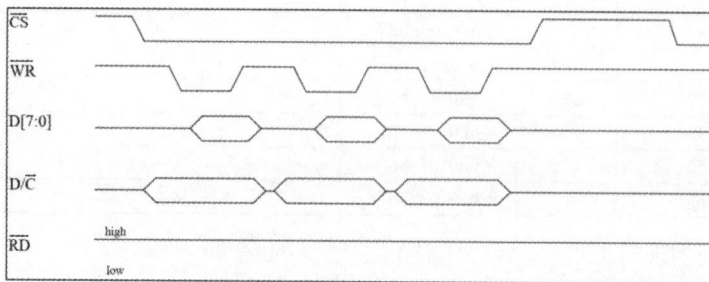

图 6.39 并行 8080 写时序图

6.8.2　OLED 显示案例

案例 6.6：STM32F103ZETx 处理器外接了一个驱动芯片为 SSD1306 的 OLED 模块，连接电路如图 6.40 所示，编程实现在 OLED 显示屏上合适的位置显示"中国！"。

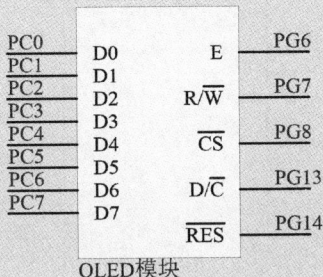

图 6.40　OLED 模块连接电路

1. STM32CubeMX 工程配置

（1）新建项目、配置 RCC 和时钟树

在 STM32CubeMX 中创建一个新项目，选择 STM32F103ZETx 处理器，配置 RCC，选择 HSE 和 LSE 作为时钟源，选择 PLLCLK 的输出作为 SYSCLK，并配置好时钟树参数（参考案例 6.1）。

（2）配置引脚功能

选择 STM32CubeMX 主界面中的"Pinout & Configuration"面板，在界面右侧的"Pinout view"面板的搜索框中分别输入 OLED 模块的引脚，并在引脚图中选中相应引脚，此处配置所有的引脚的工作模式均为"GPIO_Output"。然后展开主界面左侧的"System Core"列表，选中"GPIO"，然后在"GPIO Mode and Configuration"面板中配置好引脚参数，如图 6.41 所示。

图 6.41　配置引脚参数

在图 6.41 中，配置各个 GPIO 初始都为低电平，按功能设置相应引脚的"User Label"。如果 GPIO 分配与图 6.41 不同，只要保证这些引脚的参数设置与表 6.12 一致就可以了。

（3）配置工程参数并生成工程文件

选择 STM32CubeMX 主界面中的"Project Manager"工程参数配置界面，在"Project"和"Code

Generator"面板中配置好相关的输出工程参数。此处工程名为"OLED_string"，存放路径为"…\Project\GPIO"，单击"GENERATE CODE"，导出 MDK 工程文件和程序。

表 6.12　OLED 模块引脚参数设置

OLED 模块引脚	STM32 引脚	GPIO mode	GPIO Pull-up/Pull-down	User Label
D0				OLED_d0
D1				OLED_d1
D2				OLED_d2
D3				OLED_d3
D4				OLED_d4
D5				OLED_d5
D6	自主选择	Output Push Pull	No pull-up and no pull-down	OLED_d6
D7				OLED_d7
E				OLED_rd
R/$\overline{\text{W}}$				OLED_wr
$\overline{\text{CS}}$				OLED_cs
D/$\overline{\text{C}}$				OLED_dc
$\overline{\text{RES}}$				OLED_res

2. Keil MDK 编程

（1）添加自定义文件

新建文件 oled.c 并保存在 main.c 的根目录下，新建文件 oled.h 并保存在 main.h 的根目录下，如图 6.42 所示。

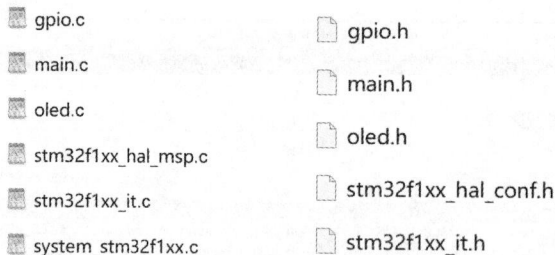

gpio.c　　　　　　　　　gpio.h

main.c　　　　　　　　　main.h

oled.c　　　　　　　　　oled.h

stm32f1xx_hal_msp.c

stm32f1xx_it.c　　　　　stm32f1xx_hal_conf.h

system_stm32f1xx.c　　　stm32f1xx_it.h

图 6.42　新建文件并保存在指定目录下

单击 Keil MDK 菜单栏上的"Project→Manage→Project Items"或单击快捷按键"🔧"，打开"Manage Project Items"窗口，将 oled.c 文件添加到"Application/User/Core"组中如图 6.43 所示。

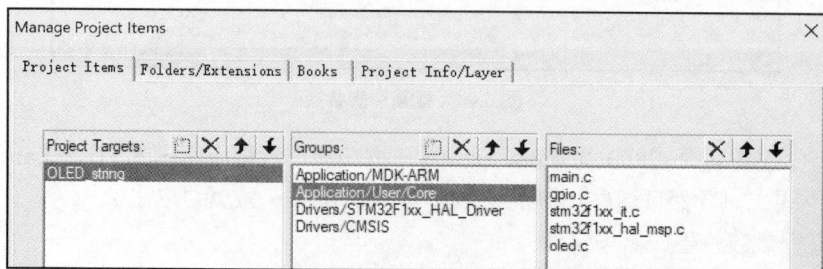

图 6.43　添加文件

（2）程序实现分析

头文件 **oled.h** 中存放一些使用比较频繁的常量或函数声明，内容如下。

```
#ifndef _OLED_H
#define _OLED_H
#include "stm32f1xx_hal.h"

#define OLED_CMD        0        /* 写命令 */
#define OLED_DATA       1        /* 写数据 */
/* OLED 8080 模式相关端口控制函数 定义 */

#define OLED_D0(x) \
    do{ x ? \
        HAL_GPIO_WritePin(OLED_d0_GPIO_Port, OLED_d0_Pin, GPIO_PIN_SET) :  \
        HAL_GPIO_WritePin(OLED_d0_GPIO_Port, OLED_d0_Pin, GPIO_PIN_RESET); \
    } while (0)      /*控制 D0 数据引脚*/
```

参照上述宏定义，读者可尝试编写程序实现对 D1～D7 数据线、RES 引脚、CS 引脚、DC 引脚、WR 引脚和 RD 引脚的控制，宏名称为：OLED_D1(x)～OLED_D7(x)、OLED_RES(x)、OLED_CS(x)、OLED_DC(x)、OLED_WR(x)和 OLED_RD(x)。

```
void OLED_draw_point(uint8_t x, uint8_t y, uint8_t dot);
                                            /*更新待显示点存储空间的像素点值*/
void OLED_data_out(uint8_t data);           /*将数据或命令送到数据引脚 D0～D7 上*/
void OLED_wr_byte(uint8_t data, uint8_t cmd);/*写数据或命令字节*/
void OLED_init(void);                       /* OLED 初始化*/
void OLED_clear(void);                      /*清 OLED 显示屏*/
void OLED_refresh(void);                    /*更新 SSD1306 的显存空间*/
void OLED_show_char(uint8_t x, uint8_t y, uint8_t *oled_ascii,uint8_t hz,uint8_t dot);
                                            /*更新待显示字符存储空间的像素点值*/

#endif
```

源文件 **oled.c** 中存放各种函数定义。

```
#include "main.h"
#include "oled.h"

static uint8_t g_oled_gram[128][8];   /* 对应于 SSD1306 的显存空间 128×8 byte=128×64 bit*/
/**
  * @brief   更新待显示点存储空间的像素点值
  * @param   x, y 为点在二维坐标系中的坐标（x, y）
            x:取值范围为 0～127；y:取值范围为 0～63
            dot: 1，置1; 0，清 0
  * @retval 无
  */
void OLED_draw_point(uint8_t  x, uint8_t  y, uint8_t  dot)
{
    /* page:页地址; page_byte:页字节; page_bit:页字节中的位编号*/
    uint8_t page, page_bit, page_byte = 0;
    if (x > 127 || y > 63)   return; /* 超出范围 */
    page = y / 8;                      /* 页地址 */
    page_bit = y % 8;                  /*  计算 y 在对应页字节中的位编号*/
```

```
        page_byte = 1 << page_bit;          /*  转换后 y 对应的 bit 位置，并将该 bit 置 1*/
        if ( dot )
            g_oled_gram[ x ][ page ] |= page_byte; /*该点置 1，并保持页字节中其他点状态不变*/
        else
            g_oled_gram[ x ][ page ] &= ~ page_byte; /*该点清 0，并保持页字节中其他点状态不变*/
}
/**
  * @brief   将数据或命令送到数据引脚 D0~D7 上
  * @param   无
  * @retval  无
  */
void OLED_data_out(uint8_t data)
{
    OLED_D0(data & 0x01);      /*控制 D0 数据引脚*/
    OLED_D1(data>>1 & 0x01);   /*控制 D1 数据引脚*/
    OLED_D2(data>>2 & 0x01);   /*控制 D2 数据引脚*/
    OLED_D3(data>>3 & 0x01);   /*控制 D3 数据引脚*/
    OLED_D4(data>>4 & 0x01);   /*控制 D4 数据引脚*/
    OLED_D5(data>>5 & 0x01);   /*控制 D5 数据引脚*/
    OLED_D6(data>>6 & 0x01);   /*控制 D6 数据引脚*/
    OLED_D7(data>>7 & 0x01);   /*控制 D7 数据引脚*/
}
/**
  * @brief   写数据或命令字节
  * @param   data: 待写的数据或命令
  *          cmd: 取 OLED_CMD 表示命令; 取 OLED_DATA 表示数据
  * @retval  无
  */
void OLED_wr_byte(uint8_t data, uint8_t cmd)
{
    OLED_DC (cmd);             /*数据类型，由 cmd 决定*/
    OLED_CS ( 0 );             /*片选有效，选中 SSD1306 */
    OLED_WR ( 0 );             /*写信号有效，准备数据*/
    OLED_data_out(data);       /*在写信号低电平期间，准备数据*/
    OLED_WR ( 1 );             /*在写信号上升沿，数据发出*/
    OLED_CS ( 1 );             /*片选无效*/
}
/**
  * @brief   OLED 初始化
  * @note    厂商已经规定好，处理器只需向 OLED 模块发送相关的指令即可
  * @param   无
  * @retval  无
  */
void OLED_init(void)
{
    OLED_WR(1);
    OLED_RD(1);
```

```
    OLED_CS(1);
    OLED_DC(1);
    /* 复位时序 */
    OLED_RES(0);
    HAL_Delay(100);
    OLED_RES(1);
    OLED_wr_byte(0xAE, OLED_CMD);        /*关闭显示*/
    OLED_wr_byte(0xD5, OLED_CMD);        /*设置时钟分频系数/振荡器频率*/
    OLED_wr_byte(0x80, OLED_CMD);
    OLED_wr_byte(0xA8, OLED_CMD);        /*设置驱动路数*/
    OLED_wr_byte(0x3F, OLED_CMD);
    OLED_wr_byte(0xD3, OLED_CMD);        /*设置显示偏移*/
    OLED_wr_byte(0x00, OLED_CMD);
    OLED_wr_byte(0x40, OLED_CMD);        /*设置显示从第 0 行开始*/
    OLED_wr_byte(0x8D, OLED_CMD);        /*电荷泵设置*/
    OLED_wr_byte(0x14, OLED_CMD);        /*开启*/
    OLED_wr_byte(0x20, OLED_CMD);        /*设置内存地址模式*/
    OLED_wr_byte(0x02, OLED_CMD);        /*设置页地址模式*/
    OLED_wr_byte(0xA1, OLED_CMD);        /*段重映射*/
    OLED_wr_byte(0xC8, OLED_CMD);        /*设置 COM 扫描方向*/
    OLED_wr_byte(0xDA, OLED_CMD);        /*设置 COM 引脚硬件配置*/
    OLED_wr_byte(0x12, OLED_CMD);
    OLED_wr_byte(0x81, OLED_CMD);        /*设置对比度*/
    OLED_wr_byte(0xEF, OLED_CMD);        /*亮度设置，越大越亮*/
    OLED_wr_byte(0xD9, OLED_CMD);        /*设置预充电周期*/
    OLED_wr_byte(0xF1, OLED_CMD);
    OLED_wr_byte(0xDB, OLED_CMD);         /*设置电压倍率*/
    OLED_wr_byte(0x30, OLED_CMD);
    OLED_wr_byte(0xA4, OLED_CMD);         /*开启全局显示*/
    OLED_wr_byte(0xA6, OLED_CMD);         /*设置显示方式为正常显示*/
    OLED_wr_byte(0xAF, OLED_CMD);         /*开启显示*/
}
/**
  * @brief   清 OLED 显示屏
  * @param   无
  * @retval  无
  */
void OLED_clear(void)
{
    uint8_t i, j;
    for (i = 0; i < 8; i++)
    {
        OLED_wr_byte (0xb0 + i, OLED_CMD);     /*设置页地址（0~7）*/
        OLED_wr_byte (0x00, OLED_CMD);         /*设置显示位置——列地址的低 4 位地址*/
        OLED_wr_byte (0x10, OLED_CMD);         /*设置显示位置——列地址的高 4 位地址*/
        for (j = 0; j < 128; j++)
        {
            OLED_wr_byte(0x00, OLED_DATA);
```

```
            }
        }
    }
/**
  * @brief   更新 SSD1306 的显存空间
  * @param   无
  * @retval  无
  */
void OLED_refresh(void)
{
    uint8_t i,  j;
    for (i = 0; i < 8; i++)
    {
        OLED_wr_byte(0xb0 + i, OLED_CMD) ;   /*设置页地址（0~7）*/
        OLED_wr_byte(0x00+0, OLED_CMD) ;       /*设置列首址的低 4 位地址*/
        OLED_wr_byte(0x10+0, OLED_CMD) ;       /*设置列首址的高 4 位地址*/
        for (j = 0; j < 128; j++)              /*页地址模式下，每送出 1 字节，列地址自动加 1*/
        {
            OLED_wr_byte( g_oled_gram[ j ][ i ], OLED_DATA) ;
        }
    }
}
/**
  * @brief     更新待显示字符存储空间的像素点值
  * @note      支持 16×16 字模显示，取模方式是逐列，取模走向是高位在前
  * @param     x:行坐标，取值范围为 0~127（字模宽度）
              y:列坐标，取值范围为 0~63（字模高度）
              hz:1,汉字; 0, 英文(半个汉字)
              dot: 1, 显示字符; 0, 不显示字符
  * @retval  无   uint8_t *oled_ascii,
  */
void OLED_show_char(uint8_t x, uint8_t y, uint8_t *oled_ascii,uint8_t hz,uint8_t dot)
{
    uint8_t temp, i, j;
    uint8_t y0 = y;                    /*保存 y 的初值*/
    for(i = 0; i < (16+16*hz); i++)    /*总共 16 字节，遍历一遍*/
    {
        temp = oled_ascii[i];          /*依次获取点阵字节数据*/
        for(j = 0; j < 8; j++)         /*依次获取点，并调用画点函数*/
        {
            if(temp & 0x80)
                OLED_draw_point(x, y, dot);
            else
                OLED_draw_point(x, y, !dot);
            temp <<= 1;                /*低位数据往高位移位，最高位数据直接丢弃*/
            y++;                       /*y 坐标递增*/
            if((y-y0) == 16)           /*显示完一列*/
            {
                y = y0;                /*y 坐标复位*/
                x++;                   /* x 坐标递增*/
```

```
                break;                    /*跳出 for 循环*/
            }
        }
    }
}
```

main.c 中定义了 3 个数组，分别用于存放"中""国"和"!"的字模点阵。在 main 函数中，首先需完成对 OLED 屏的初始化工作，然后再调用函数更新显示"中""国"和"!"处的像素点值，最后调用函数刷新整个显存空间，程序如下。

```c
/* Private includes ------------------------------------------------------*/
/* USER CODE BEGIN Includes */
#include "oled.h"
/* USER CODE END Includes */
…
/* Private variables -----------------------------------------------------*/
/* USER CODE BEGIN PV */
/* 16×16 大小，字符"中国!"的点阵数据数组，取模方式是逐列，取模走向是高位在前*/
uint8_t oled_asc_zhong[]={0x00,0x00,0x00,0x00,0x0F,0xF0,0x08,0x20,\
                          0x08,0x20,0x08,0x20,0x08,0x20,0xFF,0xFF,\
                          0x08,0x20,0x08,0x20,0x08,0x20,0x08,0x20,\
                          0x0F,0xF0,0x00,0x00,0x00,0x00,0x00,0x00};/* "中" */
uint8_t oled_asc_guo[]={0x00,0x00,0x7F,0xFF,0x40,0x02,0x48,0x12,\
                        0x49,0x12,0x49,0x12,0x49,0x12,0x4F,0xF2,\
                        0x49,0x12,0x49,0x52,0x49,0x32,0x48,0x12,\
                        0x40,0x02,0x7F,0xFF,0x00,0x00,0x00,0x00};/* "国" */
uint8_t oled_asc_gt[]={0x00,0x00,0x00,0x00,0x00,0x00,0x1F,0xCC,\
                       0x00,0x00,0x00,0x00,0x00,0x00,0x00,0x00};/* "!" */
/* USER CODE END PV */
…
int main(void)
{
    …
  /* USER CODE BEGIN WHILE */
    OLED_init();    /*OLED 初始化*/
    OLED_clear();   /*清屏*/
    OLED_show_char(40, 20, oled_asc_zhong,1,1);
    OLED_show_char(40+16, 20, oled_asc_guo,1,1);
    OLED_show_char(40+16*2, 20, oled_asc_gt,0,1);
    OLED_refresh();
  while (1)
  {
    ;/* 循环体为空 */
  }
    /* USER CODE END WHILE */
…
}
```

（3）编译和下载

程序编译成功后，正确配置仿真器参数，仿真器成功连接后，将生成的 HEX 文件下载到 STM32F103ZETx 处理器中。在开发板上运行程序，并观察实验现象是否与预设一致。

6.9 习题

1. STM32F1 系列处理器常用的 GPIO 的工作模式有哪几种？如何设置工作模式？

2. 当 STM32F1 系列处理器的 GPIO 引脚用作输入时，是否需要设置其工作速度？为什么？

3. 如果要在 PB13 引脚上输出低电平，需要调用 HAL 库的哪个函数？

4. 下面每个函数完成的功能是什么？

```
int main(void)
{
 HAL_Init();
 SystemClock_Config();
 MX_GPIO_Init();
 while (1)  {  }
}
```

5. 在某一应用中，分别利用 STM32 处理器的 PB10 和 PB11 引脚判断按键是否被按下，硬件电路连接如图 6.44 所示，请问 PB10 和 PB11 引脚应配置为哪种工作模式？

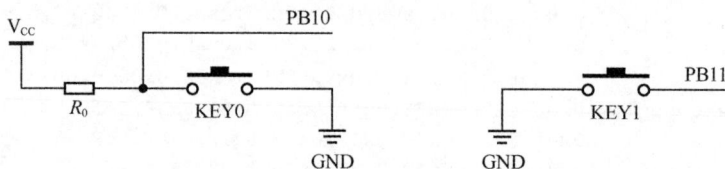

图 6.44　电路图

6. STM32F1 系列处理器的引脚作为通用 I/O 口使用时，STM32CubeMX 软件中输出和输入的配置参数都有哪些？

7. 某 STM32 处理器应用中，需要使用按键 KEY 控制外接发光二极管 DS1，实现 DS1 以 2MHz 的频率闪烁，试描述如何获取按键值，又如何使 DS1 以 2MHz 的频率闪烁呢？

8. 在某一应用中，STM32 处理器的按键（KEY0）和 LED（DS1-DS4）电路如图 6.45 所示，4 个灯初始状态均为点亮，实现以下功能。

（1）当 KEY0 按下时，DS1 熄灭，其他灯点亮；

（2）再次按下时，DS2 熄灭，其他灯点亮；

（3）再次按下时，DS3 熄灭，其他灯点亮；

（4）再次按下时，DS4 熄灭，其他灯点亮；

（5）再次按下时，重复（1）。

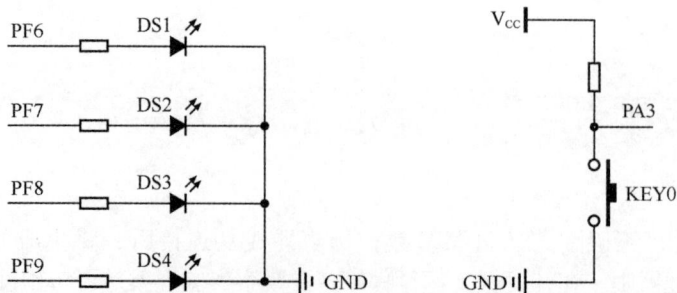

图 6.45　电路图

STM32CubeMX 软件中 GPIO 端口的配置如图 6.46 所示，按要求编写 main( )函数。

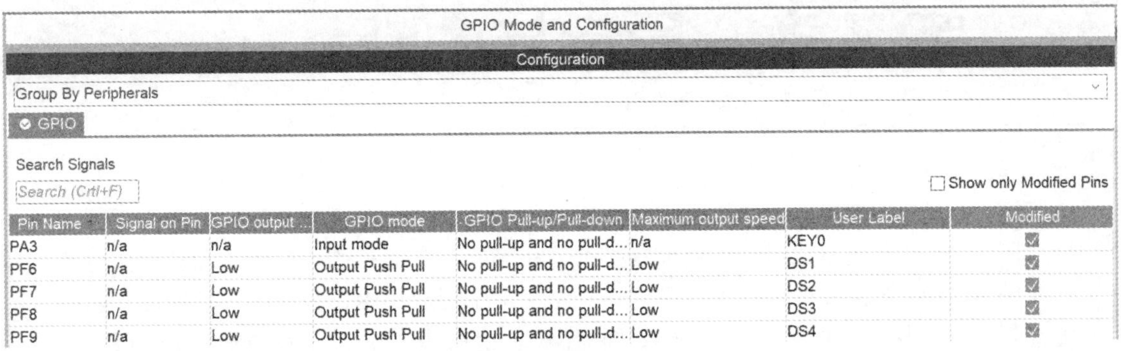

Pin Name	Signal on Pin	GPIO output ..	GPIO mode	GPIO Pull-up/Pull-down	Maximum output speed	User Label	Modified
				GPIO Mode and Configuration			
				Configuration			
Group By Peripherals							
GPIO							
Search Signals							Show only Modified Pins
PA3	n/a	n/a	Input mode	No pull-up and no pull-d...	n/a	KEY0	☑
PF6	n/a	Low	Output Push Pull	No pull-up and no pull-d...	Low	DS1	☑
PF7	n/a	Low	Output Push Pull	No pull-up and no pull-d...	Low	DS2	☑
PF8	n/a	Low	Output Push Pull	No pull-up and no pull-d...	Low	DS3	☑
PF9	n/a	Low	Output Push Pull	No pull-up and no pull-d...	Low	DS4	☑

图 6.46　GPIO 端口配置图

第 7 章　异常与中断

　　处理器异常是指在程序执行过程中由于特定的事件或条件导致处理器出现异常状态或错误，处理器必须中断当前正在执行的程序流，而转向执行特定的异常处理程序来处理这些异常。在工程应用中，为了区分处理器异常是由外部事件触发的还是由处理器内部状态引起的，通常将由外部事件或条件引起的处理器异常称为中断，而那些由处理器内部状态引起的处理器异常称为异常（如运算错误、非法指令、内存访问违规等）。在 ARM 体系结构中，为了实现异常处理方式的统一性，会将中断视为异常的一种。

　　STM32F1 系列处理器的异常和中断是由 NVIC 统一进行管理的，它支持中断嵌套、向量中断、动态优先级调整、中断屏蔽等操作。除了个别异常的优先级是固定的，其他异常和中断的优先级都是可编程的。

　　每个异常或中断源都有与之对应的处理程序，称为中断服务程序（Interrupt Service Routines，ISR），中断服务程序的入口地址称为中断向量，NVIC 最多支持 256 个中断向量，其中异常有 16 个，剩下的 240 个均为中断源。所有中断向量构成一个表，称为中断向量表。在中断响应的过程中，处理器根据异常或中断编号从中断向量表中读取对应的中断向量，再根据中断向量使处理器跳转到中断服务程序的入口地址，从而打断程序的正常执行，转向执行中断服务程序。

7.1　中断控制器的工作原理

　　对于 NVIC 来说，中断产生的来源有多种，包括处理器核心、外设、SysTick 定时器或外部输入产生，在某些情况下也可由软件触发产生，NVIC 中断源如图 7.1 所示。

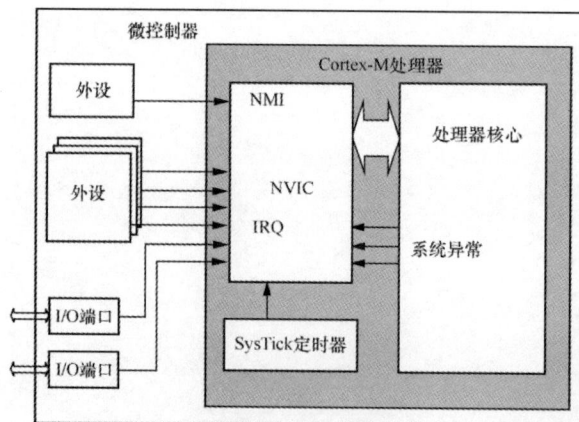

图 7.1　NVIC 中断源

STM32F1 系列处理器的 NVIC 支持 16 级的可编程优先级，中断向量表中存放了 76 个程序入口地址，前 16 个异常（除去保留的，实际上只有 10 个）为不可屏蔽中断，后 60 个外部中断为可屏蔽中断。表 7.1 列举了 STM32F103ZETx 处理器的异常和中断，其中的"优先级"列给出了各个异常和中断的默认优先级。异常和中断的优先级数值越低，代表其优先级越高。

表 7.1　STM32F103ZETx 处理器的异常和中断

位置	优先级	优先级类型	异常和中断名称	说明	入口地址
—	—	—		保留	0x0000 0000
	−3	固定	Reset	复位	0x0000 0004
	−2	固定	NMI	不可屏蔽中断	0x0000 0008
	−1	固定	硬件失效（HardFault）	所有类型的失效	0x0000 000C
	0	可设置	存储管理（MemManage）	存储器管理	0x0000 0010
	1	可设置	总线错误（BusFault）	预取指失败，存储器访问失败	0x0000 0014
	2	可设置	错误应用（UsageFault）	未定义的指令或非法状态	0x0000 0018
—	—	—		保留	0x0000 001C ~ 0x0000 002B
	3	可设置	SVCall	通过 SWI 指令调用的系统服务	0x0000 002C
	4	可设置	调试监控（DebugMonitor）	调试监控器	0x0000 0030
—	—	—		保留	0x0000 0034
	5	可设置	PendSV	可挂起的系统服务	0x0000 0038
	6	可设置	SysTick	系统定时器	0x0000 003C
0	7	可设置	WWDG	窗口看门狗中断	0x0000 0040
1	8	可设置	PVD	连接到 EXTI 线的电源电压检测（PVD）中断	0x0000 0044
2	9	可设置	TAMPER	连接到 EXTI 线的侵入检测中断	0x0000 0048
3	10	可设置	RTC	连接到 EXTI 线的 RTC 全局中断	0x0000 004C
4	11	可设置	FLASH	闪存全局中断	0x0000 0050
5	12	可设置	RCC	复位和时钟控制（RCC）中断	0x0000 0054
6	13	可设置	EXTI0	EXTI 线 0 中断	0x0000 0058
7	14	可设置	EXTI1	EXTI 线 1 中断	0x0000 005C
8	15	可设置	EXTI2	EXTI 线 2 中断	0x0000 0060
9	16	可设置	EXTI3	EXTI 线 3 中断	0x0000 0064
10	17	可设置	EXTI4	EXTI 线 4 中断	0x0000 0068
11	18	可设置	DMA1 通道 1	DMA1 通道 1 全局中断	0x0000 006C
12	19	可设置	DMA1 通道 2	DMA1 通道 2 全局中断	0x0000 0070
13	20	可设置	DMA1 通道 3	DMA1 通道 3 全局中断	0x0000 0074
14	21	可设置	DMA1 通道 4	DMA1 通道 4 全局中断	0x0000 0078
15	22	可设置	DMA1 通道 5	DMA1 通道 5 全局中断	0x0000 007C
16	23	可设置	DMA1 通道 6	DMA1 通道 6 全局中断	0x0000 0080
17	24	可设置	DMA1 通道 7	DMA1 通道 7 全局中断	0x0000 0084
18	25	可设置	ADC1/ADC2	ADC1 和 ADC2 全局中断	0x0000 0088
19	26	可设置	USB_HP/CAN_TX	USB 高优先级或 CAN 发送中断	0x0000 008C
20	27	可设置	USB_LP/CAN_RX0	USB 低优先级或 CAN 接收 0 中断	0x0000 0090

位置	优先级	优先级类型	异常和中断名称	说明	入口地址
21	28	可设置	CAN_RX1	CAN 接收 1 中断	0x0000 0094
22	29	可设置	CAN_SCE	CAN SCE 中断	0x0000 0098
23	30	可设置	EXTI9_5	EXTI 线[9:5]中断	0x0000 009C
24	31	可设置	TIM1_BRK	TIM1 刹车中断	0x0000 00A0
25	32	可设置	TIM1_UP	TIM1 更新中断	0x0000 00A4
26	33	可设置	TIM1_TRG_COM	TIM1 触发和通信中断	0x0000 00A8
27	34	可设置	TIM1_CC	TIM1 捕获比较中断	0x0000 00AC
28	35	可设置	TIM2	TIM2 全局中断	0x0000 00B0
29	36	可设置	TIM3	TIM3 全局中断	0x0000 00B4
30	37	可设置	TIM4	TIM4 全局中断	0x0000 00B8
31	38	可设置	I2C1_EV	I2C1 事件中断	0x0000 00BC
32	39	可设置	I2C1_ER	I2C1 错误中断	0x0000 00C0
33	40	可设置	I2C2_EV	I2C2 事件中断	0x0000 00C4
34	41	可设置	I2C2_ER	I2C2 错误中断	0x0000 00C8
35	42	可设置	SPI1	SPI1 全局中断	0x0000 00CC
36	43	可设置	SPI2	SPI2 全局中断	0x0000 00D0
37	44	可设置	USART1	USART1 全局中断	0x0000 00D4
38	45	可设置	USART2	USART2 全局中断	0x0000 00D8
39	46	可设置	USART3	USART3 全局中断	0x0000 00DC
40	47	可设置	EXTI15_10	EXTI 线[15:10]中断	0x0000 00E0
41	48	可设置	RTCAlarm	连接到 EXTI 线的 RTC 闹钟中断	0x0000 00E4
42	49	可设置	USB 唤醒	连接到 EXTI 线的从 USB 待机状态唤醒时产生的中断	0x0000 00E8
43	50	可设置	TIM8_BRK	TIM8 刹车中断	0x0000 00EC
44	51	可设置	TIM8_UP	TIM8 更新中断	0x0000 00F0
45	52	可设置	TIM8_TRG_COM	TIM8 触发和通信中断	0x0000 00F4
46	53	可设置	TIM8_CC	TIM8 捕获比较中断	0x0000 00F8
47	54	可设置	ADC3	ADC3 全局中断	0x0000 00FC
48	55	可设置	FSMC	FSMC 全局中断	0x0000 0100
49	56	可设置	SDIO	SDIO 全局中断	0x0000 0104
50	57	可设置	TIM5	TIM5 全局中断	0x0000 0108
51	58	可设置	SPI3	SPI3 全局中断	0x0000 010C
52	59	可设置	UART4	UART4 全局中断	0x0000 0110
53	60	可设置	UART5	UART5 全局中断	0x0000 0114
54	61	可设置	TIM6	TIM6 全局中断	0x0000 0118
55	62	可设置	TIM7	TIM7 全局中断	0x0000 011C
56	63	可设置	DMA2 通道 1	DMA2 通道 1 全局中断	0x0000 0120
57	64	可设置	DMA2 通道 2	DMA2 通道 2 全局中断	0x0000 0124
58	65	可设置	DMA2 通道 3	DMA2 通道 3 全局中断	0x0000 0128
59	66	可设置	DMA2 通道 4/5	DMA2 通道 4 和通道 5 全局中断	0x0000 012C

NVIC 中有 3 个异常，分别是 Reset、NMI 和 Hard Fault，它们的优先级是固定的且都是负数，分别是系统默认的−3、−2、−1，这代表它们的优先级高于其他异常，剩下的异常和中断优先级都是 4 位可编程的，在中断优先级控制寄存器组（IPRx）中设置。优先级的 4 位编码又分为两个部分，一部分表示组优先级，又称为抢占优先级；另一部分表示子优先级，又称为响应优先级。组优先级在前，子优先级在后。那么这 4 位编码到底该如何分配呢？它的分配方式由应用程序中断及复位控制寄存器（AIRCR）[10:8]这三位来决定，STM32F103ZETx 处理器的中断优先级配置如表 7.2 所示。

表 7.2　STM32F103ZETx 处理器的中断优先级配置

组	AIRCR[10:8]	IPRx 中的 IP[7:4]（组优先级位:子优先级位）	分配结果
0	111	0:4	0 位组优先级，4 位子优先级
1	110	1:3	1 位组优先级，3 位子优先级
2	101	2:2	2 位组优先级，2 位子优先级
3	100	3:1	3 位组优先级，1 位子优先级
4	011	4:0	4 位组优先级，0 位子优先级

那么，如何判断两个不同中断的优先级高低呢？中断优先级判定遵循以下几个原则。

① 组优先级和子优先级均是数值越小，优先级越高。

② 不管子优先级为多少，首先判断组优先级，组优先级数值越小的优先级越高。

③ 如果两个中断的组优先级相同，那么子优先级值小的，优先级高。

④ 如果两个中断的组优先级和子优先级都相同，则中断向量表中入口地址小的优先级高，也就是处理器复位时默认的状态。

下面举例说明，假设 RTC 中断的组优先级为 2，子优先级为 1；EXTI0 中断的组优先级为 3，子优先级为 0；EXTI1 的组优先级为 2，子优先级为 0。那么，先比较它们的组优先级数值大小，再比较它们的子优先级数值大小，就可以得到这 3 个中断的优先级顺序为：EXTI1>RTC>EXTI0。

当同一时刻有多个中断请求发生时，可能会出现中断嵌套的情况。中断嵌套是由中断抢占引起的，即高优先级的中断打断了正在执行的低优先级中断，中断抢占遵循以下几个原则。

① 组优先级高的中断会抢占处理器，打断正在执行的组优先级低的中断。

② 如果两个中断组优先级相同，那么即便是子优先级高的中断，也是不能打断正在执行的子优先级低的中断的。

当处理器在执行某个中断服务程序时，该中断的优先级数值会存储在程序状态寄存器（xPSR）中。若此时有新的中断请求产生，处理器会自动比较新中断的优先级是否比当前正在执行的中断优先级更高。如果新中断的优先级更高，处理器就会打断当前的中断服务程序，转向执行新中断的中断服务程序，从而产生中断嵌套。反之，处理器会挂起新中断的中断请求，继续执行当前的中断服务程序。中断嵌套如图 7.2 所示。

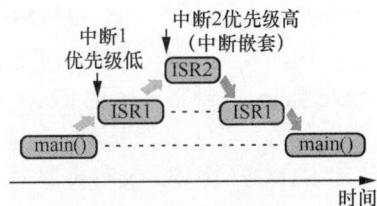

图 7.2　中断嵌套

需要注意的是，由于 IP[7:4]的 4 位编码最多只能配置 16 种中断优先级，当系统中用到的中断数量超过 16 个时，必然有两个以上的中断源具有相同的中断优先级。此外，同一个中断是不支持重入的，这是因为每个中断都有自己的优先级，在执行中断服务程序时，同级或低优先级的中断都被挂起，因此对于同一个中断来说，只有在上一个中断服务程序执行完毕后，才可以继续响应新的中断请求。

7.2 外部中断和事件

STM32F1 系列处理器的外部中断是指由 EXTI 配置的中断。EXTI 控制器是 ST 公司在 STM32 系列处理器中扩展的外部中断控制器。它负责管理 GPIO 引脚上产生的中断、少量外设中断（包括电压检测器、RTC 闹钟、USB 唤醒）以及软件中断。EXTI 的输出最终被映射到 NVIC 的相应通道，中断向量表中预留了外部中断的中断向量存放位置。

EXTI 控制器的每个中断/事件线上都可以独立配置对应中断的触发和屏蔽，触发事件可以配置为上升沿、下降沿或双边沿触发。同时，EXTI 控制器为每个中断/事件线都提供了专用的状态位。STM32F103ZETx 处理器最多支持 19 个中断/事件请求，对应的 EXTI 控制寄存器为 EXTI0 ~ EXTI18。

EXTI 控制器的功能框图如图 7.3 所示，"19"表示有 19 路线。对于 EXTI 来说，"中断"和"事件"有不同的含义，它通过中断信号的流向路径来区分是"中断"还是"事件"。

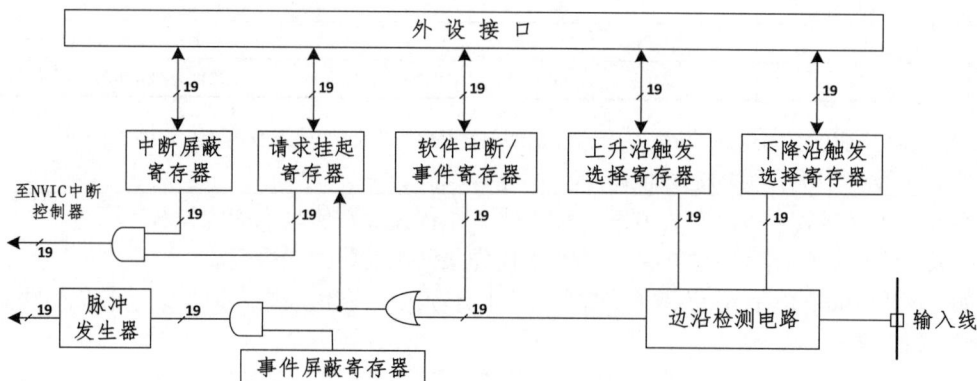

图 7.3 EXTI 控制器的功能框图

外部信号从图 7.3 右侧的输入线进入 EXTI，先经过"边沿检测电路"，然后进入一个"或门"，"或门"的另一个输入端为"软件中断/事件寄存器"。由此可见，软件触发的中断优先于外部信号请求，即当"软件中断/事件寄存器"输出为 1 时，不管外部信号如何，"或门"都会输出有效信号。

信号经"或门"输出之后，"中断"和"事件"有不同的流向。如果需要产生中断信号，则信号进入"请求挂起寄存器"，"请求挂起寄存器"检测信号是否重入，如果没有重入，且"中断屏蔽寄存器"对应位置 1，则向 NVIC 发出一个中断请求；如果需要产生事件信号，则将"事件屏蔽寄存器"对应位置 1，信号进入"脉冲发生器"，"脉冲发生器"将该信号转换为一个单脉冲，用于驱动处理器中的其他功能模块，如引起 DMA 操作、ADC 转换等。

由此可见，从外部激励信号来看，EXTI 的中断和事件是没有区别的，它们是在 EXTI 内部才分开处理的。外部信号经过 EXTI 后可用于向 NVIC 发起中断请求，也可用于向其他功能模块发送脉冲触发信号，至于其他联动的功能模块将如何响应这个信号，则需要对相应的功能模块进行配置。

STM32F103ZETx 处理器内部有 19 路 EXTI 控制器，它们分配的功能如表 7.3 所示。

表 7.3 EXTI 控制器分配的功能

EXTI 控制器	功能	EXTI 控制器	功能
EXTI0 ~ EXTI15	16 个外部中断/事件线用于连接 GPIO	EXTI17	连接到 RTC 闹钟事件
EXTI16	连接到电压检测器输出信号	EXTI18	连接到 USB 唤醒事件

由于 GPIO 引脚的数量远超过 16 路，因此 EXTI0 ~ EXTI15 实际上是在多路 GPIO 输入中选择了

一路作为当前输入，图 7.4 所示为 EXTI 的 GPIO 引脚映射图。

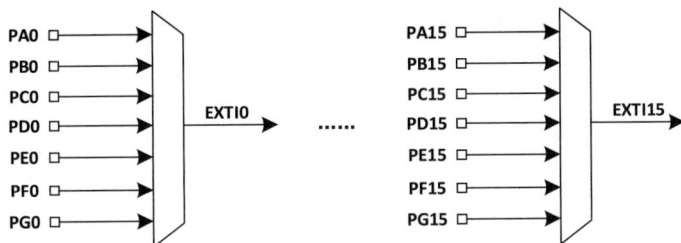

图 7.4 EXTI 的 GPIO 引脚映射图

7.3 中断相关数据结构和 API 函数

CMSIS 提供了对 NVIC 的底层支持，包括用于描述 NVIC 的数据结构和相关函数，HAL 库则在 CMSIS 的基础上进行了封装，程序中主要调用 HAL 库中的函数来完成中断处理。下面介绍与中断相关的数据结构和 API 函数。

1. 与中断相关的数据结构

core_cm3.h 文件中定义了与 NVIC 寄存器相对应的数据结构 NVIC_Type，stm32f103xe.h 文件中定义了 STM32F103ZETx 处理器的中断向量编号及 EXTI 相关数据结构。

```
/*CMSIS 中 core_cm3.h 文件定义的 NVIC_Type*/
typedef struct
{
    __IOM uint32_t ISER[8U];              /*中断使能寄存器，偏移量：0x000*/
    uint32_t RESERVED0[24U];
    __IOM uint32_t ICER[8U];              /*中断储能寄存器，偏移量：0x080*/
    uint32_t RESERVED1[24U];
    __IOM uint32_t ISPR[8U];              /*中断挂起控制寄存器，偏移量：0x100/
    uint32_t RESERVED2[24U];
    __IOM uint32_t ICPR[8U];              /*中断解挂控制寄存器，偏移量：0x180*/
    uint32_t RESERVED3[24U];
    __IOM uint32_t IABR[8U];              /*中断激活标志位寄存器，偏移量：0x200*/
    uint32_t RESERVED4[56U];
    __IOM uint8_t  IP[240U];              /*中断优先级控制的寄存器(8 位宽)，偏移量：0x300*/
    uint32_t RESERVED5[644U];
    __OM  uint32_t STIR;                  /*软件触发中断寄存器，偏移量：0xE00*/
}  NVIC_Type;

/*stm32f103xe.h 文件定义了处理器中断向量编号，对应于 NVIC_InitTypeDef 的 NVIC_IRQChannel 参数*/
typedef enum
{
/*Cortex-M3 Processor Exceptions Numbers **/
    NonMaskableInt_IRQn       = -14,
…
/* STM32 specific Interrupt Numbers */
    …
    EXTI0_IRQn                = 6,
    EXTI1_IRQn                = 7,
```

```
    EXTI2_IRQn              = 8,
    EXTI3_IRQn              = 9,
    EXTI4_IRQn              = 10,
    …
    EXTI9_5_IRQn            = 23,
    …
    EXTI15_10_IRQn          = 40,
    …
    DMA2_Channel4_5_IRQn    = 59,
} IRQn_Type;

/*stm32f103xe.h 文件定义的 EXTI 数据结构 */
typedef struct
{
    __IO  uint32_t  IMR;      /*中断屏蔽寄存器，偏移量：0x00 */
    __IO  uint32_t  EMR;      /*事件屏蔽寄存器，偏移量：0x04 */
    __IO  uint32_t  RTSR;     /*上升沿触发选择寄存器，偏移量：0x08 */
    __IO  uint32_t  FTSR;     /*下降沿触发选择寄存器，偏移量：0x0C */
    __IO  uint32_t  SWIER;    /*软件中断事件寄存器，偏移量：0x10 */
    __IO  uint32_t  PR;       /*挂起寄存器，偏移量：0x14 */
} EXTI_TypeDef;
```

2. 中断相关 API 函数

HAL 库中常用的中断相关 API 函数及其功能描述如表 7.4 所示。

表 7.4 常用的中断相关 API 函数及其功能描述

函数名称	功能描述
HAL_NVIC_SetPriorityGrouping	设置 NVIC 优先级分组方式
HAL_NVIC_GetPriorityGrouping	获取 NVIC 优先级分组方式
HAL_NVIC_SetPriority	设置指定中断编号的组优先级和子优先级
HAL_NVIC_GetPriority	获取指定中断编号的组优先级和子优先级
HAL_NVIC_EnableIRQ	使能指定中断编号的中断
HAL_NVIC_DisableIRQ	关闭指定中断编号的中断
HAL_NVIC_SystemReset	发出系统复位中断，用来复位处理器
HAL_NVIC_GetPendingIRQ	获取指定中断编号的挂起状态
HAL_NVIC_SetPendingIRQ	设置指定中断编号的挂起状态
HAL_NVIC_ClearPendingIRQ	清除指定中断编号的挂起状态
HAL_NVIC_GetActive	获得指定中断的激活状态

表 7.4 中，激活（active）状态是指处理器正在运行该中断的中断服务程序。挂起（pending）状态是指该中断已经产生，但是处理器正在执行同级或更高优先级的中断服务程序，该中断被挂起。

HAL 库为每个外设提供了对应的中断函数来处理特定外设产生的中断，其中 GPIO 端口的中断处理函数如表 7.5 所示。

表 7.5　GPIO 端口的中断处理函数

函数名称	函数定义及功能描述
HAL_GPIO_EXTI_IRQHandler	指定 GPIO 引脚上产生的 EXTI 中断处理程序
HAL_GPIO_EXTI_Callback	指定 GPIO 引脚上的 EXTI 中断回调函数，在 HAL_GPIO_EXTI_IRQHandler 函数中调用，可以根据需要重新定义
__HAL_GPIO_EXTI_GET_IT	获取指定的 EXTI 触发的中断请求状态
__HAL_GPIO_EXTI_CLEAR_IT	清除指定的 EXTI 触发的中断挂起位

7.4　中断编程案例

单中断源案例

7.4.1　单中断源

下面通过一个案例来讲解单中断源的配置，并分析相关程序的功能。

案例 7.1：STM32F103ZETx 处理器外接了一个按键及发光二极管，电路连接如图 7.5 所示，编程实现按键触发中断控制发光二极管的点亮和熄灭。

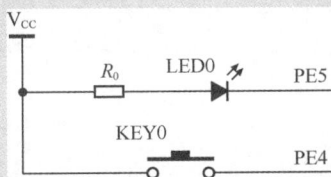

图 7.5　按键及发光二极管电路连接图

分析图 7.5 所示电路可知，按键 KEY0 连接在 PE4 引脚上，PE4 引脚内部需设置下拉电阻有效。当按下 KEY0 键时，PE4 引脚的电平由低变高，也就是产生了上升沿，可利用该上升沿触发中断点亮 LED0。当松开 KEY0 键时，PE4 引脚的电平由高变低，也就是产生了下降沿，可利用该下降沿触发中断熄灭 LED0。因此，PE4 引脚应同时允许上升沿和下降沿触发中断。

1. STM32CubeMX 工程配置

（1）新建项目、配置 RCC 和时钟树

在 STM32CubeMX 中创建一个新项目，选择 STM32F103ZETx 处理器，配置 RCC，选择 HSE 和 LSE 作为时钟源，选择 PLLCLK 的输出作为 SYSCLK，并配置好时钟树参数（参考案例 6.1）。

（2）配置引脚功能

选择 STM32CubeMX 主界面中的 "Pinout & Configuration" 面板，在界面右侧的 "Pinout view" 面板的搜索框中分别输入 "PE4" 和 "PE5"，在引脚图中选中相应引脚，配置 PE4 的工作模式为 "GPIO_EXTI4"，PE5 的工作模式为 "GPIO_Output"。然后展开主界面左侧的 "System Core" 列表，选中 "GPIO"，在 "GPIO Mode and Configuration" 面板中配置好引脚参数，如图 7.6 所示。

PE4 的 "GPIO Mode" 设置成 "External Interrupt Mode with Rising/Falling edge trigger detection"，表示按键动作产生的上升沿和下降沿均可触发中断，只要在中断服务程序中修改发光二极管的状态，即可实现按键对发光二极管的控制。此外，还分别设置了两个引脚的 "User Label"。

（3）配置 NVIC 参数

在 "System Core" 列表中选择 "NVIC"，弹出 "NVIC Mode and Configuration" 面板，选中 "NVIC" 栏，如图 7.7 所示。在 "Priority Group" 下拉列表中进行组优先级和子优先级的配置，共有 5 种选择，

一般情况下，可以将中断优先级的 4 位编码都作为组优先级，不使用子优先级。在下方的中断函数列表中，勾选"EXTI line4 interrupt"，然后在对应的"Preemption Priority"和"Sub Priority"下拉列表中配置中断的优先级。

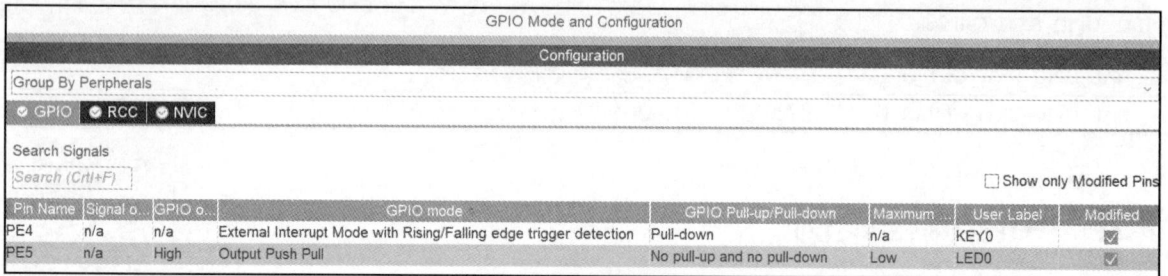

GPIO Mode and Configuration							
Configuration							
Group By Peripherals							
⊘ GPIO ⊘ RCC ⊘ NVIC							
Search Signals							
Search (Crtl+F)							☐ Show only Modified Pins
Pin Name	Signal o...	GPIO o...	GPIO mode	GPIO Pull-up/Pull-down	Maximum ...	User Label	Modified
PE4	n/a	n/a	External Interrupt Mode with Rising/Falling edge trigger detection	Pull-down	n/a	KEY0	☑
PE5	n/a	High	Output Push Pull	No pull-up and no pull-down	Low	LED0	☑

图 7.6　配置各引脚参数

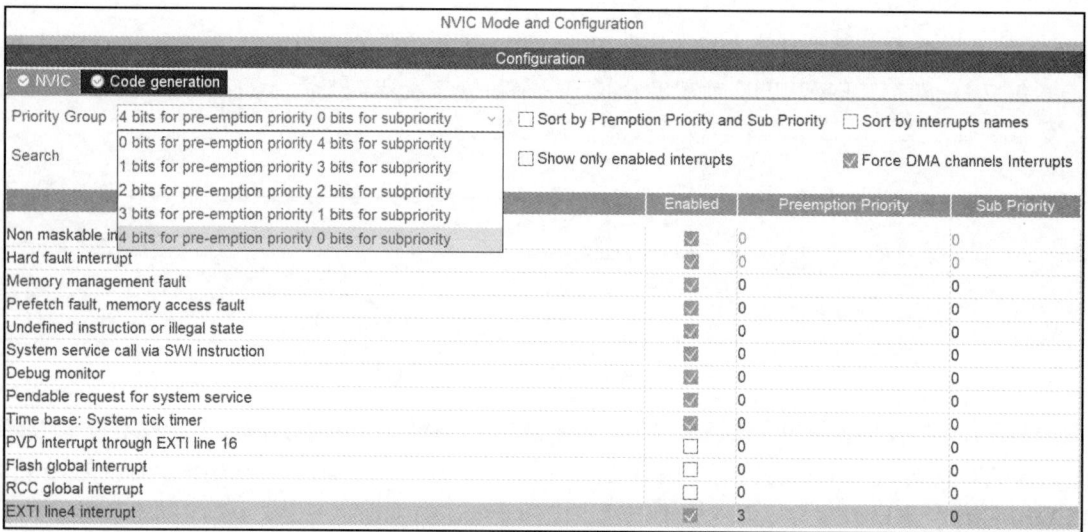

NVIC Mode and Configuration			
Configuration			
⊘ NVIC　⊘ Code generation			
Priority Group	4 bits for pre-emption priority 0 bits for subpriority ⌄	☐ Sort by Premption Priority and Sub Priority	☐ Sort by interrupts names
	0 bits for pre-emption priority 4 bits for subpriority		
Search	1 bits for pre-emption priority 3 bits for subpriority	☐ Show only enabled interrupts	☑ Force DMA channels Interrupts
	2 bits for pre-emption priority 2 bits for subpriority		
	3 bits for pre-emption priority 1 bits for subpriority	Enabled	Preemption Priority	Sub Priority
	4 bits for pre-emption priority 0 bits for subpriority		
Non maskable in		☑ 0	0
Hard fault interrupt		☑ 0	0
Memory management fault		☑ 0	0
Prefetch fault, memory access fault		☑ 0	0
Undefined instruction or illegal state		☑ 0	0
System service call via SWI instruction		☑ 0	0
Debug monitor		☑ 0	0
Pendable request for system service		☑ 0	0
Time base: System tick timer		☑ 0	0
PVD interrupt through EXTI line 16		☐ 0	0
Flash global interrupt		☐ 0	0
RCC global interrupt		☐ 0	0
EXTI line4 interrupt		☑ 3	0

图 7.7　"NVIC"配置界面

切换到"Code generation"配置界面，如图 7.8 所示。该界面在默认情况下会自动勾选"EXTI line4 interrupt"行对应的"Generate IRQ handler"和"Call HAL handler"列，表示 STM32CubeMX 会自动生成 EXTI4 对应的中断服务程序，开发人员可在该中断服务程序中添加与业务相关的程序。

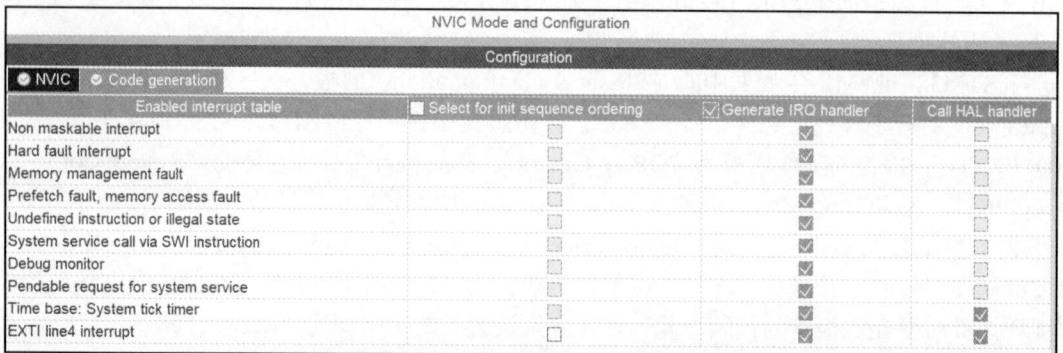

NVIC Mode and Configuration			
Configuration			
⊘ NVIC　⊘ Code generation			
Enabled interrupt table	☐ Select for init sequence ordering	☑ Generate IRQ handler	Call HAL handler
Non maskable interrupt	☐	☑	☐
Hard fault interrupt	☐	☑	☐
Memory management fault	☐	☑	☐
Prefetch fault, memory access fault	☐	☑	☐
Undefined instruction or illegal state	☐	☑	☐
System service call via SWI instruction	☐	☑	☐
Debug monitor	☐	☑	☐
Pendable request for system service	☐	☑	☐
Time base: System tick timer	☐	☑	☑
EXTI line4 interrupt	☐	☑	☑

图 7.8　"Code generation"配置界面

再次选中"System Core"列表中的"GPIO"，选中"GPIO Mode and Configuration"面板的"NVIC"

栏,该栏中列出了 GPIO 引脚对应中断的列表,确认"EXTI line4 interrupt"勾选了"Enabled",如图 7.9 所示,表示 EXTI4 中断开启,否则就是屏蔽该中断。

（4）配置工程参数并生成工程文件

选择 STM32CubeMX 主界面中的"Project Manager"面板,在"Project"和"Code Generator"面板中配置好相关的输出工程参数,此处工程名为"EXTI_key0",存放路径为"…\Project\EXTI",单击"GENERATE CODE",导出 MDK 工程文件和程序。

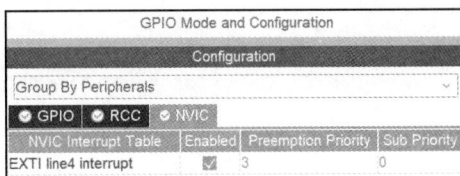

图 7.9　EXTI4 中断开启

GPIO Mode and Configuration			
Configuration			
Group By Peripherals			
● GPIO ● RCC ● NVIC			
NVIC Interrupt Table	Enabled	Preemption Priority	Sub Priority
EXTI line4 interrupt	☑	3	0

2. Keil MDK 编程

（1）中断相关程序分析

在 Keil MDK 集成开发环境中打开 STM32CubeMX 导出的工程,要重点关注 STM32CubeMX 自动生成的 main.h 文件、main.c 文件及 stm32f1xx_it.c 文件。

main.h 文件中自动生成相关"User Label"引脚的宏定义,后期在对这些引脚进行操作时,可直接使用这些宏定义。

```
/* Private defines ------------------------------------------------------------*/
#define KEY0_Pin    GPIO_PIN_4          /*HAL 自动生成的有关 PE4 的宏定义*/
#define KEY0_GPIO_Port   GPIOE
#define KEY0_EXTI_IRQn   EXTI4_IRQn      /*HAL 自动生成的有关 PE4 的中断向量名*/
#define LED0_Pin    GPIO_PIN_5          /*HAL 自动生成的有关 PE5 的宏定义*/
#define LED0_GPIO_Port   GPIOE
```

main.c 文件中的 MX_GPIO_Init 函数用于配置 PE4 和 PE5 引脚的相关参数,包括使能 GPIO 时钟、配置上升/下降沿触发、配置 EXIT4 中断优先级和中断使能等。PE4 的触发模式配置为上升沿和下降沿均可触发,通过 HAL_NVIC_SetPriority 函数配置 EXTI4 的组优先级为 3,子优先级为 0,最后用 HAL_NVIC_EnableIRQ 函数开启 EXTI4 中断。MX_GPIO_Init 函数的程序如下。

```
void MX_GPIO_Init(void)
{
  GPIO_InitTypeDef GPIO_InitStruct = {0};

  /* GPIO Ports Clock Enable */
  __HAL_RCC_GPIOE_CLK_ENABLE();       /*使能时钟*/
  __HAL_RCC_GPIOC_CLK_ENABLE();

  /*Configure GPIO pin Output Level */
  HAL_GPIO_WritePin(LED0_GPIO_Port, LED0_Pin, GPIO_PIN_SET); /*初始为高电平, LED0 熄灭*/

  /*Configure GPIO pin : PtPin */
  GPIO_InitStruct.Pin = KEY0_Pin;                        /*配置 KEY0 引脚*/
  GPIO_InitStruct.Mode = GPIO_MODE_IT_RISING_FALLING;    /*上升沿和下降沿触发*/
  GPIO_InitStruct.Pull = GPIO_PULLDOWN;                  /*下拉电阻有效*/
  HAL_GPIO_Init(KEY0_GPIO_Port, &GPIO_InitStruct);

  /*Configure GPIO pin : PtPin */
  GPIO_InitStruct.Pin = LED0_Pin;                        /*配置 LED0 引脚*/
  GPIO_InitStruct.Mode = GPIO_MODE_OUTPUT_PP;
  GPIO_InitStruct.Pull = GPIO_NOPULL;
  GPIO_InitStruct.Speed = GPIO_SPEED_FREQ_LOW;
```

```
    HAL_GPIO_Init(LED0_GPIO_Port, &GPIO_InitStruct);

    /* EXTI interrupt init*/
    HAL_NVIC_SetPriority(EXTI4_IRQn, 3, 0);                    /*配置 EXTI4 中断优先级*/
    HAL_NVIC_EnableIRQ(EXTI4_IRQn);                            /*EXTI4 中断*/
}
```

stm32f1xx_it.c 文件提供了系统异常的中断服务程序。PE4 引脚上的信号经由 EXTI4 产生中断，startup_stm32f103xe.s 文件的中断向量表中给出了 EXTI4 中断服务函数名为 EXTI4_IRQHandler，并在 stm32f1xx_it.c 文件中定义了该函数的具体实现过程。

```
void EXTI4_IRQHandler(void)
{
  /* USER CODE BEGIN EXTI4_IRQn 0 */
  /* USER CODE END EXTI4_IRQn 0 */
  HAL_GPIO_EXTI_IRQHandler(GPIO_PIN_4);
  /* USER CODE BEGIN EXTI4_IRQn 1 */
  /* USER CODE END EXTI4_IRQn 1 */
}
```

由于 EXTI4_IRQHandler 处理的是 GPIO 引脚引起的中断，所以函数调用了 GPIO 提供的中断处理函数 HAL_GPIO_EXTI_IRQHandler，该函数存放在 stm32f1xx_hal_gpio.c 文件中，其程序如下。

```
void HAL_GPIO_EXTI_IRQHandler(uint16_t GPIO_Pin)
{
  /* EXTI line interrupt detected */
  if (__HAL_GPIO_EXTI_GET_IT(GPIO_Pin) != 0x00u)
  {
    __HAL_GPIO_EXTI_CLEAR_IT(GPIO_Pin);
    HAL_GPIO_EXTI_Callback(GPIO_Pin);
  }
}


__weak void HAL_GPIO_EXTI_Callback(uint16_t GPIO_Pin)
{
  /* Prevent unused argument(s) compilation warning */
  UNUSED(GPIO_Pin);
  /* NOTE: This function should not be modified, when the callback is needed,
          the HAL_GPIO_EXTI_Callback could be implemented in the user file
   */
}
```

HAL_GPIO_EXTI_IRQHandler 函数首先清除了对应 GPIO 中断请求的挂起位，表示该中断已经得到了处理，然后调用了中断回调函数 HAL_GPIO_EXTI_Callback。STM32CubeMX 生成的 HAL_GPIO_EXTI_Callback 函数是一个空函数，它的函数声明中有一个"__weak"属性，如果开发人员重新定义了同名函数，编译器在编译的时候会优先选择用户自定义的函数，如果开发人员没有重新定义该函数，那么编译器就会编译有"__weak"属性的函数。

（2）添加 LED 控制程序

那么，该如何通过 EXIT4 的中断服务程序来控制发光二极管点亮和熄灭呢？如前文所述，可以在 main.c 中重新定义 HAL_GPIO_EXTI_Callback 函数。修改后的程序如下。

```
int main(void)
{
  …
}
```

```
/* USER CODE BEGIN 4 */
void HAL_GPIO_EXTI_Callback(uint16_t GPIO_Pin)
{
    if(GPIO_Pin == KEY0_Pin)      /*判断是否有按键触发*/
    {
      if ( HAL_GPIO_ReadPin(KEY0_GPIO_Port, KEY0_Pin) == GPIO_PIN_SET)/*判断KEY0状态*/
         HAL_GPIO_WritePin(LED0_GPIO_Port, LED0_Pin, GPIO_PIN_RESET); /*LED0点亮*/
      else
         HAL_GPIO_WritePin(LED0_GPIO_Port, LED0_Pin, GPIO_PIN_SET);    /*LED0熄灭*/
    }
}
/* USER CODE END 4 */
```

无须修改 main 函数，主程序将会一直运行在 while 循环当中。当按下或者松开按键 KEY0 时，都会触发 EXTI4 中断，程序转向执行 HAL_GPIO_EXTI_Callback 函数。在该函数中读取 KEY0 的状态，然后对连接 LED0 的引脚电平进行控制，这样就实现了"按下 KEY0 时 LED0 点亮，松开 KEY0 时 LED0 熄灭"的效果。

（3）编译和下载

程序编译成功后，正确配置仿真器参数，仿真器成功连接后，将生成的 HEX 文件下载到 STM32F103ZETx 处理器中。在开发板上运行程序，并观察实验现象是否与预设一致。

（4）中断处理程序总结

虽然 STM32CubeMX 软件与 Keil MDK 软件配合使用可完成中断处理的大部分工作，如中断向量的装入、中断优先级的自动生成、中断使能、中断服务程序的自动生成等，但具体的参数配置和执行细节还是需要开发人员根据业务需求完善。

在 STM32CubeMX 软件中需要开发人员完成的内容包括：选择中断源、配置触发方式、选择中断优先级分组、分别设置组优先级和子优先级、勾选中断允许等；在 Keil MDK 软件中则需要开发人员根据中断源，从 startup_stm32f103xe.s 文件的中断向量表中找出对应的中断向量（中断服务函数名），并在 stm32f1xx_it.c 中准确找到自动生成的中断服务函数定义处，最后在空的中断回调函数中完成程序的编写。

（5）拓展

若案例 7.1 中按键不是接在 PE4 引脚上，而是接在 PE8 引脚上，如图 7.10 所示，那么要完成与案例 7.1 相同的功能，应该如何实现？

图 7.10　按键接在 PE8 引脚上的电路图

STM32CubeMX 软件和 Keil MDK 软件中需要完成的内容可参考案例 7.1。需要注意的是，此处的中断源是 EXTI8，startup_stm32f103xe.s 文件的中断向量表提供的中断向量是 EXTI9_5_IRQHandler，也就是说，EXTI5～EXTI9 是共用中断服务函数的。

对于 STM32F103ZETx 处理器的外部中断源 EXTI0～EXTI15 而言，startup_stm32f103xe.s 文件的中断向量表提供中断向量的规则是不一样的。其中，对于 EXTI0～EXTI4，每个中断源都有各自对应的中断向量 EXTIX_IRQHandler（其中 x 的取值为 0～4），EXTI5～EXTI9 共用中断向量 EXTI9_5_IRQHandler，EXTI10～EXTI15 共用中断向量 EXTI15_10_IRQHandler。对于多个中断源共用中断向量的情况，需要在中断回调函数中先判断具体的中断源是什么，下面举例进行说明。

若一个应用工程中存在两个外部中断源，一个是连接在 PE5 引脚上的 EXTI5，另一个是连接在 PB8 引脚上的 EXTI8，它们共享同一个中断向量 EXTI9_5_IRQHandler。中断产生时，EXTI9_5_

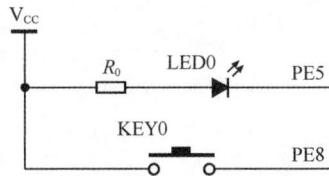

IRQHandler 会调用中断服务函数 HAL_GPIO_EXTI_IRQHandler 来处理 EXTI5 和 EXTI8 各自产生的中断。中断源是 EXTI5 还是 EXTI8 最终是在 HAL_GPIO_EXTI_Callback 函数中实现区分的，在该中断回调函数中添加判断语句，判断中断具体是由哪个中断源引起的，具体程序如下。

```
/**
 * @brief This function handles EXTI line[9:5] interrupts.
 */
void EXTI9_5_IRQHandler(void)
{
  HAL_GPIO_EXTI_IRQHandler(GPIO_PIN_5);
  HAL_GPIO_EXTI_IRQHandler(GPIO_PIN_8);
}

/**
 * @brief  This function handles EXTI interrupt request.
 * @param  GPIO_Pin: Specifies the pins connected EXTI line
 * @retval None
 */
void HAL_GPIO_EXTI_IRQHandler(uint16_t GPIO_Pin)
{
  /* EXTI line interrupt detected */
  if (__HAL_GPIO_EXTI_GET_IT(GPIO_Pin) != 0x00u)
  {
    __HAL_GPIO_EXTI_CLEAR_IT(GPIO_Pin);
    HAL_GPIO_EXTI_Callback(GPIO_Pin);
  }
}

void HAL_GPIO_EXTI_Callback(uint16_t GPIO_Pin)
{
  if(GPIO_Pin == GPIO_PIN_5)     /* 判断是否是 EXTI5 触发的中断*/
  {
    …                            /* PE5 引脚引起的 EXTI5 的相关程序*/
  }

  if(GPIO_Pin == GPIO_PIN_8)     /* 判断是否是 EXTI8 触发的中断*/
  {
    …                            /* PE8 引脚引起的 EXTI8 的相关程序*/
  }
}
```

?：通过按键触发中断来控制发光二极管，同样会遇到按键抖动的问题，该如何解决呢？

📢：在按键中断处理程序中，可以读取中断引脚状态，然后延迟一段时间（如 10ms）后再次读取该引脚状态，当两次状态一致时才执行控制发光二极管的动作，这样就去除了按键抖动。在延迟过程中，还要考虑防止中断重入，具体程序请读者思考。

7.4.2　多中断源

在某些应用场合中，往往会涉及两个及两个以上的中断源。下面通过一个案例的讲解来帮助读者更好地理解 STM32F103ZETx 处理器的中断优先级及中断嵌套。

案例 7.2：STM32F103ZETx 处理器外接了两个按键，分别控制两个发光二极管，电路连接如图 7.11 所示，两个按键的中断优先级的组优先级设置不同，编程实现按键触发中断控制发光二极管的点亮和熄灭。

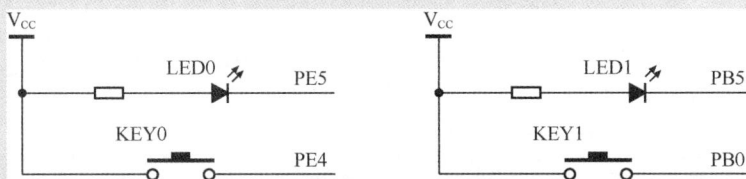

图7.11 按键及发光二极管电路连接图

分析图 7.11 可知，按键 KEY0 连接在 PE4 引脚上，PE4 引脚内部需设置下拉电阻有效。当按下 KEY0 键时，PE4 引脚的电平由低变高，产生了上升沿，可利用该上升沿触发中断，在中断服务程序中点亮 LED0，维持一小段时间（便于观察实验现象），然后熄灭。按键 KEY1 控制 LED1 的过程与按键 KEY0 控制 LED0 的过程相同。

1. STM32CubeMX 工程配置

（1）新建项目、配置 RCC 和时钟树

在 STM32CubeMX 中创建一个新项目，选择 STM32F103ZETx 处理器，配置 RCC，选择 HSE 和 LSE 作为时钟源，选择 PLLCLK 的输出作为 SYSCLK，并配置好时钟树参数（参考案例 6.1）。

（2）配置引脚功能

选择 STM32CubeMX 主界面中的 "Pinout & Configuration" 面板，在界面右侧的 "Pinout view" 面板的搜索框中输入 "PB0" "PB5" "PE4" 和 "PE5"，在引脚图中选中相应引脚，配置引脚的工作模式（将 PE4 和 PB0 的工作模式分别配置为 "GPIO_EXTI4" 和 "GPIO_EXTI5"，PE5 和 PB5 的工作模式配置为 "GPIO_Output"）。展开主界面左侧的 "System Core" 列表，选中 "GPIO"，在 "GPIO Mode and Configuration" 面板中配置好引脚参数，如图 7.12 所示。

图 7.12 配置引脚功能

图 7.12 中，将 PB5 和 PE5 配置为默认输出高电平，此时两个 LED 的初始状态都为熄灭，按键按下时将触发上升沿中断。另外，还分别设置了这 4 个 GPIO 引脚的 "User Label"。

（3）配置 NVIC 参数

在 "System Core" 列表中选择 "NVIC"，将弹出 "NVIC Mode and Configuration" 面板，在 "NVIC" 栏的 "Priority Group" 下拉列表中进行组优先级和子优先级的配置，在下方的中断函数列表中，勾选 "EXTI line0 interrupt" 和 "EXTI line4 interrupt"，然后在对应的 "Preemption Priority" 和 "Sub Priority" 下拉列表中配置中断的优先级。具体配置界面如图 7.13 所示。

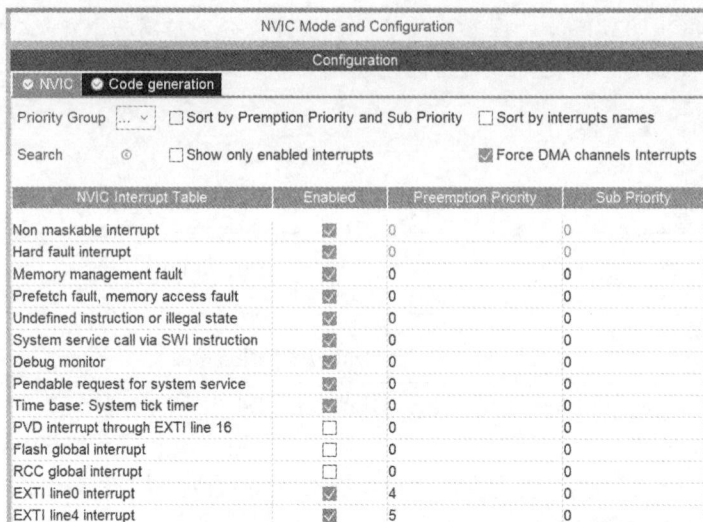

图 7.13 配置"NVIC"参数

此处，将中断优先级的 4 位编码都用作组优先级，不使用子优先级。PB0（KEY1）中断的组优先级设置为 4，PE4（KEY0）中断的组优先级设置为 5，可见 KEY1 中断的优先级高于 KEY0 中断。

（4）配置工程参数并生成工程文件

选择 STM32CubeMX 主界面中的"Project Manager"面板，在"Project"和"Code Generator"面板中配置好相关的输出工程参数。此处工程名为"EXTI_pri"，存放路径为"…\Project\EXTI"，单击"GENERATE CODE"，导出 MDK 工程文件和程序。

2. Keil MDK 编程

（1）中断相关程序分析

main 函数中首先调用 HAL_Init 函数来初始化 HAL 库的核心数据结构，接着调用 SystemClock_Config 函数完成处理器中各个时钟参数的配置工作，然后调用 MX_GPIO_Init 函数对 GPIO 引脚功能进行配置，包括使能 GPIO 时钟、配置上升/下降沿触发、配置 EXIT4 中断优先级和中断使能等。读者可以找到这些函数定义并进一步分析。

stm32f1xx_it.c 文件提供了系统异常的中断服务程序。PE4 引脚上的信号经由 EXTI4 产生中断，中断服务函数名为 EXTI4_IRQHandler；PB0 引脚上的信号经由 EXTI0 产生中断，中断服务函数名为 EXTI0_IRQHandler。

（2）编写业务程序

在 main.c 中重新定义 HAL_GPIO_EXTI_Callback 函数，同时定义一个延迟函数，以便肉眼观察运行结果，修改后的程序如下。

```
int main(void)
{
    …
}

/* USER CODE BEGIN 4 */
void delay(uint32_t nCount)    /*延迟子程序*/
{
for(; nCount != 0; nCount--);
}
```

```
void HAL_GPIO_EXTI_Callback(uint16_t GPIO_Pin)
{
    if(GPIO_Pin == KEY0_Pin)      /*判断是否是按键 KEY0 触发*/
    {
        HAL_GPIO_WritePin(LED0_GPIO_Port, LED0_Pin, GPIO_PIN_RESET);      /*LED0 点亮*/
        delay(0x1000000);                                 /*2s 左右延迟，便于观察实验现象*/
        HAL_GPIO_WritePin(LED0_GPIO_Port, LED0_Pin, GPIO_PIN_SET);       /*LED0 熄灭*/
    }

    if(GPIO_Pin == KEY1_Pin)                              /*判断是否是按键 KEY1 触发*/
    {
        HAL_GPIO_WritePin(LED1_GPIO_Port, LED1_Pin, GPIO_PIN_RESET);      /*LED1 点亮*/
        delay(0x1000000);                                 /*2s 左右延迟，便于观察实验现象*/
        HAL_GPIO_WritePin(LED1_GPIO_Port, LED1_Pin, GPIO_PIN_SET);       /*LED1 熄灭*/
    }
}
/* USER CODE END 4 */
```

无须修改 main 函数，主程序将会一直运行在 while 循环当中。PE4（KEY0）引脚触发引起的中断服务函数虽然与 PB0（KEY1）引脚触发引起的中断服务函数入口不同，但是最终是执行同一个中断回调函数 HAL_GPIO_EXTI_Callback。进入中断回调函数后，需先判断是由哪个引脚触发引起的中断，然后点亮对应的发光二极管，维持一小段时间，然后再熄灭。

（3）编译和下载

程序编译成功后，正确配置仿真器参数，仿真器成功连接后，将生成的 HEX 文件下载到 STM32F103ZETx 处理器中。在开发板上运行程序，并观察实验现象。观察实验现象时需要注意，PB0（KEY1）中断的优先级高，PE4（KEY0）中断的优先级低。若按键动作与实验现象和表 7.6 一致，那么就代表实验成功了。

表 7.6 按键动作与实验现象

按键动作	实验现象	分析实验结果
仅按下 KEY0	LED0 点亮，维持 2s，熄灭	KEY0 正常触发中断
仅按下 KEY1	LED1 点亮，维持 2s，熄灭	KEY1 正常触发中断
按下 KEY0，并在 n s 内按下 KEY1（$n<2$）	LED0 点亮，维持 n s；LED1 点亮，维持 2s，熄灭，此段时间内 LED0 保持点亮；LED0 继续点亮，维持（2−n）s	当正在执行低优先级中断（KEY0 中断）时，有高优先级中断（KEY1 中断）请求发生，产生了中断嵌套
按下 KEY1，并在 n s 内按下 KEY0（$n<2$）	LED1 点亮，维持 2s，熄灭；接着，LED0 点亮，维持 2s，熄灭	当正在执行高优先级中断（KEY1 中断）时，有低优先级中断（KEY0 中断）请求发生，不会产生中断嵌套。在完成高优先级中断服务后，再执行低优先级中断服务

（4）拓展

若案例 7.2 中两个按键的中断优先级的组优先级设置相同，而子优先级设置不同，其他要求不变，那么会有中断嵌套发生吗？

读者可以在案例 7.2 的基础上，在 STM32CubeMX 软件中重置两个按键的组优先级和子优先级，重新导出程序，添加中断回调函数 HAL_GPIO_EXTI_Callback（内容可与案例 7.2 中一致），然后观察并分析程序的运行结果。

7.5 习题

1. STM32 处理器的中断与异常的区别是什么？

2. STM32 处理器的外部中断与外部事件有何区别？

3. 如何配置 STM32F103ZETx 处理器中断的优先级？该处理器具有多少个可编程的优先级？

4. 处理中断时，STM32 处理器的运行级别和工作模式各是什么？

5. STM32F103ZETx 处理器的 PC10 引脚用作外部中断源时，该中断被映射到哪个外部事件线上？

6. 在某个 STM32F103ZETx 处理器应用中，需要用到 PA5 作为中断触发信号，那么 STM32CubeMX 会在 stm32f1xx_it.c 文件中生成哪个函数来处理该引脚触发的中断？

7. 参考表 7.2，STM32F103ZETx 处理器将中断优先级分为多少组？如果当前设置为组 1，则有多少位表示组优先级，有多少位表示子优先级？在每个优先级中，数值越小代表的含义是什么？

8. 如图 7.14 所示，在某个 STM32F103ZETx 处理器应用中，需要使用外部中断 3、ADC2 中断和 TIM4 中断，如果它们同时发生中断请求，请问执行的先后顺序是什么？并说明理由。

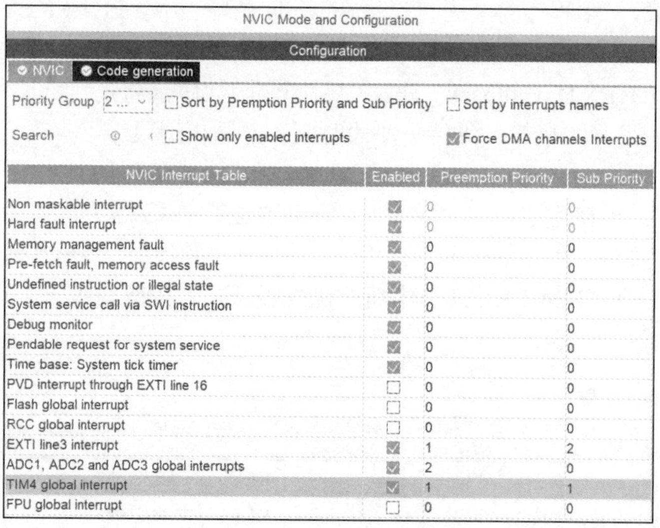

NVIC Mode and Configuration			
Configuration			
◉ NVIC ◉ Code generation			
Priority Group 2... ∨ ☐ Sort by Premption Priority and Sub Priority ☐ Sort by interrupts names			
Search ⓘ ☐ Show only enabled interrupts ☑ Force DMA channels Interrupts			
NVIC Interrupt Table	Enabled	Preemption Priority	Sub Priority
Non maskable interrupt	☑	0	0
Hard fault interrupt	☑	0	0
Memory management fault	☑	0	0
Pre-fetch fault, memory access fault	☑	0	0
Undefined instruction or illegal state	☑	0	0
System service call via SWI instruction	☑	0	0
Debug monitor	☑	0	0
Pendable request for system service	☑	0	0
Time base: System tick timer	☑	0	0
PVD interrupt through EXTI line 16	☐	0	0
Flash global interrupt	☐	0	0
RCC global interrupt	☐	0	0
EXTI line3 interrupt	☑	1	2
ADC1, ADC2 and ADC3 global interrupts	☑	2	0
TIM4 global interrupt	☑	1	1
FPU global interrupt	☐	0	0

图 7.14 "NVIC" 配置界面

8

第8章 通用定时器

STM32F1 系列处理器提供了多个功能强大的定时器，处理器中大量外设模块需要定时器的配合才能实现特定的应用功能，因此掌握定时器的使用是继续学习后续章节的基础。同时，定时器的使用也与中断密切相关，本章案例中的很多功能都需要借助中断来完成。

STM32F1 系列处理器的每个定时器都是完全独立的，它们之间没有互相共享任何资源。根据定时器的功能不同，可以将它们分为以下几种类型。

① 通用定时器：适用于常规任务，其功能包含输出比较模式、单脉冲模式、输入捕获模式和传感器接口。

② 高级定时器：它包含了通用定时器的功能，还拥有与电机控制和数字电源转换相关的功能。

③ 基本定时器：仅有基本的定时器功能，可用于触发 DAC。基本定时器没有连接外部信号的输入和输出通道。

④ 低功耗定时器：能够在低功耗模式下工作的通用定时器，可通过溢出、比较等事件唤醒系统，也可用于产生同步信号或作为时间基准。

⑤ 系统定时器：为操作系统提供周期性的心跳信号，操作系统借助这个心跳信号的中断服务程序来实现任务管理和任务调度。当不需要操作系统时，可以作为普通计时器使用。

⑥ 特殊功能定时器：包括看门狗定时器和 SysTick 定时器等。看门狗定时器用于检测由软件错误引起的故障，当看门狗定时器的计数器达到给定的超时值时，会触发中断或重置处理器。SysTick 定时器是专门为实时操作系统设计的一个定时器，用于实现定时任务调度和延迟控制等功能。

STM32F103ZETx 处理器共有 11 个定时器（4 个通用定时器+2 个高级定时器+2 个基本定时器+2 个看门狗定时器+1 个 SysTick 定时器），常用的定时器主要是高级定时器（TIM1、TIM8）、通用定时器（TIM2~TIM5）和基本定时器（TIM6、TIM7）。各定时器的功能描述如表 8.1 所示。

表 8.1 STM32F103ZETx 处理器提供的定时器的功能描述

定时器名称	类型	计数器位数	预分频位数	是否产生 DMA	通道数量	互补输出	所在总线	应用场景
TIM1、TIM8	高级定时器	16	16	是	4	有	APB2	带可编程死区的互补输出
TIM2、TIM3 TIM4、TIM5	通用定时器	16	16	是	4	无	APB1	定时、计数、PWM、输入捕获、输出比较
TIM6、TIM7	基本定时器	16	16	是	0	无	APB1	触发 DAC

由于 STM32F103ZETx 处理器中的定时器种类众多且功能复杂，受篇幅所限，本章将以通用定时器为主，着重介绍定时器的工作原理和编程方法，读者在此基础上可以举一反三。对于部分定时器的特殊用法，感兴趣的读者可以参考处理器的编程手册。通用定时器的内部结构如图 8.1 所示。

通用定时器介绍

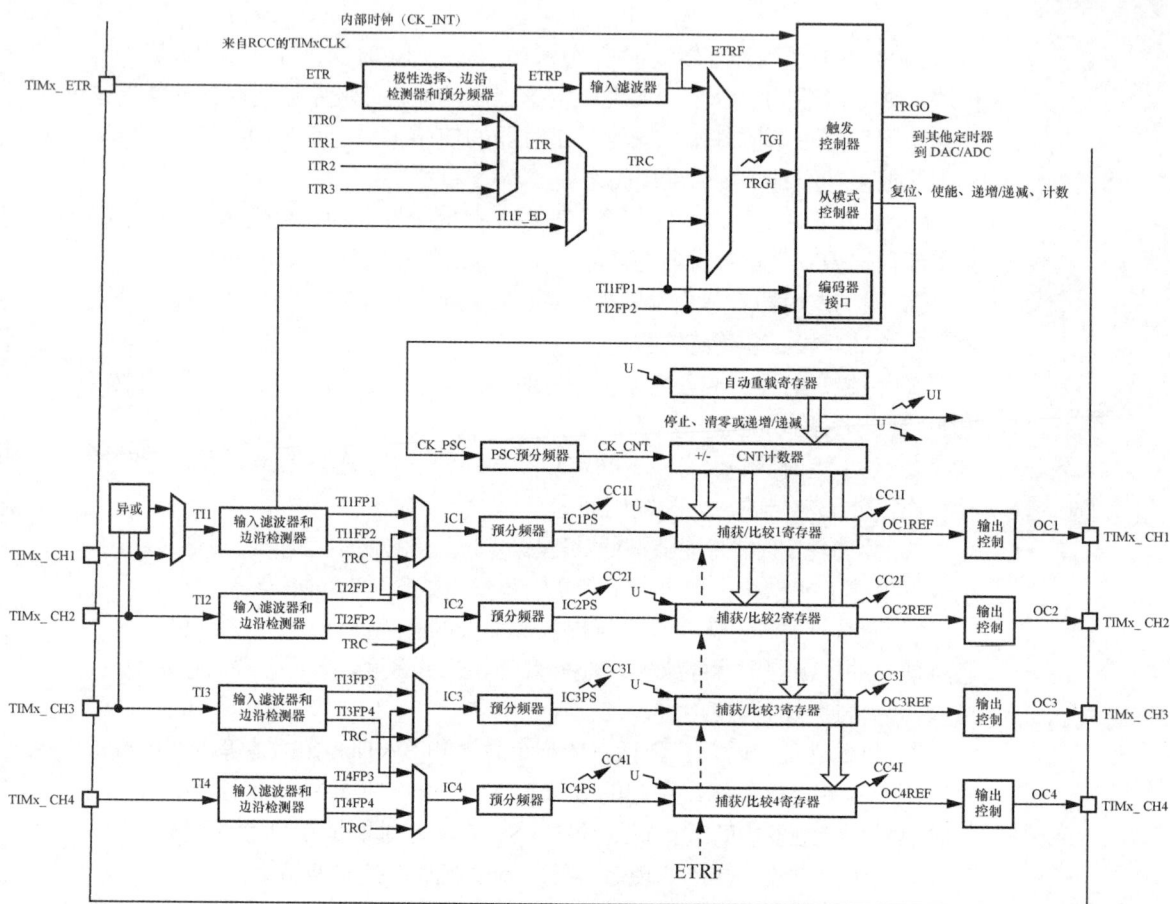

图 8.1　通用定时器的内部结构

通用定时器包含如下一些特性。

① 每个定时器包含 1 个 16 位递增、递减和递增/递减自动重载计数器。

② 包含多个 16 位可编程预分频器。预分频器用于对计数器时钟进行分频，分频系数的范围是 1 ~ 65536。

③ 每个定时器最多有 4 个独立通道，这些通道可工作在输入捕获、输出比较、PWM 生成、单脉冲模式输出等工作模式。

④ 允许使用外部信号控制定时器，同时也允许将多个定时器互连。

⑤ 发生特定事件时，定时器可以生成中断或者 DMA 请求。事件包括：更新事件（计数器上溢/下溢、计数器初始化）、触发事件（计数器启动、停止、初始化或通过内部/外部触发计数）、输入捕获、输出比较。

⑥ 支持增量（正交）编码器和霍尔传感器电路。

⑦ 支持外部时钟触发输入或按周期的电流管理。

8.1　定时器的时钟源

　　定时器依靠时钟源来执行定时和计数功能。通用定时器的时钟源有多种选择，包括内部时钟模式、外部时钟模式 1、外部时钟模式 2 及内部触发输入模式。如图 8.2 所示，定时器工作在内部时钟模式时，选择 CK_INT 信号作为时钟源。定时器工作在外部时钟模式 1 时，时钟源来自触发输入的 TRGI 信号。定时器工作在外部时钟模式 2 时，时钟源为 ETRF 信号。当定时器级联时，需要用到内部触发输入模式。表 8.2 列出了各种时钟源的含义。

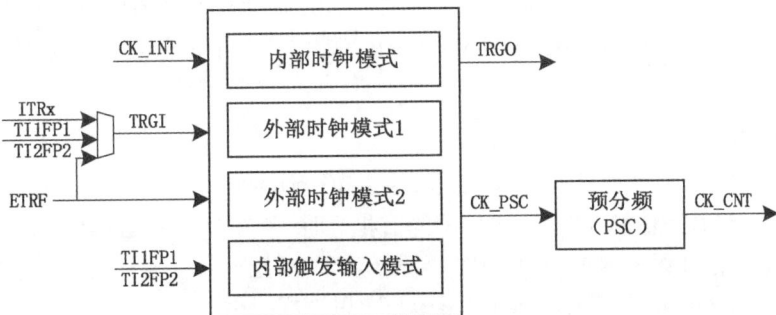

图 8.2　通用定时器的时钟源

表 8.2　时钟源含义列表

名称	含义
CK_INT	来自 APBx 总线的定时器输入时钟信号，即 TIMx_CLK
ETRF	外部触发输入，由芯片的 TIMx_ETR 引脚输入，经过极性选择、边沿检测和预分频后得到的信号
TI1FP1	TI1 上通过输入滤波器和边沿检测器后得到的信号
TI2FP2	TI2 上通过输入滤波器和边沿检测器后得到的信号
ITRx	定时器级联使用时，主定时器的触发输出 TRGOx 作为从定时器的输入时钟源
TRGI	定时器级联使用时的内部触发输入信号，在 ITRx、TI1FP1 和 TI2FP2 等时钟信号源中选择
TRGO	定时器级联使用时，主定时器向从定时器输出的触发信号
CK_PSC	根据时钟源配置，输入到定时器计数单元预分频器的时钟信号
CK_CNT	CK_PSC 经过预分频器分频之后的时钟信号，它是定时器计数单元的计数信号

8.2　定时器的计数单元

　　通用定时器的计数单元用来完成基本的计数功能，它包含一个 16 位计数器以及与其相关的控制寄存器：计数器寄存器（TIMx_CNT）、预分频器寄存器（TIMx_PSC）和自动重载寄存器（TIMx_ARR）。这 3 个寄存器由软件读写，并且在计数器运行过程中也可以进行读写操作。另外，TIMx_PSC 和 TIMx_ARR 均有影子寄存器，这表示每个寄存器在物理上都对应了两个寄存器，一个是用户可以读出或者写入的寄存器，称为预装载寄存器；另一个是用户看不见的，但是在操作过程中真正起作用的寄存器，称为影子寄存器。

　　定时器计数单元的工作原理如图 8.3 所示。其中，CK_CNT 为计数时钟信号，它是由 TIMx_CLK 或者 CK_PSC 经过预分频器分频后产生的。

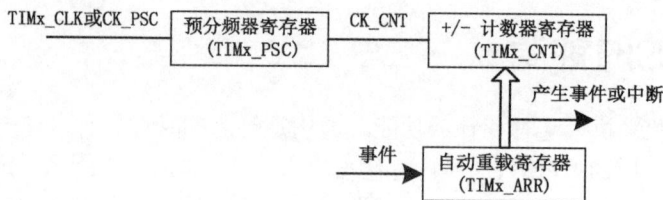

图 8.3　定时器计数单元的工作原理

计数器的计数模式是可选的，总共有 3 种，分别是向上计数模式、向下计数模式和中心对齐模式。每次计数器溢出时会产生更新事件，更新事件可用于产生中断或者向级联定时器输出。在产生更新事件的同时，会刷新 TIMx_PSC 和 TIMx_ARR，即将这两个寄存器对应的预装载寄存器中的内容复制到其影子寄存器中。

1. 向上计数模式

在向上计数模式下，计数器从 0 开始计数，每来 1 个计数时钟信号计数值加 1。当计数值和 TIMx_ARR 中的值相等时，定时器产生计数溢出（又称计数上溢），同时计数器重新从 0 开始计数，其工作过程如图 8.4 所示。每次计数器溢出都可以选择是否产生更新事件。

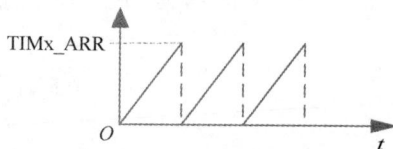

图 8.4　向上计数模式工作过程

向上计数模式的更新事件频率由以下公式计算得到。

$$Update\_event = TIMx\_CLK / ((TIMx\_PSC + 1) \times (TIMx\_ARR + 1))$$

2. 向下计数模式

在向下计数模式下，计数器从 TIMx_ARR 加载初始值开始计数，每来 1 个计数时钟信号，计数值减 1。当计数值减到 0 时，定时器产生计数溢出（又称计数下溢），同时从 TIMx_ARR 重新加载初始值，开始新一轮的计数，其工作过程如图 8.5 所示。每次计数器溢出都可以选择是否产生更新事件，其更新事件频率的计算公式与向上计数模式相同。

3. 中心对齐模式

中心对齐模式又称向上/向下计数模式。该模式下，计数器从 0 开始计数，每来 1 个计数时钟信号，计数值加 1，当计数值和 TIMx_ARR 中的值相等时，产生 1 个计数上溢，紧接着开始进行减计数，直到计数值为 0 时产生 1 个计数下溢。然后循环重复上述过程，其工作过程如图 8.6 所示。

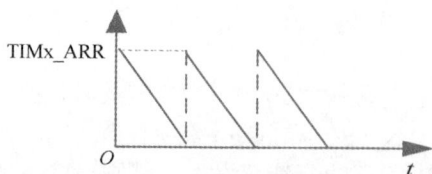

图 8.5　向下计数模式工作过程

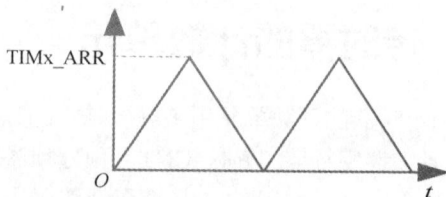

图 8.6　中心对齐模式工作过程

根据更新事件产生的时机，中心对齐模式又可以细分为以下 3 种情况。

① 中心对齐模式 1：计数器交替地向上和向下计数，只有在计数器向下计数溢出时才产生更新事件。

② 中心对齐模式 2：计数器交替地向上和向下计数，只有在计数器向上计数溢出时才产生更新事件。

③ 中心对齐模式 3：计数器交替地向上和向下计数，在计数器计数上溢和下溢时都产生更新事件。

8.3　定时器的基本计数功能

8.3.1　定时器计数相关的数据结构和 API 函数

由于 STM32 系列处理器的定时器功能复杂，HAL 库中与定时器相关的数据结构和 API 函数也较多。下面将结合具体案例分步骤讲解定时器计数相关的数据结构和 API 函数。

1. 定时器计数相关的数据结构

stm32f103xe.h 文件中定义了与定时器控制寄存器相对应的数据结构 TIM_TypeDef，其他与定时器相关的结构体和函数定义都放在"stm32f1xx_hal_tim.h"文件中。其中，结构体 TIM_Base_InitTypeDef 中定义了与基本计数功能相关的参数。在此基础上，结构体 TIM_HandleTypeDef 进一步封装了配置定时器所需的各种参数，指向该结构体的指针将作为访问定时器的入口。

```
typedef struct
{
  uint32_t Prescaler;           /*预分频系数 */
  uint32_t CounterMode;         /*计数模式 */
  uint32_t Period;              /*重载寄存器的值*/
  uint32_t ClockDivision;       /*死区发生器以及数字滤波器使用的分频系数*/
  uint32_t RepetitionCounter;
            /*重复计数寄存器的值，仅高级定时器才有，用于表示多少个溢出事件产生一个更新事件 */
  uint32_t AutoReloadPreload;   /*是否使用缓冲 */
} TIM_Base_InitTypeDef;

typedef enum
{
  HAL_TIM_STATE_RESET= 0x00U,   /*未就绪*/
  HAL_TIM_STATE_READY= 0x01U,   /*就绪状态 */
  HAL_TIM_STATE_BUSY= 0x02U,    /*正在运行*/
  HAL_TIM_STATE_TIMEOUT= 0x03U, /*超时状态 */
  HAL_TIM_STATE_ERROR= 0x04U    /*错误状态*/
} HAL_TIM_StateTypeDef;         /*定时器各种状态 */

typedef struct
{
  uint32_t  MasterOutputTrigger;  /*选择主定时器输出何种触发信号*/
  uint32_t  MasterSlaveMode;      /*主从模式选择 */
} TIM_MasterConfigTypeDef;        /*主从模式配置*/

typedef struct
{
  TIM_TypeDef           *Instance;  /*指向定时器控制寄存器的指针，用来访问特定 TIMx */
  TIM_Base_InitTypeDef   Init;      /* TIM_Base_InitTypeDef 类型变量*/
  HAL_TIM_ActiveChannel  Channel;   /*通道编号 */
  DMA_HandleTypeDef     *hdma[7];   /*处理 DMA 的数据结构 */
```

```
HAL_LockTypeDef                         Lock;              /*锁定级别*/
    __IO HAL_TIM_StateTypeDef           State;             /*定时器状态*/
    __IO HAL_TIM_ChannelStateTypeDef    ChannelState[4];   /*定时器通道状态*/
    __IO HAL_TIM_ChannelStateTypeDef    ChannelNState[4];  /*定时器通道互补状态*/
    __IO HAL_TIM_DMABurstStateTypeDef   DMABurstState;     /*DMA 突发传输状态*/
} TIM_HandleTypeDef;
```

2. 定时器计数相关的 API 函数

HAL 库中常用的与定时器基本计数功能相关的 API 函数及其功能描述如表 8.3 所示。

表 8.3　常用的与定时器基本计数功能相关的 API 函数及其功能描述

函数名称	功能描述
HAL_TIM_Base_Init	初始化定时器基本计数功能
HAL_TIM_Base_DeInit	注销定时器
HAL_TIM_Base_MspInit	在 HAL_TIM_Base_Init 函数中调用，用于初始化定时器相关的 GPIO、CLOCK 和 NVIC
HAL_TIM_Base_MspDeInit	注销定时器底层初始化
HAL_TIM_Base_Start	启动定时器开始计数
HAL_TIM_Base_Stop	停止定时器计数
HAL_TIM_Base_Start_IT	启动定时器计数，并使能对应的定时器中断
HAL_TIM_Base_Stop_IT	停止定时器计数，并禁用对应的定时器中断
HAL_TIM_Base_Start_DMA	启动定时器计数，开始对应的 DMA 传输
HAL_TIM_Base_Stop_DMA	停止定时器计数，停止对应的 DMA 传输

由于定时器各通道工作模式较多，为了应对不同类型的定时器中断，HAL 库提供了一个统一的定时器中断处理入口函数 HAL_TIM_IRQHandler，该函数在这个中断服务程序中根据通道的工作模式调用对应的 Callback 函数来完成中断处理。定时器中断相关函数如表 8.4 所示，开发人员可以根据需要重新定义这些回调函数的功能。

表 8.4　定时器中断相关函数

函数名称	函数定义及功能描述
HAL_TIM_IRQHandler	定时器中断处理入口函数
HAL_TIM_PeriodElapsedCallback	计数结束中断回调函数
HAL_TIM_OC_DelayElapsedCallback	输出比较模式的中断回调函数
HAL_TIM_IC_CaptureCallback	输入捕获模式的中断回调函数
HAL_TIM_PWM_PulseFinishedCallback	PWM 输出完成的中断回调函数
HAL_TIM_TriggerCallback	触发模式的中断回调函数
HAL_TIM_ErrorCallback	出错中断回调函数

8.3.2　案例实现

基本定时器 TIM6 和 TIM7 只有基本的计数功能，适用于简单的定时任务。下面通过一个案例来讲解如何实现定时器的基本计数功能。

基本定时器案例

案例 8.1：STM32F103ZETx 处理器的 PE5 引脚上外接了一个发光二极管 LED0，电路如图 8.7 所示，通过 TIM7 来控制 LED0 发光二极管的闪烁效果，要求 LED0 的闪烁频率为 1Hz。

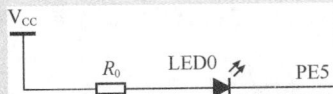

图 8.7　外接发光二极管电路

分析图 8.7 所示的电路可知，LED0 的闪烁频率为 1Hz，意味着 LED0 需维持 0.5s 点亮，再维持 0.5s 熄灭，周而复始。可设定 TIM7 定时时长为 0.5s，即每 0.5s 触发 1 次中断，并在中断回调函数中改变 LED0 的状态。

1. STM32CubeMX 工程配置

（1）新建项目、配置 RCC 和时钟树

在 STM32CubeMX 中创建一个新项目，选择 STM32F103ZETx 处理器，配置 RCC，选择 HSE 和 LSE 作为时钟源，选择 PLLCLK 的输出作为 SYSCLK，并配置好时钟树参数（参考案例 6.1）。

（2）配置引脚功能

选择 STM32CubeMX 主界面中的 "Pinout & Configuration" 面板，在界面右侧的 "Pinout view" 面板的搜索框中输入 "PE5"，在引脚图中选中相应引脚，配置引脚的工作模式为 "GPIO_Output"。然后展开主界面左侧的 "System Core" 列表，选中 "GPIO"，在 "GPIO Mode and Configuration" 面板中配置好引脚参数，并设置 PE5 引脚的 "User Label" 为 "LED0"，如图 8.8 所示。

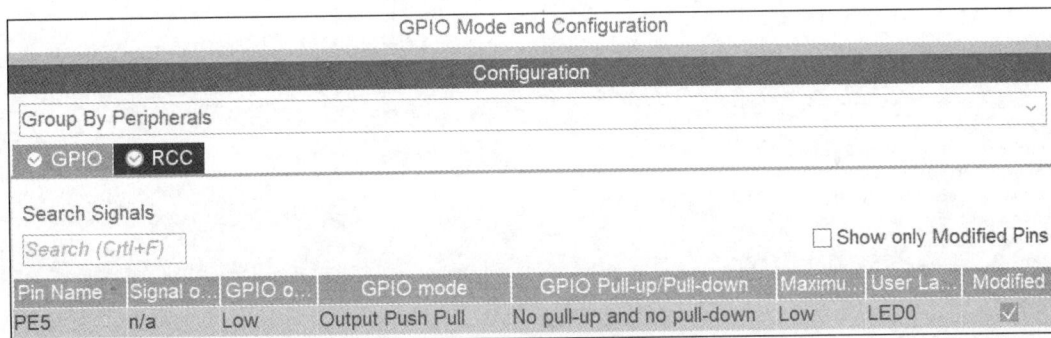

图 8.8　配置引脚功能

（3）配置定时器参数

展开 "Pinout & Configuration" 面板中的 "Timers" 列表，选中 "TIM7"，在弹出的 "TIM7 Mode and Configuration" 面板上设置 TIM7 的各项参数，如图 8.9 所示。

TIM7 挂在 APB1 上，故 TIM7 的输入时钟信号频率为 72MHz。设定 "Prescaler" 参数为 7199，"Counter Period" 参数为 4999，根据更新事件频率计算公式，得到如下结果。

$$Update\_event = 72000000/((7199 + 1)\times(4999 + 1))=2Hz$$

由上述公式可知，TIM7 每秒产生 2 次更新事件。如果将该更新事件用于触发中断，在 TIM7 的中断回调函数中翻转 LED0 引脚的电平，就可以实现 LED0 每秒点亮 1 次的效果。

（4）配置 NVIC 参数

在 "System Core" 列表中选择 "NVIC"，将弹出 "NVIC Mode and Configuration" 面板，在 "NVIC" 栏的 "Priority Group" 下拉列表中，配置组优先级和子优先级。在下方的中断函数列表中，勾选 "TIM7 global interrupt"，然后在对应的 "Preemption Priority" 和 "Sub Priority" 下拉列表中配置中断的优先级，如图 8.10 所示。

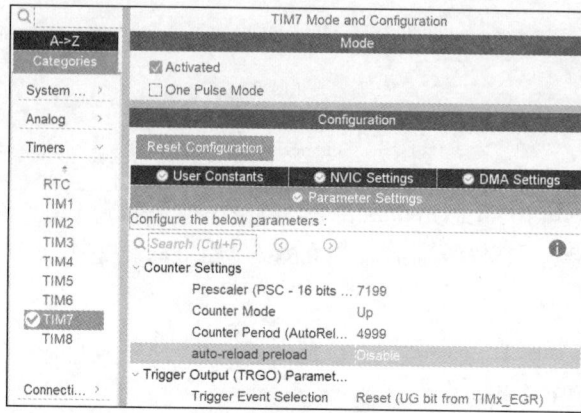

图 8.9　配置定时器参数

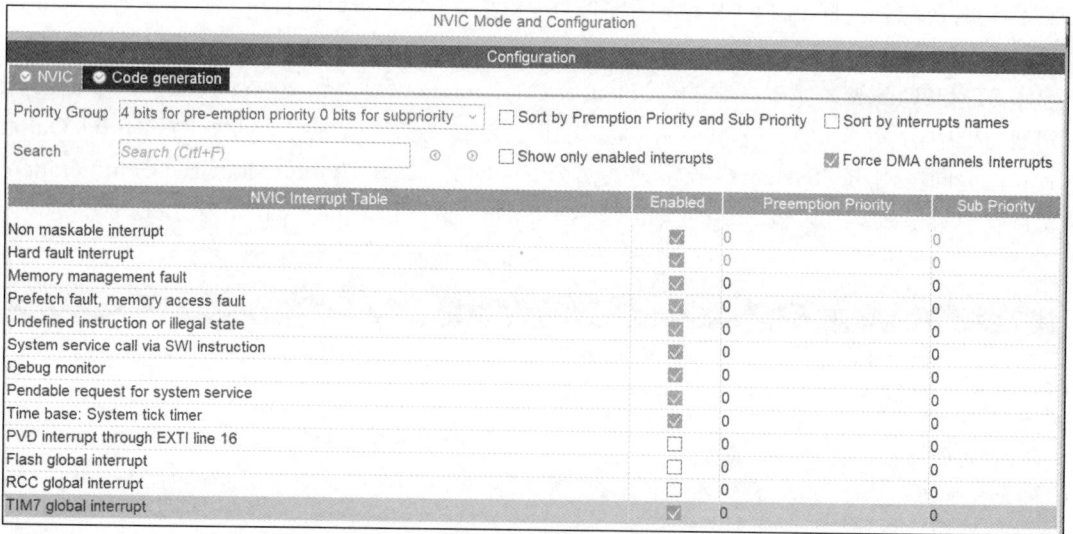

图 8.10　配置 "NVIC" 参数

切换到 "Code generation" 面板，如图 8.11 所示。默认情况下，自动勾选 "TIM7 global interrupt" 行对应的 "Generate IRQ handler" 和 "Call HAL handler" 列，表示 STM32CubeMX 会自动生成 TIM7 对应的中断服务程序。

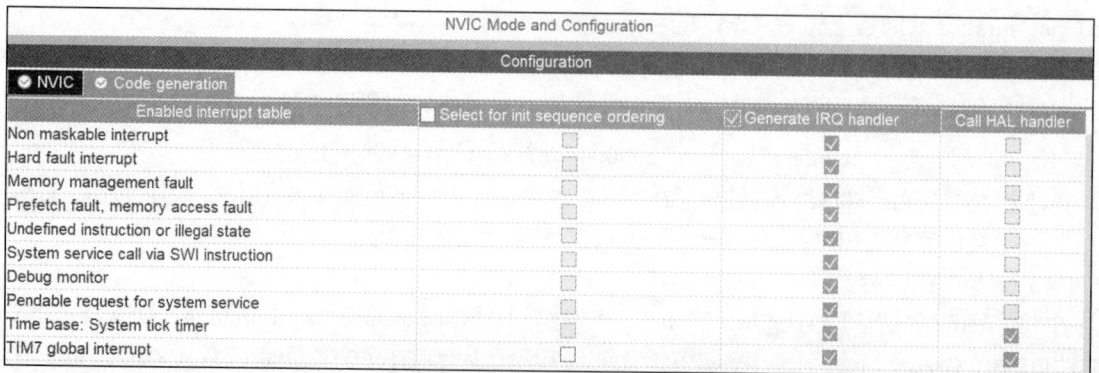

图 8.11　"Code generation" 面板

再次选中 "Timers" 列表中的 "Tim7"，选中 "TIM7 Mode and Configuration" 面板中的 "NVIC

Settings"栏，确认 TIM7 中断勾选了"Enabled"，如图 8.12 所示。

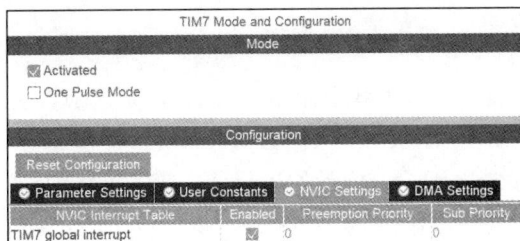

图 8.12　TIM7 中断允许

（5）配置工程参数并生成工程文件

选择 STM32CubeMX 主界面中的"Project Manager"面板，在"Project"和"Code Generator"面板中配置好相关的输出工程参数。此处工程名为"TIM_Base"，存放路径为"…\Project\TIM"，单击"GENERATE CODE"，导出 MDK 工程文件和程序。

2. Keil MDK 编程

（1）定时器相关程序分析

在 Keil MDK 集成开发环境中打开 STM32CubeMX 导出的工程，要重点关注 STM32CubeMX 自动生成的 tim.c、main.c 及 stm32f1xx_it.c 文件。

tim.c 文件中定义了 TIM_HandleTypeDef 类型变量 htim7，用于填写 TIM7 的初始化参数。

main.c 文件中的 MX_TIM7_Init 函数用于完成 TIM7 各项参数配置工作，其程序如下。

```
void MX_TIM7_Init(void)
{
  …
  htim7.Instance = TIM7;
  htim7.Init.Prescaler = 7199;
  htim7.Init.CounterMode = TIM_COUNTERMODE_UP;
  htim7.Init.Period = 4999;
  htim7.Init.AutoReloadPreload = TIM_AUTORELOAD_PRELOAD_DISABLE;
  if (HAL_TIM_Base_Init(&htim7) != HAL_OK)
  {
    Error_Handler();
  }
  sMasterConfig.MasterOutputTrigger = TIM_TRGO_RESET;
  sMasterConfig.MasterSlaveMode = TIM_MASTERSLAVEMODE_DISABLE;
  if (HAL_TIMEx_MasterConfigSynchronization(&htim7, &sMasterConfig) != HAL_OK)
  {
    Error_Handler();
  }
  …
}
```

MX_TIM7_Init 函数中，首先将先前在 STM32CubeMX 中配置的定时器参数一一填入 htim7 中，然后调用 HAL_TIM_Base_Init 函数将这些参数写入 TIM7 的控制寄存器中。上述程序中的 TIM_MasterConfigTypeDef 结构体用于配置定时器的主从工作模式，本案例中暂不涉及，所以 sMasterConfig 自动配置为 TIM_MASTERSLAVEMODE_DISABLE。

startup_stm32f103xe.s 文件的中断向量表中定义了 TIM7 的中断服务函数名为 TIM7_IRQHandler，在 stm32f1xx_it.c 文件中定义了该函数的具体实现。

```
void TIM7_IRQHandler(void)
```

```
  {
    HAL_TIM_IRQHandler(&htim7);
  }
```

（2）添加 LED0 控制程序

STM32CubeMX 生成的 main 函数中依次调用了 HAL 初始化函数 HAL_Init、系统时钟配置函数 SystemClock_Config、GPIO 初始化函数 MX_GPIO_Init 和 TIM7 初始化函数 MX_TIM7_Init，然后进入了 while(1)循环。需要注意的是，STM32CubeMX 自动生成的程序中不包含启动定时器工作的语句，需要手动添加。此处用到了定时器的基本计数功能，因此应添加 HAL_TIM_Base_Start_IT 函数，修改后的 main.c 如下。

```
int main(void)
{
  HAL_Init();
  SystemClock_Config();
  MX_GPIO_Init();
  MX_TIM7_Init();
  /* USER CODE BEGIN 2 */
  HAL_TIM_Base_Start_IT(&htim7);      /*手动添加，启动定时器计数并开启中断*/
  /* USER CODE END 2 */
  while (1)
  {
    ;/* 循环体为空 */
  }
}
```

TIM7_IRQHandler 中调用了 HAL_TIM_IRQHandler 函数，该函数的参数为指向 TIM7 的指针。在 HAL_TIM_IRQHandler 函数中根据定时器的工作模式调用与工作模式匹配的回调函数。对于定时器基本计数功能产生的中断来说，需要调用 HAL_TIM_PeriodElapsedCallback 函数，这是一个"__weak"属性的空函数，因此需在 main.c 中重新定义 HAL_TIM_PeriodElapsedCallback 的具体功能。修改后的程序如下。

```
/* USER CODE BEGIN 4 */
void  HAL_TIM_PeriodElapsedCallback(TIM_HandleTypeDef *htim)
{
    if(htim == &htim7)
    {
        HAL_GPIO_TogglePin(LED0_GPIO_Port,LED0_Pin);      /*LED0 状态翻转*/
    }
}
/* USER CODE END 4 */
```

（3）编译和下载

程序编译成功后，正确配置仿真器参数，仿真器成功连接后，将生成的 HEX 文件下载到 STM32F103ZETx 处理器中。在开发板上运行程序，并观察实验结果是否与预设的一致。

8.4 定时器的输出比较模式

定时器输出比较模式用于控制一个输出波形，或者指示一段给定的时间已经到时。输出比较模式将定时器中计数器的计数值与相关寄存器的内容进行比较，当它们相同时，则可以进行以下一些操作。

① 将输出比较模式和输出极性定义的值输出到对应的引脚上，输出引脚可以选择保持原有电

平、改变为有效电平、改变为无效电平或进行电平翻转。

② 设置状态寄存器中对应的标志位，若中断允许则产生一次中断。

③ 若开启了相应的 DMA 请求功能，则产生一次 DMA 请求。

与定时器输出比较模式相关的寄存器如表 8.5 所示，这些寄存器用于定时器的各种输出模式和输入模式中。

表 8.5　定时器输出比较模式相关的寄存器

寄存器名称	功能
TIMx_CCMR1（Capture/Compare Mode Register 1） 捕获/比较模式寄存器 1	捕获/比较通道 1 和通道 2 的捕获/比较模式配置
TIMx_CCMR2（Capture/Compare Mode Register 2） 捕获/比较模式寄存器 2	捕获/比较通道 3 和通道 4 的捕获/比较模式配置
TIMx_CCER（Capture/Compare Enable Register） 捕获/比较使能寄存器	配置输入和输出引脚的状态
TIMx_CCR1（Capture/Compare Register1） 捕获/比较寄存器 1	捕获/比较通道 1 上的数值，用于和计数器数值进行比较
TIMx_CCR2（Capture/Compare Register2） 捕获/比较寄存器 2	捕获/比较通道 2 上的数值，用于和计数器数值进行比较
TIMx_CCR3（Capture/Compare Register3） 捕获/比较寄存器 3	捕获/比较通道 3 上的数值，用于和计数器数值进行比较
TIMx_CCR4（Capture/Compare Register4） 捕获/比较寄存器 4	捕获/比较通道 4 上的数值，用于和计数器数值进行比较

8.4.1　输出比较模式相关数据结构和 API 函数

1. 输出比较模式相关数据结构

stm32f1xx_hal_tim.h 文件中定义了结构体 TIM_OC_InitTypeDef 用于配置定时器输出比较模式下的各项参数，结构体 TIM_ClockConfigTypeDef 定义了与时钟源相关的参数。

```
typedef struct
{
  uint32_t OCMode;          /*输出模式选择，输出比较模式或者 PWM 模式*/
  uint32_t Pulse;           /*捕获/比较寄存器的预设值*/
  uint32_t OCPolarity;      /* 输出极性*/
  uint32_t OCNPolarity;     /*互补输出的极性，仅针对 TIM1 和 TIM8*/
  uint32_t OCFastMode;      /*快速模式，仅在 PWM1 和 PWM2 模式下使用*/
  uint32_t OCIdleState;     /*输出空闲状态配置*/
  uint32_t OCNIdleState;    /*互补输出的空闲状态配置，仅针对 TIM1 和 TIM8*/
} TIM_OC_InitTypeDef;

typedef struct
{
  uint32_t ClockSource;     /*时钟源*/
  uint32_t ClockPolarity;   /*时钟源触发极性选择*/
  uint32_t ClockPrescaler;  /*预分频系数*/
  uint32_t ClockFilter;     /*4bit 数字滤波器参数*/
} TIM_ClockConfigTypeDef;
```

2. 输出比较模式相关 API 函数

HAL 库中常用的与定时器输出比较模式相关的 API 函数及其功能说明如表 8.6 所示。

表 8.6　API 函数及其功能

函数名称	功能描述
HAL_TIM_OC_Init	初始化定时器输出比较模式
HAL_TIM_OC_DeInit	注销定时器
HAL_TIM_OC_MspInit	在 HAL_TIM_OC_Init 函数中调用，用于初始化定时器相关的 GPIO、CLOCK、NVIC 和 DMA
HAL_TIM_OC_MspDeInit	注销定时器底层初始化
HAL_TIM_OC_Start	启动定时器输出比较模式
HAL_TIM_OC_Stop	停止定时器输出比较模式
HAL_TIM_OC_Start_IT	启动定时器输出比较模式，并使能对应中断
HAL_TIM_OC_Stop_IT	停止定时器输出比较模式，并禁用对应中断
HAL_TIM_OC_Start_DMA	启动定时器输出比较模式，并开始对应通道的 DMA 传输
HAL_TIM_OC_Stop_DMA	停止定时器输出比较模式，并停止对应通道的 DMA 传输

8.4.2　案例实现

下面通过一个案例来讲解如何实现定时器的输出比较模式。

输出比较模式案例

案例 8.2：STM32F103ZETx 处理器的 PD13(TIM4_CH2)和 PD14(TIM4_CH3)引脚上各外接了一个发光二极管，电路如图 8.13 所示，要求使用 TIM4 的输出比较模式，在其 CH2 和 CH3 通道上均输出一个 1Hz 的方波,波形如图 8.14 所示，LED0 和 LED1 交替点亮和熄灭,且时间差为 0.25s（即两个波形相位差为 0.25s）。

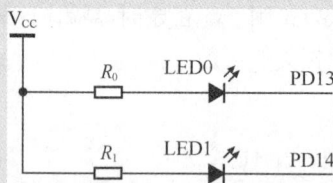

图 8.13　外接发光二极管电路

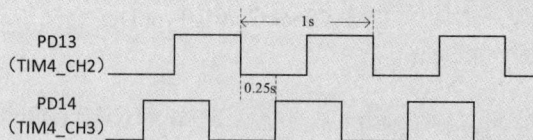

图 8.14　TIM4 引脚输出波形图

1. STM32CubeMX 工程配置

（1）新建项目、配置 RCC 和时钟树

在 STM32CubeMX 中创建一个新项目，选择 STM32F103ZETx 处理器，配置 RCC，选择 HSE 和 LSE 作为时钟源，选择 PLLCLK 的输出作为 SYSCLK，并配置好时钟树参数（参考案例 6.1）。

（2）配置引脚功能

选择 STM32CubeMX 主界面中的 "Pinout & Configuration" 面板，在界面右侧的 "Pinout view" 面板的搜索框中输入 "PD13" 和 "PD14"，在引脚图中选中相应引脚，配置引脚的工作模式分别为 "TIM4 CH2" 和 "TIM4 CH3"。然后展开主界面左侧的 "System Core" 列表，选中 "GPIO"，在 "GPIO Mode and Configuration" 面板中配置好引脚参数，并设置 PD13 和 PD14 引脚的 "User Label" 分别为 "LED0" 和 "LED1"，如图 8.15 所示。

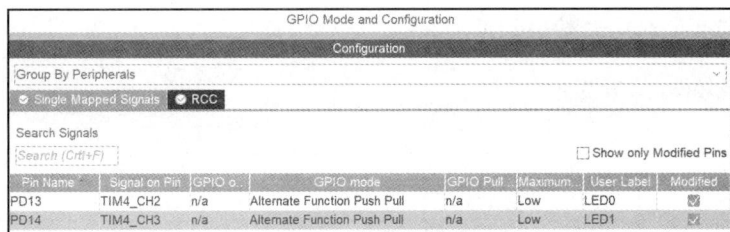

图 8.15　配置引脚功能

（3）配置定时器参数

展开"Pinout & Configuration"面板中的"Timers"列表，选中"TIM4"，在弹出的"TIM4 Mode and Configuration"面板上设置 TIM4 的各项参数，如图 8.16 所示。其各项参数具体含义如下。

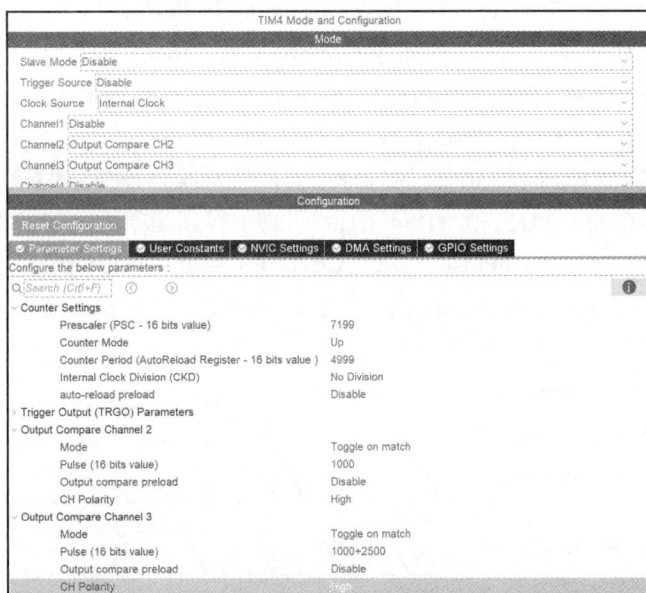

图 8.16　配置定时器参数

① "Slave Mode"用于选择是否为从定时器模式。当定时器作为从定时器时，可选择外部时钟模式 1、复位模式、门控模式和触发模式。

② "Trigger Source"用于选择从定时器的触发方式，表示该定时器与哪个主定时器级联。

③ "Clock Source"用于选择时钟源。

④ "Channel1" ~ "Channel4"用于配置定时器通道 x（x 取值为 1~4）的工作模式。对于通用定时器，其各个通道可配置的工作模式如表 8.7 所示。

表 8.7　定时器各个通道可配置的工作模式

工作模式	功能描述
Input Capture direct mode	输入捕获（直接）模式，用于捕获通道上的输入信号，当检测到输入信号跳变后，使用捕获/比较寄存器来锁存计数值
Output Compare CHx	既产生事件又输出信号的输出比较模式
PWM Generation CHx	脉冲宽度调制输出模式
Output Compare No Output	只产生事件不输出信号的输出比较模式
PWM Generation No Output	不输出信号的脉冲宽度调制模式

通道输出比较模式的各项参数说明见表 8.8。

表 8.8　通道输出比较模式参数说明

配置参数	功能描述
Mode	当计数器值与对应通道的捕获/比较寄存器值相等时，可选输出电平为有效、无效、翻转、强制有效、强制无效或者不输出任何信号
Pulse	对应通道的捕获/比较寄存器的预设值
Output compare preload	捕获/比较寄存器预装载使能，Disable 表示写入该寄存器的值立即生效，Enable 表示等待下一次更新事件时生效
CH Polarity	对应通道的极性选择，可选高电平有效或者低电平有效

TIM4 挂在 APB1 上，故 TIM4 的输入时钟信号频率为 72MHz。"Prescaler"参数为 7199，"Counter Period"参数为 4999，根据更新事件频率计算公式，得到如下结果。

$$\text{Update\_event} = 72000000/((7199 + 1)\times(4999 + 1))=2\text{Hz}$$

在每一个定时器的更新周期内，当定时器计数器值（TIM4_CNT）与对应通道上的捕获/比较寄存器值相等时，对应通道上的输出电平就会翻转一次。TIM4 的更新事件频率为 2Hz，翻转后的输出波形频率即为 1Hz，占空比都是 50%。通过配置不同的捕获/比较寄存器值（TIM4_CCR2 和 TIM4_CCR3），就能在 TIM4_CH2 和 TIM4_CH3 引脚上得到频率相同但初相位不同的输出波形。TIM4_CCR2 和 TIM4_CCR3 中的"Pulse"参数值大小并不重要，只要两个通道的"Pulse"参数差值为 2500 即可。结合计数器的计数模式、通道工作模式等配置，得到输出比较模式—向上计数波形图如图 8.17 所示。

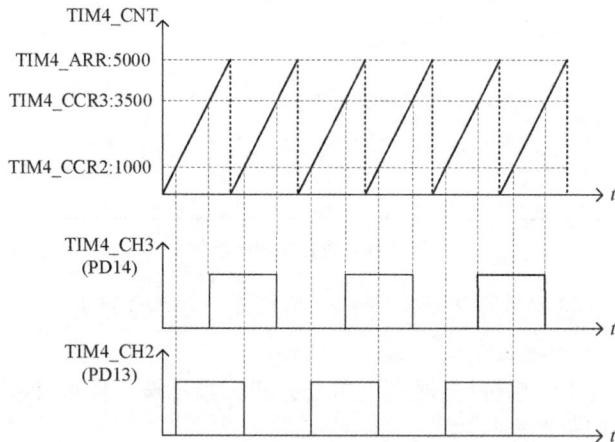

图 8.17　输出比较模式——向上计数波形图

（4）配置工程参数并生成工程文件

选择 STM32CubeMX 主界面中的"Project Manager"面板，在"Project"和"Code Generator"面板中配置好相关的输出工程参数。此处工程名为"TIM_Compare"，存放路径为"…\Project\TIM"，单击"GENERATE CODE"，导出 MDK 工程文件和程序。

2. Keil MDK 编程

（1）输出比较模式程序分析

在 Keil MDK 集成开发环境中打开 STM32CubeMX 导出的工程，要重点关注 STM32CubeMX 自动生成的 tim.c 文件、main.c 文件及 stm32f1xx_it.c 文件。

tim.c 文件中定义了 TIM_HandleTypeDef 类型变量 htim4，用于填写 TIM4 的初始化参数。
main.c 文件中的 MX_TIM4_Init 函数用于完成 TIM4 各项参数配置工作，其程序如下。

```
void MX_TIM4_Init(void)
{
  …
  htim4.Instance = TIM4;
  htim4.Init.Prescaler = 7199;
  htim4.Init.CounterMode = TIM_COUNTERMODE_UP;
  htim4.Init.Period = 4999;
  htim4.Init.ClockDivision = TIM_CLOCKDIVISION_DIV1;
  htim4.Init.AutoReloadPreload = TIM_AUTORELOAD_PRELOAD_DISABLE;
  if (HAL_TIM_Base_Init(&htim4) != HAL_OK)
  {
    Error_Handler();
  }
  sClockSourceConfig.ClockSource = TIM_CLOCKSOURCE_INTERNAL;
  if (HAL_TIM_ConfigClockSource(&htim4, &sClockSourceConfig) != HAL_OK)
  {
    Error_Handler();
  }
  if (HAL_TIM_OC_Init(&htim4) != HAL_OK)
  {
    Error_Handler();
  }
  sMasterConfig.MasterOutputTrigger = TIM_TRGO_RESET;
  sMasterConfig.MasterSlaveMode = TIM_MASTERSLAVEMODE_DISABLE;
  if (HAL_TIMEx_MasterConfigSynchronization(&htim4, &sMasterConfig) != HAL_OK)
  {
    Error_Handler();
  }
  sConfigOC.OCMode = TIM_OCMODE_TOGGLE;   /*输出比较采用翻转模式*/
  sConfigOC.Pulse = 1000;
  sConfigOC.OCPolarity = TIM_OCPOLARITY_HIGH;
  sConfigOC.OCFastMode = TIM_OCFAST_DISABLE;
  if (HAL_TIM_OC_ConfigChannel(&htim4, &sConfigOC, TIM_CHANNEL_2) != HAL_OK)
  {
    Error_Handler();
  }
  sConfigOC.Pulse = 1000+2500;
  if (HAL_TIM_OC_ConfigChannel(&htim4, &sConfigOC, TIM_CHANNEL_3) != HAL_OK)
  {
    Error_Handler();
  }
  HAL_TIM_MspPostInit(&htim4);
}
```

在 MX_TIM4_Init 函数中，首先将先前在 STM32CubeMX 中配置的定时器计数参数填入 htim4
中，然后调用 HAL_TIM_Base_Init 函数将这些参数写入 TIM4 计数相关寄存器中。sConfigOC 函数用
于配置输出比较模式的各种参数，HAL_TIM_OC_ConfigChannel 函数将这些参数填入到 TIM4 相关
寄存器中。最后调用 HAL_TIM_MspPostInit 函数配置 TIM4_CH2 和 TIM4_CH3 输出引脚。

STM32CubeMX 生成的 main 函数中依次调用了 HAL 初始化函数 HAL_Init、系统时钟配置函数
SystemClock_Config、GPIO 初始化函数 MX_GPIO_Init 和 TIM4 初始化函数 MX_TIM4_Init，然后进
入 while(1)循环。需要注意的是，STM32CubeMX 自动生成的程序中不包含启动定时器工作的语句，

需要手动添加。此处用到了定时器的输出比较模式，因此应添加 HAL_TIM_OC_Start 函数，修改后的 main.c 如下。

```
int main(void)
{
    HAL_Init();
    SystemClock_Config();
    MX_GPIO_Init();
    MX_TIM4_Init();
    /* USER CODE BEGIN 2 */
    HAL_TIM_OC_Start(&htim4,TIM_CHANNEL_2);    /*手动添加，启动 TIM4 通道 2 的输出比较模式*/
    HAL_TIM_OC_Start(&htim4,TIM_CHANNEL_3);    /*手动添加，启动 TIM4 通道 3 的输出比较模式*/
    /* USER CODE END 2 */
    while (1)
    {
        ;/*循环体为空*/
    }
}
```

（2）编译和运行

程序编译成功后，正确配置仿真器参数，仿真器连接成功后，将生成的 HEX 文件下载到 STM32F103ZETx 处理器中。在开发板上运行程序，并观察实验结果是否与预设的一致。

（3）拓展

案例 8.2 中，若要求使用 TIM4 的输出比较模式，在其 CH2 和 CH3 通道上均输出一个 1Hz 的方波，波形图如图 8.18 所示。那么该如何实现呢？

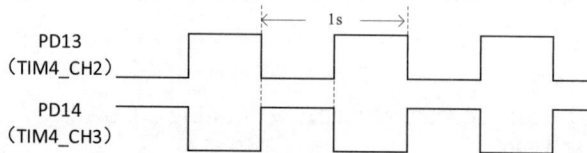

图 8.18　TIM4 引脚输出波形图

观察图 8.18 可知，两个引脚的输出波形正好反向。可将案例 8.2 中 TIM4 的两个通道"Pulse"参数设置成一样，"CH Polarity"设置成相反，其他不变，如图 8.19 所示。同时，MDK 工程文件中继续使用案例 8.2 的程序，无须修改。

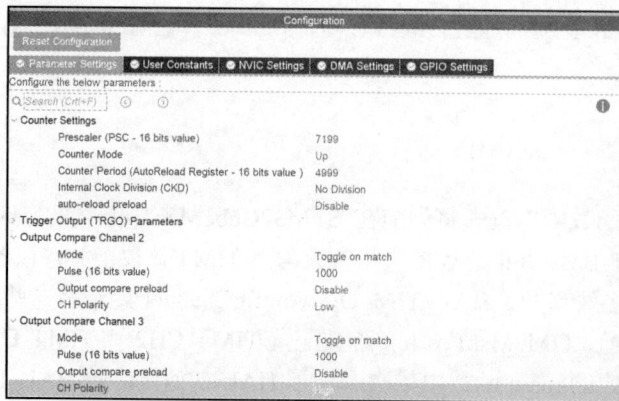

图 8.19　TIM4 参数配置

通过上述案例可知，想要调整输出波形相位，除了可以通过修改捕获/比较寄存器值来实现，也可以通过修改输出有效电平的极性来实现。

8.5　定时器的 PWM 输出模式

PWM 模式也称为脉冲宽度调制模式，它用于产生一个固定频率和固定占空比的输出信号。定时器的 PWM 模式有两种类型。

① PWM 模式 1：当定时器计数器值小于捕获/比较寄存器值时输出有效电平，否则输出无效电平。

② PWM 模式 2：当定时器计数器值小于捕获/比较寄存器值时输出无效电平，否则输出有效电平。

8.5.1　PWM 输出模式相关数据结构和 API 函数

当定时器用 PWM 输出模式时，既用到了基础计数功能，又用到了输出功能。PWM 输出模式用到的数据结构与输出比较模式相同，也是通过 TIM_OC_InitTypeDef 结构体来配置 PWM 输出参数。

HAL 库中常用的与定时器 PWM 输出模式相关的 API 函数及其功能描述见表 8.9。

表 8.9　API 函数及其功能描述

函数名称	功能描述
HAL_TIM_PWM_Init	初始化定时器 PWM 输出模式
HAL_TIM_PWM_DeInit	注销定时器
HAL_TIM_PWM_MspInit	在 HAL_TIM_PWM_Init 函数中调用，用于初始化定时器相关的 GPIO、CLOCK、NVIC 和 DMA
HAL_TIM_PWM_MspDeInit	注销定时器底层初始化
HAL_TIM_PWM_Start	启动定时器 PWM 输出模式
HAL_TIM_PWM_Stop	停止定时器 PWM 输出模式
HAL_TIM_PWM_Start_IT	启动定时器 PWM 输出模式，并使能对应中断
HAL_TIM_PWM_Stop_IT	停止定时器 PWM 输出模式，并禁用对应中断
HAL_TIM_PWM_Start_DMA	启动定时器 PWM 输出模式，并开始对应通道的 DMA 传输
HAL_TIM_PWM_Stop_DMA	停止定时器 PWM 输出模式，并停止对应通道的 DMA 传输

8.5.2　案例实现

下面通过一个案例来讲解如何实现定时器的 PWM 输出模式。

案例 8.3：STM32F103ZETx 处理器的 PD14（TIM4_CH3）引脚上外接了一个发光二极管，电路如图 8.20 所示，要求使用 TIM4 的 PWM 输出模式，在其 CH3 通道上输出一个频率为 1Hz，占空比为 10%的方波。

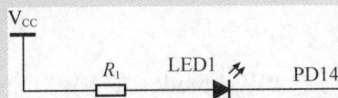

PWM 输出
模式案例

图 8.20　外接发光二极管电路

1. STM32CubeMX 工程配置

（1）新建项目、配置 RCC 和时钟树

在 STM32CubeMX 中创建一个新项目，选择 STM32F103ZETx 处理器，配置 RCC，选择 HSE

和 LSE 作为时钟源，选择 PLLCLK 的输出作为 SYSCLK，并配置好时钟树参数（参考案例 6.1）。

（2）配置引脚功能

选择 STM32CubeMX 主界面中的"Pinout & Configuration"面板，在界面右侧的"Pinout view"面板的搜索框中输入"PD14"，在引脚图中选中相应引脚，配置引脚的工作模式为"TIM4_CH3"。然后展开主界面左侧的"System Core"列表，选中"GPIO"，在"GPIO Mode and Configuration"面板中配置好引脚参数，如图 8.21 所示。

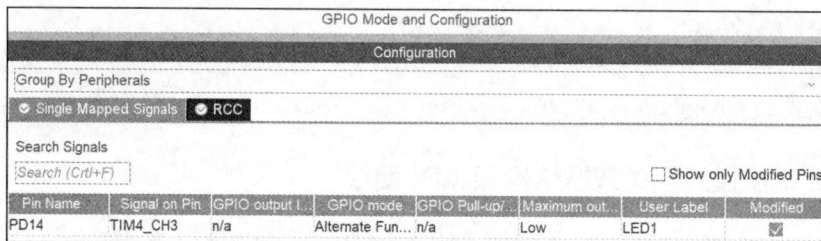

GPIO Mode and Configuration							
Configuration							
Group By Peripherals							
☑ Single Mapped Signals ☑ RCC							
Search Signals							
Search (Ctrl+F)						☐ Show only Modified Pins	
Pin Name	Signal on Pin	GPIO output l..	GPIO mode	GPIO Pull-up/..	Maximum out..	User Label	Modified
PD14	TIM4_CH3	n/a	Alternate Fun...	n/a	Low	LED1	☑

图 8.21　配置引脚功能

（3）配置定时器参数

展开"Pinout & Configuration"面板中的"Timers"列表，选中"TIM4"，在弹出的"TIM4 Mode and Configuration"面板上设置 TIM4 的各项参数，如图 8.22 所示。

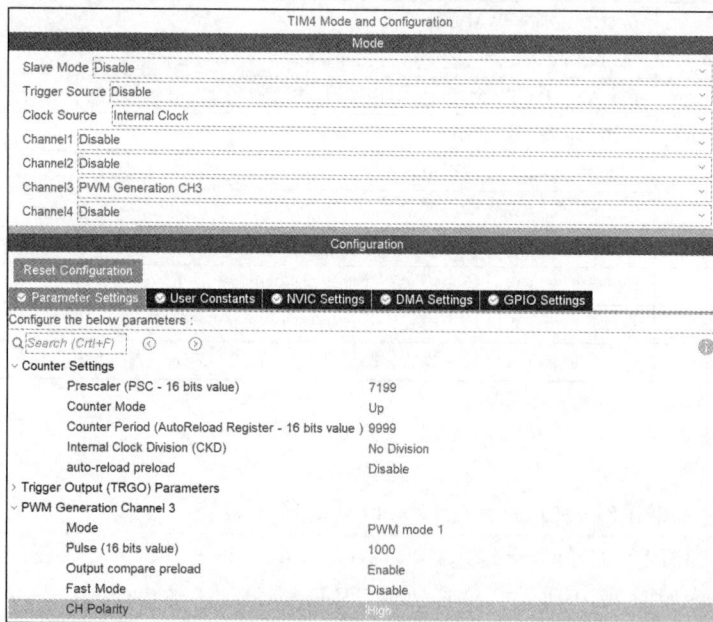

TIM4 Mode and Configuration	
Mode	
Slave Mode	Disable
Trigger Source	Disable
Clock Source	Internal Clock
Channel1	Disable
Channel2	Disable
Channel3	PWM Generation CH3
Channel4	Disable
Configuration	
Reset Configuration	
☑ Parameter Settings ☑ User Constants ☑ NVIC Settings ☑ DMA Settings ☑ GPIO Settings	
Configure the below parameters :	
Search (Ctrl+F)	
∨ Counter Settings	
Prescaler (PSC - 16 bits value)	7199
Counter Mode	Up
Counter Period (AutoReload Register - 16 bits value)	9999
Internal Clock Division (CKD)	No Division
auto-reload preload	Disable
› Trigger Output (TRGO) Parameters	
∨ PWM Generation Channel 3	
Mode	PWM mode 1
Pulse (16 bits value)	1000
Output compare preload	Enable
Fast Mode	Disable
CH Polarity	High

图 8.22　配置定时器参数

"PWM Generation Channel 3"中各参数含义如下。

① "Mode"用于选择 PWM 输出模式，可选 PWM mode1 或 PWM mode2。

② "Pulse(16 bits value)"用于设定对应通道的捕获/比较寄存器的预设值。

③ "Output compare preload"用于设置捕获/比较寄存器预装载值何时生效。"Disable"表示写入该寄存器的值立即生效，"Enable"表示等待下一次更新事件时生效。

④ "Fast Mode"是快速模式选择。"Disable"表示触发输入出现边沿时，激活输出的最短延迟时

间为 5 个时钟周期，"Enable"表示最短延迟时间为 3 个时钟周期。

⑤ "CH Polarity"为对应通道的有效极性选择，可以选择高电平有效或者低电平有效。

TIM4 挂在 APB1 上，故 TIM4 的输入时钟信号频率为 72MHz。"Prescaler"参数为 7199，"Counter Period"参数为 9999，根据更新事件频率计算公式，得到如下结果。

$$\text{Update\_event} = 72000000/((7199 + 1)\times(9999 + 1))=1\text{Hz}$$

TIM4_CH3 工作在 PWM 模式 1，采用向上计数模式，捕获/比较寄存器值为 1000，输出比较的有效极性为高电平，故而生成 PWM 波形的频率为 1Hz，占空比为 10%。

$$\text{PWM 波形的占空比}=(1000/ (9999 + 1))\times100\%=10\%$$

结合计数器的计数模式、通道工作模式等配置，定时器计数器值（TIM4_CNT）、TIM4_CH3 捕获/比较寄存器值（TIM4_CCR3）和引脚输出的波形如图 8.23 所示。

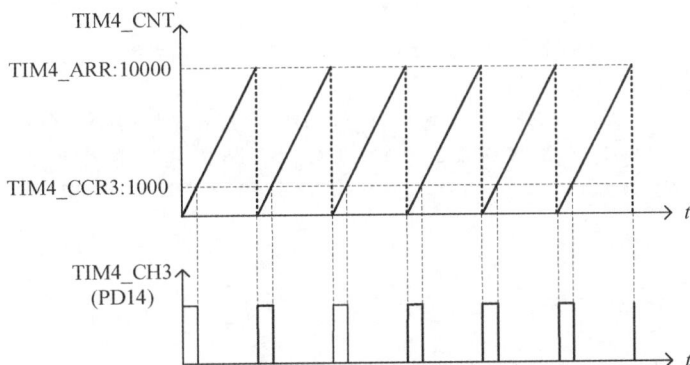

图 8.23 波形图

（4）配置工程参数并生成工程文件

选择 STM32CubeMX 主界面中的"Project Manager"面板，在"Project"和"Code Generator"面板中配置好相关的输出工程参数。此处工程名为"TIM_PWM"，存放路径为"...\Project\TIM"，单击"GENERATE CODE"，导出 MDK 工程文件和程序。

2. Keil MDK 编程

（1）PWM 输出模式程序分析

在 Keil MDK 集成开发环境中打开 STM32CubeMX 导出的工程，要重点关注 STM32CubeMX 自动生成的 tim.c 文件和 main.c 文件。

tim.c 文件中定义了 TIM_HandleTypeDef 类型变量 htim4，用于填写 TIM4 的初始化参数。

main.c 文件中的 MX_TIM4_Init 函数用于完成 TIM4 各项参数配置工作，其程序如下。

```
void MX_TIM4_Init(void)
{
…
  htim4.Instance = TIM4;
  htim4.Init.Prescaler = 7199;
  htim4.Init.CounterMode = TIM_COUNTERMODE_UP;
  htim4.Init.Period = 9999;
  htim4.Init.ClockDivision = TIM_CLOCKDIVISION_DIV1;
  htim4.Init.AutoReloadPreload = TIM_AUTORELOAD_PRELOAD_DISABLE;
  if (HAL_TIM_Base_Init(&htim4) != HAL_OK)
  {
    Error_Handler();
```

```
  }
  sClockSourceConfig.ClockSource = TIM_CLOCKSOURCE_INTERNAL;   /*选用内部时钟*/
  if (HAL_TIM_ConfigClockSource(&htim4, &sClockSourceConfig) != HAL_OK)
  {
    Error_Handler();
  }
  if (HAL_TIM_PWM_Init(&htim4) != HAL_OK)
  {
    Error_Handler();
  }
  sMasterConfig.MasterOutputTrigger = TIM_TRGO_RESET;
  sMasterConfig.MasterSlaveMode = TIM_MASTERSLAVEMODE_DISABLE;
  if (HAL_TIMEx_MasterConfigSynchronization(&htim4, &sMasterConfig) != HAL_OK)
  {
    Error_Handler();
  }
  sConfigOC.OCMode = TIM_OCMODE_PWM1;                /*选用 PWM1 模式*/
  sConfigOC.Pulse = 1000;
  sConfigOC.OCPolarity = TIM_OCPOLARITY_HIGH;        /*有效极性为高电平*/
  sConfigOC.OCFastMode = TIM_OCFAST_DISABLE;         /*关闭快速模式*/
  if (HAL_TIM_PWM_ConfigChannel(&htim4, &sConfigOC, TIM_CHANNEL_3) != HAL_OK)
  {
    Error_Handler();
  }
   HAL_TIM_MspPostInit(&htim4);
}
```

MX_TIM4_Init 函数的执行过程与案例 8.2 中输出比较模式类似，区别在于 sConfigOC 函数将通道配置为 PWM 输出模式，然后调用了 HAL_TIM_PWM_ConfigChannel 函数将这些参数填入 TIM4 定时器的相关寄存器中，最后调用 HAL_TIM_MspPostInit 函数配置 TIM4_CH3 输出引脚。

此处用到了 TIM4 的 PWM 输出功能，所以在 main 函数中需要手动添加 HAL_TIM_PWM_Start 函数来使定时器开始工作。修改后的 main.c 如下。

```
int main(void)
{
  HAL_Init();
  SystemClock_Config();
  MX_GPIO_Init();
  MX_TIM4_Init();
  /* USER CODE BEGIN 2 */
  HAL_TIM_PWM_Start(&htim4,TIM_CHANNEL_3); /*手动添加, 启动 TIM4 通道 3 的 PWM 输出模式*/
  /* USER CODE END 2 */
  while (1)
  {
    ; /*循环体为空*/
  }
}
```

（2）编译并运行

程序编译成功后，正确配置仿真器参数，仿真器成功连接后，将生成的 HEX 文件下载到 STM32F103ZETx 处理器中。在开发板上运行程序，并观察实验结果是否与预设的一致。

（3）拓展

案例 8.3 中，若要求使用 TIM4 的 PWM 输出模式，使发光二极管呈现呼吸灯的效果（即动态地改变发光二极管的光线强弱），那么该如何实现呢？

实现发光二极管呈现呼吸灯效果的方法很多，本案例中通过不断改变 PWM 占空比来实现发光二极管发光强弱的变化，此时 TIM4 引脚输出波形图如图 8.24 所示。

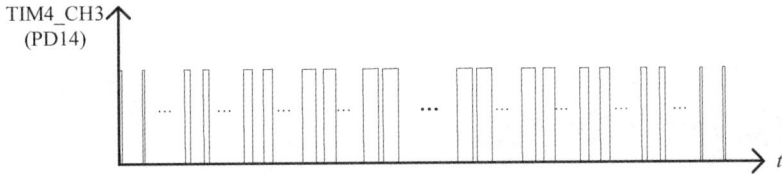

图 8.24　TIM4 引脚输出波形图

设 PWM 的频率为 1000Hz，占空比从 0%～99%、99%～0%不断变化。STM32CubeMX 中 TIM4 参数配置界面如图 8.25 所示。

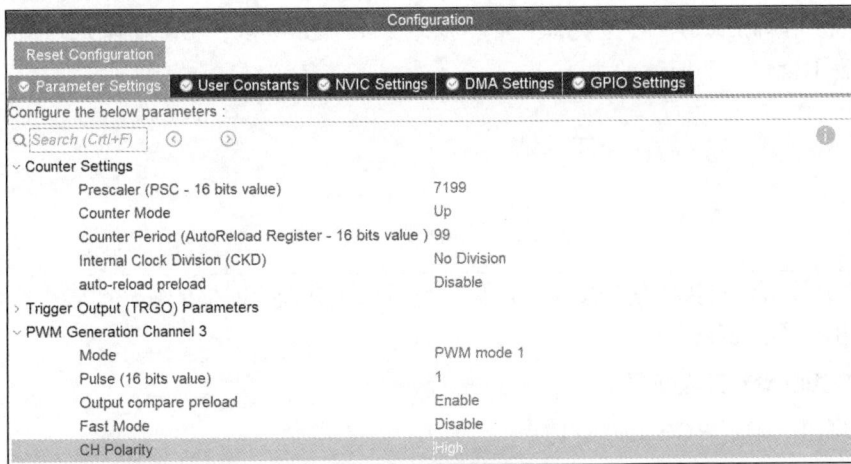

图 8.25　TIM4 参数配置界面

MDK 工程文件中 main.c 修改如下。

```
int main(void)
{
  /* USER CODE BEGIN 1 */
    uint16_t i;
  /* USER CODE END 1 */
  HAL_Init();
  SystemClock_Config();
  MX_GPIO_Init();
  MX_TIM4_Init();
  /* USER CODE BEGIN 2 */
  HAL_TIM_PWM_Start(&htim4,TIM_CHANNEL_3);  /*手动添加，启动 TIM4 通道 3 的 PWM 输出模式*/
  /* USER CODE END 2 */
  while (1)
  {    /* USER CODE BEGIN 3 */
    for(i=0;i<100;i++)                                      /*逐渐变亮*/
    { __HAL_TIM_SetCompare(&htim4,TIM_CHANNEL_3,i);  /*修改捕获/比较寄存器值*/
      HAL_Delay(50);                                       /*亮度保持*/
    }
    for(i=100;i>0;i--)                                     /*逐渐变暗*/
```

```
    { __HAL_TIM_SetCompare(&htim4,TIM_CHANNEL_3,i);    /*修改捕获/比较寄存器值*/
        HAL_Delay(50);                                  /*亮度保持*/
    }
  /* USER CODE END 3 */
    }
}
```

8.6　定时器外部时钟模式

当通用定时器工作在外部时钟模式 2 时，可以使用 TIMx_ETR 引脚上的输入信号作为信号源，这个输入信号经过极性选择、边沿检测、分频、滤波等处理后可作为定时器的计数时钟信号。下面通过一个案例来讲解如何实现定时器的外部时钟输入模式。

> 案例 8.4：STM32F103ZETx 处理器的 PD2(TIM3_ETR)引脚上外接 1000Hz 的方波，PB0(TIM3_CH3)引脚上外接一个发光二极管，电路如图 8.26 所示。要求捕获 PD2 引脚上的方波，并在 PB0 引脚上输出一个 1Hz 的方波。
>
>
>
> 图 8.26　外接发光二极管电路

1000Hz 的方波可以直接由信号发生器产生，也可以由其他定时器的输出比较模式或 PWM 输出模式产生，这里就不再赘述。

1. STM32CubeMX 工程配置

（1）新建项目、配置 RCC 和时钟树

在 STM32CubeMX 中创建一个新项目，选择 STM32F103ZETx 处理器，配置 RCC，选择 HSE 和 LSE 作为时钟源，选择 PLLCLK 的输出作为 SYSCLK，并配置好时钟树参数（参考案例 6.1）。

（2）配置引脚功能

选择 STM32CubeMX 主界面中的"Pinout & Configuration"面板，在界面右侧的"Pinout view"面板的搜索框中输入"PB0"和"PD2"，在引脚图中选中相应引脚，配置引脚的工作模式分别为"TIM3_CH3"和"TIM3_ETR"。然后展开主界面左侧的"System Core"列表，选中"GPIO"，在"GPIO Mode and Configuration"面板中配置好引脚参数，如图 8.27 所示。

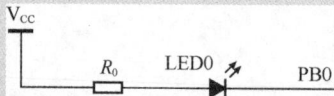

图 8.27　配置引脚功能

（3）配置定时器参数

展开"Pinout & Configuration"面板中的"Timers"列表，选中"TIM3"，在弹出的"TIM3 Mode and Configuration"面板上设置 TIM3 的各项参数，如图 8.28 所示。

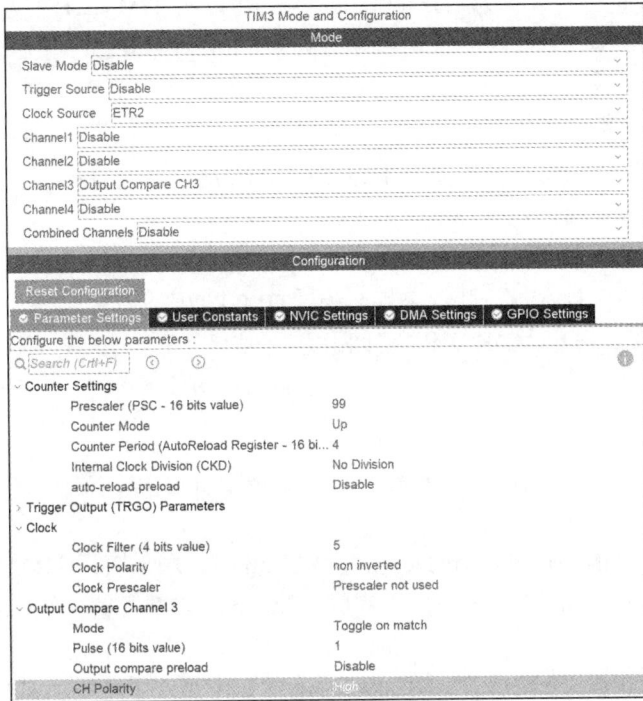

图 8.28　TIM3 参数配置界面

"Clock"部分用于配置输入信号的滤波器参数。

① "Clock Filter（4 bits value）"用于设置 4 位数字滤波器参数。数字滤波器由事件计数器组成，每 N 个事件视为一个有效边沿。"Clock Filter"取值与 N 个事件的对应关系见表 8.10。

表 8.10　"Clock Filter"取值与 N 个事件的对应关系

"Clock Filter"取值	$f_{sampling}$	N 个事件	"Clock Filter"取值	$f_{sampling}$	N 个事件
0000	f_{CK_INT}	无滤波器	1000	$f_{DTS/8}$	6
0001	f_{CK_INT}	2	1001	$f_{DTS/8}$	8
0010	f_{CK_INT}	4	1010	$f_{DTS/16}$	5
0011	f_{CK_INT}	8	1011	$f_{DTS/16}$	6
0100	$f_{DTS/2}$	6	1100	$f_{DTS/16}$	8
0101	$f_{DTS/2}$	8	1101	$f_{DTS/32}$	5
0110	$f_{DTS/4}$	6	1110	$f_{DTS/32}$	6
0111	$f_{DTS/4}$	8	1111	$f_{DTS/32}$	8

② "Clock Polarity"用于配置有效边沿。"non inverted"表示输入信号的上升沿是有效边沿，"inverted"表示输入信号的下降沿是有效边沿。

③ "Clock Prescaler"用于配置死区发生器和数字滤波器使用的采样时钟与内部输入时钟的比值，可选的值有：1、1/2、1/4 和 1/8。

TIM3 挂在 APB1 总线上，故 TIM3 的输入时钟信号频率为 72MHz。"Internal Clock Division(CKD)"设置为"No Division"，即 f_{DTS} 为 72MHz；"Clock Filert"设置为"5"（0101），即 $f_{sampling}=f_{DTS/2}$，N=8，

那么频率高于 4.5MHz 的信号将被这个数字滤波器滤除，从而屏蔽了 4.5MHz 以上的干扰信号。

为了在 TIM3_CH3 上得到频率为 1Hz 的输出信号，可以将 TIM3_CH3 设置为输出比较模式，将更新事件的频率设置为 2Hz，并在产生更新事件时翻转 TIM3_CH3 上的输出电平。

TIM3_ETR 引脚上的外部输入信号频率为 1000Hz，设置 TIM3 的预分频系数为 99+1，重载寄存器的值为 4+1，得到更新事件的频率为 2Hz，即 TIM3_CH3 上得到频率为 1Hz 的方波信号。

$$Update\_event = 1000/((99 + 1) \times (4 + 1)) = 2Hz$$

（4）配置工程参数并生成工程文件

选择 STM32CubeMX 主界面中的"Project Manager"面板，在"Project"和"Code Generator"面板中配置好相关的输出工程参数。此处工程名为"TIM_ETR"，存放路径为"…\Project\TIM"，单击"GENERATE CODE"，导出 MDK 工程文件和程序。

2. Keil MDK 编程

（1）外部时钟模式程序分析

在 Keil MDK 集成开发环境中打开 STM32CubeMX 导出的工程，关注 STM32CubeMX 自动生成的 tim.c 和 main.c 文件。

tim.c 文件中定义了 TIM_HandleTypeDef 类型变量 htim3，用于填写 TIM3 的初始化参数。

main.c 文件中的 MX_TIM3_Init 函数用于完成 TIM3 各项参数配置工作，读者可以找到函数定义处进一步分析。

此处用到了 TIM3 的输出比较模式，所以在 main 函数中需要手动添加 HAL_TIM_OC_Start 函数来启动定时器开始工作。修改后的 main.c 如下。

```
int main(void)
{
  HAL_Init();
  SystemClock_Config();
  MX_GPIO_Init();
  MX_TIM3_Init();
  /* USER CODE BEGIN 2 */
  HAL_TIM_OC_Start(&htim3,TIM_CHANNEL_3);   /*手动添加，启动TIM3通道3的输出比较模式*/
  /* USER CODE END 2 */
  while (1)
  {
    ; /*循环体为空*/
  }
}
```

（2）编译并运行

程序编译成功后，正确配置仿真器参数，仿真器连接成功后，将生成的 HEX 文件下载到 STM32F103ZETx 处理器中。在开发板上运行程序，并观察实验结果是否与预设的一致。

（3）拓展

若案例 8.4 中，PD2(TIM3_ETR)引脚外接的不是周期性的信号，而是非周期信号，那么此时定时器可作计数器使用。假设在 TIM3_ETR 引脚上外接按键，当按键按下 n 次后，PB0 (TIM3_CH3)引脚上外接的发光二极管状态改变 1 次，读者可以考虑如何实现该功能。

8.7　定时器级联

定时器级联案例

STM32 系列处理器支持多个定时器同步或级联。级联模式是将一个定时器（主模式）设定为另一个定时器（从模式）的预分频器。主定时器可以作为从定时器的预分频器，也可以为多个从定时器提供同一个基准时钟输入。

图 8.29 中展示了定时器 TIM1 和 TIM2 级联。其中配置定时器 TIM1 为主模式，定时器 TIM2 为从模式，即 TIM1 为 TIM2 的预分频器。

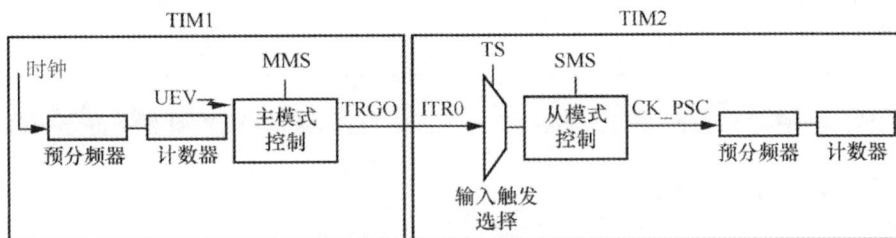

图 8.29　TIM1 和 TIM2 级联

对主定时器 TIM1 而言，选择将何种事件输出到 TRGO 是可以配置的，此处 TIM1 选择将更新事件（Update Event）作为触发输出事件 TRGO。TIM2 的时钟源选择外部时钟模式 1，触发来源选择 ITR0，此时，可以认为 TIM1 的触发输出 TRGO 与 TIM2 的外部触发输入 ITR0 是相连的。TIM1 在每一个更新事件时输出一个周期性的触发信号 TRGO，作为 TIM2 的输入信号源，这样就形成了 TIM1 与 TIM2 之间的级联。

定时器级联时，如何选择主定时器和从定时器呢？定时器之间的级联关系可以通过查表获得。表 8.11 列出了 STM32F103ZETx 处理器中部分定时器级联对应关系。可见，当从定时器 TIM2 选择 ITR0 作为外部触发输入源，与 TIM2 级联的主定时器就是 TIM1。

表 8.11　定时器级联对应关系

从 TIM	ITR0	ITR1	ITR2	ITR3
TIM2	TIM1	TIM8	TIM3	TIM4
TIM3	TIM1	TIM2	TIM5	TIM4
TIM4	TIM1	TIM2	TIM3	TIM8
TIM5	TIM2	TIM3	TIM4	TIM8

下面通过一个案例来讲解如何实现定时器的级联功能。

案例 8.5：STM32F103ZETx 处理器的 PB0(TIM3_CH3) 引脚上外接一个发光二极管，电路如图 8.30 所示。设置 TIM1 为主定时器，TIM3 为从定时器，主定时器 TIM1 产生一个 1000Hz 的触发信号，从定时器 TIM3 将该 1000Hz 的触发信号分频后生成 1Hz 的信号，并将这个 1Hz 的信号输出到 PB0 引脚。

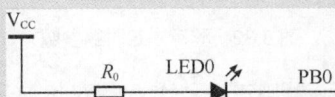

图 8.30　外接发光二极管电路

1. STM32CubeMX 工程配置

（1）新建项目、配置 RCC 和时钟树

在 STM32CubeMX 中创建一个新项目，选择 STM32F103ZETx 处理器，配置 RCC，选择 HSE 和 LSE 作为时钟源，选择 PLLCLK 的输出作为 SYSCLK，并配置好时钟树参数（参考案例 6.1）。

（2）配置引脚功能

选择 STM32CubeMX 主界面中的"Pinout & Configuration"面板，在界面右侧的"Pinout view"面板的搜索框中输入"PB0"，在引脚图中选中相应引脚，配置引脚的工作模式为"TIM3_CH3"。然后展开主界面左侧的"System Core"列表，选中"GPIO"，在"GPIO Mode and Configuration"面板中配置好引脚参数，如图 8.31 所示。

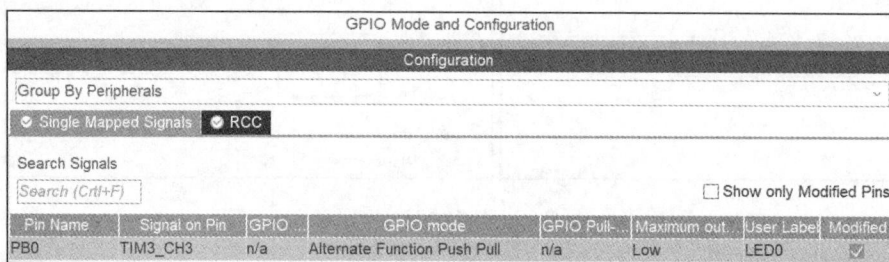

GPIO Mode and Configuration							
Configuration							
Group By Peripherals							
☑ Single Mapped Signals ☑ RCC							
Search Signals							
Search (Crtl+F)						Show only Modified Pins	
Pin Name	Signal on Pin	GPIO ...	GPIO mode	GPIO Pull-...	Maximum out...	User Label	Modified
PB0	TIM3_CH3	n/a	Alternate Function Push Pull	n/a	Low	LED0	☑

图 8.31 配置引脚功能

（3）配置主定时器参数

展开"Pinout & Configuration"面板中的"Timers"列表，选中"TIM1"，在弹出的"TIM1 Mode and Configuration"面板上设置 TIM1 的各项参数，如图 8.32 所示。

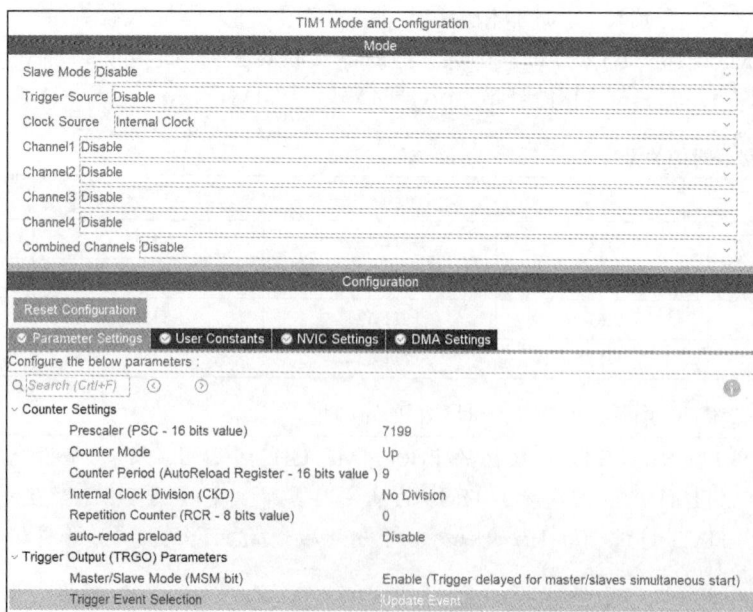

TIM1 Mode and Configuration	
Mode	
Slave Mode	Disable
Trigger Source	Disable
Clock Source	Internal Clock
Channel1	Disable
Channel2	Disable
Channel3	Disable
Channel4	Disable
Combined Channels	Disable
Configuration	
Reset Configuration	
☑ Parameter Settings ☑ User Constants ☑ NVIC Settings ☑ DMA Settings	
Configure the below parameters:	
Search (Crtl+F) ◁ ▷	ⓘ
˅ Counter Settings	
Prescaler (PSC - 16 bits value)	7199
Counter Mode	Up
Counter Period (AutoReload Register - 16 bits value)	9
Internal Clock Division (CKD)	No Division
Repetition Counter (RCR - 8 bits value)	0
auto-reload preload	Disable
˅ Trigger Output (TRGO) Parameters	
Master/Slave Mode (MSM bit)	Enable (Trigger delayed for master/slaves simultaneous start)
Trigger Event Selection	Update Event

图 8.32 配置主定时器参数

"Trigger Output(TRGO) Parameters"用于选择主定时器将何种信号用于触发从定时器，各参数的含义如下。

① "Master/Slave Mode (MSM bit)"用于选择主从定时器是否同步。"Enable (Trigger delayed for master/slaves simultaneous start)"表示当前定时器的触发输入事件（TRGI）的动作被推迟，以便当前定时器与它的从定时器实现完美同步（通过 TRGO），该设置适用于单个外部事件对多个定时器进行同步的情况。"Disable (Trigger delayed for master/slaves simultaneous start)"表示不执行任何动作。

②"Trigger Event Selection"用于选择触发事件，其各项参数的说明见表 8.12。

表 8.12　"Trigger Event Selection"参数说明

配置参数	功能
Reset	由软件操作计数器复位，并产生更新事件来触发输出信号
Enable	将计数器使能信号（CNT_EN）用作触发输出信号
Update Event	选择更新事件作为触发输出信号
Compare Pulse	发生输入捕获或输出比较匹配事件时触发输出信号
Output Compare1 ~ 4	发生输出比较通道 1 ~ 4 的匹配事件时触发输出信号

TIM1 挂在 APB2 总线上，故 TIM1 的输入时钟信号频率为 72MHz。设置 TIM1 的预分频系数为 7199+1，设置重载寄存器的值为 9+1，因此 TIM1 更新事件的频率为 1000Hz。

$$Update\_event = 72000000/((7199 + 1)×(9 + 1))=1000Hz$$

此处，TIM1 的"Master/Slave Mode"选择为"Enable (Trigger delayed for master/slaves simultaneous start)"，触发事件为"Update Event"。即每次计数更新事件到来时，TIM1 会产生一个触发输出信号，其频率为 1000Hz。

（4）配置从定时器参数

展开"Pinout & Configuration"面板中的"Timers"列表，选中"TIM3"，在弹出的"TIM3 Mode and Configuration"面板上设置 TIM3 的各项参数，如图 8.33 所示。

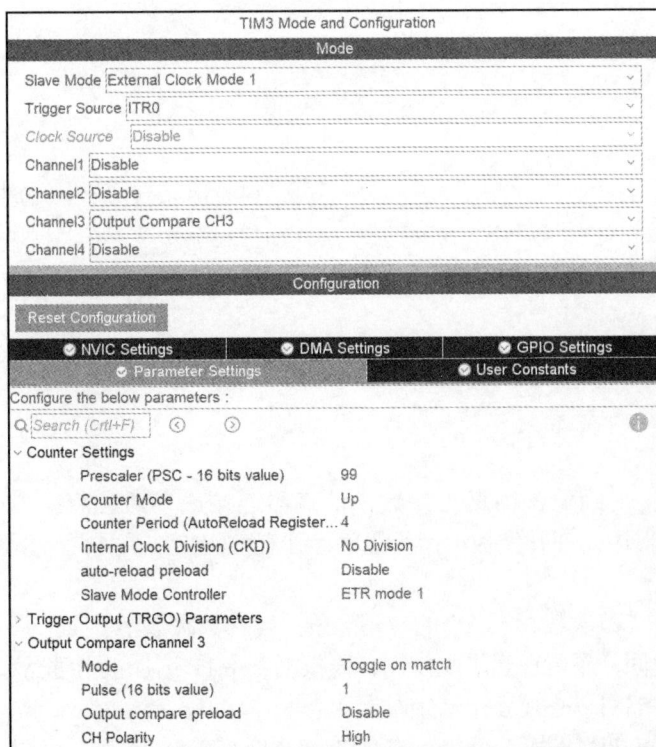

图 8.33　配置从定时器参数

TIM3 的预分频系数为 99+1，重载寄存器值为 4+1，得到 TIM3 的更新事件频率为 2Hz。

$$\text{Update\_event} = 1000/((99 + 1) \times (4 + 1)) = 2 \text{ Hz}$$

当 TIM3 更新事件到来时，TIM3_CH3 引脚上的输出电平将会翻转，因此该引脚的输出信号是频率为 1Hz、占空比为 50%的方波。

（5）配置工程参数并生成工程文件

选择 STM32CubeMX 主界面中的 "Project Manager" 面板，在 "Project" 和 "Code Generator" 面板中配置好相关的输出工程参数。此处工程名为 "TIM_TWO"，存放路径为 "…\Project\TIM"，单击 "GENERATE CODE"，导出 MDK 工程文件和程序。

2. Keil MDK 编程

（1）定时器级联程序分析

在 Keil MDK 集成开发环境中打开 STM32CubeMX 导出的工程，要重点关注 STM32CubeMX 自动生成的 tim.c 和 main.c 文件。

tim.c 文件中定义了 TIM_HandleTypeDef 类型变量 htim1 和 htim3，用于填写 TIM1 和 TIM3 的初始化参数。

main.c 文件中的 MX_TIM1_Init 函数和 MX_TIM3_Init 函数分别用于完成 TIM1 和 TIM3 的各项参数配置工作，读者可以找到函数定义处进一步分析。

本案例中，利用 TIM1 基本计数功能来触发更新事件，所以在 main 函数中需要手动添加 HAL_TIM_Base_Start 函数来启动 TIM1。TIM3 工作在输出比较模式，因此要使用 HAL_TIM_OC_Start 函数来启动 TIM3。修改后的 main.c 如下。

```
int main(void)
{
  HAL_Init();
  SystemClock_Config();
  MX_GPIO_Init();
  MX_TIM1_Init();
  MX_TIM3_Init();
  /* USER CODE BEGIN 2 */
  HAL_TIM_Base_Start(&htim1);                /*手动添加，启动 TIM1 的基本计数模式*/
  HAL_TIM_OC_Start(&htim3,TIM_CHANNEL_3);    /*手动添加，启动 TIM3 通道 3 的输出比较模式*/
  /* USER CODE END 2 */
  while (1)
  {
    ; /*循环体为空*/
  }
}
```

（2）编译并运行

程序编译成功后，正确配置仿真器参数，仿真器连接成功后，将生成的 HEX 文件下载到 STM32F103ZETx 处理器中。在开发板上运行程序，并观察实验结果是否与预设的一致。

（3）拓展

定时器级联多用于计数次数大于 2^{16} 的应用场景，若计数次数小于 2^{16}，一般无需使用级联。定时器级联时，定时器之间并不能任意搭配使用，要根据表 8.11 选择主定时器和从定时器，从该表还可以看出，一个主定时器可以连接多个从定时器。

若案例 8.5 中，设置 TIM1 为主定时器，TIM2、TIM3、TIM4 皆为从定时器，那么就可以实现最多 12 路（3×4）同频率、不同相位的波形输出，用于控制应用。

8.8　定时器输入捕获模式

定时器的输入捕获模式用于捕获定时器各个通道上的输入信号。在输入捕获模式下，当检测到输入引脚上触发信号的有效边沿后，计数器的当前值将被锁存到捕获/比较寄存器中。当捕获事件发生时，如果使能了中断或者 DMA，则将产生捕获中断或触发 DMA 操作。

8.8.1　定时器输入捕获模式相关数据结构和 API 函数

1.　定时器输入捕获模式相关数据结构

stm32f1xx_hal_tim.h 文件中定义了结构体 TIM_IC_InitTypeDef 用于配置定时器输入捕获模式下的各种参数。

```
typedef struct
{
  uint32_t  ICPolarity;   /*极性选择 */
  uint32_t  ICSelection;  /* Direct 和 InDirect 模式配置 */
  uint32_t  ICPrescaler;  /*预分频系数 */
  uint32_t  ICFilter;     /*滤波器参数 */
} TIM_IC_InitTypeDef;
```

2.　定时器输入捕获模式相关 API 函数

HAL 库中常用的与定时器输入捕获模式相关的 API 函数及其功能描述见表 8.13。

表 8.13　API 函数及其功能描述

函数名称	功能描述
HAL_TIM_IC_Init	初始化定时器输入捕获模式
HAL_TIM_IC_DeInit	注销定时器
HAL_TIM_IC_MspInit	在 HAL_TIM_IC_Init 函数中调用，用于初始化定时器相关的 GPIO、CLOCK、NVIC 和 DMA
HAL_TIM_IC_MspDeInit	注销定时器底层初始化
HAL_TIM_IC_Start	启动定时器输入捕获模式，Channel 为通道编号
HAL_TIM_IC_Stop	停止定时器输入捕获模式
HAL_TIM_IC_Start_IT	启动定时器输入捕获模式，并开启对应中断
HAL_TIM_IC_Stop_IT	停止定时器输入捕获模式，并禁用对应中断
HAL_TIM_IC_Start_DMA	启动定时器输入捕获模式，并开启对应通道的 DMA 传输
HAL_TIM_IC_Stop_DMA	停止定时器输入捕获模式，并停止对应通道的 DMA 传输

8.8.2　案例实现

下面通过一个案例来讲解如何实现定时器的输入捕获模式。

> **案例 8.6**：在 STM32F103ZETx 处理器的 PC6(TIM8_CH1)引脚上输入频率为 100Hz 的方波，要求通过 TIM8 的输入捕获功能来测量该信号的频率。

100Hz 的方波可以直接由信号发生器产生，也可以由其他定时器的输出比较模式产生，这里就不再赘述。

1.　STM32CubeMX 工程配置

（1）新建项目、配置 RCC 和时钟树

在 STM32CubeMX 中创建一个新项目，选择 STM32F103ZETx 处理器，配置

输入捕获模式案例

RCC，选择 HSE 和 LSE 作为时钟源，选择 PLLCLK 的输出作为 SYSCLK，并配置好时钟树参数（参考案例 6.1）。

（2）配置引脚功能

选择 STM32CubeMX 主界面中的"Pinout & Configuration"面板，在界面右侧的"Pinout view"面板的搜索框中输入"PC6"，在引脚图中选中相应引脚，配置引脚的工作模式为"TIM8_CH1"。然后展开主界面左侧的"System Core"列表，选中"GPIO"，在"GPIO Mode and Configuration"面板中配置好引脚参数，如图 8.34 所示。

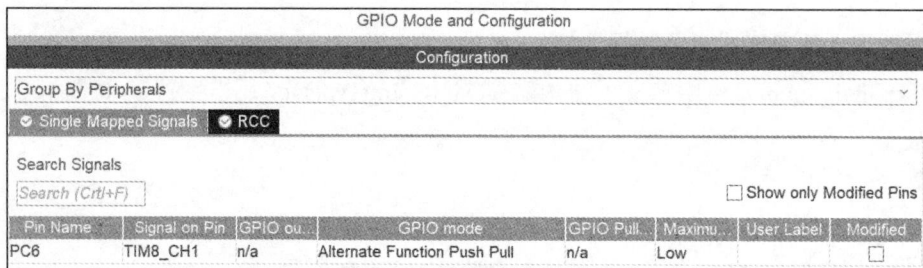

图 8.34 配置引脚功能

（3）配置定时器参数

展开"Pinout & Configuration"面板中的"Timers"列表，选中"TIM8"，在弹出的"TIM8 Mode and Configuration"面板上设置 TIM8 的各项参数，如图 8.35 所示。

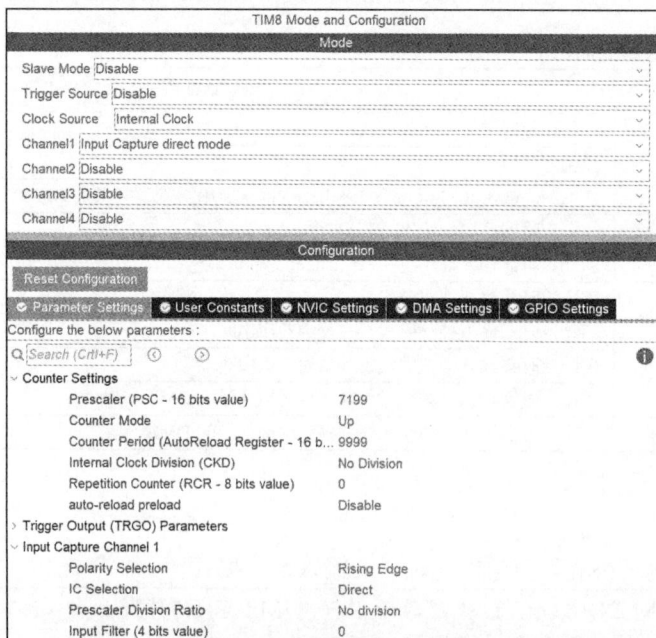

图 8.35 配置定时器参数

"Input Capture Channel 1"用于配置输入捕获参数，其各项参数含义如下。

① "Polarity Selection"用于设置捕获信号类型。"Rising Edge"表示捕获上升沿；"Falling Edge"表示捕获下降沿；"Both Edges"表示上升沿和下降沿均可被捕获。

② "IC Selection"表示映射关系。"Direct"表示图 8.1 中的 IC1、IC2、IC3 和 IC4 分别映射在

TI1、TI2、TI3 和 TI4 上；"InDirect"表示图 8.1 中的 IC1、IC2、IC3 和 IC4 分别映射在 TI2、TI1、TI4 和 TI3 上。

③ "Prescaler Division Ratio"用于设置预分频系数。

④ "Input Filter"用于设置 4 位数字滤波器参数，参考表 8.10。

TIM8 挂在 APB2 总线上，故 TIM8 的输入时钟信号频率为 72MHz。设置 TIM8 的预分频系数为 7199+1，设置重载寄存器的值为 9999+1，TIM8 的更新事件频率为 1Hz。

$$Update\_event = 72000000/((7199 + 1) \times (9999 + 1))=1\ Hz$$

切换到"NVIC Mode and Configuration"面板，可以看到 TIM8 相关的中断列表，使能 TIM8 的更新事件中断和 TIM8 的捕获比较事件中断，如图 8.36 所示。

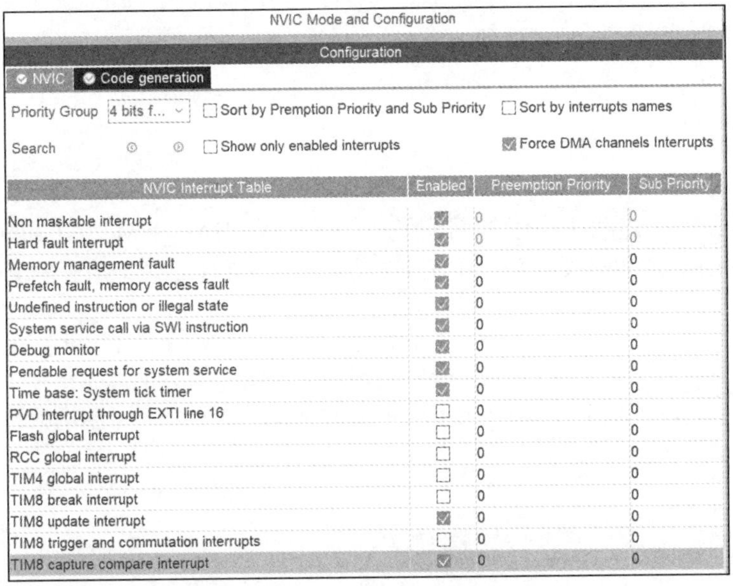

图 8.36 TIM8 中断配置

此处为何要允许两个中断呢？当 TIM8_CH1 通道上捕获到上升沿时，会产生一个捕获中断，可以在捕获中断回调函数中记录捕获到的中断次数。由于 TIM8 的更新事件频率为 1Hz，当更新事件中断到来时，正好是 1s 的计时周期。此时，在捕获中断回调函数中累积的中断次数正好等于输入信号的频率值。

（4）配置工程参数和生成工程文件

选择 STM32CubeMX 主界面中的"Project Manager"面板，在"Project"和"Code Generator"面板中配置好相关的输出工程参数。此处工程名为"TIM_Capture"，存放路径为"…\Project\TIM "，单击"GENERATE CODE"，导出 MDK 工程文件和程序。

2．Keil MDK 编程

（1）输入捕获模式程序分析

在 Keil MDK 集成开发环境中打开 STM32CubeMX 导出的工程，关注 STM32CubeMX 自动生成的 tim.c 文件、main.c 文件及 stm32f1xx_it.c 文件。

tim.c 文件中定义了 TIM_HandleTypeDef 类型变量 htim8，用于填写 TIM8 的初始化参数。

main.c 文件中的 MX_TIM8_Init 函数用于完成 TIM8 各项参数配置工作，读者可以找到函数定义处进一步分析。

173

手动添加 HAL_TIM_Base_Start_IT 函数来启动 TIM8，并开启计数更新事件中断。同时，手动添加 HAL_TIM_IC_Start_IT 函数来启动 TIM8_CH1 的输入捕获功能，并开启输入捕获中断。修改后的 main.c 如下。

```c
int main(void)
{
  HAL_Init();
  SystemClock_Config();
  MX_GPIO_Init();
  MX_TIM8_Init();
  /* USER CODE BEGIN 2 */
  HAL_TIM_Base_Start_IT(&htim8);                /*手动添加，启动 TIM8 基本计数模式*/
  HAL_TIM_IC_Start_IT(&htim8,TIM_CHANNEL_1);    /*手动添加，启动 TIM8 通道 1 的输入捕获模式*/
  /* USER CODE END 2 */
  while (1)
  {
  ; /*循环体为空*/
  }
}
```

在 main.c 中添加上述两个中断的回调函数，分别是 HAL_TIM_IC_CaptureCallback 函数和 HAL_TIM_PeriodElapsedCallback 函数，定义全局变量 count 用于记录捕获到的上升沿个数。

```c
/* USER CODE BEGIN 4 */
uint32_t count=0;                 /*手动添加，用来记录输入捕获的上升沿个数*/
uint32_t freq=0;                  /*手动添加，freq 表示当前测量的信号频率*/
void HAL_TIM_IC_CaptureCallback (TIM_HandleTypeDef * htim)  /*输入捕获中断的回调函数*/
{
    if(htim == &htim8)
    {
        count++;            /*计数值加 1*/
    }
}
void HAL_TIM_PeriodElapsedCallback (TIM_HandleTypeDef * htim) /*更新事件中断的回调函数*/
{
    if(htim == &htim8)
    {
        freq = count;       /*更新频率值*/
        count=0;
    }
}
/* USER CODE END 4 */
```

TIM8_CH1 引脚每捕获到一个输入信号的上升沿，就会产生一次输入捕获中断，在输入捕获中断的回调函数中将 count 加 1。同时，因为 TIM8 更新周期设置为 1s，所以在更新事件中断回调函数中保存当前 count 值，该值正好对应 TIM8_CH1 引脚上输入信号的频率，获取频率值后将 count 清零，进入下一个计数周期。

（2）编译并运行

程序编译成功后，正确配置仿真器参数，仿真器成功连接后，将生成的 HEX 文件下载到 STM32F103ZETx 处理器中。那如何查看 freq 的值呢？方法有很多，可以在硬件上添加动态 LED 模块，编写程序将 freq 的值送 LED 显示；可以在硬件上添加 OLED 模块，编写程序将 freq 的值送 OLED 显示。当然还有更简单的方法：在线调试程序，并在 Watch 窗口实时查看变量 freq 的值。

程序成功下载后，单击主菜单上的"Debug"菜单下的"Start/Stop Debug Session"或单击快捷按键 ，启动程序调试模式；打开 Watch 窗口，输入变量名 freq，如图 8.37 所示。

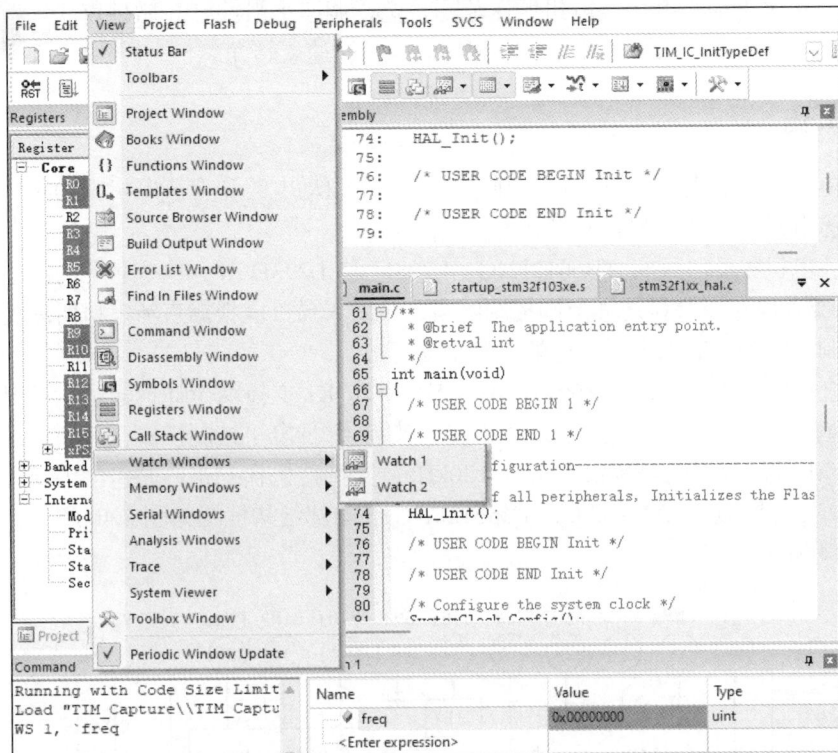

图 8.37　在 Watch 窗口中输入变量名

单击主菜单上的"Debug"菜单下的"Run"或单击快捷按键 ，观察 Watch 窗口中的变量值，如图 8.38 所示。

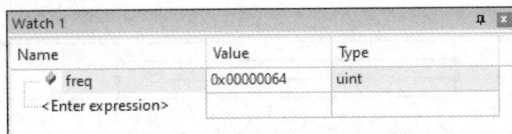

图 8.38　观察 Watch 窗口中的变量值

图 8.38 中的 freq 的值为 0x64，也就是十进制数 100，这与输入捕获信号的信号频率是一致的。

（3）拓展

若案例 8.6 中，PC6(TIM8_CH1)引脚外接的是其他状态或控制的脉冲信号，通过定时器的输入捕获模式就可以获得这些脉冲信号的参数。读者可以在 TIM8_CH1 引脚处外接按键，测量按键的脉宽。

需要注意的是，按键脉冲是一个低频率信号，照搬案例 8.6 的实现思路可能并不适用。在捕获不同类型的信号时，需要先对信号特性有一个基本了解，然后再灵活设计合理的捕获实现方案。

8.9　微型直流电机驱动模块

微型直流电机是一种常见的电机类型，使用直流电源供电并通过电流作用于电磁绕组来产生转动力。它有两个引脚，将这两个引脚接入电池的正负极电机就可以旋转，交换引脚正负极则旋转方向相反，如图 8.39 所示。在负载不变的情况下，微型直流电机的转速近似正比于输入电压，电机调速范围较宽，调速平滑性好。微型直流电机的缺点是难以通过输入电压和通电时间精确控制转速或转角。

图 8.39　微型直流电机

8.9.1　原理介绍

微型直流电机的控制电路有三极管控制电路、H 桥驱动电路和直流电机驱动芯片控制电路，此处着重介绍直流电机驱动芯片控制电路。

常用的直流电机驱动芯片有 TB6612FNG、L298N 和 L293D 等，这些芯片内部包含了能够承受大电流的 H 桥驱动电路以及调速和方向控制电路，开发人员可以根据直流电机所需的电压、电流、通道数量和控制方式等参数来选择合适的电机驱动芯片。

本节主要介绍电机驱动芯片 TB6612FNG。TB6612FNG 支持两个通道输出，输出电压最大值为 15V，每个通道输出的连续驱动电流最大为 1.2A；支持 4 种电机控制模式，分别是正转、反转、制动和停止；PWM 控制信号的频率最高可达 100kHz；支持待机状态；片内包含了低压检测电路与热停机保护电路，工作温度为 $-20 \sim 85℃$。TB6612FNG 的内部结构框图如图 8.40 所示，各个引脚的信号定义如表 8.14 所示。

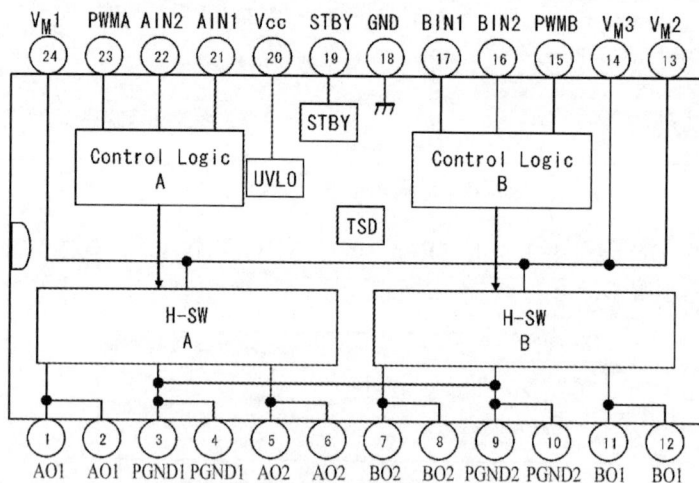

图 8.40　TB6612FNG 内部结构框图

PWMA 和 PWMB 信号分别用于控制两个电机的转速。AIN1、AIN2 和 BIN1、BIN2 引脚信号的定义如表 8.15 所示。当 STBY 为低电平时 TB6612FNG 进入待机控制状态。

表 8.14　TB6612FNG 各引脚信号定义

编号	信号	定义	编号	信号	定义
1	AO1 和 AO2	第 1 个电机的控制信号输出端	7	$V_M1 \sim V_M3$	电机电源输入端
2	BO1 和 BO2	第 2 个电机的控制信号输出端	8	PGDN1 和 PGDN2	电源接地
3	AIN1 和 AIN2	第 1 个电机的控制信号输入端	9	STBY	待机控制
4	BIN1 和 BIN2	第 2 个电机的控制信号输入端	10	V_{CC}	信号电源输入端
5	PWMA	第 1 个电机的 PWM 信号输入端	11	GND	信号接地
6	PWMB	第 2 个电机的 PWM 信号输入端			

表 8.15　TB6612FNG 控制信号功能

输入信号		电机运行模式（Mode）	输入信号		电机运行模式（Mode）
AN1（BIN1）	AN2（BIN2）		AN1（BIN1）	AN2（BIN2）	
1	1	制动	0	1	反转
1	0	正转	0	0	停止

8.9.2　案例实现

下面通过一个案例来讲解电机驱动芯片 TB6612FNG 如何驱动直流电机工作。

案例 8.7：STM32F103ZETx 处理器外接了一个电机驱动芯片 TB6612FNG，驱动一路直流电机，电路如图 8.41 所示，编程实现电机正转和反转。

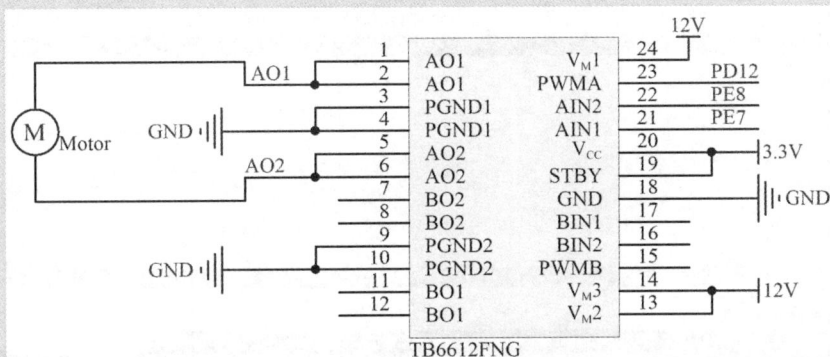

图 8.41　TB6612FNG 电机驱动电路

图 8.41 中，直流电机的控制信号 PWMA 连接到 STM32F103ZETx 处理器的 PD12（TIM4_CH1）引脚上，AIN1 连接到 PE7 引脚上，AIN2 连接到 PE8 引脚上。

1. STM32CubeMX 工程配置

（1）新建项目、配置 RCC 和时钟树

在 STM32CubeMX 中创建一个新项目，选择 STM32F103ZETx 处理器，配置 RCC，选择 HSE 和 LSE 作为时钟源，选择 PLLCLK 的输出作为 SYSCLK，并配置好时钟树参数（参考案例 6.1）。

（2）配置引脚功能

选择 STM32CubeMX 主界面中的 "Pinout & Configuration" 面板，在界面右侧的 "Pinout view" 面板的搜索框中输入 "PE7" "PE8" 和 "PD12"，在引脚图中选中相应引脚，将 PE7 和 PE8 引脚的工作模式配置为 "GPIO_Output"，PD12 引脚的工作模式配置为 "TIM4_CH1"。并展开主界面左侧的 "System Core" 列表，选中 "GPIO"，在 "GPIO Mode and Configuration" 面板中配置好引脚参数，如图 8.42 和图 8.43 所示。

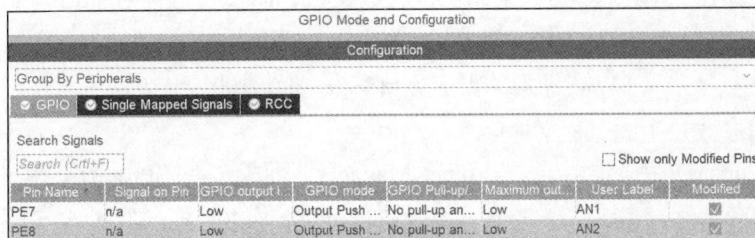

图 8.42　PE7 和 PE8 引脚配置

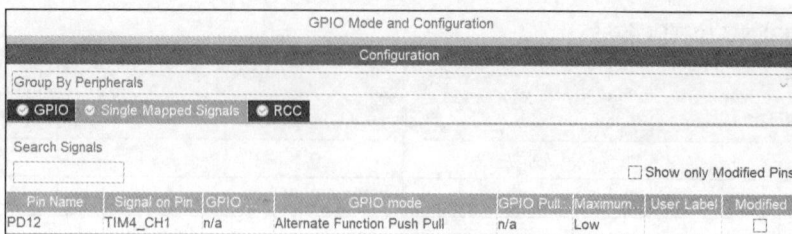

图 8.43　PD12 引脚配置

（3）配置定时器参数

展开 "Pinout & Configuration" 面板中的 "Timers" 列表，选中 "TIM4"，在弹出的 "TIM4 Mode and Configuration" 面板上设置 TIM4 的各项参数，如图 8.44 所示。

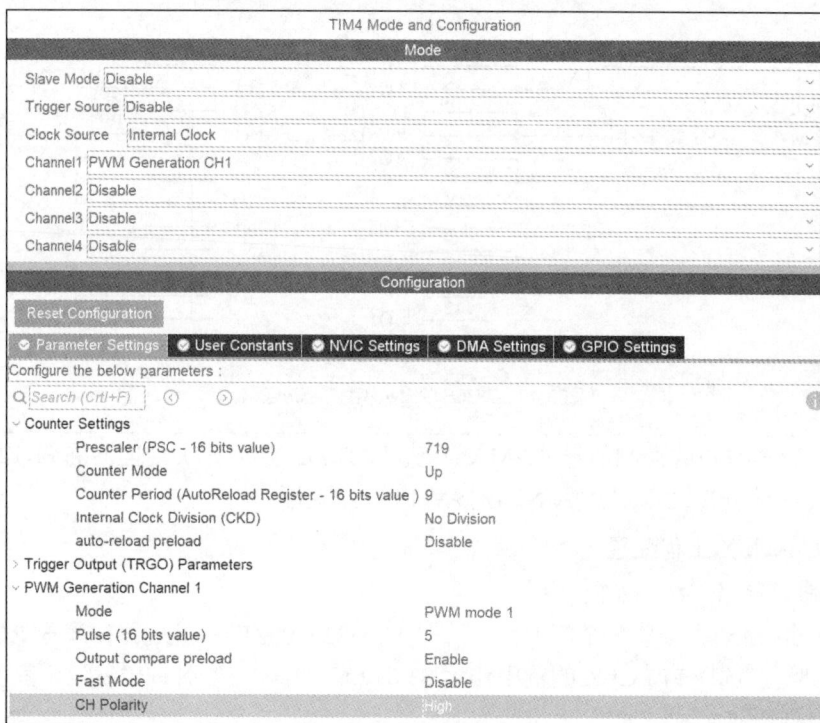

图 8.44　TIM4 参数配置界面

TIM4 挂在 APB1 上，故 TIM4 的输入时钟信号频率为 72MHz。"Prescaler" 参数为 719，"Counter Period" 参数为 9，根据更新事件频率计算公式，得到如下结果。

$$Update\_event = 72000000/((719 + 1) \times (9 + 1)) = 10kHz$$

TIM4_CH1 工作在 PWM 模式 1，采用向上计数模式，捕获/比较寄存器值为 5，输出比较的有效极性为高电平，故而生成 PWM 波形的频率为 10kHz，占空比为 50%。

$$PWM 波形的占空比 = (5/(9 + 1)) \times 100\% = 50\%$$

（4）配置工程参数并生成工程文件

选择 STM32CubeMX 主界面中的 "Project Manager" 面板，在 "Project" 和 "Code Generator" 面板中配置好相关的输出工程参数。此处工程名为 "TIM_Motor"，存放路径为 "…\Project\TIM"，单击 "GENERATE CODE"，导出 MDK 工程文件和程序。

2. Keil MDK 编程

（1）直流电机驱动程序分析

在 Keil MDK 集成开发环境中打开 STM32CubeMX 导出的工程，要重点关注 STM32CubeMX 自动生成的 tim.c 文件、main.h 文件和 main.c 文件。

在 STM32CubeMX 中配置引脚功能时，分别设置了 PE7 和 PE8 引脚的 "User Label"，所以在 main.h 文件中自动生成了一些相关宏定义。

```
/* Private defines --------------------------------------------------------*/
#define AN1_Pin GPIO_PIN_7          /*HAL 自动生成的有关 PE7 的宏定义*/
#define AN1_GPIO_Port GPIOE
#define AN2_Pin GPIO_PIN_8          /*HAL 自动生成的有关 PE8 的宏定义*/
#define AN2_GPIO_Port GPIOE
```

tim.c 文件中定义了 TIM_HandleTypeDef 类型变量 htim4，用于填写 TIM4 的初始化参数。

main.c 文件中的 MX_TIM4_Init 函数用于完成 TIM4 各项参数配置工作，读者可以找到函数定义处进一步分析。

在 main.c 中添加控制电机正转、反转的函数，并手动添加 HAL_TIM_PWM_Start 函数来启动 TIM4，修改后的 main.c 如下。

```
/* USER CODE BEGIN 0 */
void MOTOR_foreward(void)     /*电机正转*/
{
  HAL_GPIO_WritePin(AN1_GPIO_Port,AN1_Pin,GPIO_PIN_SET);
  HAL_GPIO_WritePin(AN2_GPIO_Port,AN2_Pin,GPIO_PIN_RESET);
}

void MOTOR_reverse(void)       /*电机反转*/
{
  HAL_GPIO_WritePin(AN1_GPIO_Port,AN1_Pin,GPIO_PIN_RESET);
  HAL_GPIO_WritePin(AN2_GPIO_Port,AN2_Pin,GPIO_PIN_SET);
}
/* USER CODE END 0 */
int main(void)
{
  HAL_Init();
  SystemClock_Config();
  MX_GPIO_Init();
  MX_TIM4_Init();
  /* USER CODE BEGIN 2 */
  MOTOR_foreward();                             /*设置电机正转*/
  HAL_TIM_PWM_Start(&htim4,TIM_CHANNEL_1);      /*启动电机工作*/
  /* USER CODE END 2 */
  while (1)
  {
  ;/*循环体为空*/
  }
}
```

（2）编译并运行

程序编译成功后，正确配置仿真器参数，仿真器成功连接后，将生成的 HEX 文件下载到 STM32F103ZETx 处理器中。在开发板上运行程序，并观察实验现象是否与预设一致。

（3）拓展

若案例 8.7 中，除了要求能够实现电机正转和反转，还需实现电机加速或减速转动，那该怎么处理？

直流电机的转速快慢由控制信号 PWM 波形的占空比大小来决定，在案例 8.7 实现基础上，修改捕获/比较寄存器的值，就可以获得不同占空比的 PWM 波形，可编写 MOTOR_speed 函数来实现占空比修改，程序如下。

```
void  MOTOR_speed ( uint16_t speed )
{
    __HAL_TIM_SET_COMPARE(&htim4,TIM_CHANNEL_1, speed);
}
```

8.10 习题

1. STM32F103ZETx 处理器内置了多少个定时器？其中哪些定时器是挂在 APB1 上，哪些是挂在 APB2 上？

2. STM32F103ZETx 处理器的 TIM2 是多少位的？它有哪些计数模式？

3. TIM4_CH3 的输出引脚可以配置为 PB8 或 PD14，在 STM32CubeMX 软件中选中 TIM4_CH3 输出时，默认的是 PD14 引脚，但是在实际应用中，选择 PB8 引脚更方便电路布线，请问该怎么操作？

4. 在定时器中断控制 LED 灯状态翻转实验中，启动定时器工作的函数是哪个？定时器更新中断回调函数是什么？

5. 在 STM32F103ZETx 处理器应用中，使用 PA4 引脚驱动单个发光二极管，实现发光二极管 1s 周期闪烁（亮灭各占 0.5s），请分别使用定时器输出比较模式和定时器 PWM 模式来实现，并绘制方案的流程图。

6. 在 STM32F103ZETx 处理器应用中，使用内部定时器 TIM1 控制 LED 闪烁（每隔 1s 翻转 LED 灯）。已知 STM32CubeMX 软件中已经对定时器 TIM1 和驱动 LED 的 I/O 引脚参数都进行了正确配置，中断服务程序（中断回调函数）也已经正确编写，但开机后 LED 灯并没有闪烁。以下是 Keil MDK 软件中自动生成的 main 程序，请分析可能存在的原因，并说明如何改正。

```
TIM_HandleTypeDef    htim1;
int main(void)
{
    HAL_Init();
    SystemClock_Config();
    MX_GPIO_Init();
    MX_TIM1_Init();
    MX_NVIC_Init();
    while (1)
    {
        ;/*循环体为空*/
    }
}
```

7. 在 STM32F103ZETx 处理器应用中，已知 TIM 2 的 CK_INT 时钟信号频率为 32MHz，其通道 2 用作 PWM 输出，定时器参数配置如图 8.45 所示，画出 PWM 输出波形，并写出详细推导过程。

8. 若 STM32F103ZETx 处理器 TIM1 采用内部时钟源的频率设置为 8MHz，参数配置如图 8.46 所示。启动 TIM1 更新中断后，定时器每隔多少秒中断一次？

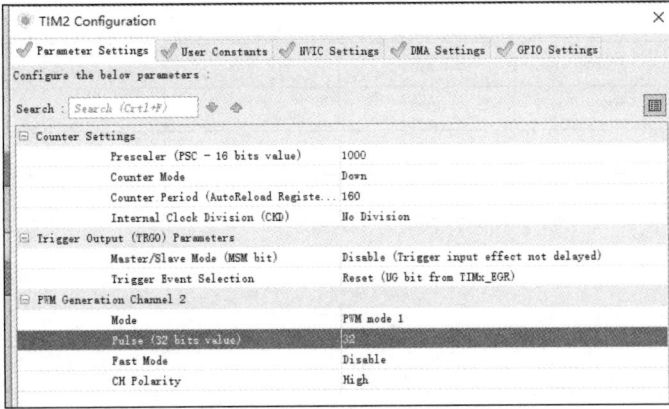

图 8.45　定时器参数配置图

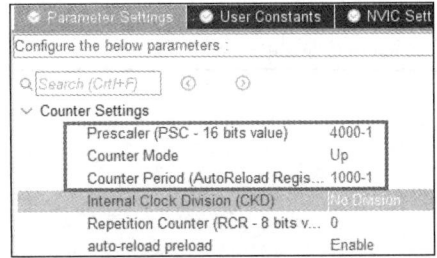

图 8.46　定时器参数配置图

9. 在 STM32F103ZETx 处理器应用中，假设 APB1 总线上定时器的时钟信号是 xMHz，要求使用 TIM3 产生一个频率为 1kHz，占空比为 25% 的 PWM 波形。那么图 8.47 中 TIM3 的参数 Prescaler、Counter Period 和 Pulse 该如何配置？请写出计算过程。

10. 某型号舵机需使用 PWM 信号进行控制，已知所需 PWM 信号频率为 50Hz，高电平脉宽为 0.5～2.5ms，舵机转动角度控制图如图 8.48 所示，舵机转动角度与 PWM 信号关系如表 8.16 所示。要求使用 STM32F103ZETx 处理器的 TIM3 的通道 1 来产生 PWM 控制信号，STM32CubeMX 软件中定时器的 Counter Period 参数设置为 "1000-1"。

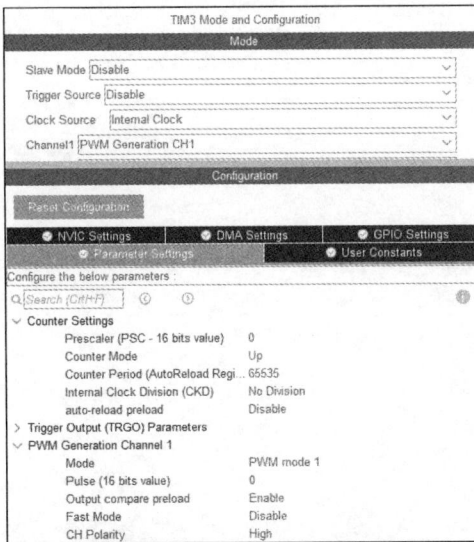

图 8.47　TIM3 参数配置图

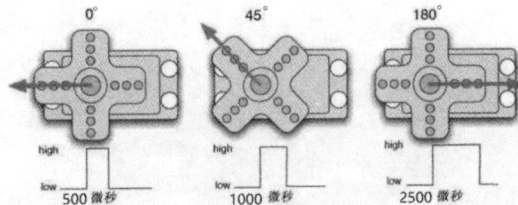

图 8.48　舵机转动角度控制图

表 8.16　舵机转动角度与 PWM 信号关系表

高电平脉宽	0.5ms	1.0ms	1.5ms	2.0ms	2.5ms
转动角度	0°	45°	90°	135°	180°

若按照表 8.16 控制舵机转动，要求在 0°～180° 范围来回摆动，即每隔 1s 依次转动 1 个角度（0°—>45°—>90°—>135°—>180°—>135°—>90°—>45°—>0°），请根据定时器 Counter Period=1000−1，计算控制 PWM 信号的占空比和 Pulse 对应值，完成表 8.17，然后编写 main 函数。

181

表 8.17　题 10 需填的表

高电平脉宽	0.5ms	1.0ms	1.5ms	2.0ms	2.5ms
转动角度	0°	45°	90°	135°	180°
占空比					
Pulse 值					

第9章　串行通信接口

串行通信是指数据按照规定时序一个比特位接一个比特位地按序传输的通信方式。串行通信使用较少通信线路就可以完成信息交换，特别适用于计算机与计算机、计算机与外设之间的远距离通信。串行通信所需的线路成本低且抗干扰能力强，是嵌入式系统中常用的通信接口。

串行通信接口介绍

STM32F1 系列处理器中集成了多个用于同步和异步串行通信的外设模块。

串行通信根据数据的传输方向可以分为单工通信、半双工通信和双工通信；根据通信双方是否共享同一个时钟信号又分为同步串行通信（Synchronous Serial Communication）和异步串行通信（Asynchronous Serial Communication）。

同步串行通信时要求收发双方在通信过程中保持精确的同步时钟，所以其发送器和接收器比较复杂，成本也较高。嵌入式系统中常用的 I2C、SPI 等通信协议都属于同步串行通信协议。

异步串行通信中收发双方没有共享时钟信号，发送端在发送数据之前，提供一个 Start 信号告诉接收端开始数据传输，然后按照约定的发送速度（波特率）和格式（数据帧）发送数据，发送完成后，提供一个 Stop 信号告诉接收端数据传输完成。所以，异步传送一个字符需要增加大约 20%的附加信息位，传输效率相对较低，但异步串行通信方式简单可靠，实现成本低，广泛地应用于嵌入式系统之间以及嵌入式系统与 PC 之间的数据传输。

STM32F1 系列处理器中集成的串行通信模块是通用同步/异步收发器（Universal Synchronous/Asynchronous Receiver/Transmitter，USART），它包含了同步通信和异步通信功能，可实现全双工数据交换。本章主要讲解STM32F103ZETx 处理器的异步串行通信功能。

异步串行通信协议包括通信数据帧格式的定义和传输速率的规定。其中数据帧格式包括起始位、数据位、奇偶校验位和停止位，如图 9.1 所示。

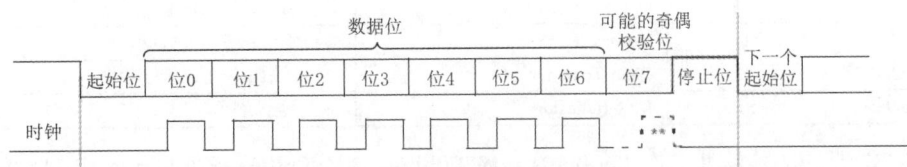

图 9.1　异步串行通信数据帧格式

异步串行通信的传输速率通常用波特率（Baud Rate）来表示。波特率是描述传输速率的指标，它表示每秒钟传送的二进制位数，用单位时间内载波调制状态改变的次数来表示。例如，当一个信道的通信速率为 9600 波特率时，理论上该信道每秒可以传输 9600 个二进制位，假设每一帧为 10 位（1 个起始

位、7个数据位、1个奇偶校验位、1个停止位），那么每秒钟可传输 9600/10=960 帧的数据量。异步串行通信的收发双方必须具有相同的波特率。

9.1 RS232 串行接口标准

异步串行通信协议的具体实现有多种不同的电气特性和物理接口标准，RS232 是常用的串行通信接口标准之一。该标准规定采用一个 25 脚的 DB-25 连接器，且对连接器的每个引脚信号内容和信号的电平都做了规定。其中，规定逻辑 1 的电平为−3V 到−15V，逻辑 0 的电平为+3V 到+15V，接近零的电平是无效的。

RS232 标准中将设备定义为数据终端设备（DTE，如 PC）和数据通信设备（DCE，如外设）两类。针对这两类设备，RS232 分别定义了不同的线路用来发送和接收信号。例如，PC 有 DTE 连接器，外设（如调制解调器和打印机）有 DCE 连接器。后来 IBM 公司生产的 PC 中将 RS232 简化成了 9 脚的 DB-9 连接器，并随着 PC 的流行而成为事实上的标准。DB-25 和 DB-9 连接器的对比如图 9.2 所示。其中 DB-9 的信号定义如表 9.1 所示。

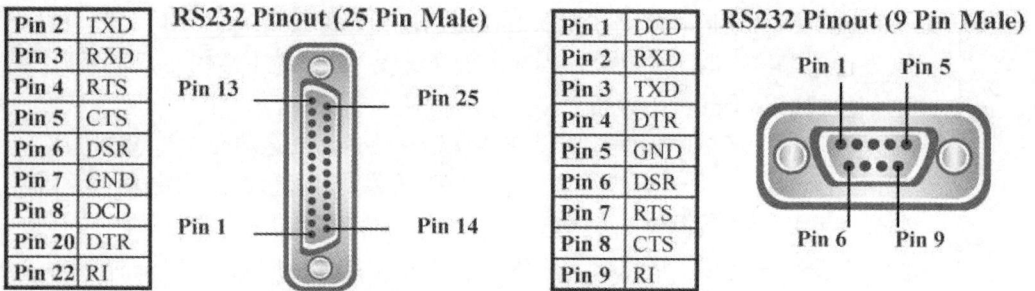

图 9.2　DB-25 和 DB-9 连接器对比

表 9.1　RS232 DB−9 信号定义

脚位	简写	含义	说明
Pin1	DCD	Data Carrier Detect	外设通知主机有载波被检测到
Pin2	RXD	Receive Data	接收数据
Pin3	TXD	Transmit Data	发送数据
Pin4	DTR	Data Terminal Ready	主机通知外设可以进行数据传输
Pin5	GND	Ground	地线
Pin6	DSR	Data Set Ready	外设通知主机一切准备就绪
Pin7	RTS	Request To Send	主机要求外设提交数据
Pin8	CTS	Clear To Send	外设通知主机可以传输数据
Pin9	RI	Ring Indicator	外设振铃信号

RS232 常用的传输速率有 9600bit/s、19200bit/s、38400bit/s、57600bit/s 和 115200bit/s 等，其最大传输速率为 20kbit/s，线缆最长为 15 米。在工业控制项目中使用 RS232 接口时，通常进一步简化为只使用 RXD、TXD、GND3 个信号来完成全双工通信，通信双方的 RXD 和 TXD 信号交叉连接，如图 9.3 所示。

STM32F103ZETx 处理器的芯片引脚并不能直接用作 RS232 通信，这是因为该芯片的引脚是 COMS 和 TTL 电平兼容的，所以需要将 TXD 和 RXD 对应引脚上的电平转换为 RS232 电平。这个工作由专门的 RS232 驱动芯片来完成，如 MAX3232 或 SP3232 等，转换电路如图 9.4 所示。

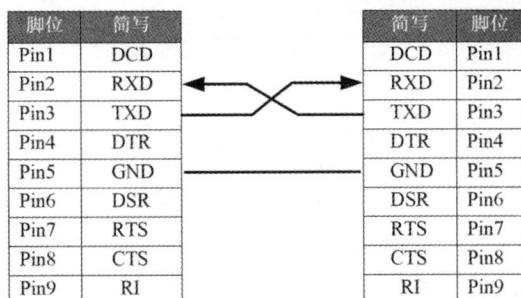

脚位	简写		简写	脚位
Pin1	DCD		DCD	Pin1
Pin2	RXD		RXD	Pin2
Pin3	TXD		TXD	Pin3
Pin4	DTR		DTR	Pin4
Pin5	GND		GND	Pin5
Pin6	DSR		DSR	Pin6
Pin7	RTS		RTS	Pin7
Pin8	CTS		CTS	Pin8
Pin9	RI		RI	Pin9

图 9.3　RS232 全双工通信连接

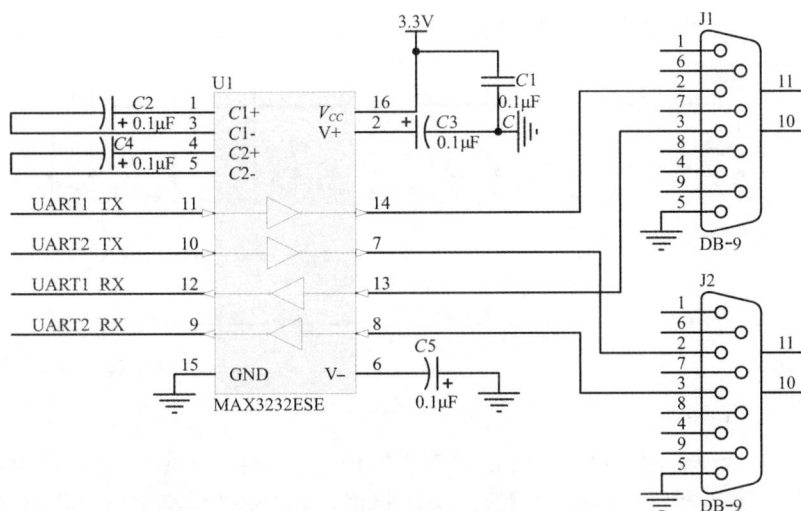

图 9.4　RS232 驱动芯片转换电路

9.2　STM32F103ZETx 处理器的 USART

　　STM32F103ZETx 处理器中包含 5 个 USART 控制器。USART1 位于 APB2 总线上，最高传输率为 4.5Mbit/s；USART2 ~ USART5 位于 APB1 总线上，最高传输速率为 2.25Mbit/s。USART1、USART2 和 USART3 支持同步和异步串行通信，USART4 和 USART5 只支持异步串行通信。

　　USART 模块主要包含 3 个组成部分：波特率发生器、数据发送器和数据接收器。此外，还需要 USART 控制器来设置各种工作参数，包括：工作方式、字符格式、波特率、校验方式和数据位等。USART 的工作原理如图 9.5 所示。

　　发送数据时，首先将来自总线的数据写入缓冲区，然后将数据送入发送移位寄存器，最后将数据按位依次发送，并在发送移位寄存器发送数据的同时，写缓冲区允许接收下一帧数据；接收数据时，首先把接收到的每一位顺序保存在接收移位寄存器中，然后写入读缓冲区，并在读缓冲区的数据等待被读取的同时，接收移位寄存器又可以开始接收下一帧数据。

　　在接收数据时，如何进行有效的数据采样，以减少噪声对数据正确性的影响呢？STM32F103ZETx 处理器采用了过采样技术来降低噪声的影响。

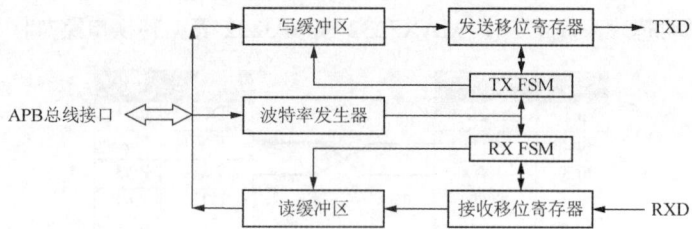

图 9.5　USART 的工作原理

过采样速率是波特率的 16 倍。过采样信号总是在每个接收位的中间位置，以避免数据位两端的边沿失真，同时也可以避免接收时钟频率和发送时钟频率不完全同步引起的误差。16 倍过采样使用第 8、9、10 个脉冲的取样值，并遵从"三中取二"的原则确定最终值，如图 9.6 所示。

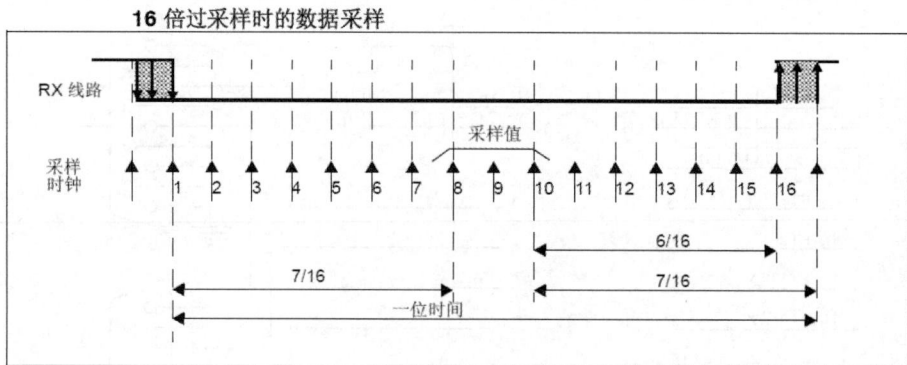

图 9.6　16 倍过采样

STM32F103ZETx 处理器中的 USART 能够产生多种中断事件。数据发送期间的中断事件包括发送完成、清除发送、发送数据寄存器空。数据接收期间的中断事件包括空闲总线检测、溢出错误、接收数据寄存器非空、校验错误、LIN 断路检测、噪声标志和帧错误。

如果预先设置了对应中断的使能控制位，这些事件一旦发生就可以产生对应的中断，它们被连接到同一个中断向量，如图 9.7 所示为 USART 中断映射图。

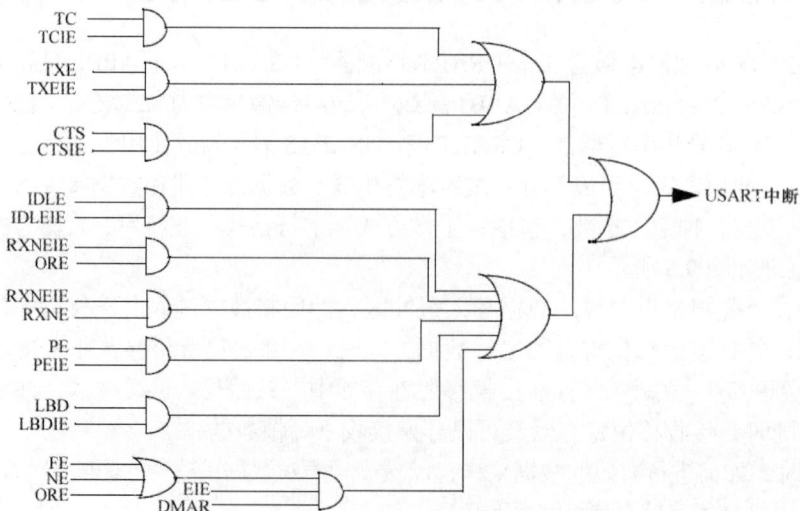

图 9.7　USART 中断映射图

9.3 实现 USART 数据传输的相关数据结构和 API 函数

HAL 库中提供了实现 USART 数据传输的相关数据结构和 API 函数，其中用于异步串行通信的函数以 "HAL_UART_" 开头，用于同步/异步串行通信的函数以 "HAL_USART_" 开头。本节主要讲解异步串行通信相关的数据结构和 API 函数。

1. 异步串行通信相关数据结构

stm32f103xe.h 文件中定义了与 USART 控制寄存器相对应的结构体 USART_TypeDef。其他与 USART 相关的定义和声明都存放在 "stm32f1xx_hal_usart.h" 文件中。其中，结构体 UART_InitTypeDef 中定义了串行通信的各种参数。在此基础上，UART_HandleTypeDef 进一步封装了描述缓冲区、DMA 和传输状态等所需的指针和变量，指向该结构体的指针将作为访问 USART 的入口。

```c
typedef struct
{
  uint32_t BaudRate;                /*波特率*/
  uint32_t WordLength;              /*数据帧长度*/
  uint32_t StopBits;               /*停止位*/
  uint32_t Parity;                 /*校验位*/
  uint32_t Mode;                   /*工作模式：发送、接收或者双向 */
  uint32_t HwFlowCtl;              /*硬件流控*/
  uint32_t OverSampling;          /*过采样配置*/
} UART_InitTypeDef;

typedef struct __UART_HandleTypeDef
{
  USART_TypeDef                    *Instance;      /*指向 USART 控制寄存器组的指针*/
  UART_InitTypeDef                 Init;           /*指向通信参数的指针 */
  uint8_t                          *pTxBuffPtr;    /*指向发送缓冲区的指针*/
  uint16_t                         TxXferSize;     /*需要发送的数据量*/
  __IO uint16_t                    TxXferCount;    /*发送计数器*/
  uint8_t                          *pRxBuffPtr;    /*指向接收缓冲区的指针 */
  uint16_t                         RxXferSize;     /*需要接收的数据量*/
  __IO uint16_t                    RxXferCount;    /*接收计数器 */
  __IO HAL_UART_RxTypeTypeDef      ReceptionType;  /*正在接收的数据类型*/
  __IO HAL_UART_RxEventTypeTypeDef RxEventType;    /*正在接收的事件类型*/
  DMA_HandleTypeDef                *hdmatx;        /*指向 DMA 发送数据流的指针*/
  DMA_HandleTypeDef                *hdmarx;        /*指向 DMA 接收数据流的指针*/
  HAL_LockTypeDef                  Lock;           /*锁定状态 */
  __IO HAL_UART_StateTypeDef       gState;         /*UART 全局状态，包括发送状态*/
  __IO HAL_UART_StateTypeDef       RxState;        /*UART 接收状态*/
  __IO uint32_t                    ErrorCode;      /*UART 出错码*/
} UART_HandleTypeDef;

typedef enum
{
  HAL_OK       = 0x00U,          /*正常*/
  HAL_ERROR    = 0x01U,          /*出错*/
```

```
    HAL_BUSY      = 0x02U,        /*占用中*/
    HAL_TIMEOUT   = 0x03U         /*超时*/
} HAL_StatusTypeDef;              /*HAL 函数执行状态描述*/

typedef enum
{
    HAL_UART_STATE_RESET      = 0x00U,    /*UART 尚未初始化完成*/
    HAL_UART_STATE_READY      = 0x20U,    /* UART 初始化完成，可以使用*/
    HAL_UART_STATE_BUSY       = 0x24U,    /* UART 忙*/
    HAL_UART_STATE_BUSY_TX    = 0x21U,    /* UART 正在执行数据发送*/
    HAL_UART_STATE_BUSY_RX    = 0x22U,    /* UART 正在执行数据接收*/
    HAL_UART_STATE_BUSY_TX_RX = 0x23U,    /* UART 正在执行数据收发*/
    HAL_UART_STATE_TIMEOUT    = 0xA0U,    /* UART 超时*/
    HAL_UART_STATE_ERROR      = 0xE0U     /* UART 错误*/
} HAL_UART_StateTypeDef;                  /* UART 状态描述*/
```

2. 异步串行通信相关 API 函数

HAL 库中常用的 USART 异步串行通信相关 API 函数及其功能描述见表 9.2。

表 9.2　API 函数及其功能描述

函数名称	功能描述
HAL_UART_Init	初始化 USART 异步串行通信功能，参数为指向 UART_HandleTypeDef 的指针
HAL_UART_DeInit	注销 USART
HAL_UART_MspInit	在 HAL_UART_Init 函数中调用，用于初始化 USART 相关的 CLOCK、GPIO
HAL_UART_MspDeInit	注销 USART 底层初始化
HAL_UART_Transmit	启动 USART 开始发送数据
HAL_UART_Receive	启动 USART 开始接收数据
HAL_UART_GetState	读取 USART 的状态
HAL_UART_GetError	读取 USART 的错误码

3. 异步串行通信中断处理相关函数

HAL 库中异步串行通信常用中断相关的函数及其功能描述见表 9.3。

表 9.3　常用异步串行通信中断相关函数及其功能描述

函数名称	功能描述
HAL_UART_Transmit_IT	使用中断方式发送数据
HAL_UART_Receive_IT	使用中断方式接收数据
HAL_UART_IRQHandler	异步串行通信的中断处理入口函数
HAL_UART_TxCpltCallback	数据发送完成后的回调函数
HAL_UART_TxHalfCpltCallback	数据发送一半的回调函数
HAL_UART_RxCpltCallback	数据接收完成后的回调函数
HAL_UART_RxHalfCpltCallback	数据接收一半的回调函数
HAL_UART_ErrorCallback	通信出错的回调函数

9.4 串行通信案例

STM32F103ZETx 处理器中 USART 数据传输分为阻塞方式和非阻塞方式。

① 阻塞方式：程序使用轮询来检测收发过程中 USART 各个寄存器的状态位，然后完成相应的动作，其优点是程序简单，但程序执行效率低。

② 非阻塞式方式：利用中断来处理传输过程中发生的事件，在 USART 中断服务程序中检查当前 USART 所处的状态（如接收模式或者发送模式），然后完成相应的动作，其优点是程序执行效率高。

阻塞方式串行
通信案例

9.4.1 阻塞方式

下面通过一个案例来讲解如何实现阻塞方式 USART 数据传输。

案例 9.1：将 STM32F103ZETx 处理器的 USART2 与 USART3 互连，连接电路如图 9.8 所示。采用阻塞方式实现 USART 数据传输，USART2 为发送端，每隔 1s 循环发送字符 A～字符 Z；USART3 为接收端，接收 USART2 发送过来的数据。

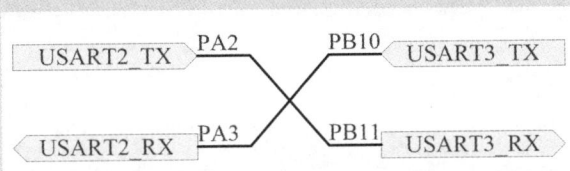

图 9.8　USART2 与 USART3 连接电路

1. STM32CubeMX 工程配置

（1）新建项目、配置 RCC 和时钟树

在 STM32CubeMX 中创建一个新项目，选择 STM32F103ZETx 处理器，配置 RCC，选择 HSE 和 LSE 作为时钟源，选择 PLLCLK 的输出作为 SYSCLK，并配置好时钟树参数（参考案例 6.1）。

（2）配置引脚功能

选择 STM32CubeMX 主界面中的"Pinout & Configuration"面板，在界面右侧的"Pinout view"面板的搜索框中输入"PA2""PA3""PB10"和"PB11"，在引脚图中选中相应引脚，参照图 9.8 配置各个引脚的工作模式。然后展开主界面左侧的"System Core"列表，选中"GPIO"，在"GPIO Mode and Configuration"面板中配置好引脚参数，如图 9.9 所示。

（3）配置 USART2 参数

展开"Pinout & Configuration"面板中的"Connectivity"列表，选中"USART2"，在弹出的"USART2 Mode and Configuration"面板上设置 USART2 的各项参数，如图 9.10 所示。

① "Mode"用于选择 USART2 的工作方式，"Asynchronous"为采用异步通信方式。

② "Hardware Flow Control（RS232）"用于选择是否使用硬件流控制，此处选择为"Disable"。

③ "Parameter Settings"选项卡用于设置 USART2 异步串行通信相关参数。其中，在"Basic Parameters"栏中设置基本参数，在"Advanced Parameters"栏中设置高级参数。

a. "Baud Rate"设置波特率参数，可选择十进制或者十六进制，需要手动输入波特率数值。

b. "Word Length"设置包含奇偶校验位的数据帧长度。

c. "Parity"用于设置奇校验、偶校验或者无校验。

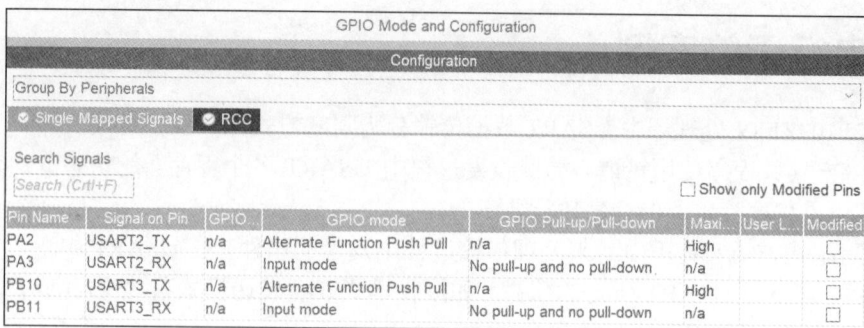

图 9.9 配置引脚功能

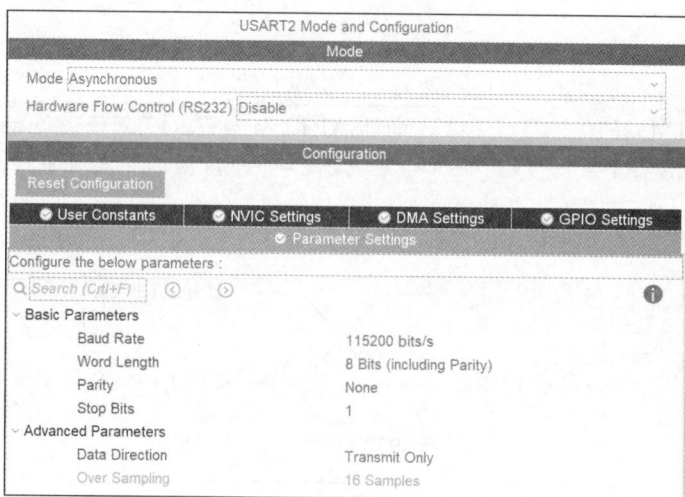

图 9.10 USART2 参数配置界面

d. "Stop Bits" 用于选择停止位，可选 1 位或者 2 位。

e. "Data Direction" 用于选择数据传输方向，可选双向、只发送或者只接收。

f. "Over Sampling" 用于设置过采样参数，固定为 16 倍。

此处，设置 USART2 的波特率为 115200bit/s、数据帧长度为 8、无须校验、1 个停止位、只发送数据。

（4）配置 USART3 参数

展开 "Pinout & Configuration" 面板中的 "Connectivity" 列表，选中 "USART3"，在弹出的 "USART3 Mode and Configuration" 面板上设置 USART3 的各项参数，如图 9.11 所示。

此处，设置 USART3 的波特率为 115200bit/s、数据帧长度为 8、无须校验、1 个停止位、只接收数据。需要注意的是，串口通信时，接收方和发送方的波特率和数据帧格式要设置成一样的。

（5）配置工程参数并生成工程文件

选择 STM32CubeMX 主界面中的 "Project Manager" 面板，在 "Project" 和 "Code Generator" 面板中配置好相关的输出工程参数。此处工程名为 "TX_RX"，存放路径为 "…\Project\USART"，单击 "GENERATE CODE"，导出 MDK 工程文件和程序。

2. Keil MDK 编程

（1）阻塞方式程序分析

在 Keil MDK 集成开发环境中打开 STM32CubeMX 导出的工程，要重点关注 STM32CubeMX 自

动生成的 usart.c 和 main.c 文件。

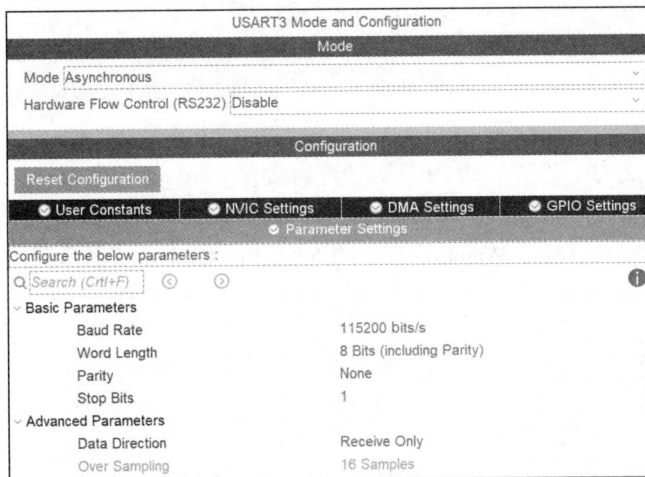

图 9.11 USART3 配置界面

usart.c 文件中定义了 UART_HandleTypeDef 类型变量 huart2 和 huart3,分别用于填写 USART2 和 USART3 的配置参数。

main.c 文件中的 MX_USART2_UART_Init 函数和 MX_USART3_UART_Init 函数用于完成 USART2 和 USART3 各项参数配置工作,读者可以找到函数定义处进一步分析。

定义变量 send_data 用于存放待发送数据,变量 receive_data 用于存放接收数据。修改后的 main.c 如下。

```
int main(void)
{
/* USER CODE BEGIN 1 */
  uint8_t send_data='A';    /*初始化待发送数据*/
  uint8_t receive_data;     /*存放接收数据*/
  /* USER CODE END 1 */
  HAL_Init();
  SystemClock_Config();
  MX_GPIO_Init();
  MX_USART2_UART_Init();
  MX_USART3_UART_Init();
  while (1)
  {
   /* USER CODE BEGIN 3 */
     if(HAL_UART_Transmit(&huart2,&send_data,1,100) != HAL_OK)   /*USART2 发送数据*/
         Error_Handler();
     if(HAL_UART_Receive(&huart3,&receive_data,1,100) !=HAL_OK)  /*USART3 接收数据*/
         Error_Handler();
     HAL_Delay(1000);   /*等待1s*/
     send_data++;          /*修改发送数据*/
     if(send_data>'Z') send_data='A';
  /* USER CODE END 3 */
  }
}
```

由于程序采用了阻塞方式,因此在 HAL_UART_Receive 函数和 HAL_UART_Transmit 函数中设置了 Timeout 参数，用于设置超时时间，单位为 ms。若数据传输或接收不能在规定时间内完成，程序就会迅速处理其他任务。上述程序中，Timeout 参数设置为 100ms。

（2）编译并下载

程序编译成功后，正确配置仿真器参数，仿真器连接成功后，将生成的 HEX 文件下载到 STM32F103ZETx 处理器中。那如何查看 USART2 是否正确发送数据，USART3 是否正确接收到数据呢？此处选择在线调试方法，在 Watch 窗口实时查看变量 send_data 和 receive_data 的值。

程序成功下载后，单击主菜单上的"Debug"菜单下的"Start/Stop Debug Session"或单击快捷按键 ，启动程序调试模式；打开 Watch 窗口，输入变量名 send_data 和 receive_data，如图 9.12 所示。

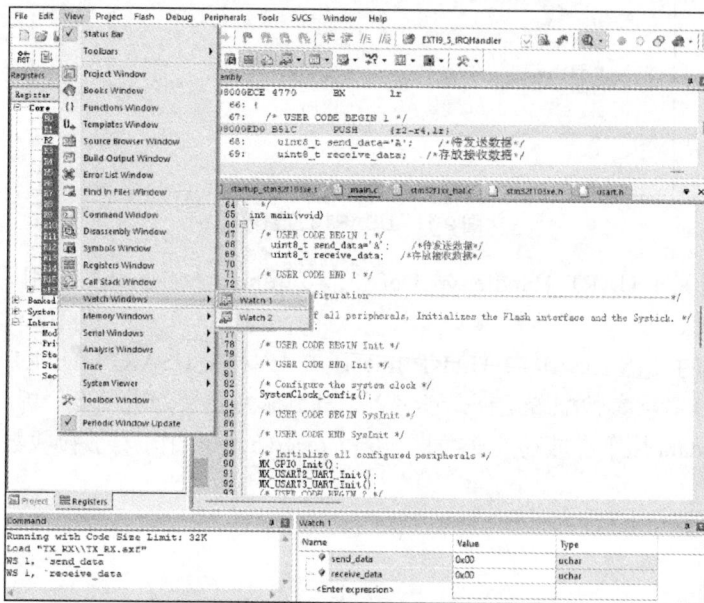

图 9.12 在 Watch 窗口中输入变量名

单击主菜单上的"Debug"菜单下的"Run"或单击快捷按键 ，观察 Watch 窗口中各变量值的变化，如图 9.13 所示。

Watch 1		
Name	Value	Type
send_data	0x4D 'M'	uchar
receive_data	0x4D 'M'	uchar
<Enter expression>		

图 9.13 在 Watch 窗口中观察变量值

Watch 窗口中可以观察到 send_data 和 receive_data 的值每隔 1s 变化一次，循环显示字符 A～字符 Z。表明 USART2 和 USART3 均正常工作。

（3）拓展

案例 9.1 中，USART2 每次只发送一个字符。若要求 USART2 一次发送一串字符，程序应该怎么修改呢？

STM32CubeMX 软件中各参数设置不变，将要发送的字符串放在 send_buf 中，接收的字符串则放在 receive_buf 中，程序修改如下。

```
#define length n               /*字符串缓冲区长度为 n, n 可用整数替换*/
uint8_t send_buf[length];      /*待发送字符串缓冲区*/
```

```
uint8_t receive_buf[length];  /*待接收字符串缓冲区*/

…
 /*USART2 发送字符串*/
if(HAL_UART_Transmit(&huart2, send_buf,sizeof(send_buf),10) != HAL_OK)
        Error_Handler();
 /*USART3 接收字符串*/
if(HAL_UART_Receive(&huart3,&receive_buf,sizeof(receive_buf),10) !=HAL_OK)
        Error_Handler();
…
```

9.4.2　非阻塞方式

非阻塞方式串行
通信案例

下面通过一个案例来讲解如何实现非阻塞方式 USART 数据传输。

案例 9.2：STM32F103ZETx 处理器的 USART2 与 USART3 互连，连接电路如案例 9.1 所示。采用非阻塞方式实现 USART 数据传输，USART2 为发送端，每隔 1s 循环发送数值 0～9；USART3 为接收端，接收 USART2 发送过来的数据。

1. STM32CubeMX 工程配置

（1）新建项目、配置 RCC 和时钟树

在 STM32CubeMX 中创建一个新项目，选择 STM32F103ZETx 处理器，配置 RCC，选择 HSE 和 LSE 作为时钟源，选择 PLLCLK 的输出作为 SYSCLK，并配置好时钟树参数（参考案例 6.1）。

（2）配置引脚功能

引脚配置过程同案例 9.1，此处不再赘述。

（3）配置串口参数

展开"Pinout & Configuration"面板中的"Connectivity"列表，选中"USART2"，在弹出的"USART2 Mode and Configuration"面板上设置 USART2 的各项参数，如图 9.14 所示。

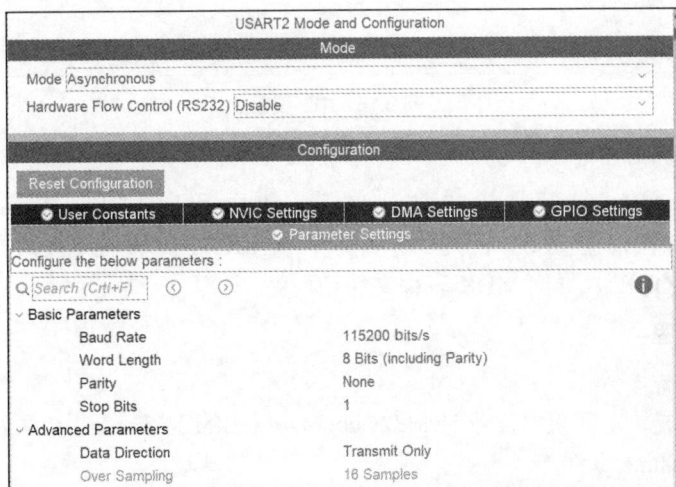

图 9.14　USART2 配置界面

展开"Pinout & Configuration"面板中的"Connectivity"列表，选中"USART3"，在弹出的"USART3 Mode and Configuration"面板上设置 USART3 的各项参数，如图 9.15 所示。

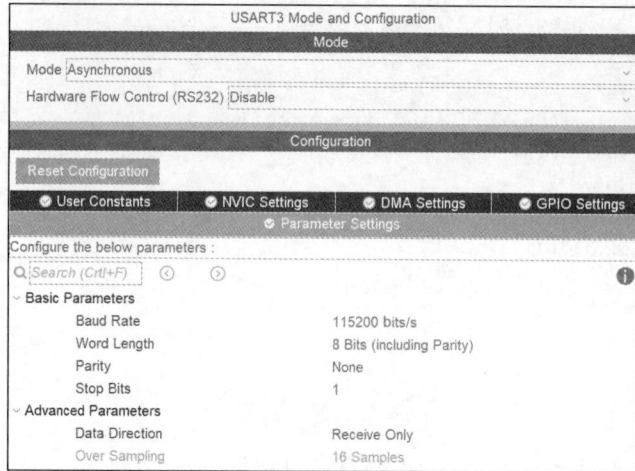

图 9.15　USART3 配置界面

切换到 "NVIC Mode and Configuration" 面板，可以看到中断列表，使能 USART2 和 USART3 中断，如图 9.16 所示。

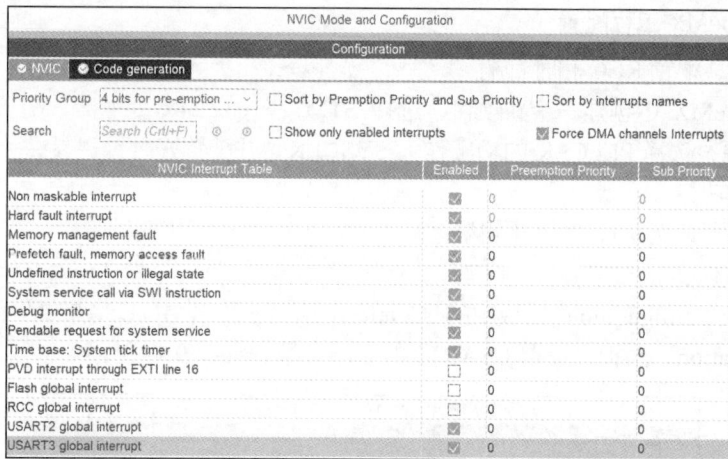

图 9.16　中断配置

（4）配置工程参数并生成工程文件

选择 STM32CubeMX 主界面中的 "Project Manager" 面板，在 "Project" 和 "Code Generator" 面板中配置好相关的输出工程参数。此处工程名为 "TX_RX_IT"，存放路径为 "…\Project\USART"，单击 "GENERATE CODE"，导出 MDK 工程文件和程序。

2. Keil MDK 编程

（1）非阻塞方式程序分析

在 Keil MDK 集成开发环境中打开 STM32CubeMX 导出的工程，要重点关注 STM32CubeMX 自动生成的 usart.c 和 main.c 文件。

usart.c 文件中定义了 UART_HandleTypeDef 类型变量 huart2 和 huart3，分别用于填写 USART2 和 USART3 的配置参数。

main.c 文件中的 MX_USART2_UART_Init 函数和 MX_USART3_UART_Init 函数用于完成 USART2 和 USART3 各项参数配置工作，读者可以找到函数定义处进一步分析。

定义变量 send_data 用于存放待发送数据，变量 receive_data 用于存放接收数据。修改后的 main.c 如下。

```
int main(void)
{
/* USER CODE BEGIN 1 */
  uint8_t send_data=0;     /*初始化待发送数据*/
  uint8_t receive_data;    /*存放接收数据*/
  /* USER CODE END 1 */
  HAL_Init();
  SystemClock_Config();
  MX_GPIO_Init();
  MX_USART2_UART_Init();
  MX_USART3_UART_Init();
  while (1)
  {
   /* USER CODE BEGIN 3 */
   if(HAL_UART_Transmit_IT(&huart2,&send_data,1) != HAL_OK)      /*USART2 中断发送数据*/
       Error_Handler();
   if(HAL_UART_Receive_IT(&huart3,&receive_data,1) !=HAL_OK)   /*USART3 中断接收数据*/
       Error_Handler();
   HAL_Delay(1000);       /*等待 1s*/
   send_data++;            /*修改发送数据*/
   if(send_data>9) send_data=0;
  /* USER CODE END 3 */
  }
}
```

为了便于在线调试观察上述程序的执行过程，添加观察变量 send_count 和 receive_count，分别在 USART2 发送中断回调函数和 USART3 接收中断回调函数中修改相应变量值，程序如下。

```
/* USER CODE BEGIN 4 */
uint8_t send_count = 0;        /*计数进入 USART2 发送中断回调函数的次数*/
uint8_t receive_count = 0;     /*计数进入 USART3 接收中断回调函数的次数*/
void HAL_UART_TxCpltCallback(UART_HandleTypeDef *huart)   /*USART2 发送中断回调函数*/
{
   if(huart == &huart2)
   {
     send_count++;
   }
}
void HAL_UART_RxCpltCallback(UART_HandleTypeDef *huart)   /*USART3 接收中断回调函数*/
{
   if(huart == &huart3)
   {
     receive_count++;
   }
}
/* USER CODE END 4 */
```

（2）编译并下载程序

程序编译成功后，正确配置仿真器参数，仿真器成功连接后，将生成的 HEX 文件下载到 STM32F103ZETx 处理器中。那如何查看 USART2 中断是否正确发送数据，USART3 中断是否正确接收到数据呢？此处选择在线调试方法，在 Watch 窗口实时查看变量 send_data、receive_data、send_count

和 receive_count 的值。

程序成功下载后，单击主菜单上的"Debug"菜单下的"Start/Stop Debug Session"或单击快捷按键 🔍 ▾，启动程序调试模式；打开 Watch 窗口，输入各变量名，如图 9.17 所示。

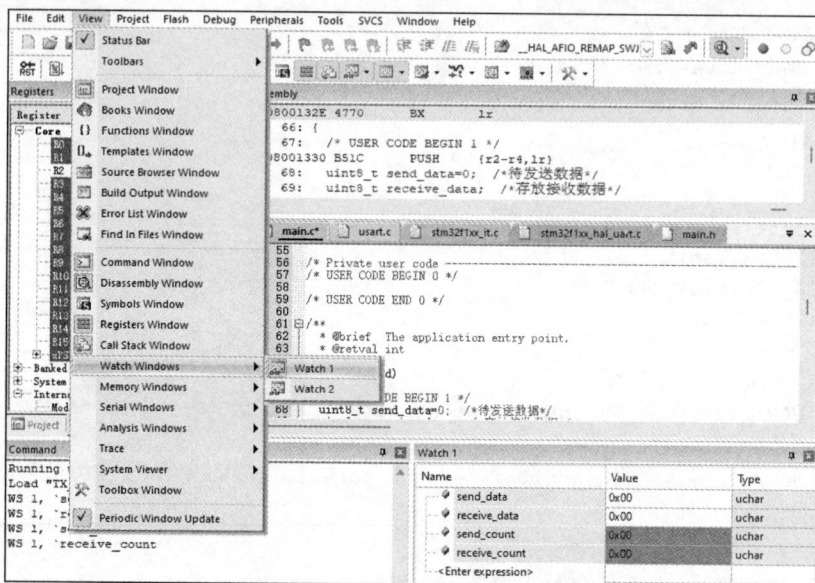

图 9.17　在 Watch 窗口中输入变量名

单击主菜单上的"Debug"菜单下的"Run"或单击快捷按键 📋 ，观察 Watch 窗口各变量值的变化，如图 9.18 所示。

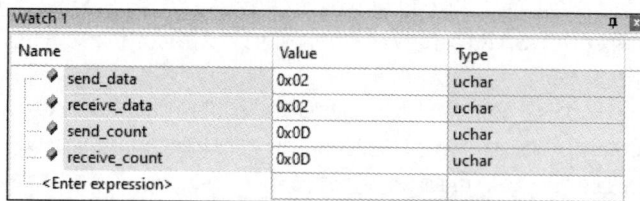

图 9.18　在 Watch 窗口中观察变量值

从 Watch 窗口中可观察到 send_data 和 receive_data 的值每隔 1s 变化一次，循环显示 1～9，send_count 和 receive_count 的值每隔 1s 依次加 1。表明 USART2 和 USART3 均正常工作。

（3）拓展

案例 9.2 中，USART2 中断一次只发送一个字符，若要求 USART2 中断一次发送一串字符，程序应该怎么修改呢？

与案例 9.1 相同，将待发送的字符串放在 send_buf 中，待接收的字符串放在 receive_buf 中，程序修改如下。

```
#define length n              /*字符串缓冲区长度为n*/
uint8_t send_buf[length];     /*待发送字符串缓冲区*/
uint8_t receive_buf[length];  /*待接收字符串缓冲区*/
…
                              /*USART2 中断发送字符串*/
if(HAL_UART_Transmit_IT(&huart2, send_buf,sizeof(send_buf)) != HAL_OK)
    Error_Handler();
```

/*USART3 中断接收字符串*/

```
if(HAL_UART_Receive_IT(&huart3,receive_buf,sizeof(receive_buf)) !=HAL_OK)
    Error_Handler();
…
```

❓：若要通过串口传输一个整数值 1000，修改案例 9.2 中的程序：uint8_t send_buf=1000，数据传输能成功吗？

📢：不能，uint8_t 类型所能表达的整数值范围为 0 到 255，也可以是 ASCII 码对应的字符，但整数 1000 不在上述范围内。可以考虑将整数 1000 转换为字符串"1000"，再利用上述程序将该字符串发送出去，修改后程序如下。

```
#include <stdio.h>
#define length 10
uint8_t send_buf[length];
sprintf(send_buf, "%d", 1000);  /*将整数转换为字符串*/
```

请读者思考，程序中怎样才能将接收到的 receive_buf[length] 还原成整数 1000 呢？

9.4.3　上位机与下位机串口通信

上位机通常指用于控制或管理的设备，一般是指 PC。上位机向下位机发出控制指令，同时还负责用户界面、数据处理以及决策等。下位机通常指的是被控制或执行的设备，通常指智能传感器、控制器、嵌入式设备等，它接收上位机的指令，执行操作后反馈状态或数据。

案例 9.3：使用图 9.3 所示的简化连接方法，将 STM32F103 开发板上的 USART2 与 PC 相连，开发板上的串口采用轮询方式，编程实现开发板和 PC 之间的数据传输。

1. STM32CubeMX 工程配置

引脚配置与案例 9.1 中 USART2 配置相同，此处不再赘述。在弹出的"USART2 Mode and Configuration"面板上设置 USART2 的各项参数，如图 9.19 所示。

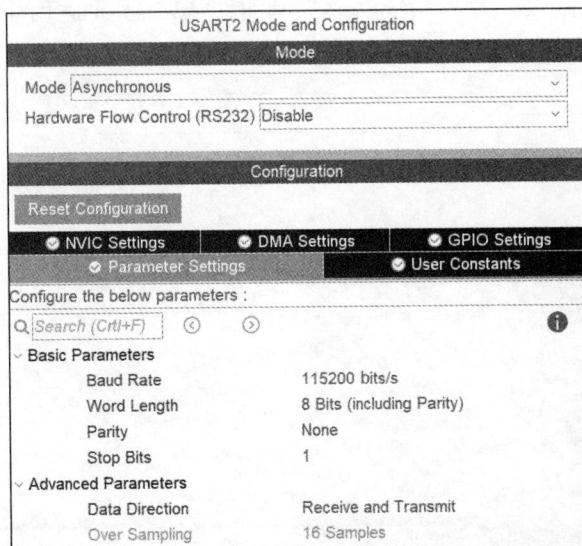

图 9.19　USART2 配置界面

设置 USART2 的波特率为 115200bit/s、数据帧长度为 8、无须校验、1 个停止位、双向数据传输以及 16 倍过采样。

2. Keil MDK 编程

为了完成收发通信，在 main 函数中设置了数据缓冲区 buffer[LEGHT]，其类型为 uint8_t，长度 LEGHT 为 10 个字节。在接下来的 while 循环中，首先调用 HAL_UART_Receive 函数从 PC 接收 10 个字节数据，然后再调用 HAL_UART_Transmit 函数将接收到 10 个字节数据发送给 PC。这是通信测试中常用的回环测试，一般用于验证通信是否正常。

```
#define LEGHT 10                      /*数据缓冲区长度*/
uint8_t buffer[LEGHT];                /*数据缓冲区*/
int main(void)
{
  HAL_Init();
  SystemClock_Config();
  MX_GPIO_Init();
  MX_USART2_UART_Init();
  while (1)
  {
    if(HAL_UART_Receive(&huart2, buffer, sizeof(buffer), 0xFFFF) != HAL_OK)
      Error_Handler();
    if(HAL_UART_Transmit(&huart2, buffer, sizeof(buffer), 0xFFFF) != HAL_OK)
      Error_Handler();
  }
}
```

HAL_UART_Receive 函数中接收的数据量是 sizeof(buffer)。当 HAL_UART_Receive 函数接收到的数据不够 10 个字节时，它会继续阻塞直到收到 10 个字节。如果 PC 发送过来的数据多于 10 个字节，HAL_UART_Receive 函数只取走 10 个字节放入 buffer 中，超过 10 个字节的部分会被留在数据缓冲区，等待下一次缓冲区填满 10 个字节时再被读出来。

将上述程序编译下载到开发板上。在 PC 上打开串口调试助手，配置串口调试助手的通信参数（波特率 115200bit/s、校验位 NONE、数据位 8 和停止位 1）。启动开发板运行，在串口调试助手下方的发送窗口中填入"helloworld"，单击"手动发送"，此时，串口调试助手的接收窗口中将收到开发板上回送的字符串。如图 9.20 所示。

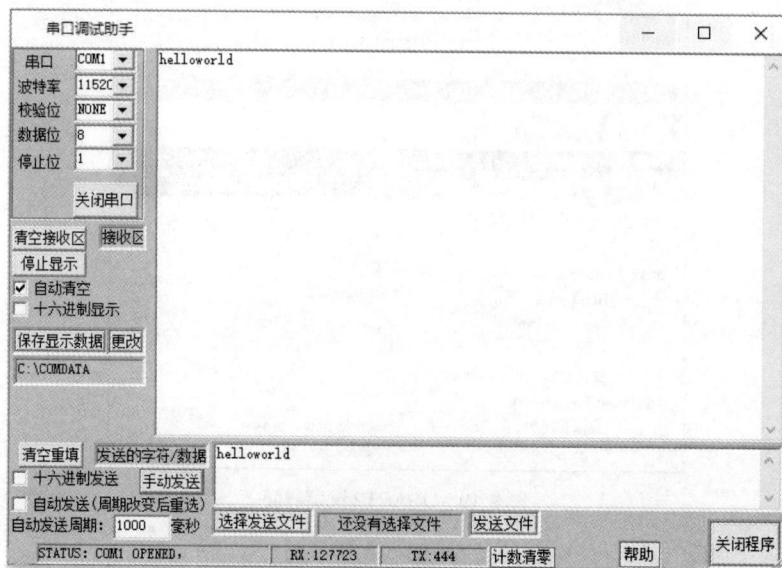

图 9.20　开发板与 PC 的串行通信

此处，"helloworld"刚好为 10 个字符，读者可以测试一下如果发送不够 10 个字符或者超过 10 个字符会发生什么现象。

> ❓：C 语言中提供了常用的输入输出函数，其中 scanf 输入默认来自键盘，printf 则默认向显示器输出，有没有可能利用 C 语言库函数中的 printf 和 scanf 这类涉及输入输出的函数来完成串口数据收发呢？

🔊：可以，但是需要将 scanf 和 printf 的操作转向串口，这种将某个设备或文件的输入或输出流转向另一个设备或文件的工作方式，称为输入输出重定向。

在 Keil MDK 的编译选项中，通常选择 MicroLIB 库作为默认的 C 语言函数库，如图 9.21 所示。MicroLIB 库比传统的 C 语言函数库体积更小，适用于资源有限的嵌入式系统。

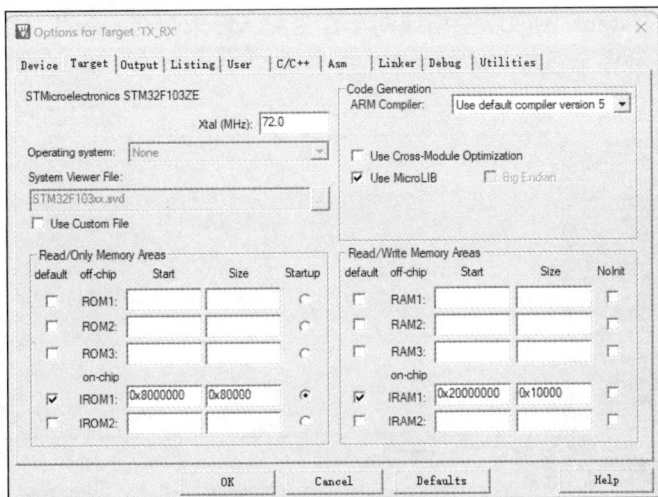

图 9.21　选择 MicroLIB

为了将 MicroLIB 库中的 printf 和 scanf 转向串口输出和输入，需要在 main.c 中重写 fputc 和 fgetc 函数，程序如下。

```c
#include <stdio.h>
int fputc(int ch,FILE *f)
{
    uint8_t temp[1]={ch};
    if(HAL_UART_Transmit(&huart2,temp, 1, 0xFFFF)!=HAL_OK)
        Error_Handler();
    return ch;
}
int fgetc(FILE *f)
{
    uint8_t ch;
    if(HAL_UART_Receive(&huart2,&ch, 1, 0xFFFF)!=HAL_OK)
        Error_Handler();
    return ch;
}
```

添加完上述程序后，就可以在程序中使用 printf 和 scanf 语句实现串口接收和发送数据了。修改后的 main 函数如下。

```c
#define LEGHT 10 /*数据缓冲区长度*/
uint8_t buffer[LEGHT]; /*数据缓冲区*/
int main(void)
```

```
{
  HAL_Init();
  SystemClock_Config();
  MX_GPIO_Init();
  MX_USART2_UART_Init();
  while (1)
  {
    scanf("%s",buffer);      /*从串口接收数据*/
    printf("%s\n",buffer);   /*向串口发送数据*/
  }
}
```

将上述程序编译下载到开发板上，测试 printf 和 scanf 函数的使用效果，如图 9.22 所示。需要注意的是，C 语言中的 scanf 函数以空格或回车作为输入结束符号。因此，当通过串口调试助手向开发板发送数据时，需要在字符串的后面添加一个空格。

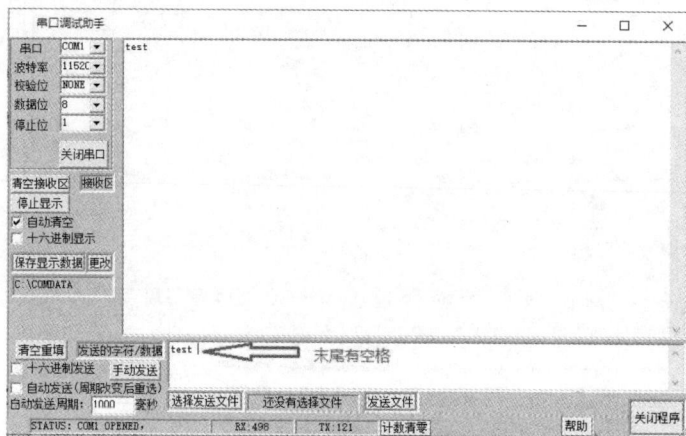

图 9.22　printf 和 scanf 函数测试界面

9.5　习题

1. 串行通信根据数据传输的方向可分为哪些种类？

2. STM32F103ZETx 处理器内置了多少个 USART，其中哪些 USART 是挂在 APB1 总线上，哪些是挂在 USART 总线上，最高传输速率分别为多少？

3. 异步串行通信中采用非阻塞方式发送数据时，启动串口工作的函数是什么？

4. STM32 处理器的 USART 模块主要包含哪些组成部分？ USART 控制器一般用来设置哪些工作参数？

5. HAL 库中提供了实现串行数据传输的相关数据结构和 API 函数，如何区分哪些函数是用于异步串行通信的，哪些函数是用于同步/异步串行通信的？

6. STM32F103ZETx 处理器中 USART 数据传输分为阻塞方式和非阻塞方式，它们有何不同？

7. 编程利用 STM32F103ZETx 处理器的 USART1，间隔 2 秒循环输出自己的姓名及出生日期。

8. 编程利用 STM32F103ZETx 处理器的 PC13 引脚检测外接按键，采用中断方式检测按键按下，每按键一次在 USART1 上输出按键的总次数。

10 第 10 章　I2C 通信接口

　　I2C（Inter-Integrated Circuit，内部集成电路）总线是一种同步串行半双工通信总线。它是一种简单、高效的通信接口标准，适用于各种集成电路之间的通信，被广泛应用于各种电子设备、传感器、显示器等领域。

10.1　I2C 总线简介

　　I2C 通信只需要两根线，一根是 SDA（Serial Data Line，串行数据线），另一根是 SCL（Serial Clock Line，串行时钟线），SDA 用于传输数据信息，SCL 用于同步通信的时钟信号。

　　I2C 总线上可以同时连接多个设备，这些设备既可以用作主设备，又可以用作从设备，是一种多主/从结构的总线，如图 10.1 所示。习惯上，哪个设备控制了 SCL，该设备就被称为主设备。虽然系统中允许有多个主设备存在，但某一时刻只能有一个设备做主设备使用。同时，为了避免总线信号的混乱，各设备连接到总线的输出端时必须是漏极开路输出或集电极开路输出。

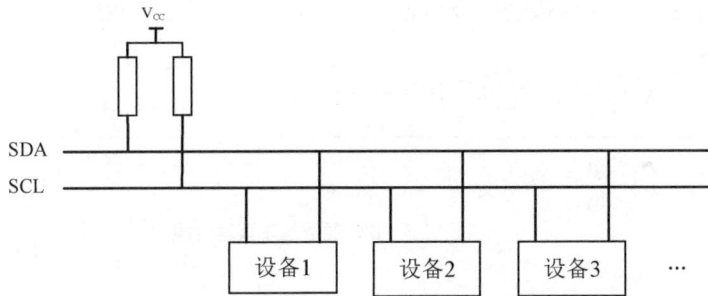

图 10.1　I2C 主/从结构

　　SCL 和 SDA 都需外接上拉电阻，确保总线空闲状态为高电平，连接到总线上的设备数量会受到总线最大电容 400pF 的限制，串行的 8 位双向数据传输比特率在标准模式下可达 100kbit/s，在快速模式下可达 400kbit/s，在高速模式下可达 3.4Mbit/s。

　　I2C 总线需按照一定协议工作，主设备和从设备都要遵循该协议格式进行数据传输，其协议时序图如图 10.2 所示。

　　（1）起始位

　　主设备发出起始位，即 SCL 保持高电平，将 SDA 从高电平拉为低电平，表示总线传输开始。此时，从设备需准备好接收数据，等待地址字节的到来。

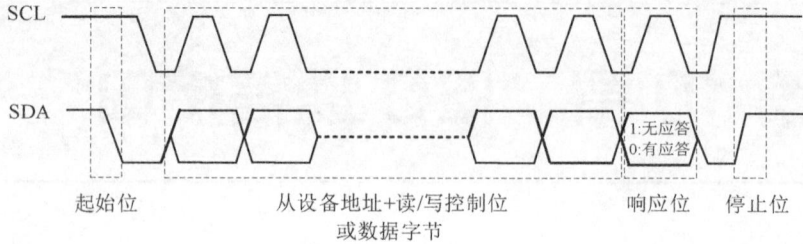

图 10.2　I2C 协议时序图

（2）从设备地址+读/写控制位+响应位

主设备发送从设备地址以确定通信对象，然后再发送一位读/写控制位，通常为 0 表示写操作，1 表示读操作。从设备接收到地址信息后，会检查自身地址信息与主设备发送的地址信息是否匹配，若匹配，从设备应答，发出响应位。

（3）数据字节+响应位

主设备和从设备之间的数据传输是通过数据字节来完成的。数据的传输是以字节为单位的，每个数据字节传输后都会有一个响应位。

若数据是由主设备传输至从设备，则由从设备发出响应位。主设备发送完最后一个数据字节后，不管从设备有无应答信号，都可以直接结束数据发送。

若数据是由从设备传输至主设备，则由主设备发出响应位。主设备在接收到最后一个字节后，发送一个无应答信号；从设备接收到无应答信号后，释放对 SDA 的控制。

"数据字节+响应位"可以反复多次传输，直至遇到停止位。

（4）停止位

主设备发送停止位作为传输的结束标志。SCL 保持高电平，将 SDA 从低电平拉为高电平，表示一次总线传输结束。

可见，I2C 通信基本读写过程如图 10.3 所示。

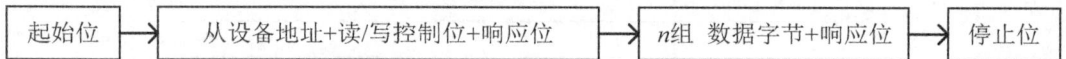

图 10.3　I2C 通信基本读写过程

10.2　STM32F103ZETx 处理器的 I2C

STM32F103ZETx 处理器中包含 2 个 I2C 外设模块，分别是 I2C1 和 I2C2，它们位于 APB1 总线上，能够工作在标准模式或快速模式下。I2C1 和 I2C2 由专用的内部电路实现了 I2C 通信协议，只要配置好相关寄存器，I2C 片上外设会自动根据协议要求产生信号，收发并缓存数据，处理器只要检测 I2C 的状态和访问数据寄存器，就能完成数据收发。

I2C 发送数据时，从数据寄存器中取出数据，经过数据移位寄存器，将并行数据转换成串行数据，由数据控制电路发送数据；I2C 接收数据时，SDA 引脚数据经数据控制电路送入数据移位寄存器，将串行数据转换成并行数据，存入数据寄存器。时钟控制电路用于设置 I2C 时钟信号频率和占空比，以及主从模式的选择。控制逻辑电路用于控制 I2C 协议时序，产生起始位、响应位、停止位及 I2C 数据传输过程中的各种状态位。在一次接收或发送数据完成后，允许产生中断或 DMA 请求。I2C 工作原理如图 10.4 所示。

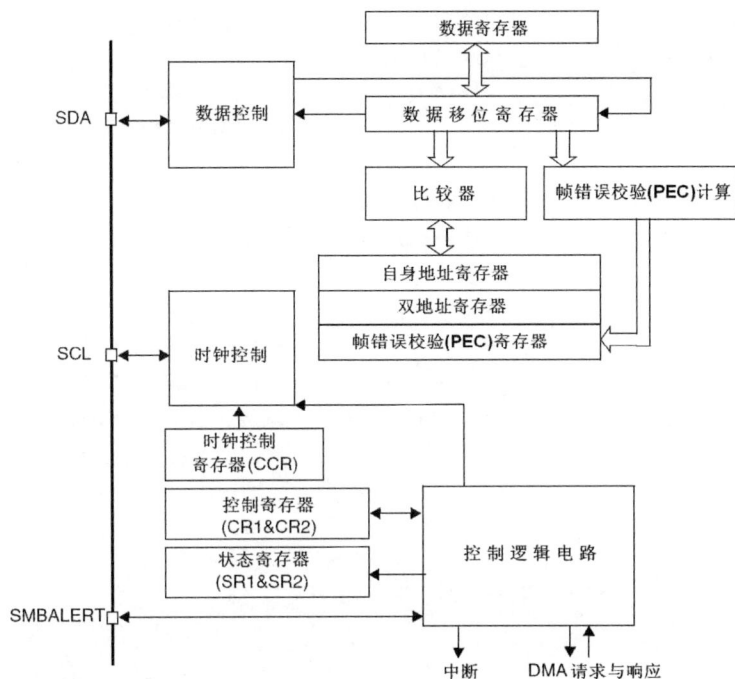

图 10.4 I2C 工作原理

10.3 I2C 相关数据结构和 API 函数

HAL 库中提供了实现 I2C 数据传输的相关数据结构和 API 函数。

1. I2C 相关数据结构

stm32f103xe.h 文件中定义了与 I2C 控制寄存器相对应的结构体 I2C_TypeDef。其他与 I2C 相关的定义和声明都存放在 "stm32f1xx_hal_i2c.h" 文件中。其中，结构体 I2C_InitTypeDef 中定义了 I2C 通信的各种参数。在此基础上，I2C_HandleTypeDef 进一步封装了描述缓冲区、DMA 和传输状态等所需的指针和变量，指向该结构体的指针将作为访问 I2C 的入口。

```
typedef struct
{
  uint32_t ClockSpeed;              /*指定时钟频率 */
  uint32_t DutyCycle;               /*指定 I2C 快速模式下占空比*/
  uint32_t OwnAddress1;             /*指定第一个设备自身地址 */
  uint32_t AddressingMode;          /*指定地址模式 7bit 或 10bit  */
  uint32_t DualAddressMode;         /*是否采用双地址模式  */
  uint32_t OwnAddress2;             /*指定第二个设备自身地址  */
  uint32_t GeneralCallMode;         /*是否允许广播呼叫*/
  uint32_t NoStretchMode;           /*是否禁止时钟延长 */
} I2C_InitTypeDef;

typedef struct
{
  I2C_TypeDef                 *Instance;     /*指向 I2C 寄存器组的指针*/
  I2C_InitTypeDef             Init;          /*指向通信参数的指针*/
```

```
    uint8_t                      *pBuffPtr;        /*指向发送缓冲区的指针*/
    uint16_t                     XferSize;         /*需要发送的数据量*/
    __IO uint16_t                XferCount;        /*发送计数器*/
    __IO uint32_t                XferOptions;      /*传输选项 */
    __IO uint32_t                PreviousState;    /*I2C 通信前的状态和模式*/
    DMA_HandleTypeDef            *hdmatx;          /*指向 DMA 发送数据流的指针*/
    DMA_HandleTypeDef            *hdmarx;          /*指向 DMA 接收数据流的指针*/
    HAL_LockTypeDef              Lock;             /*锁定状态*/
    __IO HAL_I2C_StateTypeDef    State;            /*I2C 通信状态*/
    __IO HAL_I2C_ModeTypeDef     Mode;             /*I2C 通信模式*/
    __IO uint32_t                ErrorCode;        /*I2C 出错码*/
    __IO uint32_t                Devaddress;       /*I2C 目标设备地址*/
    __IO uint32_t                Memaddress;       /*I2C 目标内存地址*/
    __IO uint32_t                MemaddSize;       /*I2C 目标内存地址大小*/
    __IO uint32_t                EventCount;       /*I2C 事件计数器*/
} I2C_HandleTypeDef;

typedef enum
{
    HAL_I2C_STATE_RESET           = 0x00U,    /*I2C 尚未初始化完成*/
    HAL_I2C_STATE_READY           = 0x20U,    /*I2C 初始化完成，可以使用*/
    HAL_I2C_STATE_BUSY            = 0x24U,    /*I2C 忙*/
    HAL_I2C_STATE_BUSY_TX         = 0x21U,    /*I2C 正在执行数据发送*/
    HAL_I2C_STATE_BUSY_RX         = 0x22U,    /*I2C 正在执行数据接收*/
    HAL_I2C_STATE_LISTEN          = 0x28U,    /*正在进行地址匹配*/
    HAL_I2C_STATE_BUSY_TX_LISTEN  = 0x29U,    /*正在进行地址匹配和数据发送*/
    HAL_I2C_STATE_BUSY_RX_LISTEN  = 0x2AU,    /*正在进行地址匹配和数据接收*/
    HAL_I2C_STATE_ABORT           = 0x60U,    /*正在终止用户请求*/
    HAL_I2C_STATE_TIMEOUT         = 0xA0U,    /*I2C 超时*/
    HAL_I2C_STATE_ERROR           = 0xE0U     /*I2C 错误*/
} HAL_I2C_StateTypeDef;                       /*I2C 状态描述*/
```

2. I2C 通信相关函数

HAL 库中常用的 I2C 通信相关函数及其功能说明见表 10.1。

表 10.1　常用 I2C 通信相关函数及其功能

函数名称	功能描述
HAL_I2C1_Init	初始化 I2C1 通信功能，参数为指向 I2C_HandleTypeDef 的指针
HAL_I2C2_Init	初始化 I2C2 通信功能，参数为指向 I2C_HandleTypeDef 的指针
HAL_I2C_MspInit	用于初始化 I2C 相关的时钟频率、占空比等参数
HAL_I2C_MspDeInit	注销 I2C 底层初始化
HAL_I2C_Master_Transmit	启动 I2C 开始向从设备发送数据
HAL_I2C_Master_Receive	启动 I2C 开始接收从设备数据
HAL_I2C_GetState	读取 I2C 的状态
HAL_I2C_GetError	读取 I2C 的错误码

3. I2C 通信中断处理相关函数

HAL 库中 I2C 通信常用中断相关的函数及其功能说明见表 10.2。

表 10.2　I2C 通信常用中断处理相关函数及其功能

函数名称	及功能描述
HAL_I2C_Master_Transmit_IT	使用中断方式发送数据
HAL_I2C_Master_Receive_IT	使用中断方式接收数据
I2C1_EV_IRQHandler	I2C1 通信的中断处理入口函数
I2C2_EV_IRQHandler	I2C2 通信的中断处理入口函数
HAL_I2C_MasterTxCpltCallback	主设备数据发送完成后的回调函数
HAL_I2C_SlaveTxCpltCallback	从设备数据发送完成后的回调函数
HAL_I2C_MasterRxCpltCallback	主设备数据接收完成后的回调函数
HAL_I2C_SlaveRxCpltCallback	从设备数据接收完成后的回调函数
HAL_I2C_ErrorCallback	通信出错的回调函数

10.4　基于 I2C 的温湿度检测模块

10.4.1　原理介绍

常用的温湿度传感器种类较多，本案例介绍其中一款基于 SHT30 芯片的数字温湿度传感器。SHT30 芯片支持 I2C 通信，具有精度高、功耗低、响应速度快、抗干扰能力强、可靠性高、稳定性好等优点。该传感器的典型湿度误差为±2%RH，典型温度误差为±0.2℃。SHT30 芯片有 8 个引脚，引脚定义如表 10.3 所示。

I2C 总线案例分析

表 10.3　SHT30 的引脚定义

引脚编号	名称	功能描述	引脚编号	名称	功能描述
1	SDA	数据引脚，输入或输出	5	VDD	电源引脚，输入
2	ADDR	地址引脚，输入	6	nRESET	复位引脚，低电平有效，输入
3	ALERT	报警引脚，输出；不使用时悬空	7	R	无用引脚，接地
4	SCL	时钟引脚，输入或输出	8	VSS	接地引脚

SHT30 芯片的地址有两种选择，如表 10.4 所示。

表 10.4　SHT30 的地址选择

	地址	条件
I2C 地址 A	0x44	ADDR 接 VSS
I2C 地址 B	0x45	ADDR 接 VDD

基于 SHT30 芯片的温湿度检测模块电路原理图如图 10.5 所示。图 10.5 中，ADDR 接 VSS，此时，SHT30 芯片的 I2C 地址选用 0x44。

SHT30 芯片有两种常用的数据采集模式：单次数据采集模式和周期数据采集模式。SHT30 的命令字和数据都会映射到相应的 16 位地址空间上，其命令字很多，如软件复位命令 0x30A2 等，这里主要介绍单次数据采集模式下常用的命令。此外，该芯片提供了 CRC 校验功能来检测数据和命令是否能正确传输，增强了通信的可靠性。

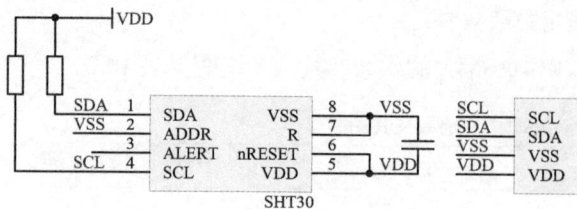

图 10.5　温湿度检测模块电路原理图

单次数据采集模式下，SHT30 的命令字如表 10.5 所示，不同命令字的主要区别在测量重复性和有无时钟延展上，重复性设置影响测量持续时间以及总能耗，若使用时钟延展则意味着主机需要超时等待。

表 10.5　单次数据采集模式下的命令字

重复性	时钟延展	命令字高字节	命令字低字节
高			0x06
中	开启	0x2C	0x0D
低			0x10
高			0x00
中	禁止	0x24	0x0B
低			0x16

例如，单次数据采集模式下选用的命令字为 0x2C06，表示选择高重复精度数据和时钟延展。单次数据采集模式下，I2C 主设备与 SHT30 从设备的数据传输流程如图 10.6 所示。

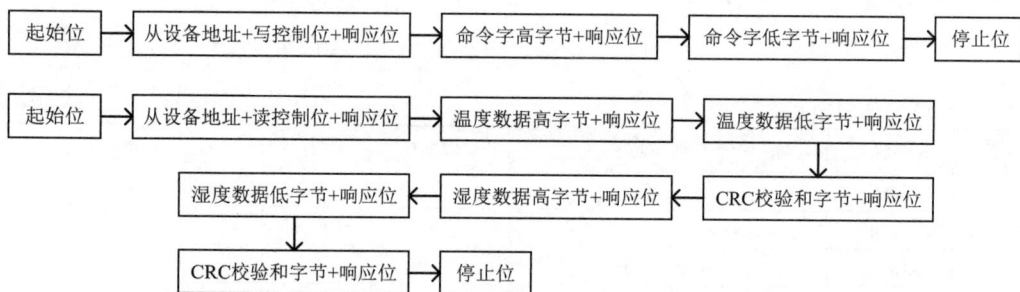

图 10.6　单数据采集模式下的数据传输流程

10.4.2　案例实现及模块程序整理

下面通过一个案例来讲解如何实现温湿度模块检测功能。

案例 10.1：STM32F103ZETx 处理器外接了一个 SHT30 温湿度检测模块，电路连接如图 10.7 所示，编程实现温湿度检测功能。

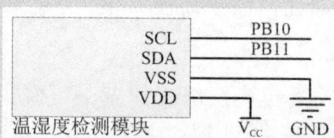

图 10.7　处理器与温湿度检测模块的连接

图 10.7 中，温湿度检测模块的 SCL 引脚连接到 STM32F103ZETx 处理器的 PB10（I2C2_SCL）引脚上，SDA 引脚连接到 PB11 引脚（I2C2_SDA）上。

1. STM32CubeMX 工程配置

（1）新建项目、配置 RCC 和时钟树

在 STM32CubeMX 中创建一个新项目，选择 STM32F103ZETx 处理器，配置 RCC，选择 HSE 和 LSE 作为时钟源，选择 PLLCLK 的输出作为 SYSCLK，并配置好时钟树参数（参考案例 6.1）。

（2）配置引脚功能

选择 STM32CubeMX 主界面中的"Pinout & Configuration"面板，在界面右侧的"Pinout view"面板的搜索框中输入"PB10"和"PB11"，在引脚图中选中相应引脚，将引脚的工作模式分别配置为"I2C2_SCL"和"I2C2_SDA"。然后展开主界面左侧的"System Core"列表，选中"GPIO"，在"GPIO Mode and Configuration"面板中配置好引脚参数，如图 10.8 所示。

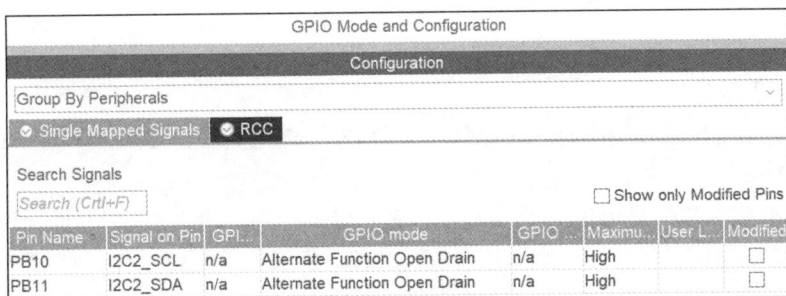

图 10.8　配置引脚功能

（3）配置 I2C 参数

展开"Pinout & Configuration"面板中的"Connectivity"列表，选中"I2C2"，在弹出的"I2C2 Mode and Configuration"面板上设置 I2C2 的各项参数，如图 10.9 所示。各项参数介绍如下。

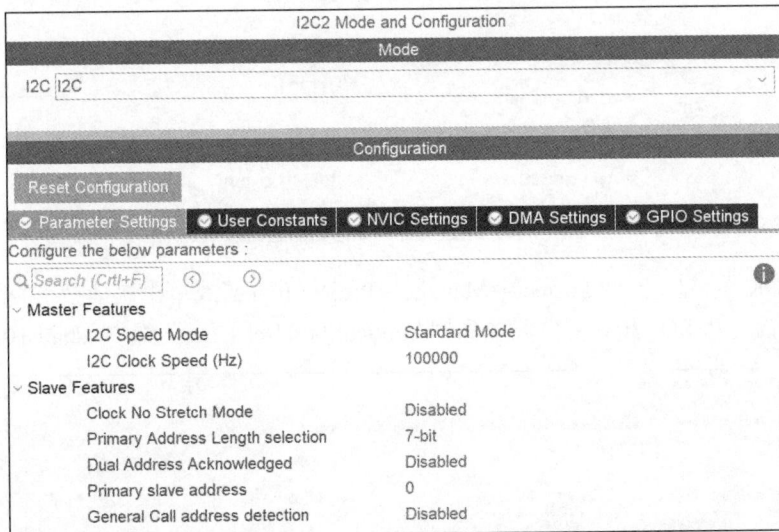

图 10.9　I2C2 参数配置界面

① "Master Features"用于 I2C 主模式设置。

a. "I2C Speed Mode"用于模式选择，有标准模式和快速模式两种选择。

b. "I2C Clock Speed" 用于时钟速度设置，建议使用默认值。

② "Slave Features" 用于 I2C 从模式设置。

a. "Clock No Stretch Mode" 用于设置是否使能时钟延展功能。

b. "Primary Address Length selection" 用于设置从设备地址长度。

c. "Dual Address Acknowledged" 用于设置是否采用双地址模式。

d. "Primary slave address" 用于设置从设备初始地址。

e. "Genral Call address detection" 用于广播呼叫。

本案例中，STM32F103ZETx 处理器是作为 I2C 通信的主设备使用的。

（4）配置工程参数并生成工程文件

选择 STM32CubeMX 主界面中的 "Project Manager" 面板，在 "Project" 和 "Code Generator" 面板中配置好相关的输出工程参数。此处工程名为 "SHT30"，存放路径为 "…\Project\I2C"，单击 "GENERATE CODE"，导出 MDK 工程文件和程序。

2. Keil MDK 编程

（1）I2C 通信程序分析

在 Keil MDK 集成开发环境中打开 STM32CubeMX 导出的工程，要重点关注 STM32CubeMX 自动生成的 i2c.c 和 main.c 文件。

i2c.c 文件中定义了 I2C_HandleTypeDef 类型变量 hi2c2，用于填写 I2C2 的配置参数。

main.c 文件中的 MX_I2C2_Init 函数用于完成 I2C2 各项参数配置工作，读者可以找到函数定义处进一步分析。

新建文件 SHT30.c 并保存在 main.c 的根目录下，新建文件 SHT30.h 并保存在 main.h 的根目录下，如图 10.10 所示。

gpio.c   gpio.h

i2c.c   i2c.h

main.c   main.h

SHT30.c   SHT30.h

stm32f1xx_hal_msp.c   stm32f1xx_hal_conf.h

stm32f1xx_it.c   stm32f1xx_it.h

system_stm32f1xx.c

图 10.10　新建文件并保存在指定目录下

单击 Keil MDK 菜单栏上的 "Project→Manage→Project Items" 或单击快捷按键 "🖧"，打开 "Manage Project Items" 窗口，将 SHT30.c 文件添加到 "Application/User/Core" 组中 如图 10.11 所示。

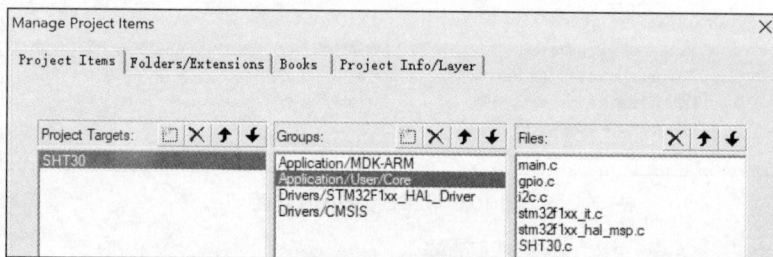

图 10.11　添加文件

头文件 **SHT30.h** 中存放了一些使用频繁的常量或函数声明，内容如下。

```c
#ifndef __SHT30_H
#define __SHT30_H

#include "I2C.h"
/* 地址信息，ADDR 引脚接 VSS */
#define  SHT30_addr_write 0x44<<1          //10001000
#define  SHT30_addr_read  (0x44<<1)+1      //10001011

typedef enum
{
    /* 软件复位命令 */
    SOFT_RESET_CMD = 0x30A2,
    /*单次测量模式的命令，格式: Repeatability_(Clock stretching)_CMD */
    HIGH_ENABLED_CMD     = 0x2C06,
    MEDIUM_ENABLED_CMD   = 0x2C0D,
    LOW_ENABLED_CMD      = 0x2C10,
    HIGH_DISABLED_CMD    = 0x2400,
    MEDIUM_DISABLED_CMD  = 0x240B,
    LOW_DISABLED_CMD     = 0x2416,
} SHT30_CMD;

uint8_t SHT30_Getdata(uint8_t* date);
uint8_t SHT30_Dateconversion(uint8_t* const date,float* temperature,float* humidity);
#endif
```

源文件 **SHT30.c** 中存放了各种函数定义，内容如下。

```c
#include "SHT30.h"

/**
 * @brief    向 SHT30 发送一条指令(16bit)
 * @param    cmd: SHT30 指令（在 SHT30_MODE 中枚举定义）
 * @retval   成功返回 HAL_OK
*/
static uint8_t    SHT30_Send_Cmd(SHT30_CMD cmd)
{
    uint8_t cmd_buffer[2];
    cmd_buffer[0] = cmd >> 8;
    cmd_buffer[1] = cmd;        /*将命令字数据拆分成高低字节*/
    return HAL_I2C_Master_Transmit(&hi2c2, SHT30_addr_write, (uint8_t*) cmd_buffer,
2, 0xFFFF);                        /*发送从设备地址+写操作位+2 字节命令字数据*/
}

/**
 * @brief    单次数据采集
 * @param    date:存储读取数据的地址（6 个字节数组）
 * @retval   返回 HAL_OK
*/
uint8_t SHT30_Getdata(uint8_t* date)
{
    if ( SHT30_Send_Cmd(HIGH_ENABLED_CMD) == HAL_OK)      /*发送单次数据采集模式下的指令*/
        return HAL_I2C_Master_Receive(&hi2c2, SHT30_addr_read, date, 6, 0xFFFF);
```

```
                                            /*发送从设备地址+读操作位+接收 6 字节数据*/
        else
            return HAL_ERROR;
    }


#define CRC8_POLYNOMIAL 0x31   /*定义多项式 CRC 校验码*/
/**
 * @brief   计算 CRC 码
 * @param   message: 待校验数据的地址
            initial_value: CRC 初值
 * @retval    成功返回 HAL_OK
*/
uint8_t CheckCrc8(uint8_t* const message, uint8_t initial_value)
{
    uint8_t  remainder;           //余数
    uint8_t  i = 0, j = 0;        //循环变量
    /* 初始化 */
    remainder = initial_value;
    for(j = 0; j < 2;j++)
    {
        remainder ^= message[j];
        /* 从最高位开始依次计算   */
        for (i = 0; i < 8; i++)
        {
            if (remainder & 0x80)
            {
                remainder = (remainder << 1)^CRC8_POLYNOMIAL;
            }
            else
            {
                remainder = (remainder << 1);
            }
        }
    }
    return remainder;   /* 返回计算的 CRC 码 */
}


/**
 * @brief将 SHT30 接收的 6 字节数组进行 CRC 校验，并转换为温度值和湿度值
 * @param date: 存储接收数据的地址（6 字节数组）
            temperature: 温度值地址
            humidity: 湿度值地址
 * @retval    成功返回 1；失败返回 0，并设置温度值和湿度值均为 0
*/
uint8_t SHT30_Dateconversion (uint8_t* date, float* temperature, float* humidity)
{
uint16_t recv_temperature = 0;
uint16_t recv_humidity = 0;
/*校验温度数据和湿度数据是否接收正确 */
if(CheckCrc8(date, 0xFF) != date[2] || CheckCrc8(&date[3], 0xFF) != date[5])
    return 0;
```

```
/*转换温度数据 */
recv_temperature = ((uint16_t)date[0]<<8)|date[1];
*temperature = -45 + 175*((float)recv_temperature/65535);
/*转换湿度数据 */
recv_humidity = ((uint16_t)date[3]<<8)|date[4];
*humidity = 100*((float)recv_humidity/65535);
return 1;
}
```

main.c 中定义了 1 个数组 I2CRXBuffer，用于存放读取的 6 字节数据，即 2 字节（温度数据）+1 字节（CRC 校验）+2 字节（湿度数据）+1 字节（CRC 校验）。2 个变量 Temperature、Humidity 分别存放温度值和湿度值。在 main 函数中调用 SHT30_Getdata 函数获取当前的温度数据和湿度数据，然后调用 SHT30_Dateconversion 函数校验数据，最后将温度和湿度数据转换成温度值（单位是℃）和湿度值（单位是%RH），程序如下。

```
/* USER CODE BEGIN Includes */
#include "SHT30.h"
/* USER CODE END Includes */
…
/* USER CODE BEGIN PV */
uint8_t I2CRXBuffer[6];              /*存放数据*/
float Temperature = 0, Humidity = 0;  /*表示温度值和湿度值*/
/* USER CODE END PV */
…
int main(void)
{
  /* USER CODE BEGIN 1 */
  uint8_t Sucess=0;          /*读取数据校验是否成功，初始为失败*/
  /* USER CODE END 1 */
  HAL_Init();
  SystemClock_Config();
  MX_GPIO_Init();
  MX_I2C2_Init();
  while (1)
  {
   /* USER CODE BEGIN 3 */
    if(SHT30_Valdata(I2CRXBuffer) == HAL_OK)
       {
           Sucess = SHT30_Dateconversion (I2CRXBuffer,&Temperature,&Humidity);
           if(Sucess)
           {
               HAL_Delay(1000);   /*便于观察结果*/
           }
       }
  /* USER CODE END 3 */
  }
}
```

（2）编译并下载

程序编译成功后，正确配置仿真器参数，仿真器连接成功后，将生成的 HEX 文件下载到 STM32F103ZETx 处理器中。然后通过在线调试的方法，在 Watch 窗口实时查看变量 Temperature 和 Humidity 的值。

程序成功下载后，单击主菜单上的"Debug"菜单下的"Start/Stop Debug Session"或单击快捷按键 🔍 ▾，启动程序调试模式；打开 Watch 窗口，输入各变量名，如图 10.12 所示。

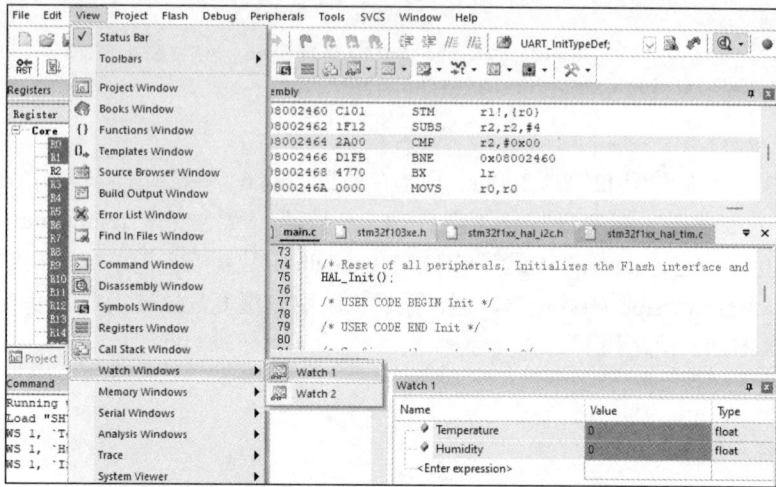

图 10.12　在 Watch 窗口中输入变量名

单击主菜单上的"Debug"菜单下的"Run"或单击快捷按键 📃↓，观察 Watch 窗口各变量值的变化，如图 10.13 所示。

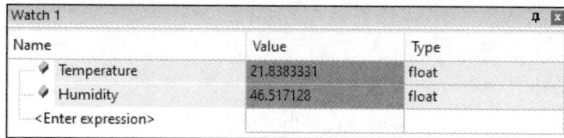

图 10.13　在 Watch 窗口中观察变量值

Temperature 和 Humidity 的值每隔 1s 变化一次，若环境温湿度发生了变化，它们的值也随之发生改变，表明处理器与温湿度检测模块之间的 I2C 通信是正常的。

（3）拓展

STM32F103ZETx 处理器中 I2C 数据传输也有阻塞方式和非阻塞方式之分。以上完成案例 10.1 的实现方法是阻塞方式，也可以利用中断来处理传输过程中发生的 I2C 事件，即利用非阻塞方式来实现处理器与温湿度检测模块之间的数据传输。

STM32CubeMX 软件中选中"Connectivity"列表中的"I2C2"，选中"I2C2 Mode and Configuration"面板的"NVIC Settings"栏，确认"I2C2 event interrupt"勾选了"Enabled"，即配置 I2C2 中断允许，如图 10.14 所示。

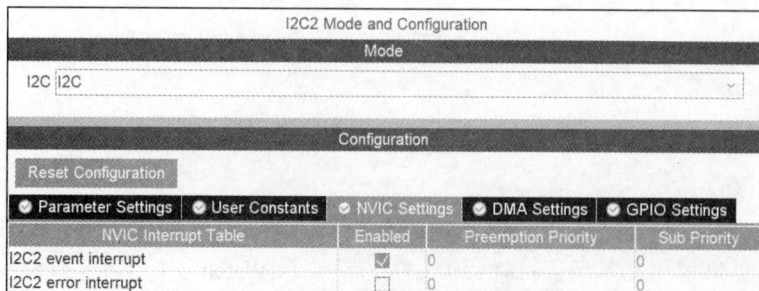

图 10.14　I2C2 中断允许配置

在源文件 SHT30.c 中添加函数 SHT30_Getdata_IT，内容如下。

```c
/**
 * @brief    中断方式获取单次测量数据
 * @param    date:存储读取数据的地址（6 个字节数组）
 * @retval   返回 HAL_OK
*/
uint8_t SHT30_Getdata_IT(uint8_t* date)
{
    if ( SHT30_Send_Cmd(HIGH_ENABLED_CMD) == HAL_OK)    /*发送单次数据采集模式下的指令*/
            return HAL_I2C_Master_Receive_IT(&hi2c2, SHT30_addr_read, date, 6);
                                            /*发送从设备地址+读操作位+接收 6 字节数据*/

    else
        return HAL_ERROR;
}
```

在头文件 SHT30.h 中添加函数声明，内容如下。

```c
  uint8_t SHT30_Getdata_IT(uint8_t* date);
```

main.c 中程序的修改如下。

```c
…
int main(void)
{
  HAL_Init();
  SystemClock_Config();
  MX_GPIO_Init();
  MX_I2C2_Init();
  while (1)
  {
   /* USER CODE BEGIN 3 */
    SHT30_Getdata_IT(I2CRXBuffer);
    if(SHT30_Dateconversion(I2CRXBuffer,&Temperature,&Humidity))
    {
        HAL_Delay(1000);    /*便于观察结果*/
    }
  /* USER CODE END 3 */
  }
}
```

为了便于观察程序执行情况，在 main.c 中添加主设备数据接收完成后的回调函数 HAL_I2C_MasterRxCpltCallback，每进入中断 1 次，count 值加 1。内容如下。

```c
/* USER CODE BEGIN 4 */
uint8_t count;  /*中断计数器*/
void HAL_I2C_MasterRxCpltCallback(I2C_HandleTypeDef *hi2c)
{
  count++;
}
/* USER CODE END 4 */
```

程序编译成功后，下载程序，启动程序调试模式，输入变量名 count、Temperature 和 Humidity，运行程序；观察 Watch 窗口各变量值的变化，如图 10.15 所示。Temperature 和 Humidity 的值每隔 1s 变化一次，若环境温湿度发生变化，它们的值也随之发生改变，同时每隔 1s，count 值增 1，表示产生了 I2C 中断。

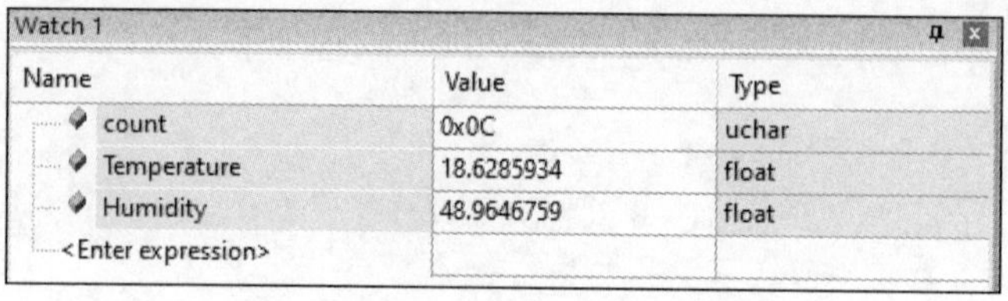

图 10.15　在 Watch 窗口中观察变量值

10.5　习题

1. I2C 通信需要几根线，各自的作用是什么？
2. 如何开启 I2C 通信？
3. 简述 STM32F103ZETx 处理器的 I2C 的功能特点。
4. I2C 通信的最高速率可以到多少？
5. HAL 库中与 I2C 相关的定义和声明都存放在哪个文件中？
6. 对比硬件实现 I2C 通信协议与软件实现 I2C 通信协议有何不同，能够通过 GPIO 来模拟 I2C 通信吗？
7. I2C 通信中采用中断方式发送数据时，启动 I2C 工作的函数是什么？
8. I2C 通信中采用中断方式发送数据时，主设备数据发送完成后的回调函数是什么？

11

第 11 章 直接存储器访问

直接存储器访问（Direct Memory Access，DMA）在外设与存储器之间以及存储器与存储器之间提供了高速数据传输通道。利用 DMA 可以在无须 CPU（Central Processing Unit，中央处理器）参与的情况下实现数据快速传输，既节约了 CPU 资源又降低了系统能耗。DMA 的数据传输是在后台进行的，无须处理器干预，因此在数据传输过程中处理器能够执行其他任务。当一个完整的数据块传输完成时，才会产生一次 DMA 中断。

11.1 STM32F103ZETx 处理器的 DMA 工作原理

DMA 的传输控制是由 DMA 控制器来完成的，它是一个独立于 Cortex-M 处理器核的模块。DMA 控制器和 Cortex-M 处理器核共享系统总线，此时系统总线相当于通信的桥梁。DMA 控制器挂在 AHB 上，当需要 DMA 数据传输时，DMA 控制器从 Cortex-M 处理器核手中接管 AHB 的控制权，从而打通了外设与存储器之间的通道，实现了外设与存储器之间以及存储器与存储器之间的双向数据传输。当 Cortex-M 处理器核和 DMA 控制器同时访问相同的目标（如 SRAM 或外设）时，DMA 请求会使 CPU 访问系统总线暂停若干个周期，由总线仲裁器执行循环调度，以保证 CPU 至少可以得到一半的系统总线带宽。一个完整的 DMA 数据传输过程会经过以下 4 个步骤。

① DMA 请求：外设在需要数据传输时，向 DMA 控制器发送一个请求，DMA 控制器根据通道的优先权响应请求。

② DMA 响应：DMA 控制器收到请求后，向外设发送一个应答信号，外设收到这个应答信号后，立即释放 DMA 请求，同时 DMA 控制器也撤销应答信号。

③ DMA 传输：DMA 控制器获得总线控制权后，发出读写命令，控制数据源和目的设备之间进行数据传输。每一次 DMA 传输需要完成的动作包括：从源地址取出数据、将取出的数据存入目的地址、传输数据量减 1。

④ DMA 结束：在完成预定数量的数据传输后，DMA 控制器释放总线控制权，并向参与传输的设备发出 DMA 结束信号。各个设备收到结束信号后，停止传输动作并产生 DMA 传输结束中断。Cortex-M 核重新获得总线控制权，并执行中断服务程序来检查本次 DMA 操作是否完成。

STM32F103ZETx 处理器有两个 DMA 控制器：DMA1 和 DMA2，共 12 个独立可配置的通道，其中 DMA1 有 7 个通道，DMA2 有 5 个通道，DMA1 控制器结构框图如图 11.1 所示。对于 DMA 控制器而言，某一个时刻，仅有 1 个通道的请求是有效的。

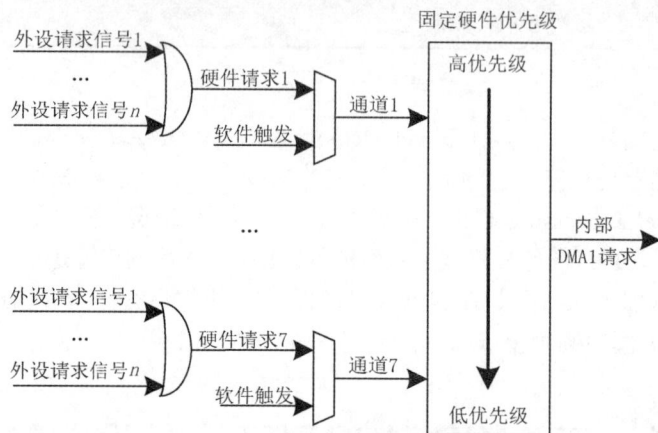

图 11.1　DMA1 控制器结构框图

STM32F103ZETx 处理器两个 DMA 各个通道上的请求信号如表 11.1 和表 11.2 所示。

表 11.1　DMA1 各个通道上的请求信号

外设	通道 1	通道 2	通道 3	通道 4	通道 5	通道 6	通道 7
ADC1	ADC1						
SPI/I2S		SPI/I2S1_RX	SPI/I2S1_TX	SPI/I2S2_RX	SPI/I2S2_TX		
USART		USART3_TX	USART3_RX	USART1_TX	USART1_RX	USART2_RX	USART2_TX
I2C				I2C2_TX	I2C2_RX	I2C1_TX	I2C1_RX
TIM1		TIM1_CH1	TIM1_CH2	TIM1_CH4 TIM1_TRIG TIM1_COM	TIM1_UP	TIM1_CH3	
TIM2	TIM2_CH3	TIM2_UP			TIM2_CH1		TIM2_CH2 TIM2_CH4
TIM3		TIM3_CH3	TIM3_CH4 TIM3_UP			TIM3_CH1 TIM3_TRIG	
TIM4	TIM4_CH1			TIM4_CH2	TIM4_CH3		TIM4_UP

表 11.2　DMA2 各个通道上的请求信号

外设	通道 1	通道 2	通道 3	通道 4	通道 5
ADC3					ADC3
SPI/I2S3	SPI/I2S3_RX	SPI/I2S3_TX			
USART4			USART4_RX		USART4_TX
SDIO				SDIO	
TIM5	TIM5_CH4 TIM5_TRIG	TIM5_CH3 TIM5_UP		TIM5_CH2	TIM5_CH1
TIM6/DAC1			TIM6_UP/ DAC1		
TIM7/DAC2				TIM7_UP/ DAC2	
TIM8	TIM8_CH3 TIM8_UP	TIM8_CH4 TIM8_TRIG TIM8_COM	TIM8_CH1		TIM8_CH2

比如，要实现 USART2 通过 DMA 的方式接收数据和发送数据，那么就需要开通 DMA1 的通道 6（即 USART2_RX）和通道 7（即 USART2_TX）。

DMA 的优先级有 4 个等级：最高优先级、高优先级、中等优先级和低优先级。如果有 2 个 DMA 通道具有相同的优先级，则通道编号小的优先级高，如在同一优先级下，通道 1 的请求优先于通道 2 的请求。

DMA 的数据传输有正常模式和循环模式两种。正常模式下，DMA 传输计数器变为 0 时，停止 DMA 传输。循环模式下，DMA 传输计数器变为 0 时，将会自动重载预先设置的值，开始下一次 DMA 传输。循环模式用于处理循环缓冲区和连续的数据传输，如 ADC 的扫描模式。

DMA 传输的数据量是可编程的，最大为 65535。传输数据宽度可设置为字节（8 位）、半字（16 位）或者字（32 位）。如果将源地址和目的地址指针设置为增量模式，那么在每一次传输完指定宽度的数据后，地址指针会自动加上增量值，增量值根据数据宽度来定，可以是 1、2 或 4。

每个 DMA 通道都可以在 DMA 传输过半、传输完成和传输错误时产生中断。当 DMA 读写操作发生错误时，硬件会自动清除对应 DMA 通道的允许位，该通道的 DMA 操作被停止，同时对应的传输错误中断标志位将被置位并产生 DMA 传输错误中断。

11.2　DMA 相关数据结构和 API 函数

1. DMA 相关数据结构

stm32f103xe.h 文件中定义了与 DMA 控制寄存器相对应的结构体 DMA_TypeDef。其他与 DMA 相关的定义和声明都存放在 "stm32f1xx_hal_dma.h" 文件中。其中，结构体 DMA_HandleTypeDef 用于封装 DMA 通道的配置参数和状态信息，结构体 DMA_InitTypeDef 用于配置 DMA 传输参数。

```
typedef struct
{
  uint32_t Direction;              /*数据传输方向，外设到存储器、存储器到外设或者存储器到存储器*/
  uint32_t PeriphInc;              /*外设地址指针自增*/
  uint32_t MemInc;                 /*存储器地址指针自增*/
  uint32_t PeriphDataAlignment;    /*外设数据宽度*/
  uint32_t MemDataAlignment;       /*存储器数据宽度*/
  uint32_t Mode;                   /*DMA 数据传输模式，正常模式或者循环模式*/
  uint32_t Priority;               /*DMA 优先级*/
}DMA_InitTypeDef;

typedef struct __DMA_HandleTypeDef
{
  DMA_Channel_TypeDef       *Instance;   /*指向 DMA1 和 DMA2 控制寄存器的指针*/
  DMA_InitTypeDef           Init;        /*DMA 配置参数 */
  HAL_LockTypeDef           Lock;        /*DMA 锁定状态*/
  __IO HAL_DMA_StateTypeDef State;       /*DMA 传输状态*/
  void    *Parent;                       /*指向父类的指针，用于将 DMA 封装到不同的数据结构中*/
  void    (* XferCpltCallback)( struct __DMA_HandleTypeDef * hdma);
                                         /*DMA 传输完成的回调函数*/
  void    (* XferHalfCpltCallback)( struct __DMA_HandleTypeDef * hdma);
                                         /* DMA 传输过半的回调函数 */
  void    (* XferErrorCallback)( struct __DMA_HandleTypeDef * hdma);
```

```
                                                        /* DMA 传输错误的回调函数*/
    void    (* XferAbortCallback)( struct __DMA_HandleTypeDef * hdma);
                                                      /*DMA 传输终止的回调函数*/
    __IO uint32_t              ErrorCode;    /*DMA 出错码*/
    DMA_TypeDef              *DmaBaseAddress; /*DMA 通道基地址*/
    uint32_t                ChannelIndex;  /*DMA 通道索引*/
}DMA_HandleTypeDef;
```

2. DMA 相关 API 函数

HAL 库中常用的 DMA 相关 API 函数及其功能说明见表 11.3。

表 11.3 常用的 DMA 相关 API 函数及其功能

函数名称	功能描述
HAL_DMA_Init	DMA 初始化
HAL_DMA_DeInit	注销 DMA
HAL_DMA_Start	非中断方式启动 DMA 传输
HAL_DMA_Start_IT	中断方式启动 DMA 传输
HAL_DMA_IRQHandler	DMA 中断处理入口函数
HAL_DMA_RegisterCallback	根据 CallbackID 注册对应 DMA 事件的回调函数
HAL_DMA_UnRegisterCallback	根据 CallbackID 注销回调函数
HAL_DMA_GetState	获取 DMA 传输状态
HAL_DMA_GetError	获取 DMA 传输错误

11.3 DMA 编程

外设与存储器之间
的 DMA 传输案例

STM32F103ZETx 处理器支持外设与存储器之间，以及存储器与存储器之间
DMA 数据传输。下面通过具体案例展示如何实现这两种情况下的 DMA 编程。

11.3.1 外设与存储器之间的 DMA 传输

案例 11.1：将 STM32F103ZETx 处理器的 USART2 与 USART3 互连，连接电路如图 11.2 所示。
使用 DMA 方式实现 USART2 发送数据和 USART3 接收数据，其中数据发送是从 SRAM 到 USART2
的 DMA 数据传输，数据接收是从 USART3 到 SRAM 的 DMA 数据传输。

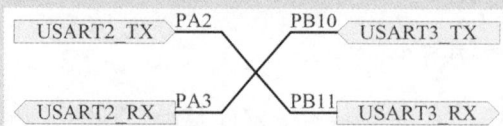

图 11.2 USART2 与 USART3 连接电路

对于参与 DMA 传输的外设来说，HAL 库中也提供了与 DMA 传输相关的函数，表 11.4 中列出
了异步串行通信中使用的 DMA 相关函数。

1. STM32CubeMX 中操作

（1）新建项目、配置 RCC 和时钟树

在 STM32CubeMX 中创建一个新项目，选择 STM32F103ZETx 处理器，配置 RCC，选择 HSE

和 LSE 作为时钟源，选择 PLLCLK 的输出作为 SYSCLK，并配置好时钟树参数（参考案例 6.1）。

表 11.4　异步串行通信中使用的 DMA 相关函数

函数名称	功能描述
HAL_UART_Transmit_DMA	使用 DMA 方式发送数据
HAL_UART_Receive_DMA	使用 DMA 方式接收数据
HAL_UART_DMAPause	暂停 DMA 传输
HAL_UART_DMAResume	恢复 DMA 传输
HAL_UART_DMAStop	终止 DMA 传输

（2）配置引脚功能

选择 STM32CubeMX 主界面中的"Pinout & Configuration"面板，在界面右侧的"Pinout view"面板的搜索框中输入各个引脚名，在引脚图中选中相应引脚，参照图 11.2 配置各个引脚的工作模式。然后展开主界面左侧的"System Core"列表，选中"GPIO"，在"GPIO Mode and Configuration"面板中配置好引脚参数，如图 11.3 所示。

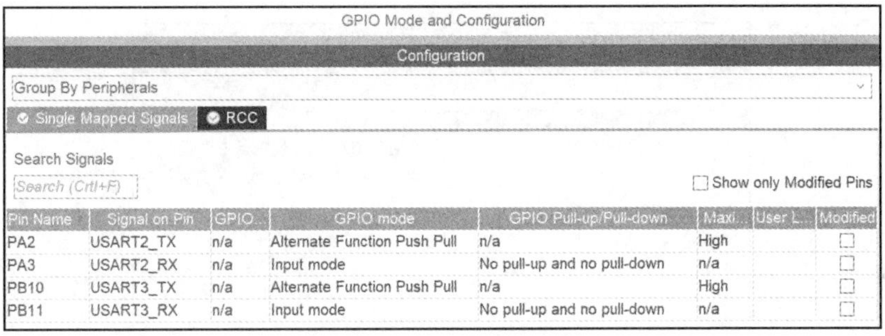

图 11.3　配置引脚功能

（3）配置串口参数

展开"Pinout & Configuration"面板中的"Connectivity"列表，选中"USART2"，在弹出的"USART2 Mode and Configuration"面板中配置"Parameter Settings"参数，如图 11.4 所示。并同时配置"DMA Settings"参数，单击"Add"按钮，添加"USART2_TX"并设置优先级，最后单击列表中的"USART2_TX"，配置 DMA 传输参数，如图 11.5 所示。

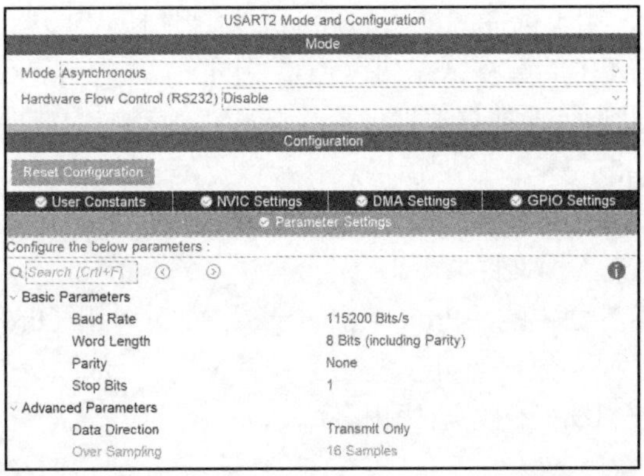

图 11.4　USART2 的"Parameter Settings"参数设置

展开"Pinout & Configuration"面板中的"Connectivity"列表，选中"USART3"，在弹出的"USART3

Mode and Configuration" 面板中配置 "Parameter Settings" 参数，如图 11.6 所示。并同时配置 "DMA Settings" 参数，单击 "Add" 按钮，添加 "USART3_RX" 并设置优先级，最后单击列表中的 "USART3_RX"，配置 DMA 传输参数，如图 11.7 所示。

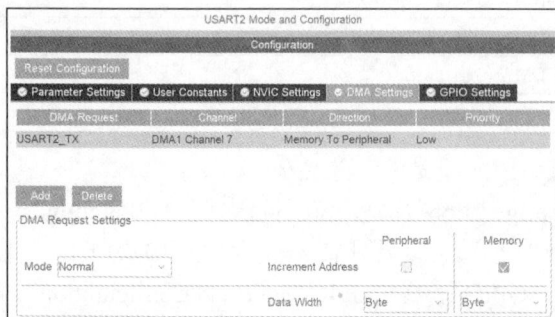

图 11.5　USART2 的 "DMA Settings" 参数设置

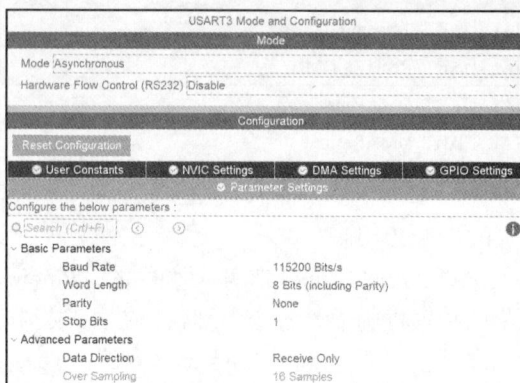

图 11.6　USART3 的 "Parameter Settings" 参数设置

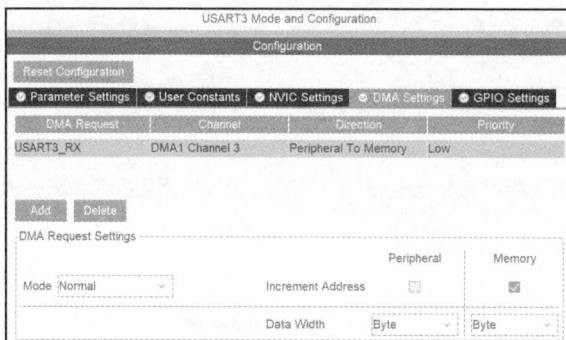

图 11.7　USART3 的 "DMA Settings" 参数设置

"DMA Settings" 部分参数的含义如下。

① "Priority" 用于设置 DMA 的传输优先级，有 4 种选择：最高优先级、高优先级、中等优先级及低优先级。

② "Mode" 用于选择 DMA 传输类型，可选正常模式或循环模式。

③ "Increment Address" 用于选择源或者目标地址为增量模式。对于串行通信来说，USART 数据寄存器不能作增量，SRAM 中的数据区是可以作增量的。

④ "Data Width" 用于设置传输数据宽度，外设端和存储器端的数据宽度要分别配置。

USART2 和 USART3 的波特率和数据帧格式参数设置是一样的，DMA1 的两个通道优先级都可设置为低优先级，数据宽度都设置为字节，采用正常传输模式。

（4）配置工程参数并生成工程文件

选择 STM32CubeMX 主界面中的 "Project Manager" 面板，在 "Project" 和 "Code Generator" 面板中配置好相关的输出工程参数。此处工程名为 "P_M"，存放路径为 "…\Project\DMA"，单击 "GENERATE CODE"，导出 MDK 工程文件和程序。

2. Keil MDK 编程

（1）外设与存储器间的 DMA 传输程序分析

在 Keil MDK 集成开发环境中打开 STM32CubeMX 导出的工程，要重点关注 STM32CubeMX 自

动生成的 dma.c 文件和 main.c 文件。

dma.c 文件中定义了 DMA_InitTypeDef 类型的变量 hdma_usart2_tx 和 hdma_usart3_rx，它们分别用于配置 USART2 的发送端和 USART3 的接收端 DMA 传输参数。

main.c 文件中的 MX_USART2_UART_Init 函数和 MX_USART3_UART_Init 函数用于完成 USART2 和 USART3 各项参数配置工作，读者可以找到函数的定义处进一步分析。

定义 send_buf 用于存放待发送数据串，receive_buf 用于存放接收数据串。修改后的 main.c 如下。

```c
int main(void)
{
  /* USER CODE BEGIN 1 */
  uint8_t send_buf[5] = {1,2,3,4,5};       /*发送数据缓冲区*/
  uint8_t receive_buf[5] ;                 /*接收数据缓冲区*/
  /* USER CODE END 1 */
  HAL_Init();
  SystemClock_Config();
  MX_GPIO_Init();
  MX_DMA_Init();
  MX_USART2_UART_Init();
  MX_USART3_UART_Init();
  /* USER CODE BEGIN 2 */
  HAL_UART_Receive_DMA(&huart3,receive_buf,sizeof(receive_buf)); /*USART3 DMA 接收数据*/
  HAL_UART_Transmit_DMA(&huart2,send_buf,sizeof(send_buf));   /*USART2 DMA 发送数据*/
  /* USER CODE END 2 */
  while (1)
  {
    ;/*循环体为空*/
  }
}
```

（2）编译和下载程序

程序编译成功后，正确配置仿真器参数，仿真器连接成功后，将生成的 HEX 文件下载到 STM32F103ZETx 处理器中。通过在线调试，在 Watch 窗口实时查看缓冲区 receive_buf 的值。

程序成功下载后，单击主菜单上的 "Debug" 菜单下的 "Start/Stop Debug Session" 或单击快捷按键 ⓠ▼，启动程序调试模式；打开 Watch 窗口，输入数组名 send_buf 和 receive_buf，如图 11.8 所示。

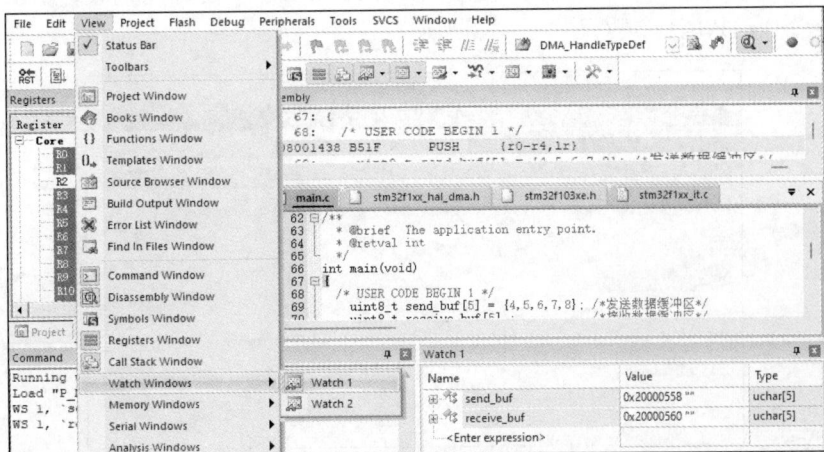

图 11.8　在 Watch 窗口中输入数组名

单击主菜单上的"Debug"菜单下的"Run"或单击快捷按键 ▤↓，观察 Watch 窗口中数组缓冲区的变化，如图 11.9 所示。

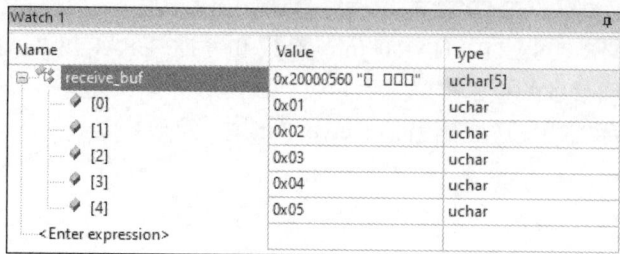

图 11.9　在 Watch 窗口中观察缓冲区的变化

图 11.9 中，receive_buf 缓冲区的值变成了与数组 send_buf 的值一致，说明利用 DMA 传输方式成功实现了 USART2 数据发送，以及 USART3 数据接收。

11.3.2　存储器到存储器的 DMA 传输

STM32F103ZETx 处理器的存储器到存储器的 DMA 传输只能通过 DMA1 来完成。需要注意的是，此处两个存储器必须是两个独立的存储介质。下面通过案例讲解如何实现存储器与存储器之间的 DMA 数据传输。

> 案例 11.2：预先将 10 字节数据存储到闪存中，然后用 DMA 方式将这 10 个字节数据复制到 SRAM 中，并检查复制结果是否正确。

1. STM32CubeMX 工程配置

（1）新建项目、配置 RCC 和时钟树

在 STM32CubeMX 中创建一个新项目，选择 STM32F103ZETx 处理器，配置 RCC，选择 HSE 和 LSE 作为时钟源，选择 PLLCLK 的输出作为 SYSCLK，并配置好时钟树参数（参考案例 6.1）。

（2）配置 DMA1 参数

选择 STM32CubeMX 主界面中的"Pinout & Configuration"面板，展开界面左侧的"System Core"列表，选择"DMA"，在弹出的"DMA Mode and Configuration"面板（如图 11.10 所示）中选择"DMA1"选项卡，单击"Add"按钮，添加"MemToMem"并设置优先级，最后单击列表中的"MemToMem"，配置 DMA1 参数。

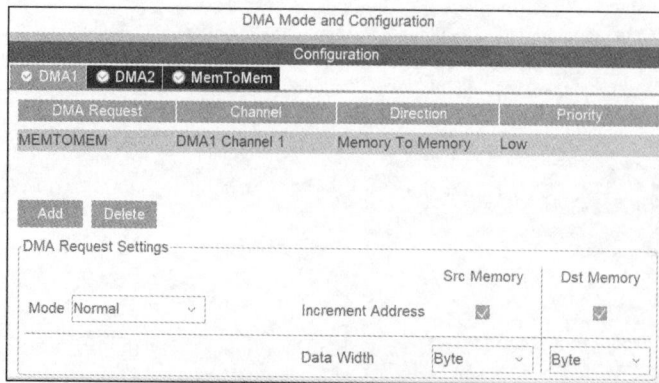

图 11.10　DMA1 参数配置

此处，闪存和 SRAM 的数据宽度都是 8 位，并且访问地址都支持增量模式，采用正常传输模式。

（3）配置工程参数和生成工程文件

选择 STM32CubeMX 主界面中的 "Project Manager" 面板，在 "Project" 和 "Code Generator" 面板中配置好相关的输出工程参数。此处工程名为 "Mem_Mem"，存放路径为 "…\Project\DMA"，单击 "GENERATE CODE"，导出 MDK 工程文件和程序。

2．Keil MDK 编程

（1）存储器到存储器间的 DMA 传输程序分析

在 Keil MDK 集成开发环境中打开 STM32CubeMX 导出的工程，要重点关注 STM32CubeMX 自动生成的 dma.c 文件和 main.c 文件。

dma.c 文件中定义了 DMA_InitTypeDef 类型变量 hdma_memtomem_dma1_channel1，用于填写存储器到存储器的 DMA 传输参数。

main.c 文件中定义的 MX_DMA_Init 函数除了完成 DMA 中断相关设置外，还初始化了 DMA1，读者可以找到函数定义处进一步分析。

为了实现将数据从闪存复制到 SRAM，在 main.c 中定义了 SRC_Buffer[5]用于存储 5 字节的数据，这是一个静态只读数组，编译后会被放在只读数据区，该只读数据区位于闪存中。另外定义了全局数组 DST_Buffer[5]，编译后该数组从 SRAM 中分配存储空间。

在 main 函数添加 HAL_DMA_Start 函数启动 DMA2 传输，源地址为 SRC_Buffer，目的地址为 DST_Buffer，复制长度为 5 字节。修改后的 main.c 程序如下。

```
/* USER CODE BEGIN 0 */
/*定义静态只读数据区，编译后放在闪存中*/
 static const uint8_t SRC_Buffer[5]= {1,2,3,4,5};
/*定义全局数据区，在 SRAM 中分配*/
 uint8_t DST_Buffer[5];
/* USER CODE END 0 */
int main(void)
{
  HAL_Init();
  SystemClock_Config();
  MX_GPIO_Init();
  MX_DMA_Init();
  /* USER CODE BEGIN 2 */
  /*存储器到存储器的 DMA 数据传输*/
  HAL_DMA_Start(&hdma_memtomem_dma1_channel1,(uint32_t)&SRC_Buffer,\
                                        (uint32_t)&DST_ Buffer,5);
  /* USER CODE END 2 */
  while (1)
  {
    ;/*循环体为空*/
  }
}
```

（2）编译并下载程序

程序编译成功后，正确配置仿真器参数，仿真器成功连接后，将生成的 HEX 文件下载到 STM32F103ZETx 处理器中。通过在线调试的方法，在 Watch 窗口实时查看缓冲区 DST_Buffer 的值。

程序成功下载后，单击主菜单上的 "Debug" 菜单下的 "Start/Stop Debug Session" 或单击快捷按键 ▾，启动程序调试模式；打开 Watch 窗口，输入数组名 DST_Buffer，如图 11.11 所示。

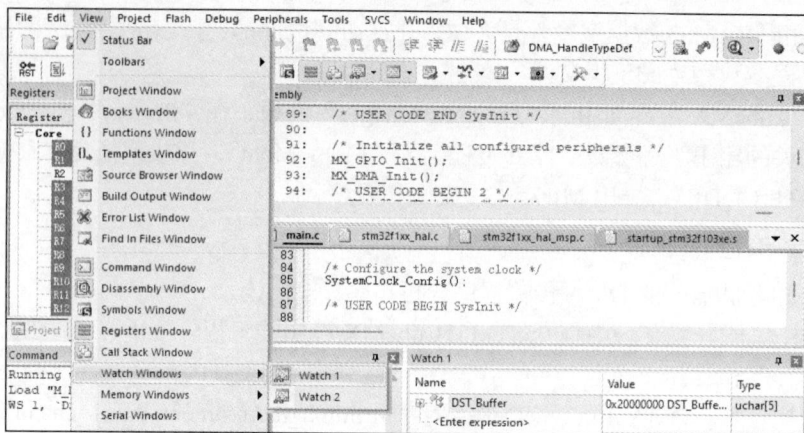

图 11.11　在 Watch 窗口中输入数组名

单击主菜单上的"Debug"菜单下的"Run"或单击快捷按键 ![icon]，观察 Watch 窗口中数组缓冲区的变化，如图 11.12 所示。

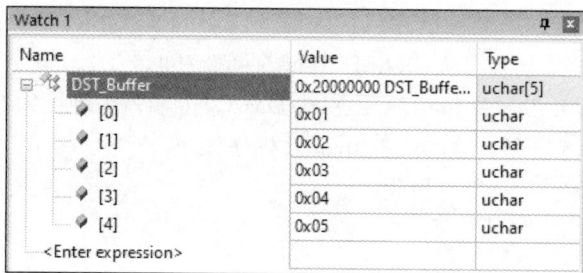

图 11.12　在 Watch 窗口中观察缓冲区的变化

图 11.12 中，DST_Buffer 缓冲区的值变成了与 SRC_Buffer 缓冲区的值一致，说明利用 DMA 传输方式成功实现了存储器和存储器的数据传输。

11.4　习题

1. 什么是 DMA？简述 DMA 控制器的基本功能。

2. 简述 STM32 处理器中 DMA 传输的过程。

3. STM32F103ZETx 处理器有几个 DMA 控制器？每个 DMA 控制器有几个 DMA 请求通道？

4. STM32F103ZETx 处理器的一次 DMA 数据传输的最大数据量是多少？数据宽度有哪些选择？

5. STM32F103ZETx 处理器的 DMA 传输有几种模式？它们各自的特点是什么？

6. 在 STM32F103ZETx 处理器的应用中，STM32CubeMX 软件能够配置多个 DMA 优先级，那么在优先级相同的情况下，若 USART2 接收数据引起的 DMA 请求和 USART3 发送数据引起的 DMA 请求同时发生，先执行哪一个？为什么？

12 第 12 章　数模转换器

数模转换器（Digital to Analog Converter，DAC）广泛应用于各种工业控制系统中，它是一种将数字信号转换为模拟信号（电流、电压或电荷形式）的转换器，其转换方向与模数转换器（Analog to Digital Converter，ADC）相反。DAC 的主要特性指标包括以下几个方面。

① 分辨率：反映 DAC 输出模拟电压的最小变化值，定义为 DAC 最大输出电压与 2^n 的比值，其中 n 为 DAC 输入数字量的位数。

② 转换精度：一般用转换误差来描述转换精度，即 DAC 输出值与理论值之间的差异。DAC 的转换精度与芯片结构和接口电路配置有关，影响转换精度的主要因素包括失调误差、增益误差、非线性误差和微分非线性误差等。

③ 转换速度：一般用 DAC 的转换建立时间来描述转换速度。转换建立时间指从输入数字量发生改变到输出模拟量进入规定误差范围内所需要的最大时间，普通 DAC 的转换建立时间为几微秒到几百微秒。

12.1　STM32F103ZETx 处理器的 DAC

STM32F103ZETx 处理器内置了 2 路 12 位分辨率的电压输出 DAC，分别为 DAC1 和 DAC2，支持单通道输出模式和双通道输出模式。DAC 集成了噪声和三角波发生器，可以生产噪声波和三角波，并且每个通道都可与 DMA 控制器配合使用，DACx（x 取值 1 或者 2）的内部结构框图如图 12.1 所示。

STM32F103 处理器的 DAC 工作原理

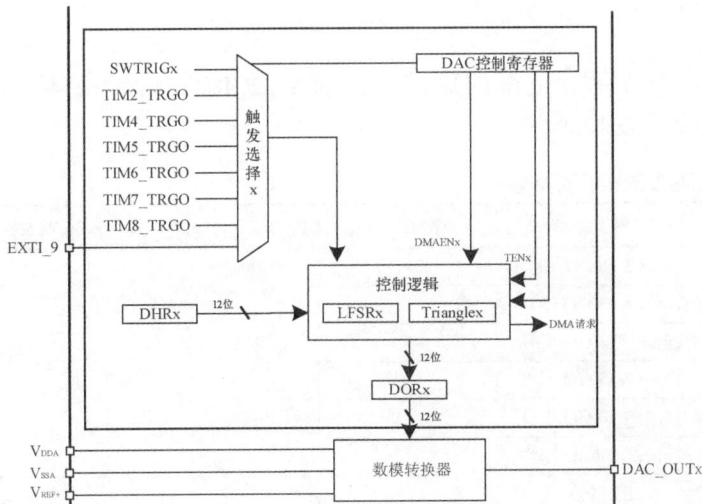

图 12.1　DACx 内部结构框图

STM32F103ZETx 处理器中与 DAC 相关的引脚及其功能说明如表 12.1 所示。其中，DAC1 对应的输出引脚为 PA4，DAC2 对应的输出引脚为 PA5。

表 12.1　DAC 相关引脚及其功能说明

引脚	功能说明
V_{REF+}	正模拟参考电压输入，V_{REF+} 引脚接入的电源的电压值应大于 1.8V，小于 V_{DDA} 引脚接入的电源的电压值
V_{DDA}	模拟电源输入
V_{SSA}	模拟电源接地输入
DAC_OUTx	DAC 通道 x 的模拟量输出引脚，x 取值 1 或 2
EXTI_9	外部中断触发引脚，可以用于触发 DAC 转换事件

DAC 转换可以由软件触发或者外部信号触发，外部触发信号包括片上定时器触发信号（TIM2_TRGO、TIM4_TRGO 等）和中断触发信号（EXTI_9）。

写入 DAC 数据寄存器中的数字量经过线性转换后，转换为 0 到 V_{REF+} 引脚接入的电压值之间的输出电压。数字输入量和 DAC 输出的模拟电压之间关系如下，其中 n 为分辨率，可取 8 或 12，DOR 为数字输入量，DAC_{OUT} 为模拟输出量，V_{REF+} 为 V_{REF+} 引脚接入的电压值。

$$DAC_{OUT} = V_{REF+} \times \frac{DOR}{2^n}$$

数据保持寄存器（DHRx）用来存放写入的待转换数据，数据输出寄存器（DORx）用于存放 DAC 正在转换的数据。DORx 加载了 DHRx 的内容后，经一段时间（转换建立时间）后模拟输出电压将输出到 DAC_OUTx 引脚上。

DAC 支持 8 位或 12 位分辨率，填入 DHRx 中的数据支持 3 种数据格式：8 位右对齐、12 位左对齐和 12 位右对齐。DAC 数据格式如图 12.2 所示。

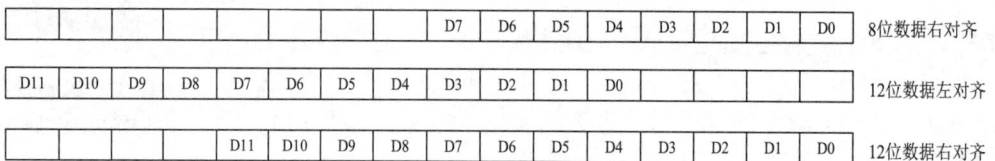

图 12.2　DAC 数据格式

DAC 有多种事件可以触发将 DHRx 中数据赋给 DORx，包括外部事件触发及软件触发，具体的触发源和触发类型见表 12.2。

表 12.2　DAC 触发源和触发类型

触发源	触发类型
Timer 2 TRGO 事件	来自片上定时器的内部信号
Timer 4 TRGO 事件	
Timer 5 TRGO 事件	
Timer 6 TRGO 事件	
Timer 7 TRGO 事件	
Timer 8 TRGO 事件	
EXTI_9	外部引脚触发
SWTRIG	软件触发

STM32F103ZETx 处理器的 DAC 内置了线性反馈移位寄存器（LFSR），用来产生可变振幅的伪噪声。同时内置了三角波生成器，可以实现在直流电流或慢变信号上叠加一个小幅三角波，三角波的振幅是可设置的，只要未达到最大振幅，三角波计数器会一直递增；一旦达到最大振幅，计数器将递减至零，然后再递增，重复循环。

12.2　DAC 相关数据结构和 API 函数

1. DAC 相关数据结构

stm32f103xe.h 文件中定义了与 DAC 控制寄存器相对应的结构体 DAC_TypeDef，有关 DAC 的其他定义和声明都存放在"stm32f1xx_hal_dac.h"文件中。其中，结构体 DAC_ChannelConfTypeDef 用于配置 DAC 触发方式和缓冲区，结构体 DAC_HandleTypeDef 用于配置 DAC 初始化参数。

```
typedef struct
{
  DAC_TypeDef                *Instance;        /*指向 DAC 控制寄存器的指针*/
  __IO HAL_DAC_StateTypeDef  State;            /*DAC 工作状态 */
  HAL_LockTypeDef            Lock;             /*锁存 DAC，HAL 库内部使用*/
  DMA_HandleTypeDef          *DMA_Handle1;     /*通道 1 用于关联 DMA */
  DMA_HandleTypeDef          *DMA_Handle2;     /*通道 2 用于关联 DMA */
  __IO uint32_t              ErrorCode;        /*DAC 错误程序 */
}DAC_HandleTypeDef;

typedef struct
{
  uint32_t DAC_Trigger;                        /*配置 DAC 通道的触发参数*/
  uint32_t DAC_OutputBuffer;                   /*配置 DAC 通道的缓冲区是否使能*/
}DAC_ChannelConfTypeDef;
```

2. DAC 相关 API 函数

HAL 库中常用的 DAC 相关 API 函数及其功能说明见表 12.3。

表 12.3　常用的 DAC 相关 API 函数及其功能

函数名称	功能说明
__HAL_DAC_ENABLE	宏定义，使能 DAC 通道
__HAL_DAC_DISABLE	宏定义，禁止 DAC 通道
HAL_DAC_Init	初始化 DAC，参数为指向 DAC_HandleTypeDef 的指针
HAL_DAC_DeInit	注销 DAC
HAL_DAC_MspInit	在 HAL_DAC_Init 函数中调用，用于初始化 DAC 的底层时钟、引脚等功能
HAL_DAC_MspDeInit	注销 DAC 底层初始化
HAL_DAC_Start	启动 DAC 开始数据转换
HAL_DAC_Stop	停止 DAC 数据转换
HAL_DAC_Start_DMA	用 DMA 方式启动 DAC 转换
HAL_DAC_Stop_DMA	停止 DMA 方式的 DAC 转换
HAL_DAC_ConfigChannel	配置 DAC 通道参数
HAL_DAC_GetValue	获取 DAC1 或者 DAC2 最近转换的数据值
HAL_DAC_SetValue	将待转换的数据写入 DAC 中
HAL_DAC_GetState	获取 DAC 当前的状态
HAL_DAC_IRQHandler	DAC 中断处理入口函数

12.3　DAC 编程

12.3.1　软件触发方式

STM32F103ZETx 处理器的 DAC 输出可由软件触发，下面通过案例讲解如何实现使用软件触发 DAC 转换。

> 案例 12.1：使用 STM32F103ZETx 处理器的 DAC1，通过软件触发 DAC 转换，输出一个方波信号。

1. STM32CubeMX 中操作

（1）新建项目、配置 RCC 和时钟树

在 STM32CubeMX 中创建一个新项目，选择 STM32F103ZETx 处理器，配置 RCC，选择 HSE 和 LSE 作为时钟源，选择 PLLCLK 的输出作为 SYSCLK，并配置好时钟树参数（参考案例 6.1）。

（2）配置引脚功能

选择 STM32CubeMX 主界面中的"Pinout & Configuration"面板，在界面右侧的"Pinout view"面板的搜索框中输入"PA4"，在引脚图中选中相应引脚，将引脚的工作模式配置为"DAC_OUT1"。然后展开主界面左侧的"System Core"列表，选中"GPIO"，在"GPIO Mode and Configuration"面板中配置好引脚参数，如图 12.3 所示。

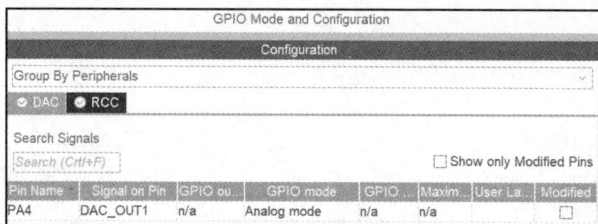

图 12.3　DAC 引脚配置

（3）配置 DAC 参数

展开"Pinout & Configuration"面板中的"Analog"列表，选中"DAC"，在弹出的"DAC Mode and Configuration"面板上配置 DAC 的各项参数，如图 12.4 所示。

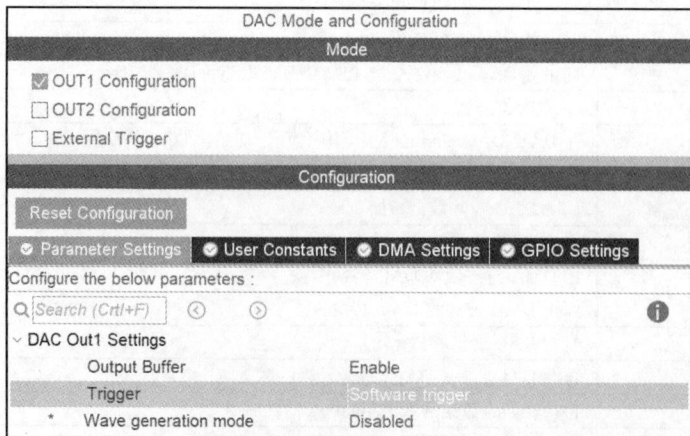

图 12.4　配置 DAC 参数

DAC 的配置参数说明如下。

① "Output Buffer" 用于选择是否设置输出缓冲区, 可选 "Enable" 或者 "Disable"。

② "Trigger" 用于设置 DAC 的触发方式。触发方式有多种选择:"NONE" 表示无触发;"TIMx Trigger Out event" 表示由 TIMx_TRGO 触发转换, 其中 x 可取 2、4、5、6、7、8;"Software trigger" 表示由软件触发。

③ "Wave generation mode" 用于选择生成波形模式。"Disabled" 表示生成单纯波形;"Triangle wave generation" 表示生成三角波;"Noise wave generation" 表示生成伪噪声波。

本案例中, 选择 DAC 软件触发方式, 同时关闭内置的波形发生器。

（4）配置工程参数和生成工程文件

选择 STM32CubeMX 主界面中的 "Project Manager" 面板, 在 "Project" 和 "Code Generator" 面板中配置好相关的输出工程参数。此处工程名为 "Soft_Trig_DA", 存放路径为 "…\Project\DAC", 单击 "GENERATE CODE", 导出 MDK 工程文件和程序。

2. Keil MDK 编程

（1）软件触发方式 DAC 程序分析

在 Keil MDK 集成开发环境中打开 STM32CubeMX 导出的工程, 要重点关注 STM32CubeMX 自动生成的 dac.c 文件和 main.c 文件。

dac.c 文件中定义了 DAC_HandleTypeDef 类型变量 hdac, 用于填写 DAC 初始化参数。

main.c 文件中定义了 MX_DAC_Init 函数用于完成有关 DAC 的配置工作, 它先调用 HAL_DAC_Init 函数来设置 DAC 通道的状态, 然后调用 HAL_DAC_ConfigChannel 函数将 DAC 配置参数填入 DAC 的控制寄存器, 读者可以找到函数定义处进一步分析。

使用 8 位无符号数 data 来存放待转换的数据。DAC 的数据写入格式选择 8 位右对齐模式, 写入数据的值在 0 到 255 之间。修改后的 main.c 如下。

```
int main(void)
{
  /* USER CODE BEGIN 1 */
  uint8_t data;                     /*临时变量, 用于存放待转换的数据*/
  /* USER CODE END 1   */
  HAL_Init();
  SystemClock_Config();
  MX_GPIO_Init();
  MX_DAC_Init();
  while (1)
  {
    /* USER CODE BEGIN 3 */
    for(int i=0;i<2;i++)
    {
      if(i%2 == 0)              /*循环选择高低电平*/
        data= 200;             /*输出高电平*/
      else
        data = 0;              /*输出低电平*/
      HAL_DAC_SetValue(&hdac,DAC_CHANNEL_1,DAC_ALIGN_8B_R,data);
      HAL_DAC_Start(&hdac,DAC_CHANNEL_1);
      HAL_Delay(1000);         /*通过延时来控制电平保持时间*/
    }
    /* USER CODE END 3 */
  }
}
```

（2）编译并下载

程序编译成功后，正确配置仿真器参数，仿真器连接成功后，将生成的 HEX 文件下载到 STM32F103ZETx 处理器中。在开发板上运行程序，并借助示波器观察实验结果是否与预设的一致。

12.3.2　定时器触发方式

定时器触发 DAC 案例

STM32F103ZETx 处理器的 DAC 输出也可以通过定时器触发，下面通过案例讲解如何实现定时器触发 DAC 转换。

案例 12.2：使用 TIM6 触发 DAC1 输出一个三角波，三角波参数来自 DAC 内置的三角波发生器。

1．STM32CubeMX 工程配置

（1）新建项目、配置 RCC 和时钟树

在 STM32CubeMX 中创建一个新项目，选择 STM32F103ZETx 处理器，配置 RCC，选择 HSE 和 LSE 作为时钟源，选择 PLLCLK 的输出作为 SYSCLK，并配置好时钟树参数（参考案例 6.1）。

（2）配置引脚功能

选择 STM32CubeMX 主界面中的 "Pinout & Configuration" 面板，在界面右侧的 "Pinout view" 面板的搜索框中输入 "PA4"，在引脚图中选中相应引脚，配置引脚的工作模式为 "DAC_OUT1"。然后展开主界面左侧的 "System Core" 列表，选中 "GPIO"，在 "GPIO Mode and Configuration" 面板中配置好引脚参数，如图 12.5 所示。

（3）配置 DAC 参数

展开 "Pinout & Configuration" 面板中的 "Analog" 列表，选中 "DAC"，在弹出的 "DAC Mode and Configuration" 面板上设置 DAC 的各项参数，如图 12.6 所示。

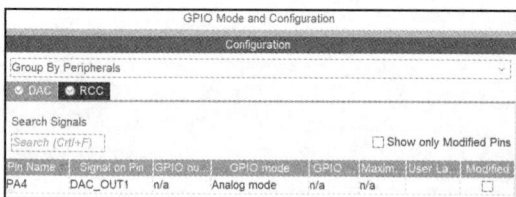

图 12.5　DAC 引脚配置

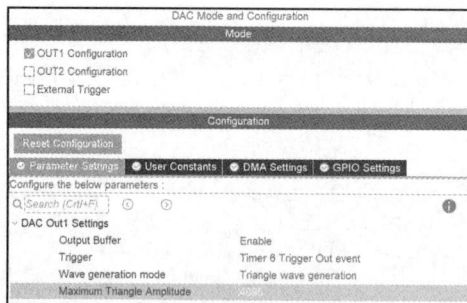

图 12.6　配置 DAC 参数

本案例中，选择 "Timer 6 Trigger Out event" 触发方式，打开三角波发生器，此时 DAC1 的数据格式默认使用 12 位右对齐模式，最大三角波幅度有多个可选择值，此处选择 4095。

（4）配置定时器参数

展开 "Pinout & Configuration" 面板中的 "Timers" 列表，选中 "TIM6"，在弹出的 "TIM6 Mode and Configuration" 面板上设置 TIM6 的各项参数，如图 12.7 所示。

TIM6 挂在 APB1 上，故 TIM6 的输入时钟信号频率为 72MHz。设定 "Prescaler（PSC-16 bits value）" 参数为 71，"Counter Period（AutoReload Registe...）" 参数为 99，根据更新事件频率计算公式，得到如下结果。

$$\text{Update\_event} = 72000000/((71+1)\times(99+1))=10\text{kHz}$$

TIM6 每次更新事件都会触发 DAC1 的三角波发生器做一次数据更新,同时更新后的数据将会被写入 DAC1 的数据输出寄存器中。

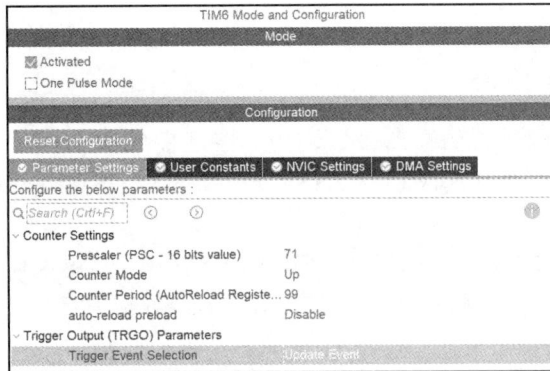

图 12.7　TIM6 参数配置界面

(5)配置工程参数并生成工程文件

选择 STM32CubeMX 主界面中的 "Project Manager" 面板,在 "Project" 和 "Code Generator" 面板中配置好相关的输出工程参数。此处工程名为 "TIM_Trig_DAC",存放路径为 "…\Project\DAC",单击 "GENERATE CODE",导出 MDK 工程文件和程序。

2. Keil MDK 编程

(1)打开工程并分析生成程序

在 Keil MDK 集成开发环境中打开 STM32CubeMX 导出的工程,重点关注 STM32CubeMX 自动生成的 dac.c 文件、tim.c 文件和 main.c 文件。

dac.c 文件中定义了 DAC_HandleTypeDef 类型变量 hdac,用于填写 DAC 初始化参数。

tim.c 文件中定义了 TIM_HandleTypeDef 类型变量 htim6,用于填写 TIM6 的初始化参数。

main.c 文件中定义了 MX_DAC_Init 函数,用于完成有关 DAC 的配置工作,MX_TIM6_Init 用于完成有关 TIM6 的配置工作,读者可以找到函数定义处进一步分析。

在 main.c 中手动添加 HAL_TIM_Base_Start 函数,用来启动 TIM6 开始计数。手动添加 __HAL_DAC_ENABLE 宏,使能 DAC 的通道 1。

由于 TIM6 的更新频率为 10kHz,三角波的最大幅度为 4095,三角波的计数器是从 0 增加到 4095,然后再从 4095 递减到 0,所以一个周期的波形里面包含了 2×4096 个输出值。由此可以计算出输出波形的频率。

$$f = 10000/(2\times4096)=1.22\text{Hz}$$

修改后的 main.c 如下。

```
int main(void)
{
  HAL_Init();
  SystemClock_Config();
  MX_GPIO_Init();
  MX_DAC_Init();
  MX_TIM6_Init();
  /* USER CODE BEGIN 2 */
  HAL_TIM_Base_Start(&htim6);                    /*手动添加,启动 TIM6*/
```

```
    __HAL_DAC_ENABLE(&hdac,DAC_CHANNEL_1);        /*手动添加，使能 DAC 通道 1*/
    /* USER CODE END 2 */
    while (1)
    {
        ;/*循环体为空*/
    }
}
```

（2）编译并下载

程序编译成功后，正确配置仿真器参数，仿真器连接成功后，将生成的 HEX 文件下载到 STM32F103ZETx 处理器中。在开发板上运行程序，并借助示波器观察实验结果是否与预设的一致。

（3）拓展

利用 DAC 的定时器触发方式，配合矩阵按键模块的使用，可以设计一个简易信号发生器，产生频率和幅值可调的三角波、锯齿波、方波等常用波形，请读者思考如何实现这些功能。

12.3.3 DMA 方式 DAC 转换

DMA 方式 DAC
转换案例

如果待转换数据已经存放在 SRAM 中，则可以使用 DMA 数据传输方式将这些数据通过 DAC 转换为模拟信号输出，DMA 数据传输可由定时器触发并启动 DAC 转换。

> 案例 12.3：将一段正弦波形数据预先存放在数组中，通过 DMA 数据传输方式将这些数据送到 DAC1 进行转换，DAC 转换的触发信号可由 TIM6 产生。

1. STM32CubeMX 工程配置

（1）新建项目、配置 RCC 和时钟树

在 STM32CubeMX 中创建一个新项目，选择 STM32F103ZETx 处理器，配置 RCC，选择 HSE 和 LSE 作为时钟源，选择 PLLCLK 的输出作为 SYSCLK，并配置好时钟树参数（参考案例 6.1）。

（2）配置引脚功能

选择 STM32CubeMX 主界面中的 "Pinout & Configuration" 面板，在界面右侧的 "Pinout view" 面板的搜索框中输入 "PA4"，在引脚图中选中相应引脚，将引脚的工作模式配置为 "DAC_OUT1"。并展开主界面左侧的 "System Core" 列表，选中 "GPIO"，在 "GPIO Mode and Configuration" 面板中配置好引脚参数，如图 12.8 所示。

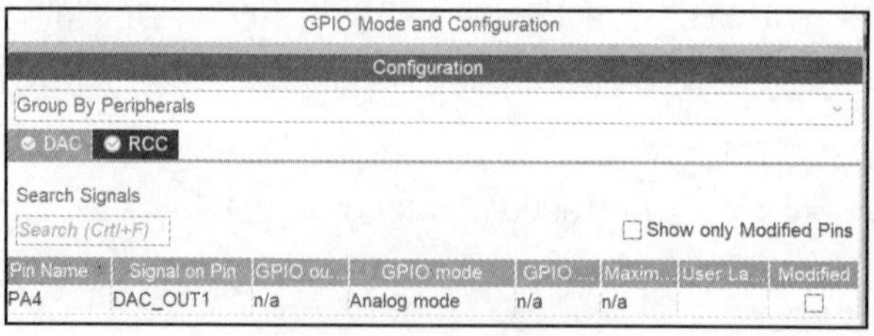

GPIO Mode and Configuration						
Configuration						
Group By Peripherals						
☑ DAC ☑ RCC						
Search Signals						
Search (Ctrl+F)					☐ Show only Modified Pins	
Pin Name	Signal on Pin	GPIO ou...	GPIO mode	GPIO...	Maxim... User La...	Modified
PA4	DAC_OUT1	n/a	Analog mode	n/a	n/a	☐

图12.8 DAC1引脚配置

（3）配置 DAC 参数

展开 "Pinout & Configuration" 面板中的 "Analog" 列表，选中 "DAC"，在弹出的 "DAC Mode and Configuration" 面板上设置 DAC 的各项参数，如图 12.9 所示。

切换到 "DMA Settings" 界面，配置 DMA 相关参数，此处选择 DMA2 Channel 3，如图 12.10 所示。单击 "Add" 按钮，添加 "DAC_CH1" 并设置优先级。"Mode" 选择为循环模式，这样可以不断重复执行 DMA 传输，以观察到持续的波形输出。采用 DAC 单通道模式时的有效数据是 16 位，因此"Data Width"均选择为半字，程序中数组的类型也要设置为 16 位。

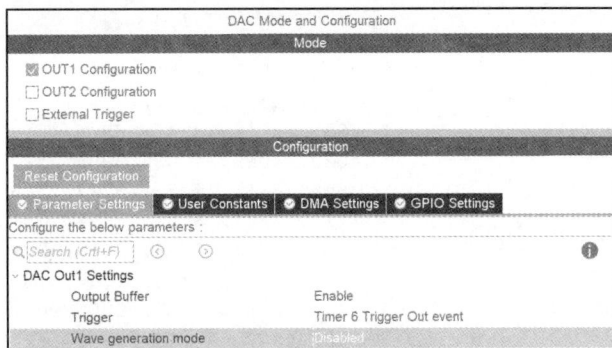

图 12.9　DAC 参数配置界面

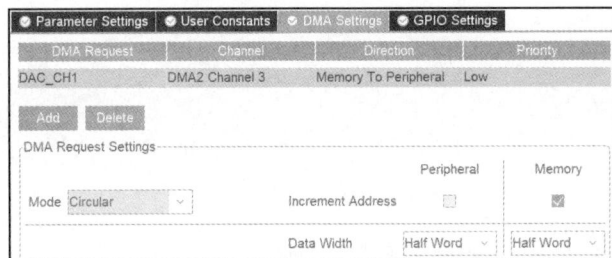

图 12.10　DAC 的 DMA 配置界面

TIM6 的参数配置同案例 12.2，此处不再赘述。

（4）配置工程参数并生成工程文件

选择 STM32CubeMX 主界面中的"Project Manager"面板，在"Project"和"Code Generator"面板中配置好相关的输出工程参数。此处工程名为"DMA_TIM_Trigg"，存放路径为"…\Project\DAC"，单击"GENERATE CODE"，导出 MDK 工程文件和程序。

2.　Keil MDK 编程

（1）DMA 方式 DAC 程序分析

在 Keil MDK 集成开发环境中打开 STM32CubeMX 导出的工程，要重点关注 STM32CubeMX 自动生成的 dac.c 文件、tim.c 文件和 main.c 文件。

dac.c 文件中定义了 DAC_HandleTypeDef 类型变量 hdac，用于填写 DAC 初始化参数。

tim.c 文件中定义了 TIM_HandleTypeDef 类型变量 htim6，用于填写 TIM6 的初始化参数。

main.c 文件中定义了 MX_DAC_Init 函数，用于完成有关 DAC 的配置工作，MX_TIM6_Init 用于完成有关 TIM6 的配置工作，MX_DMA_Init 函数用于完成 DMA2 的配置工作，读者可以找到函数定义处进一步分析。

在 main.c 中手动添加只读无符号 16 位整数数组 sine_wave_array，它存储了 128 个 12 位右对齐格式的数值，对应于一个完整的 sin 波形。该数组存储的数据越多，波形数据精度越高。HAL_DAC_Start_DMA 函数以 DMA 方式启动 DAC，每次 TIM6 更新事件会触发存储器到外设的 DMA 数据传输，依次从 sine_wave_array 数组中取出一个 16 位值送入 DAC 数据保持寄存器，然后执行 DAC 转换。由于 TIM6 的更新频率为 10kHz，sine_wave_array 数组的长度为 128，因此可以计算出输出波形的频率。

233

$$f = 10000/128 = 78.1\text{Hz}$$

修改后的 main.c 如下。

```
/* USER CODE BEGIN PTD */
const uint16_t sine_wave_array[] = { 2048, 2145, 2242, 2339, 2435, 2530, 2624, 2717,
                                     2808, 2897, 2984, 3069, 3151, 3230, 3307, 3381,
                                     3451, 3518, 3581, 3640, 3696, 3748, 3795, 3838,
                                     3877, 3911, 3941, 3966, 3986, 4002, 4013, 4019,
                                     4020, 4016, 4008, 3995, 3977, 3954, 3926, 3894,
                                     3858, 3817, 3772, 3722, 3669, 3611, 3550, 3485,
                                     3416, 3344, 3269, 3191, 3110, 3027, 2941, 2853,
                                     2763, 2671, 2578, 2483, 2387, 2291, 2194, 2096,
                                     1999, 1901, 1804, 1708, 1612, 1517, 1424, 1332,
                                     1242, 1154, 1068, 985, 904, 826, 751, 679, 610,
                                     545, 484, 426, 373, 323, 278, 237, 201, 169,
                                     141, 118, 100, 87, 79, 75, 76, 82, 93, 109,
                                     129, 154, 184, 218, 257, 300, 347, 399, 455,
                                     514, 577, 644, 714, 788, 865, 944, 1026, 1111,
                                     1198, 1287, 1378, 1471, 1565, 1660, 1756, 1853,
                                     1950, 2047 };
/* USER CODE END PTD */
int main(void)
{
  HAL_Init();
  SystemClock_Config();
  MX_GPIO_Init();
  MX_DMA_Init();
  MX_DAC_Init();
  MX_TIM6_Init();
  /* USER CODE BEGIN 2 */
  HAL_TIM_Base_Start(&htim6);           /*手动添加, 启动 TIM6*/
  if(HAL_DAC_Start_DMA(&hdac, DAC_CHANNEL_1, (uint32_t*)sine_wave_array, \
                  128, DAC_ALIGN_12B_R) != HAL_OK)
  {
      Error_Handler();
  }
  /* USER CODE END 2 */
  while (1)
  {
    ; /*循环体为空*/
  }
}
```

（2）编译并下载

程序编译成功后，正确配置仿真器参数，仿真器连接成功后，将生成的 HEX 文件下载到 STM32F103ZETx 处理器中。在开发板上运行程序，并借助示波器观察实验结果是否与预设的一致。

（3）拓展

案例 12.3 中，若 DAC 的待转换数据存放在上位机（PC）中，上位机与下位机（STM32F103 开发板）通过 RS232 串口相连。请问如何通过 STM32F103 开发板中的 USART 接收上位机数据，并利用 USART 与 DAC 间的 DMA 传输实现波形输出？

12.4　习题

1. DAC 的作用是什么？使用 DAC 时需要关注 DAC 的哪些性能指标？
2. 简述 STM32F103ZETx 处理器内部集成的 DAC 的主要性能指标。
3. 简述 STM32F103ZETx 处理器的 DAC 转换过程。
4. 利用 STM32F103ZETx 处理器的 DAC 输出电压信号。已知参考电压为+3.3V，DAC 分辨率为 12 位，数据保持寄存器采用 12 位右对齐方式。若向 DAC 数据保持寄存器写入 1000（十进制），请问 DAC 转换后的模拟信号电压为多少（精确到 1mV）？写出计算过程。
5. 在 STM32F103ZETx 处理器应用中，需要用 DAC 输出信号控制 LED 灯，LED 工作状态如图 12.11 所示，请分析如何实现？并画出软件流程图。
6. 已知 STM32F103ZETx 处理器的 DAC 参考电压 V_{REF}=3.3V，利用 DAC 输出如图 12.12 所示锯齿波，锯齿波周期为 100ms，幅度不作要求，请回答以下问题。

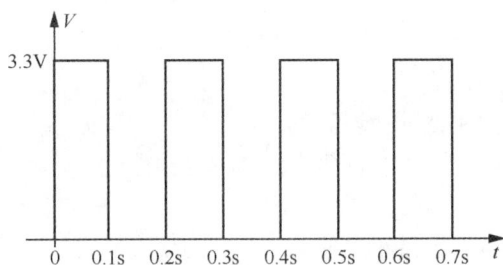

图 12.11　LED 工作状态

图 12.12　锯齿波

STM32 CubeMX 中配置的 DAC 参数如图 12.13 所示。

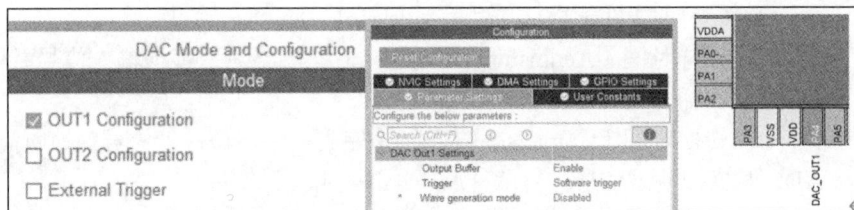

图 12.13　DAC 参数配置

（1）请根据题目要求完善 main 函数，实现锯齿波输出。

```
int main(void)
{
  HAL_Init();
  SystemClock_Config();
  MX_GPIO_Init();
  MX_DAC_Init();
  while (1)
      { ;在此处编程，实现题目要求，可调用 HAL 库函数 }
}
```

（2）计算程序输出锯齿波的幅度和周期，并说明过程。

13 第13章 模数转换器

　　模数转换器 ADC 是一种将连续的模拟信号（通常为电压信号）转换为离散的数字信号的转换器，其转换方向与 DAC 正好相反。模拟信号（如电压、温度、压力、流量、速度、光强等）需要转变成数字信号才能在处理器中进行分析和计算。

　　通常情况下，模拟信号转换为数字信号要经过取样、保持、量化和编码 4 个步骤，前面两个步骤在取样保持电路中完成，后面两个步骤在 ADC 中完成。

　　① 取样：它是将随时间连续变化的模拟量转换为时间离散的模拟量的过程。根据奈奎斯特采样定理，取样信号的频率应该是输入模拟信号最高频率分量的 2 倍以上，工程上一般取 3 ~ 5 倍。

　　② 保持：取样电路维持输入模拟量不变的一段时间。每次取得的模拟输入信号必须通过保持电路保持一段时间，从而为后续的量化编码过程提供一个稳定输入。

　　③ 量化：将取样保持电路的输出电压以某种近似方式转化为相应的离散电平，这一转化过程称为数值量化，简称量化。

　　④ 编码：量化的数值经过编码后以二进制的形式表示出来，该二进制程序就是 ADC 转换器输出的数字量。

　　ADC 的主要性能指标包括以下几方面。

　　① 取样时间（Acquisition Time）：取样电路获取模拟输入信号并保持稳定所需的时间。

　　② 转换时间（Conversion Time）：完成一次模拟输入信号转换所需时间，ADC 对模拟输入信号进行取样后，再进行量化和编码。

　　③ 采样率（Sampling Rate）：表示 ADC 每秒钟可以对模拟输入信号进行多少次采样。采样率的高低主要取决于 ADC 的转换时间，例如，ADC 的采样率是 50Hz，那么 ADC 每 20ms 采样一次，转换时间必须小于 20ms 才能得到有效的采样数据，这也是常说的转换速率必须大于等于采样率。采样率通常用每秒千次采样（kilo Samples per Second，kSPS）和每秒百万次采样（Million Samples per Second，MSPS）来表示。

　　④ 分辨率（Resolution）：表示模拟输入信号转换为数字量后的比特数。常见有 8 位、12 位、16 位和 24 位等。它是表征 ADC 最小刻度的指标，提高分辨率可以更精确地恢复模拟输入信号，降低量化噪声。

　　⑤ 转换精度（accuracy）：表示在 ADC 分辨率的基础上叠加的各种误差的参数，是用于衡量 ADC 采样精准度的指标。分辨率高的 ADC 还需要尽量降低系统误差，从而提高转换精度。

13.1　STM32F103ZETx 处理器的 ADC

STM32F103ZETx 处理器内集成了 3 个 12 位逐次逼近型 ADC，有多达 18 个复用通道，可测量 16 个外部信号源和 2 个内部信号源的信号。对这些通道的 ADC 转换可在单次、连续、扫描或不连续采样模式下进行。ADC 转换的结果存储在一个左对齐或右对齐的 16 位数据寄存器中。STM32F103ZETx 处理器的 ADC 结构框图如图 13.1 所示。

STM32F103ZETx
处理器的 ADC
工作原理

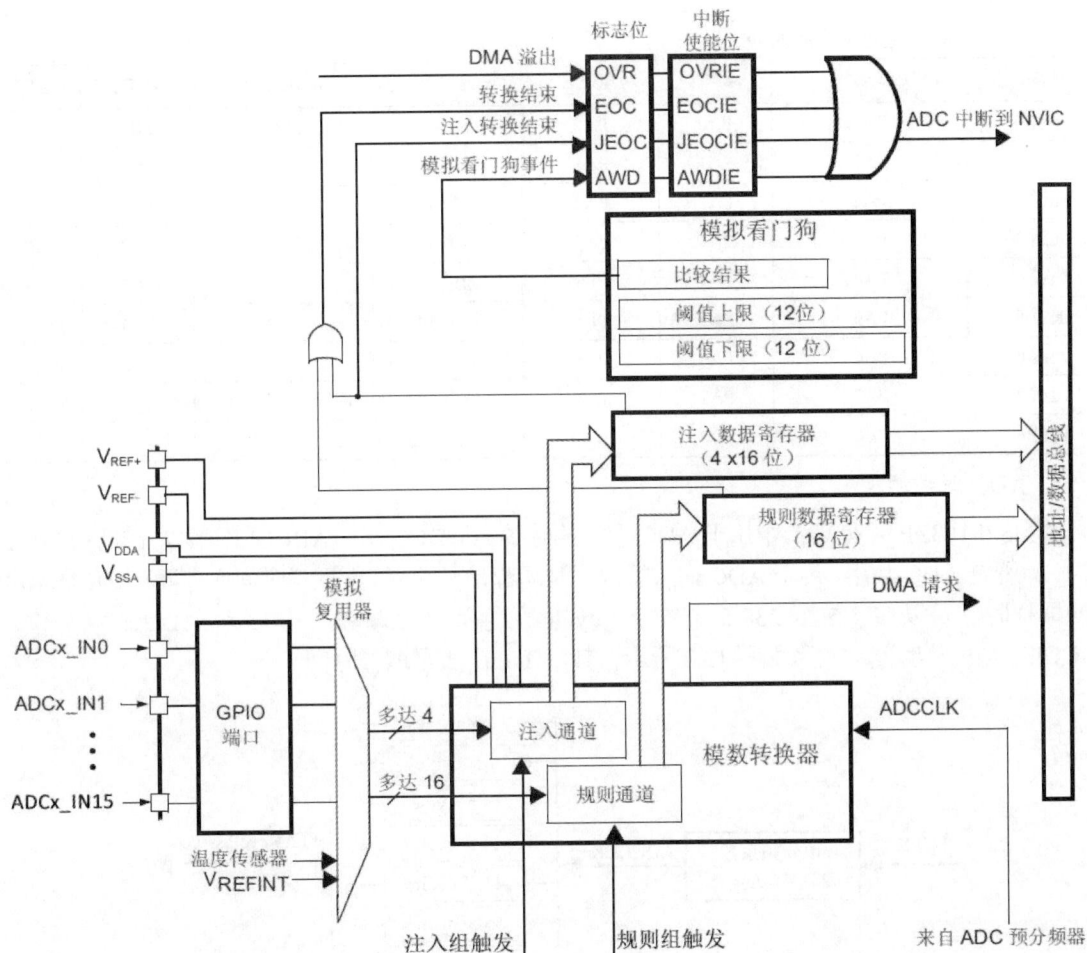

图 13.1　ADC 结构框图

1. ADC 引脚及通道

STM32F103ZETx 处理器中与 ADC 相关的引脚功能说明如表 13.1 所示。

表 13.1　ADC 相关引脚功能说明

引脚	功能说明
V_{REF+}	正模拟参考电压输入
V_{REF-}	负模拟参考电压输入
V_{DDA}	模拟电源输入
V_{SSA}	模拟电源接地输入

续表

引脚	功能说明
ADCx_IN[0:15]	16个模拟输入通道，输入电压值介于 V_{REF+} 引脚的输入电压和 V_{REF-} 引脚的输入电压之间
V_{REFINT}	内部参考电压，输入电压范围为 1.16V ~ 1.24V，典型值为 1.21V

STM32F103ZETx 处理器内集成的 3 个 ADC 外部通道数量并不完全一样，其中 ADC1 和 ADC2 有 16 个外部通道，ADC3 有 13 个外部通道，这些外部通道引脚是多个 ADC 之间共享的，表 13.2 列出了 ADC 各通道的引脚对应关系。

表 13.2　ADC 各通道的引脚对应关系

通道号	ADC1	ADC2	ADC3	通道号	ADC1	ADC2	ADC3
通道 0	PA0	PA0	PA0	通道 9	PB1	PB1	
通道 1	PA1	PA1	PA1	通道 10	PC0	PC0	PC0
通道 2	PA2	PA2	PA2	通道 11	PC1	PC1	PC1
通道 3	PA3	PA3	PA3	通道 12	PC2	PC2	PC2
通道 4	PA4	PA4	PF6	通道 13	PC3	PC3	PC3
通道 5	PA5	PA5	PF7	通道 14	PC4	PC4	
通道 6	PA6	PA6	PF8	通道 15	PC5	PC5	
通道 7	PA7	PA7	PF9	通道 16	内部温度传感器		
通道 8	PB0	PB0	PF10	通道 17	内部参考电压		

2. ADC 时钟源

STM32F103ZETx 处理器中用于 ADC 取样的时钟为 ADCCLK，ADCCLK 来自分频后的 PCLK2 时钟，为所有 ADC 共用。每个 ADC 通道的取样时间都是可编程的，取样时间寄存器（ADC_SMPRx）中的取样时间可以在 1.5 至 239.5 个周期（cycles）之间进行调节。以 12 位 ADC 转换为例，其 ADCCLK 与取样时间的关系如图 13.2 所示，其中 Tconv 表示取样时间。

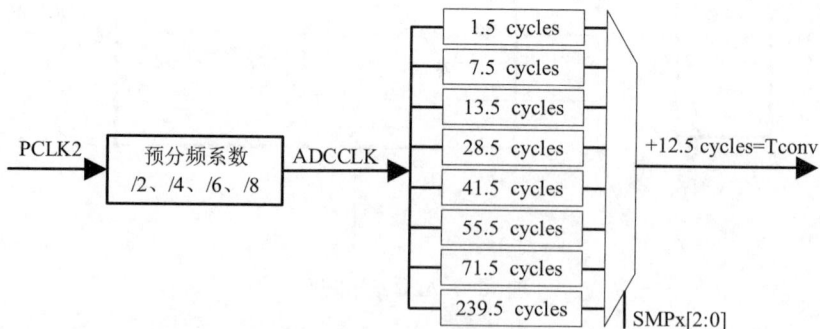

图 13.2　ADCCLK 与取样时间的关系

例如，当 PCLK2 为 28MHz 时，若 ADC 时钟分频系数设置为 2（ADCCLK 频率为 14MHz），取样时间设置为 1.5 个周期，进行 12 位 ADC 转换，那么 ADC 总的转换时长为 14 个 ADCCLK 周期，换算成时间为 1μs。

$$Tconv = 1.5 + 12.5 = 14 个周期$$

3. 规则组和注入组

当一个 ADC 模块需要转换多个通道的模拟输入时，可通过将内部模拟多路开关切换到不同的输入通道上，从而实现对多个通道的数据采样。多个通道的切换顺序可以任意排序，形成一个转换序列，称之为规则组，每个规则组中最多可以包含 16 个通道，转换顺序由规则序列寄存器来配置。启动规则组转换开始的触发源见表 13.3 所示，"√"表示 ADCx 支持该触发源。

表 13.3　规则组的触发源

触发源	ADC1	ADC2	ADC3	触发类型
TIM1_CH1 事件	√	√		来自片上定时器的内部信号
TIM1_CH2 事件	√	√		
TIM1_CH3 事件	√	√	√	
TIM2_CH2 事件	√	√		
TIM2_CH3 事件			√	
TIM3_CH1 事件			√	
TIM3_TRGO 事件	√	√		
TIM4_CH4 事件	√	√		
TIM5_CH1 事件			√	
TIM5_CH3 事件			√	
TIM8_CH1 事件			√	
TIM8_TRGO 事件			√	
EXTI_11/ TIM8_TRGO 事件	√	√		外部引脚触发/来自片上定时器的内部信号
SWSTART	√	√	√	软件触发

规则组每一次转换结束时，规则转换结束标志位会置 1，同时可以产生 DMA 请求。当 DMA 访问完 ADC 的规则数据寄存器后，该标志位会被自动清除。使用 DMA 时，目标地址会自动增加，避免当前的转换结果将上次转换的结果覆盖。

当规则组在正常转换过程有外部触发事件产生时，如果该外部事件打断了正常执行的规则组，转而执行另一个临时加入的转换序列，那么称这个临时加入的转换序列为注入组。一个注入组最多可以包含 4 个转换序列，由注入序列寄存器来配置。当注入组的转换完成后，ADC 继续执行被打断的规则组。启动注入组转换开始的触发源见表 13.4 所示，"√"表示 ADCx 支持该触发源。

表 13.4　注入组的触发源

触发源	ADC1	ADC2	ADC3	触发类型
TIM1_CH4 事件	√	√	√	来自片上定时器的内部信号
TIM1_TRGO 事件	√	√	√	
TIM2_CH1 事件	√	√		
TIM2_TRGO 事件	√	√		
TIM3_CH4 事件	√	√		
TIM4_CH3 事件			√	
TIM4_ TRGO 事件	√	√		
TIM5_CH4 事件			√	

续表

触发源	ADC1	ADC2	ADC3	触发类型
TIM5_TRGO 事件			√	
TIM8_CH2 事件			√	来自片上定时器的内部信号
TIM8_CH4 事件			√	
EXTI_15/ TIM8_CH4 事件	√	√		外部引脚触发/来自片上定时器的内部信号
JSWSTART	√	√	√	软件触发

规则组所有通道转换结果共享同一个规则数据寄存器，注入组的 4 个通道转换结果放入 4 个不同的注入数据寄存器中。到底是使用规则组还是注入组取决于应用的需求。

4. 数据对齐

STM32F103ZETx 处理器的 ADC 支持 12 位的分辨率。模拟电压 V_{IN} 由 ADCx_IN 引脚输入，经过逐次逼近比较后将会转换为数字量 $DATA$，它与 V_{REF+} 引脚上的输入电压 V_{REF+}、V_{REF-} 引脚上的输入电压 V_{REF-} 的关系如下。

$$DATA = 2^{12} \times \frac{V_{IN}}{V_{REF+} - V_{REF-}}$$

$DATA$ 存放在规则数据寄存器或者注入数据寄存器中。这两个数据寄存器的有效位均为 16 位，支持两种对齐方式：数据左对齐和数据右对齐。

以 12 位 ADC 转换为例，规则组的数据对齐方式如图 13.3 所示。

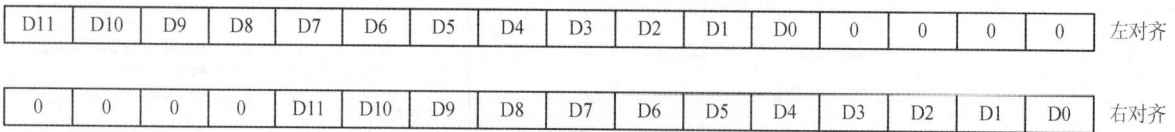

D11	D10	D9	D8	D7	D6	D5	D4	D3	D2	D1	D0	0	0	0	0	左对齐
0	0	0	0	D11	D10	D9	D8	D7	D6	D5	D4	D3	D2	D1	D0	右对齐

图 13.3　规则组数据对齐方式

注入数据寄存器中保存的数据并不是 ADC 转换的原始数据，而是原始数据减去 ADC 注入通道数据偏移寄存器中定义的偏移量，其结果可以是一个负值。因此注入数据寄存器增加了扩展的符号位 SEXT。注入组的数据对齐方式如图 13.4 所示。

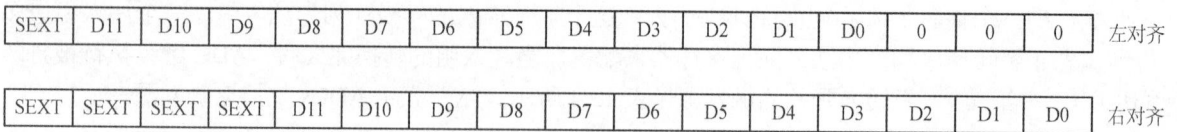

SEXT	D11	D10	D9	D8	D7	D6	D5	D4	D3	D2	D1	D0	0	0	0	左对齐
SEXT	SEXT	SEXT	SEXT	D11	D10	D9	D8	D7	D6	D5	D4	D3	D2	D1	D0	右对齐

图 13.4　注入组数据对齐方式

5. 各种工作模式

ADC 的转换模式有单次转换模式和连续转换模式。单次转换模式指对 ADC 通道上的输入信号只进行一次转换，连续转换模式指重复转换 ADC 通道上的输入信号。

扫描模式是针对多个通道而言的。在单次转换模式下，将规则组中的每个通道按顺序转换，直到最后一个通道结束后停止转换；如果是连续转换模式，则按照配置的顺序依次转换后，再重新开始下一轮转换。

间断转换模式的转换规则是每次触发只转换规则组或者注入组中的一部分通道，下一次触发时再转换另一部分通道，直到所有的通道组合转换完成，才产生一次中断。

13.2　ADC 相关数据结构和 API 函数

1.　ADC 相关数据结构

stm32f103xe.h 文件中定义了与 ADC 控制寄存器相对应的结构体 ADC_TypeDef, 有关 ADC 的其他定义和声明都存放在 "stm32f1xx_hal_adc.h" 文件中。其中，结构体 ADC_InitTypeDef 用于设置 ADC 转换参数，结构体 ADC_ChannelConfTypeDef 用于设置多通道转换参数，结构体 ADC_HandleTypeDef 用于初始化 ADC。

```
typedef struct
{
  uint32_t   DataAlign;                      /*数据对齐方式*/
  uint32_t   ScanConvMode;                   /*扫描模式配置*/
  FunctionalState  ContinuousConvMode;       /*连续转换模式配置*/
  uint32_t   NbrOfConversion;                /*连续转换模式下的采样通道数量*/
  FunctionalState  DiscontinuousConvMode;    /*不连续转换模式配置*/
  uint32_t   NbrOfDiscConversion;            /*不连续模式下的采样通道数量*/
  uint32_t   ExternalTrigConv;               /*外部触发模式配置*/
}ADC_InitTypeDef;

typedef struct
{
  uint32_t Channel;                          /*需要配置的通道编号*/
  uint32_t Rank;                             /*该通道在规则组或注入组中的顺序号*/
  uint32_t SamplingTime;                     /*该通道取样时间*/
}ADC_ChannelConfTypeDef;

typedef struct
{
  ADC_TypeDef            *Instance;          /*指向 ADC 控制寄存器的指针*/
  ADC_InitTypeDef        Init;               /*存储 ADC 初始化参数的结构体*/
  DMA_HandleTypeDef      *DMA_Handle;        /*指向 DMA 数据流的指针*/
  HAL_LockTypeDef        Lock;               /*ADC 锁定状态*/
  __IO uint32_t          State;              /*ADC 通信状态*/
  __IO uint32_t          ErrorCode;          /*ADC 出错码*/
}ADC_HandleTypeDef;
```

2.　ADC 相关 API 函数

HAL 库中常用的 ADC 相关 API 函数及其功能描述见表 13.5。

表 13.5　常用的 ADC 相关 API 函数及其功能描述

函数名称	功能描述
__HAL_ADC_ENABLE	宏定义，使能 ADC 通道
__HAL_ADC_DISABLE	宏定义，禁止 ADC 通道
HAL_ADC_Init	初始化 ADC
HAL_ADC_DeInit	注销 ADC
HAL_ADC_MspInit	在 HAL_ADC_Init 函数中调用，用于初始化 ADC 的底层时钟和引脚等
HAL_ADC_MspDeInit	注销 ADC 底层初始化

续表

函数名称	功能描述
HAL_ADC_Start	启动 ADC 采样
HAL_ADC_Stop	停止 ADC 采样
HAL_ADC_PollForConversion	以轮询方式检查 ADC 是否完成采样
HAL_ADC_Start_IT	以中断方式启动 ADC 采样
HAL_ADC_Stop_IT	停止中断方式下的 ADC 采样
HAL_ADC_Start_DMA	以 DMA 方式启动 ADC 采样
HAL_ADC_Stop_DMA	停止 DMA 方式的 ADC 采样
HAL_ADC_ConfigChannel	配置 ADC 通道参数
HAL_ADC_IRQHandler	ADC 中断处理入口函数
HAL_ADC_ConvCpltCallback	非阻塞方式下 ADC 转换结束中断回调函数
HAL_ADC_ConvHalfCpltCallback	非阻塞方式下 ADC 转换过半中断回调函数
HAL_ADC_GetState	获取 ADC 当前的状态
HAL_ADC_GetValue	获取转换结果

13.3　ADC 编程

软件触发 ADC 案例

13.3.1　软件触发方式

STM32F103ZETx 处理器的 ADC 转换可由软件触发，下面通过案例讲解如何实现使用软件触发 ADC 转换。

案例 13.1：STM32F103ZETx 处理器的参考电压引脚接入 3.3V，PA1 引脚连接可调电位器的滑动端，电路如图 13.5 所示，使用软件触发 ADC 采样 PA1 引脚上的电压值。

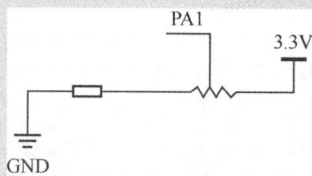

图 13.5　可调电位器连接电路图

查阅表 13.2 可知，PA1 引脚被 ADC1、ADC2 和 ADC3 的通道 1 共享，此处选用 ADC1_IN1。

1. STM32CubeMX 工程配置

（1）新建项目、配置 RCC 和时钟树

在 STM32CubeMX 中创建一个新项目，选择 STM32F103ZETx 处理器，配置 RCC，选择 HSE 和 LSE 作为时钟源，选择 PLLCLK 的输出作为 SYSCLK，并配置好时钟树参数（参考案例 6.1）。

（2）配置引脚功能

选择 STM32CubeMX 主界面中的 "Pinout & Configuration" 面板，在界面右侧的 "Pinout view" 面板的搜索框中输入 "PA1"，在引脚图中选中相应引脚，配置引脚的工作模式为 "ADC1_IN1"。然后展开主界面左侧的 "System Core" 列表，选中 "GPIO"，在 "GPIO Mode and Configuration" 面板中配置好引脚参数，如图 13.6 所示。

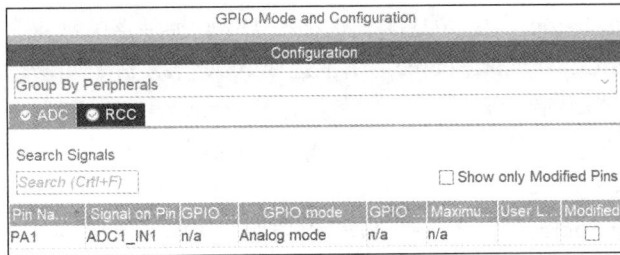

图 13.6 ADC 引脚配置

（3）配置 ADC 参数

展开"Pinout & Configuration"面板中的"Analog"列表，选中"ADC1"，在弹出的"ADC1 Mode and Configuration"面板上设置 ADC1 的各项参数，如图 13.7 所示。

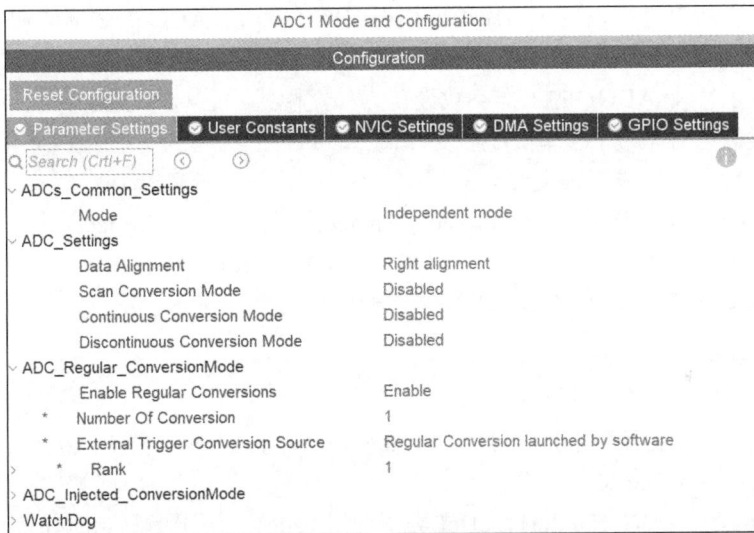

图 13.7 ADC1 参数配置界面

需要设置的 ADC1 参数包括基本采样参数、规则组采样参数、注入组采样参数和看门狗参数，下面逐项予以说明。

① 基本采样参数

a."ADCs_Common_Settings"中的"Mode"用于设置 ADC 的工作模式，可选独立模式和双 ADC 下的各种转换模式。注意只有同时使用 ADC1 和 ADC2 时，才会出现双 ADC 下的转换模式选项。

b."Data Alignment"用于选择转换后数据的对齐方式。"Left alignment"为左对齐方式，"Right alignment"为右对齐方式。

c."Scan Conversion Mode"用于选择 ADC 是否工作在扫描模式，是多通道还是单通道模式。多通道采样时设置为"Enabled"；单通道采样时设置为"Disabled"。

d."Continuous Conversion Mode"用于选择 ADC 是否工作在连续模式，可以设置为"Enabled"或者"Disabled"。

e."Discontinuous Conversion Mode"用于选择 ADC 是否工作在不连续模式（单次模式），可以设置为"Enabled"或者"Disabled"。

② 规则组采样参数

a."Enable Regular Conversions"用于选择规则组是否可以转换，设置为"Enable"或者"Disabled"。

b. "Number Of Conversion"用于配置规则组中 ADC 转换通道的数量，可选范围为 1 ~ 16。

c. "External Trigger Conversion Source"用于选择 ADC 触发源，可参考表 13.3。

d. "Rank"用于配置规则组的转换顺序，依次选择 Rank1 到 Rank16，配置从前至后对应的通道号 "Channel"，以及该通道使用的采样周期 "Sampling Time"。

③ 注入组采样参数

a. "External Trigger Source"用于选择 ADC 触发源，可参考表 13.4。

b. "ADC_Injected_ConversionMode"配置注入组转换模式，其他各个选项的含义与规则组相同。注入组的 Rank 参数中增加了一个 "Injected Offset ADC"，用于配置各个注入通道的偏移量。

④ 看门狗参数

"Enable Analog WatchDog Mode"选项用于配置模拟看门狗模式，可以设置为 "Enable"或者 "Disabled"。若设置成 "Enabled"，则需对看门狗模式、模拟看门狗的通道、比较阈值上限、比较阈值下限及是否允许中断等进行设置。当启动模拟看门狗模式时，ADC 的采样值超出了预定的阈值就可以产生中断。

根据本案例要求，将 ADC1 的工作参数设置为独立模式、右对齐数据方式、单通道单次采样转换，设置规则组通道数为 1，并选择软件触发方式。

（4）配置工程参数并生成工程文件

选择 STM32CubeMX 主界面中的 "Project Manager"面板，在 "Project"和 "Code Generator"面板中配置好相关的输出工程参数。此处工程名为 "ADC_softtrig"，存放路径为 "…\Project\ADC"，单击 "GENERATE CODE"，导出 MDK 工程文件和程序。

2. Keil MDK 编程

（1）软件触发 ADC 采样程序分析

在 Keil MDK 集成开发环境中打开 STM32CubeMX 导出的工程，要重点关注 STM32CubeMX 自动生成的 adc.c 文件和 main.c 文件。

adc.c 文件中定义了 ADC_HandleTypeDef 类型变量 hadc1，用于填写 ADC1 初始化参数。

main.c 文件中定义了 MX_ADC1_Init 函数用于完成有关 ADC1 的配置工作，它先调用 HAL_ADC_Init 函数来设置 ADC1 通道信息，然后调用 HAL_ADC_ConfigChannel 函数来配置各通道的采样参数，读者可以找到函数定义处进一步分析。

在 main.c 中增加 32 位无符号数 data 用于存储采样结果，使用 HAL_ADC_Start 函数用来产生一个软件触发信号，每调用一次该函数，ADC1 完成一次采样工作。HAL_ADC_GetValue 函数负责读出数据寄存器中的内容并存入 data 中，此时 data 的低 16 位为有效数据。修改后的 main.c 如下。

```
/* USER CODE BEGIN 0 */
 uint32_t data=0;       /*存放采样结果*/
/* USER CODE END 0 *
int main(void)
{
  HAL_Init();
  SystemClock_Config();
  MX_GPIO_Init();
  MX_ADC1_Init();
  while (1)
  {
    /* USER CODE BEGIN 3 */
    HAL_ADC_Start(&hadc1);             /*软件触发 1 次 ADC 采样*/
```

```
    data=HAL_ADC_GetValue(&hadc1);        /*读取 ADC 转换结果*/
    HAL_Delay(1000);                      /*便于观察结果 */
    /* USER CODE END 3 */
  }
}
```

（2）编译和下载

程序编译成功后，正确配置仿真器参数，仿真器连接成功后，将生成的 HEX 文件下载到 STM32F103ZETx 处理器中。那如何查看 ADC 转换结果呢？方法有很多，可以将结果送至串口，在串口调试助手中查看；也可以外接 OLED 模块，将结果送至 OLED 显示。此处通过在线调试，在 Watch 窗口实时查看转换结果变量 data 的值。

程序成功下载后，单击主菜单上的"Debug"菜单下的"Start/Stop Debug Session"或单击快捷按键 ，启动程序调试模式；打开 Watch 窗口，输入变量名 data，如图 13.8 所示。

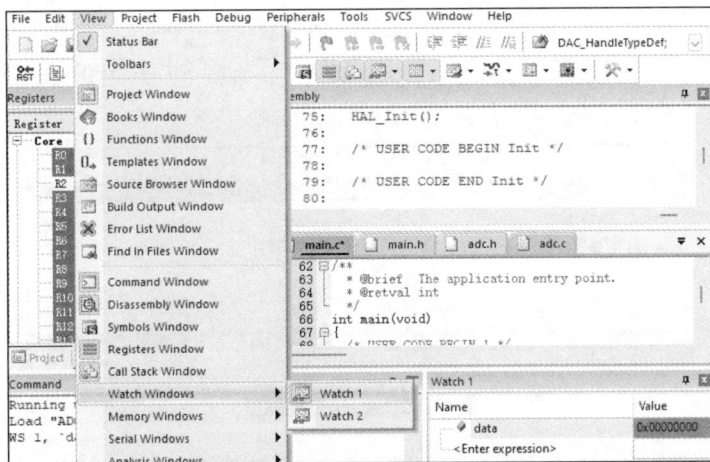

图 13.8　在 Watch 窗口中输入变量名

单击主菜单上的"Debug"菜单下的"Run"或单击快捷按键 ，观察 Watch 窗口中变量值的变化，如图 13.9 所示。

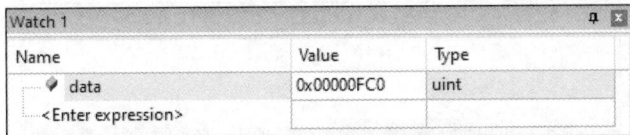

图 13.9　在 Watch 窗口中观察变量值

调节可调电位器，data 值每隔 1s 变化一次，将该数据送入下面的 ADC 模数转换关系公式计算，就会得到转换的具体电压值。

$$电压值 = \frac{data}{2^{12}} \times 3.3V$$

13.3.2　定时器触发数据采样

STM32F103ZETx 处理器的 ADC 转换也可由定时器触发，下面通过案例讲解如何实现定时器触发 ADC 转换。

定时器触发
ADC 案例

> 案例 13.2：使用定时器触发两个 ADC（ADC1 和 ADC2）独立采样。一个 ADC 用于采样 STM32F103ZETx 处理器内部温度传感器的输出，另一个 ADC 用于采集可调电位器的电压输出值，电路如图 13.5 所示。

此处选择 ADC1_IN16 通道用于采样微控制器内部温度传感器的输出，PA1 引脚作为 ADC2_IN1 通道使用。

1. STM32CubeMX 工程配置

（1）新建项目、配置 RCC 和时钟树

在 STM32CubeMX 中创建一个新项目，选择 STM32F103ZETx 处理器，配置 RCC，选择 HSE 和 LSE 作为时钟源，选择 PLLCLK 的输出作为 SYSCLK，并配置好时钟树参数（参考案例 6.1）。

（2）配置引脚功能

选择 STM32CubeMX 主界面中的"Pinout & Configuration"面板，在界面右侧的"Pinout view"面板的搜索框中输入"PA1"，在引脚图中选中相应引脚，配置引脚的工作模式为"ADC2_IN1"。然后展开主界面左侧的"System Core"列表，选中"GPIO"，在"GPIO Mode and Configuration"面板中配置好引脚参数，如图 13.10 所示。

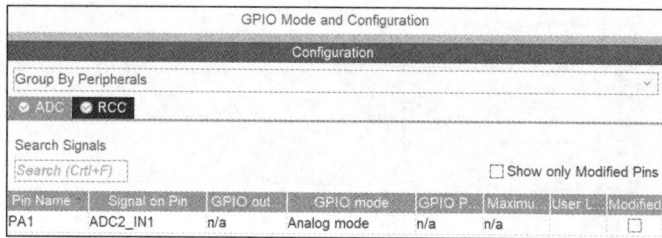

图 13.10　ADC 引脚配置

（3）配置 ADC 参数

展开"Pinout & Configuration"面板中的"Analog"列表，选中"ADC1"，在弹出的"ADC1 Mode and Configuration"面板上设置 ADC1 的各项参数。注意，ADC1 的 Mode 参数选择"Channel Temperature Sensor"，如图 13.11 所示。

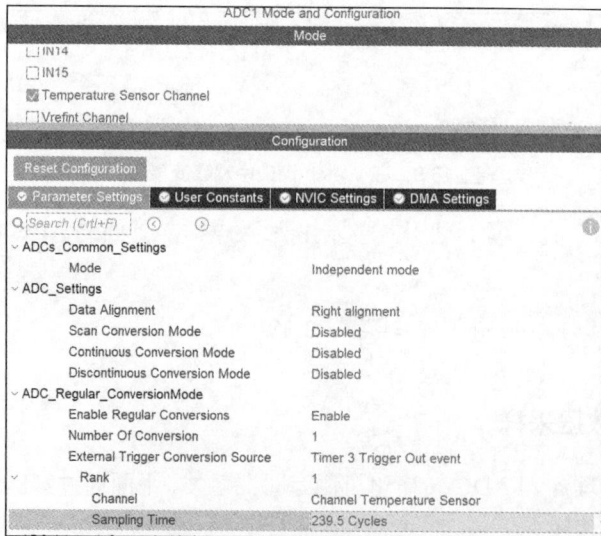

图 13.11　ADC1 参数配置界面

切换到"NVIC Settings"选项，勾选"ADC1 and ADC2 global interrupts"为"Enabled"，表示完成一次转换将 EOC 置 1 后，产生转换结束中断，如图 13.12 所示。在转换结束中断的中断服务程序中，可以读取每一次的采样值。

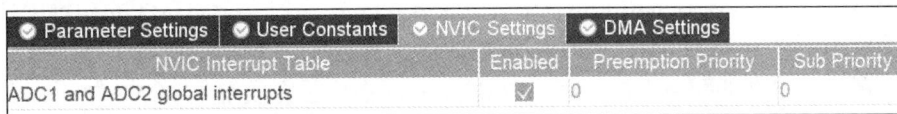

NVIC Interrupt Table	Enabled	Preemption Priority	Sub Priority
ADC1 and ADC2 global interrupts	☑	0	0

图 13.12 开启 ADC 中断

切换到"ADC2"，在"ADC2 Mode and Configuration"面板中的"Mode"中勾选"IN1"，表示启用 ADC2_IN1 通道，ADC2 的其余配置参数与 ADC1 一致。

（4）配置 TIM3 参数

选用 TIM3 的计数更新事件作为 ADC 转换的触发信号。采样周期数值选择稍大一点，以满足温度传感器要求的 17.1μs 采样时间。

选择 STM32CubeMX 主界面中的"Pinout & Configuration"面板，展开"Timers"列表，选中"TIM3"。在弹出的"TIM3 Mode and Configuration"面板中设置 TIM3 参数，如图 13.13 所示。

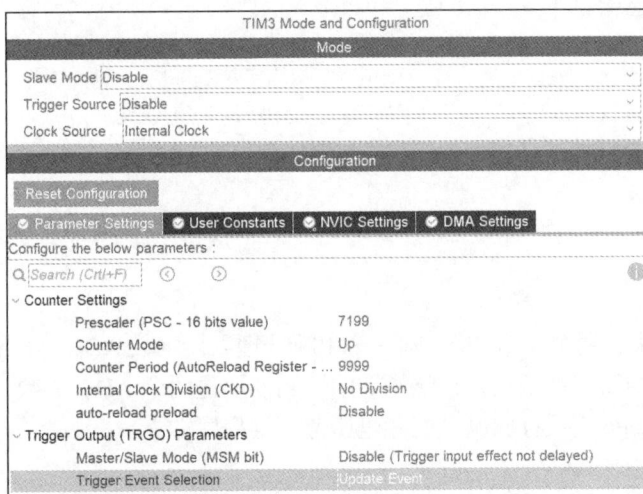

图 13.13 配置 TIM3 参数

TIM3 的"Trigger Event Selection"选择为"Update Event"，每次 TIM3 重新装载时将产生 TRGO 事件来触发 ADC1 和 ADC2 启动转换，根据更新事件频率计算公式，得到 TIM3 的 Update Event 周期设置为 1s。

$$Update\_event = 72000000 / ((7199 + 1) \times (9999 + 1)) = 1Hz$$

（5）配置工程参数并生成工程文件

选择 STM32CubeMX 主界面中的"Project Manager"面板，在"Project"和"Code Generator"面板中配置好相关的输出工程参数。此处工程名为"ADC_TIMtrig"，存放路径为"…\Project\ADC"，单击"GENERATE CODE"，导出 MDK 工程文件和程序。

2. Keil MDK 编程

（1）定时器触发 ADC 采样程序分析

在 Keil MDK 集成开发环境中打开 STM32CubeMX 导出的工程，要重点关注 STM32CubeMX 自

动生成的 adc.c 文件、tim.c 文件、main.c 文件和 stm32f1xx_it.c 文件。

adc.c 文件中定义了 ADC_HandleTypeDef 类型变量 hadc1 和 hadc2，用于填写 ADC1 和 ADC2 初始化参数。

tim.c 文件中定义了 TIM_HandleTypeDef 类型变量 htim3，用于填写 TIM3 的初始化参数。

main.c 文件中定义了 MX_ADC1_Init 函数，用于完成有关 ADC1 的配置工作，MX_ADC2_Init 函数用于完成有关 ADC2 的配置工作，MX_TIM3_Init 函数用于完成有关 TIM3 的配置工作，读者可以找到函数定义处进一步分析。

在 main.c 中添加 HAL_TIM_Base_Start 函数启动 TIM3 工作，TIM3 每 1s 产生一个触发事件。添加 HAL_ADC_Start_IT 函数以中断方式启动 hdac1 和 hdac2。修改后的 main.c 如下。

```
int main(void)
{
  HAL_Init();
  SystemClock_Config();
  MX_GPIO_Init();
  MX_ADC1_Init();
  MX_ADC2_Init();
  MX_TIM3_Init();
  /* USER CODE BEGIN 2 */
  HAL_TIM_Base_Start(&htim3);      /*手动添加，启动 TIM3*/
  HAL_ADC_Start_IT(&hadc1);        /*手动添加，以中断方式启动 ADC1*/
  HAL_ADC_Start_IT(&hadc2);        /*手动添加，以中断方式启动 ADC2*/
  /* USER CODE END 2 */
  while (1)
  {
  ;/*循环体为空*/
  }
}
```

在 stm32f1xx_it.c 中，两个 ADC 共享同一个中断处理入口函数 ADC1_2_IRQHandler。在 main.c 中添加 ADC 转换结束中断回调函数，在该函数中分别读取这两个 ADC 的数据寄存器的值，并定义变量 temperature 和 voltage 用于存放温度值和电压值。其程序如下。

```
/* USER CODE BEGIN 4 */
float temperature;   /*温度值*/
float voltage;       /*电压值*/
void HAL_ADC_ConvCpltCallback(ADC_HandleTypeDef* hadc)
{
  HAL_ADC_PollForConversion(&hadc1, 10);
  uint32_t adc1_data=HAL_ADC_GetValue(&hadc1);
  uint32_t adc2_data=HAL_ADC_GetValue(&hadc2);
  temperature =( 1.43-(float) adc1_data * 3.3 / 4096 ) / 0.0043 + 25;
  voltage =adc2_data / 4096.0 * 3.3;
}
/* USER CODE END 4 */
```

在上述中断回调函数中，用到了 ADC1_IN16 通道的温度换算公式。

$$温度（单位为℃）=((V_{25}-V_{SENSE})/Avg\_Slope) + 25$$

其中，V_{SENSE} 为采样值；当温度为 25℃时，STM32F103ZETx 处理器的 V_{25} 等于 1.43V；Avg_Slope 为温度与 V_{SENSE} 曲线的平均斜率，STM32F103ZETx 处理器的 Avg_Slope 为 4.3mV/℃。

（2）编译并下载

程序编译成功后，正确配置仿真器参数，仿真器连接成功后，将生成的 HEX 文件下载到 STM32F103ZETx 处理器中。程序成功下载后，单击主菜单上的"Debug"菜单下的"Start/Stop Debug Session"或单击快捷按键 ，启动程序调试模式；打开 Watch 窗口，输入变量名，如图 13.14 所示。

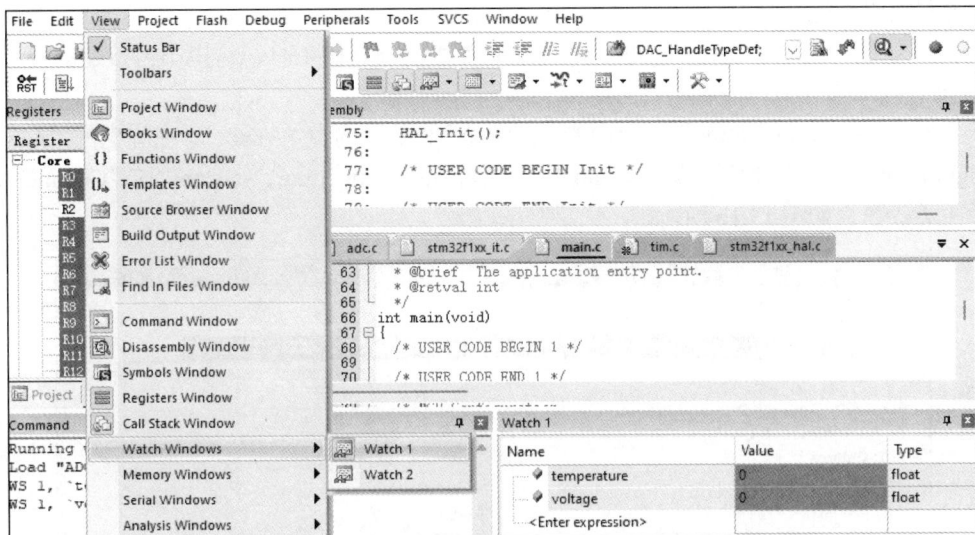

图 13.14　在 Watch 窗口中输入变量名

单击主菜单上的"Debug"菜单下的"Run"或单击快捷按键 ，观察 Watch 窗口中变量值的变化，如图 13.15 所示。

图 13.15　在 Watch 窗口中观察变量值

变量 temperature 和 voltage 的值每隔 1s 变化一次，可见 TIM3 的计数更新事件成功触发了 ADC 转换。

13.3.3　规则组数据采样

STM32F103ZETx 处理器的 ADC 可以对多个通道进行数据采样，下面通过案例讲解如何实现定时器触发单个 ADC 上的规则组采样，实现按顺序依次采样多个通道的数据。

> 案例 13.3：配置 ADC1 的规则组包含 3 个通道。第一个通道为 ADC1_IN1，在 PA1 引脚上连接可调电位器，电路如图 13.5 所示。第二个通道为 ADC1_IN16，用于采样微控制器内部温度传感器输出。第三个通道为 ADC1_IN17，它连接到了微控制器内部参考电压，STM32F103ZETx 处理器中的内部参考电压在 1.16V 到 1.24V 之间，典型值为 1.21V。

由于 ADC1 的多个通道共享同一个规则数据寄存器，因此采样过程中需要开启 DMA，每个通道采样完成后通过 DMA 将采样结果传输到 SRAM 中。

规则组数据
采样案例

1. STM32CubeMX 工程配置

（1）新建项目、配置 RCC 和时钟树

在 STM32CubeMX 中创建一个新项目，选择 STM32F103ZETx 处理器，配置 RCC，选择 HSE 和 LSE 作为时钟源，选择 PLLCLK 的输出作为 SYSCLK，并配置好时钟树参数（参考案例 6.1）。

（2）配置引脚功能

PA1 引脚的工作模式为"ADC1_IN1"，其他配置参数同案例 13.1，这里不再赘述。

（3）配置 ADC 参数

展开"Pinout & Configuration"面板中的"Analog"列表，选中"ADC1"，在弹出的"ADC1 Mode and Configuration"面板上分别选择"Channel 1""Channel Temperature Sensor"和"Channel Vrefint"，并设置各通道参数，如图 13.16 所示。

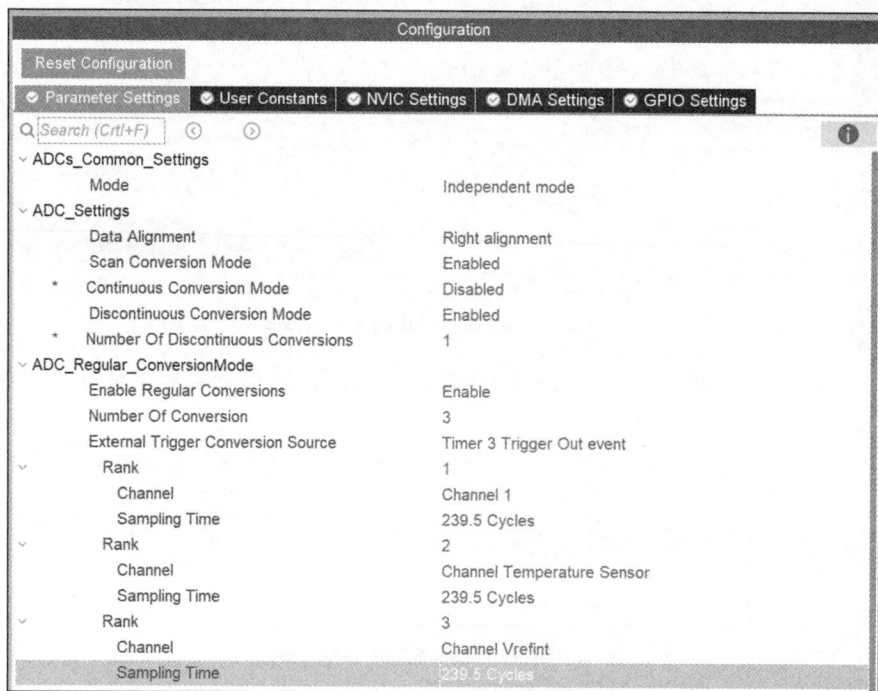

图 13.16　ADC1 各通道参数配置界面

ADC1 的"Mode"选择独立模式，数据右对齐。由于启用了多个通道，"Scan Conversion Mode"应该设置为"Enabled"。"Continuous Conversion Mode"选择为"Disabled"，也就是规则组采样完成后不会自动开始下一次转换。"Discontinuous Conversion Mode"设置为"Enabled"，表示一次触发只采样规则组中一个通道。

"ADC_Regular_ConversionMode"栏中的参数用于配置规则组的采样参数。"Number of Conversion"处选择 3。触发源配置为"Timer 3 Trigger Out event"，由 TIM3 的 TRGO 事件触发启动。"Rank1""Rank2"和"Rank3"栏用于配置规则组通道的采样顺序和取样时间，此处配置顺序为 ADC1_IN1、Temperature Sensor 和 Vrefint。

在"Configuration"面板中切换到"DMA Settings"界面，新增一个 DMA 通道，配置参数如图 13.17 所示。此处 DMA 的"Mode"应该选择为循环模式，表示一次 DMA 传输完成后自动开始下一次传输。由于每个通道的数据有效位为 16 位，"Data Width"选择为 Half Word。DMA 请求中传输数据的顺序由"Rank1"至"Rank3"中选定的通道顺序决定。

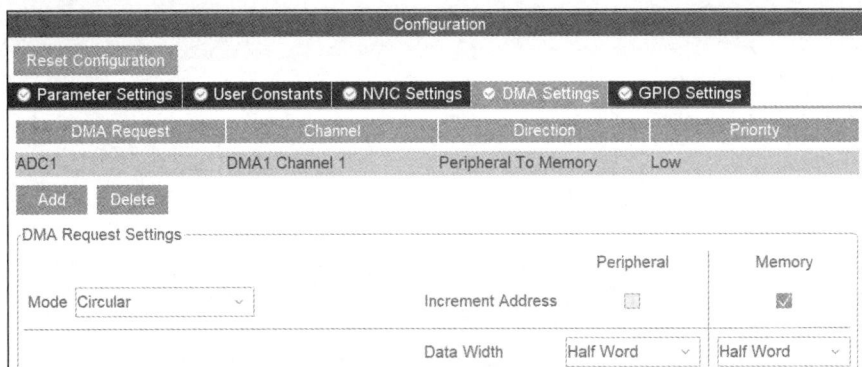

图 13.17 DMA 参数配置

切换到"NVIC Settings"选项，勾选"ADC1 and ADC2 global interrupts"为"Enabled"，表示完成一次转换将 EOC 置 1 后，产生转换结束中断，如图 13.18 所示。在转换结束中断的中断服务程序中，可以读取每一次的采样值。

图 13.18 开启 ADC 中断

（4）配置 TIM3 参数

TIM3 的更新周期配置为 1s，参数配置同案例 13.2，这里不再赘述。

（5）配置工程参数并生成工程文件

选择 STM32CubeMX 主界面中的"Project Manager"面板，在"Project"和"Code Generator"面板中配置好相关的输出工程参数。此处工程名为"ADC_Regular"，存放路径为"…\Project\ADC"，单击"GENERATE CODE"，导出 MDK 工程文件和程序。

2．Keil MDK 编程

（1）规则组数据采样程序分析

在 Keil MDK 集成开发环境中打开 STM32CubeMX 导出的工程，要重点关注 STM32CubeMX 自动生成的 adc.c 文件、tim.c 文件、main.c 文件和 stm32f1xx_it.c 文件。

adc.c 文件中定义了 ADC_HandleTypeDef 类型变量 hadc1，用于填写 ADC1 初始化参数。

tim.c 文件中定义了 TIM_HandleTypeDef 类型变量 htim3，用于填写 TIM3 初始化参数。

main.c 文件中定义了 MX_ADC1_Init 函数，用于完成有关 ADC1 的配置工作，MX_TIM3_Init 函数用于完成有关 TIM3 的配置工作，读者可以找到函数定义处进一步分析。

在 main.c 中添加一个 16 位全局变量 data，用于接收 DMA 数据。调用 HAL_TIM_Base_Start 函数启动 TIM3 工作，TIM3 每 1s 产生一个触发事件，即采样规则组中一个通道的模拟量。添加 HAL_ADC_Start_DMA 函数以 DMA 方式启动 hdac1，每次传输 1 个通道的数据。修改后的 main.c 如下。

```
/* USER CODE BEGIN 0 */
uint16_t data;              /*定义 16 位全局变量 data, 用于接收 DMA 数据*/
```

```
/* USER CODE END 0 */
int main(void)
{
  HAL_Init();
  SystemClock_Config();
  MX_GPIO_Init();
  MX_DMA_Init();
  MX_ADC1_Init();
  MX_TIM3_Init();
  /* USER CODE BEGIN 2 */
  HAL_TIM_Base_Start(&htim3);    /*手动添加，启动TIM3*/
  HAL_ADC_Start_DMA(&hadc1, (uint32_t *)&data,1);    /*手动添加，以DMA方式启动ADC1*/
  /* USER CODE END 2 */
  while (1)
  {
    ;/*循环体为空*/
  }
}
```

在 main.c 中添加 ADC 转换结束中断回调函数，使用静态变量 flag 来记录当前是哪个通道的数据，由图 13.16 中 Rank1 至 Rank3 的配置可知，flag 取值为 0、1、2 的时候分别对应于 ADC1_IN1、Temperature Sensor 和 Vrefint。其程序如下。

```
/* USER CODE BEGIN 4 */
static int flag=0;          /*flag用于标记当前是哪个通道的数据*/
float voltage;             /*外部引脚电压值*/
float temperature;         /*温度值*/
float Vrefint;             /*内部参考电压值*/
void HAL_ADC_ConvCpltCallback(ADC_HandleTypeDef* hadc)
{
  if(flag == 0)
  {
    voltage =data/4096.0*3.3;            /*ADC1_IN1通道的数据*/
  }
  else if(flag == 1)
  {
    temperature= (1.43-(float)data * 3.3 / 4096 ) / 0.0043 + 25;
                                         /*Temperature Sensor通道的数据*/
  }
  else
  {
    Vrefint =(float)data/4096.0*3.3;    /*Vrefint通道的数据*/
  }
  flag =(flag+1)%3;
}
/* USER CODE END 4 */
```

（2）编译和下载

程序编译成功后，正确配置仿真器参数，仿真器连接成功后，将生成的 HEX 文件下载到 STM32F103ZETx 处理器中。程序成功下载后，单击主菜单上的"Debug"菜单下的"Start/Stop Debug Session"或单击快捷按键⊕ ，启动程序调试模式；打开 Watch 窗口，输入变量名，如图 13.19 所示。

单击主菜单上的"Debug"菜单下的"Run"或单击快捷按键，观察 Watch 窗口中变量值的变化，如图 13.20 所示。

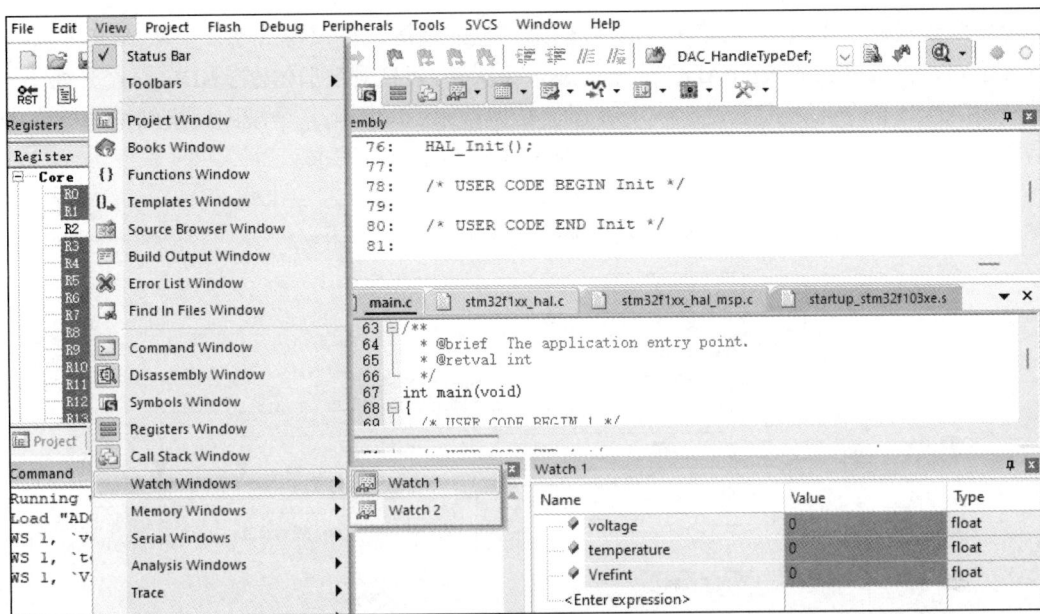

图 13.19 在 Watch 窗口中输入变量名

图 13.20 在 Watch 窗口中观察变量值

变量 temperature、voltage 和 Vrefint 的值每隔 1s 轮流发生改变，实现了规则组多通道轮流转换，同时通过 DMA 成功传输了转换结果。

（3）拓展

上述程序是通过 TIM3 计数更新触发采样一个通道的数据，并用 DMA 方式将采样结果传送到 SRAM，3 次触发后完成对 3 个通道的采样。那么能不能使 TIM3 触发一次就完成规则组中 3 个通道的采样呢？方法是将图 13.16 中 "Discontinuous Conversion Mode" 选项修改为 "Disabled"，同时程序无须做任何修改。

13.3.4 双 ADC 模式数据采样

STM32F103ZETx 处理器内集成的 ADC1 和 ADC2 可以相互独立工作，称为独立模式。若这两个 ADC 同时工作，则称为双 ADC 模式。

双 ADC 模式下，ADC1 为主设备，ADC2 为从设备。主设备 ADC1 的转换由外部事件触发启动，从设备的转换启动则由主设备 ADC1 来控制，通常与 ADC1 同步。主设备 ADC1 每次转换结束都可以产生 DMA 请求，从设备 ADC2 也可以同步产生 DMA 请求。双 ADC 模式的结构如图 13.21 所示。

STM32F103ZETx 处理器提供了多种双 ADC 转换模式，包括：同步注入模式、同步规则模式、交叉模式、交替触发模式、独立模式、混合的规则/注入同步模式、混合的同步规则+交替触发模式和混合同步注入+交叉模式。这里主要介绍同步规则模式，若读者对其他模式感兴趣，也可以查阅资料，进一步学习。

同步规则模式用于主从 ADC 都执行规则通道转换的情况。在该模式下，主从 ADC 规则组序列长度应该相同，否则序列较长的 ADC 还未完成上一次转换时，序列较短的 ADC 已经开始下一轮转换。转换由 ADC1 的外部触发启动，在所有通道转换结束后，产生一个规则转换结束的标志 EOC。如果启用了 DMA 功能，则每次转换结束 ADC1 都会产生 DMA 请求。

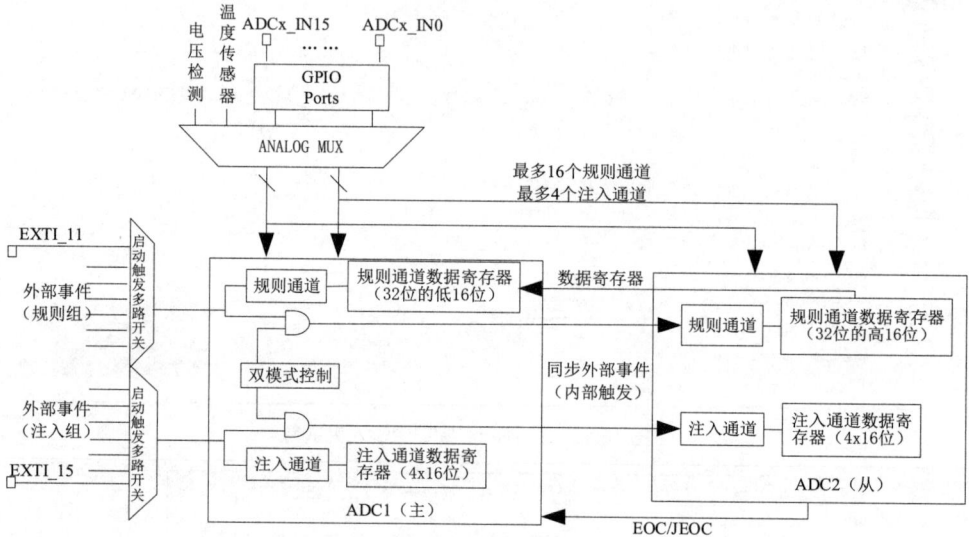

图 13.21　双 ADC 模式结构图

例如，将 ADC1 和 ADC2 的 16 个规则通道在同步规则模式下转换，其转换过程如图 13.22 所示。需要注意的是，受到共享引脚的限制，不能同一时刻转换 2 个 ADC 上的同一个通道。转换结果保存在通用规则数据寄存器中，其中低 16 位用于存放 ADC1 的转换结果，高 16 位用于存放 ADC2 的转换结果。

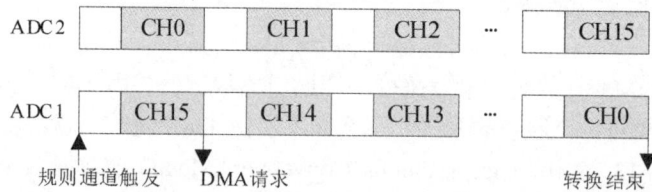

图 13.22　同步规则模式下的 ADC 转换（其中：□表示取样、▨表示转换）

HAL 库为双 ADC 模式提供了一套扩展的 API 函数，相关函数说明见表 13.6。其中，用于同步注入模式的函数是与其他模式分开使用的。

表 13.6　HAL 库常用的双 ADC 模式的 API 函数

函数名称	说明
HAL_ADCEx_InjectedStart	启动同步注入模式
HAL_ADCEx_InjectedStop	停止同步注入模式
HAL_ADCEx_InjectedStart_IT	以中断方式启动同步注入模式
HAL_ADCEx_InjectedStop_IT	停止中断方式的同步注入模式
HAL_ADCEx_InjectedGetValue	读取同步注入模式下各个 ADC 中注入数据寄存器中的结果
HAL_ADCEx_MultiModeStart_DMA	以 DMA 方式启动双 ADC 模式

续表

函数名称	说明
HAL_ADCEx_MultiModeStop_DMA	停止 DMA 方式下的双 ADC 模式
HAL_ADCEx_MultiModeGetValue	读取双 ADC 模式下规则数据寄存器中的采样结果
HAL_ADCEx_InjectedConvCpltCallback	同步注入模式下的采样完成中断回调函数
HAL_ADCEx_InjectedConfigChannel	配置同步注入模式下的通道参数
HAL_ADCEx_MultiModeConfigChannel	配置双 ADC 模式下的通道参数
HAL_ADCEx_MultiModeGetValue	获取双 ADC 模式下的转换结果

下面通过案例讲解如何使用双 ADC 模式。

案例 13.4：将 ADC1 和 ADC2 配置为同步规则模式，主设备 ADC1 触发从设备 ADC2 启动转换。ADC1 选用 ADC1_IN16 采样微控制器内部温度传感器输出，由 TIM3 的输出信号 TRGO 触发主 ADC1 启动转换。ADC2 选用 ADC2_IN1，通过 PA1 引脚连接可调电位器，电路如图 13.5 所示。

双 ADC 同步规则模式的采样结果放在通用规则数据寄存器中，寄存器低 16 位存放主设备 ADC1_IN16 的转换结果，高 16 位存放从设备 ADC2_IN1 的转换结果。主设备 ADC1 每次转换结束都产生一个 DMA 请求，用 DMA 方式将 32 位采样数据传输到 SRAM。

1. STM32CubeMX 工程配置

（1）新建项目、配置 RCC 和时钟树

在 STM32CubeMX 中创建一个新项目，选择 STM32F103ZETx 处理器，配置 RCC，选择 HSE 和 LSE 作为时钟源，选择 PLLCLK 的输出作为 SYSCLK，并配置好时钟树参数（参考案例 6.1）。

（2）配置引脚功能

配置 PA1 引脚的工作模式为 "ADC2_IN1"，其他配置参数同案例 13.2，这里不再赘述。

（3）配置 ADC 参数

展开 "Pinout & Configuration" 面板中的 "Analog" 列表，选中 "ADC1"，在弹出的 "ADC1 Mode and Configuration" 面板上选择 "Channel Temperature Sensor"，并设置各通道参数。同步规则模式 ADC1 参数配置如图 13.23 所示。

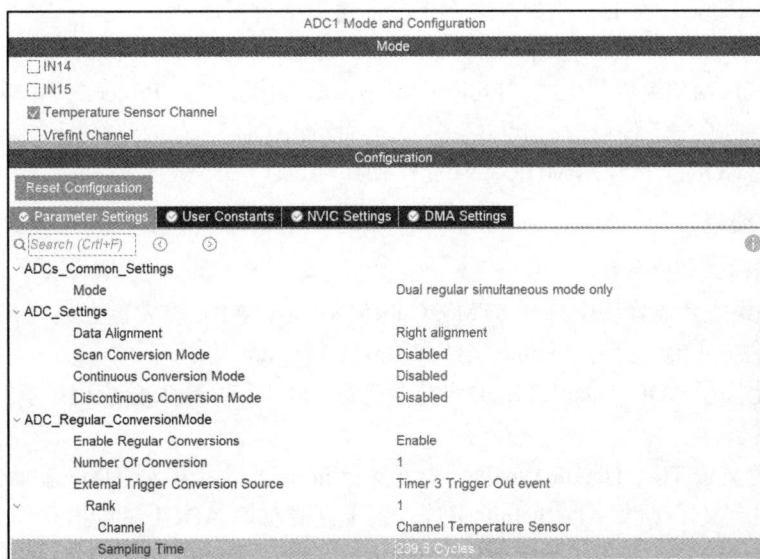

图 13.23　同步规则模式 ADC1 参数配置

"Mode"选择"Dual regular simultaneous mode only"，触发源配置为"Timer 3 Trigger Out event"，由 TIM3 的 TRGO 事件触发启动。ADC1 和 ADC2 的规则组通道数量均为 1。

切换到"DMA Settings"界面，新增一个 DMA 通道，如图 13.24 所示为同步规则模式 DMA 参数配置。DMA 的"Mode"选择循环模式，表示一次 DMA 传输完成后自动开始下一次传输。由于通用规则数据寄存器宽度为 32 位，"Data Width"选择 Word。

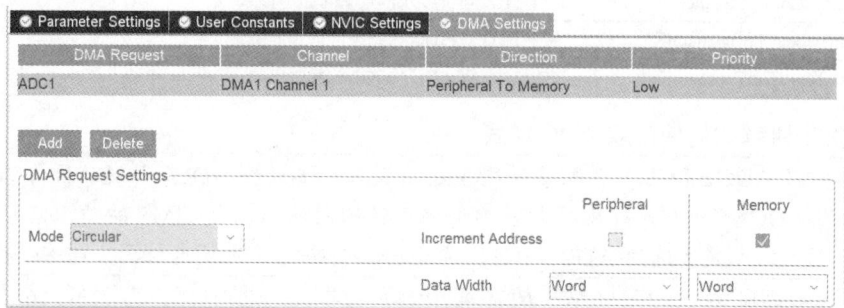

图 13.24　同步规则模式 DMA 参数配置

切换到"NVIC Settings"选项，勾选"ADC1 and ADC2 global interrupts"为"Enabled"，表示完成一次转换将 EOC 置 1 后，产生转换结束中断，如图 13.25 所示。在转换结束中断的中断服务程序中，可以读取每一次的采样值。

图 13.25　开启 ADC 中断

切换到"ADC2"，在"ADC2 Mode and Configuration"面板中的"Mode"中勾选"IN1"，表示启用 ADC2_IN1 通道，ADC2 的其余配置参数与 ADC1 一致。

（4）配置 TIM3 参数

TIM3 的更新周期配置为 1s，参数同案例 13.2，这里不再赘述。

（5）配置工程参数并生成工程文件

选择 STM32CubeMX 主界面中的"Project Manager"面板，在"Project"和"Code Generator"面板中配置好相关的输出工程参数。此处工程名为"DualADC"，存放路径为"…\Project\ADC"，单击"GENERATE CODE"，导出 MDK 工程文件和程序。

2. Keil MDK 编程

（1）同步规则模式程序分析

在 Keil MDK 集成开发环境中打开 STM32CubeMX 导出的工程，要重点关注 STM32CubeMX 自动生成的 adc.c 文件、tim.c 文件、main.c 文件和 stm32f1xx_it.c 文件。

adc.c 文件中定义了 ADC_HandleTypeDef 类型变量 hadc1 和 hadc2，分别用于填写 ADC1 和 ADC2 初始化参数。

tim.c 文件中定义了 TIM_HandleTypeDef 类型变量 htim3，用于填写 TIM3 初始化参数。

main.c 文件中定义了 MX_ADC1_Init 函数，用于完成有关 ADC1 的配置工作，MX_ADC2_Init 函数用于完成有关 ADC2 的配置工作，MX_TIM3_Init 函数用于完成有关 TIM3 的配置工作，读者可以找到函数定义处进一步分析。

在 main.c 中添加一个 32 位全局变量 data，用于接收 DMA 数据。调用 HAL_TIM_Base_Start 函数启动 TIM3 工作，TIM3 每 1s 产生一个触发事件。添加 HAL_ADCEx_MultiModeStart_DMA 函数以 DMA 方式启动双 ADC 采样，每次 DMA 传输接收一个包含 2 个通道采样结果的 32 位字。修改后的 main.c 如下。

```
/* USER CODE BEGIN 0 */
uint32_t data;                 /*定义 32 位全局变量 data，用于接收 DMA 数据*/
/* USER CODE END 0 */
int main(void)
{
  HAL_Init();
  SystemClock_Config();
  MX_GPIO_Init();
  MX_DMA_Init();
  MX_ADC1_Init();
  MX_ADC2_Init();
  MX_TIM3_Init();
  /* USER CODE BEGIN 2 */
  HAL_TIM_Base_Start(&htim3);        /*手动添加，启动 TIM3*/
  HAL_ADC_Start(&hadc2);             /*手动添加，启动 ADC2*/
  HAL_ADCEx_MultiModeStart_DMA(&hadc1,&data,1);  /*手动添加，以 DMA 方式启动双 ADC*/
  /* USER CODE END 2 */
  while (1)
  {
    ;/*循环体为空*/
  }
}
```

在 main.c 中添加 ADC 转换结束中断回调函数，定义 2 个 16 位无符号数 adc1_data 和 adc2_data，分别用于保存 ADC1_IN16 和 ADC2_IN1 通道的采样结果。每次 DMA 传输接收到的 data 需要进行拆分，低 16 位送入 adc1_data，高 16 位送入 adc2_data，再分别换算成温度和电压值输出。其程序如下。

```
/* USER CODE BEGIN 4 */
float temperature;      /*温度值*/
float voltage;          /*外部引脚电压值*/
void HAL_ADC_ConvCpltCallback(ADC_HandleTypeDef* hadc)
{
  uint16_t adc1_data, adc2_data;          /*定义变量存放 ADC1 和 ADC2 通道的数据*/
  adc1_data=data&0xFFFF;                  /*拆分低 16 位数据为 ADC1 通道的采样结果*/
  adc2_data=(data&0xFFFF0000)>>16;        /*拆分高 16 位数据为 ADC2 通道的采样结果*/
  temperature = (1.43- (float)adc1_data * 3.3 / 4096 ) / 0.0043 + 25;   /*换算成温度*/
  voltage =  adc2_data/4096.0*3.3;        /*换算成电压*/
}
/* USER CODE END 4 */
```

（2）编译和下载

程序编译成功后，正确配置仿真器参数，仿真器连接成功后，将生成的 HEX 文件下载到 STM32F103ZETx 处理器中。程序成功下载后，单击主菜单上的 "Debug" 菜单下的 "Start/Stop Debug Session" 或单击快捷按键 ⚫ ，启动程序调试模式；打开 Watch 窗口，输入变量名，如图 13.26 所示。

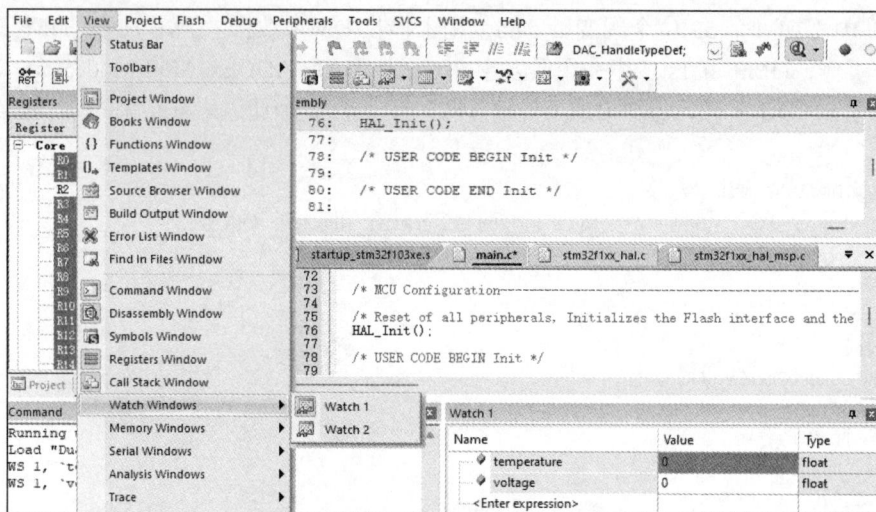

图 13.26　在 Watch 窗口中输入变量名

单击主菜单上的"Debug"菜单下的"Run"或单击快捷按键 ，观察 Watch 窗口中变量值的变化，如图 13.27 所示。

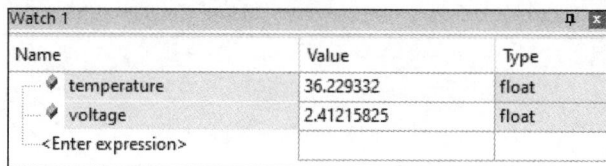

图 13.27　在 Watch 窗口中观察变量值

变量 temperature 和 voltage 的值每隔 1s 同时发生变化，可见 ADC1 成功触发了 ADC2 转换，实现了双 ADC 同步规则模式采样。

13.4　习题

1. ADC 的主要功能是什么？ADC 有哪些主要的性能指标？
2. 简述 STM32F103ZETx 处理器中 ADC 的主要性能指标。
3. 将模拟信号转换为数字信号时，所用采样频率需要满足什么定理？
4. 简述 STM32F103ZETx 处理器中 ADC 的规则组和注入组有什么不同。
5. 简述 STM32F103ZETx 处理器中 ADC 的转换模式有哪些。
6. 简要说明 STM32F103ZETx 处理器的 ADC 转换结束后的结束信号处理方式。
7. 利用 STM32F103ZETx 处理器的 ADC1 进行 3 路信号采样，在 STM32CubeMX 软件中，ADC1 的相关参数配置如图 13.28 所示，请分析一下相关参数的意义及 ADC1 进行 3 路信号采集转换的工作机制。
8. 利用 STM32F103ZETx 处理器的 ADC1 进行 3 路信号采样，IN15 测量外部模拟信号电压，IN16 测量内部温度，IN17 测量内部参考电压，引脚配置如图 13.29 所示。如果 3 路 ADC 采样采用规则组转换、扫描方式、连续循环采样，且选择 TIM3 的 TRGO 事件触发启动转换，并启动 DMA 传输方式读取数据，试回答如下问题。

ADCs_Common_Settings	
Mode	Independent mode
ADC_Settings	
Clock Prescaler	PCLK2 divided by 4
Resolution	8 bits (11 ADC Clock cycles)
Data Alignment	Right alignment
Scan Conversion Mode	Enabled
Continuous Conversion Mode	Disabled
Discontinuous Conversion Mode	Enabled
Number Of Discontinuous Conversions	1
DMA Continuous Requests	Enabled
End Of Conversion Selection	EOC flag at the end of single channel conversion
ADC_Regular_ConversionMode	
Number Of Conversion	3
External Trigger Conversion Source	Timer 1 Capture Compare 1 event
External Trigger Conversion Edge	Trigger detection on the rising edge
Rank	1
Channel	Channel 5
Sampling Time	3 Cycles
Rank	2
Channel	Channel 2
Sampling Time	3 Cycles
Rank	3
Channel	Channel 7

图 13.28　ADC1 参数配置

ADCs_Common_Settings	
Mode	Independent mode
ADC_Settings	
Clock Prescaler	PCLK2 divided by 2
Resolution	
Data Alignment	Right alignment
Scan Conversion Mode	
Continuous Conversion Mode	Disabled
Discontinuous Conversion Mode	Enabled
Number Of Discontinuous Conversions	1
DMA Continuous Requests	
End Of Conversion Selection	EOC flag at the end of single channel conversion
ADC_Regular_ConversionMode	
Number Of Conversion	
External Trigger Conversion Source	Timer 3 Trigger Out event
External Trigger Conversion Edge	Trigger detection on the rising edge
Rank	1
Channel	Channel 15
Sampling Time	3 Cycles
Rank	2
Channel	Channel Temperature Sensor
Sampling Time	3 Cycles
Rank	3
Channel	Channel Vrefint
Sampling Time	3 Cycles

图 13.29　引脚配置

（1）若 ADC 参考电压为+3.3V，外部模拟输入信号的电压范围是 0 ~ +3V，测量精度要求为 1mV，请问 ADC1 的分辨率至少要选择多少位？请写出计算过程。

（2）请问在 STM32CubeMX 软件中，ADC1 的下列相关参数该如何配置？请将答案写在横线上。

Scan Conversion Mode:（Disabled、Enabled）_____

DMA Continuous Mode:（Disabled、Enabled）_____

Number of Conversion:_____

（3）如果触发 ADC 转换的 TIM3 定时周期要求为 0.1s，请问 TIM3 的参数 Prescaler 和 Counter Period 该如何配置？请写出计算过程。

（4）如果 IN15 外部输入模拟信号为叠加零均值噪声的直流信号，触发 ADC 转换的 TIM3 溢出周期为 0.1s，请问如何计算信号 3 秒内的平均值？请写出编程思路。

第14章 综合应用案例

随着自动驾驶、智能物流以及无人港口等基于无人驾驶车载平台的应用逐步走向成熟，对智能车涉及的环境感知、控制算法、嵌入式计算平台及机械系统的研究已经成为高校、企业和政府关注的重点。对于高校学生来说，智能小车是大学生创新能力培养的重要平台，每年以智能小车为载体的各种竞赛项目有很多，因此本章选择智能小车作为讲解嵌入式系统综合应用的具体场景。

智能小车通常要求在规定的场景下，实现小车的自动循迹驾驶、障碍物规避、车速实时监测以及交通标志识别等功能。智能小车由车身底盘、微型直流电机、微控制器核心板和各种传感器扩展板构成，图 14.1 展示了一款四轮智能小车。

图 14.1　四轮智能小车

智能小车控制系统中硬件部分包含的功能模块如图 14.2 所示。根据场地和调试的要求，该系统中可能还包括电磁检测、激光测距、蓝牙通信等硬件模块。为了便于安装和调试，智能小车控制系统中硬件的电路板结构通常由一块微控制器核心板和多个扩展板构成。其中，微控制器核心板在一块电路板上包含了 Cortex-M3/M4 架构微控制器、供电电路、I/O 扩展和存储扩展等外围电路，也有很多智能小车直接使用树莓派作为核心板。扩展板则是用于驱动小车运行以及感知或检测车速与周边环境状况，包括循迹检测模块、红外避障模块和电机驱动模块等。本章中讲解的智能小车的微控制器核心板基于 STM32F103ZETx 处理器，车身采用包含 4 个微型直流电机的四轮独立驱动结构。

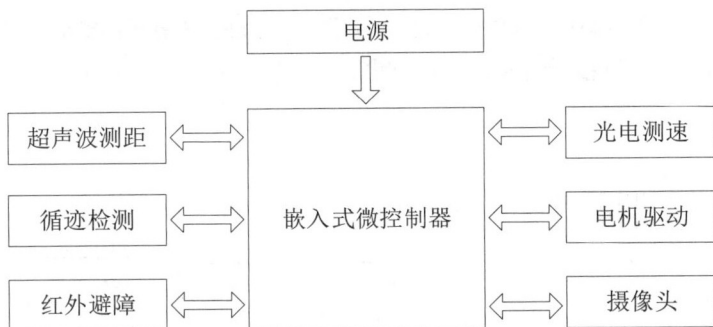

图 14.2　智能小车控制系统的硬件功能模块

14.1　超声波测距模块

超声波是频率在 20kHz 以上的声波。超声波测距原理是利用超声波发生器向某一方向发射超声波，并开始计时，超声波在空气中传播碰到障碍物就会被反射回来，超声波接收器一旦接收到反射波就立即停止计时，根据超声波在空气中的传播速度（340m/s）和记录的超声波往返传播时间 t（s），就可以计算出发射点与障碍物之间的距离 $s=340 \times t/2$。超声波测距原理如图 14.3 所示。

超声波在空气中的传播速度会受到空气湿度、压强和温度的影响，而且超声波发射器和接收器之间的距离 H 也会带来一定的计算误差，从而影响测距结果。由于本章讲解的智能小车的行进速度相对较慢，上述误差带来的影响不大，可以暂且忽略。

超声波测距模块可提供 2cm ~ 400cm 的非接触式距离感测功能，测量精度可达 3mm，该模块包括超声波发射器、接收器和控制电路，如图 14.4 所示。模块的 4 个引脚信号定义如表 14.1 所示。

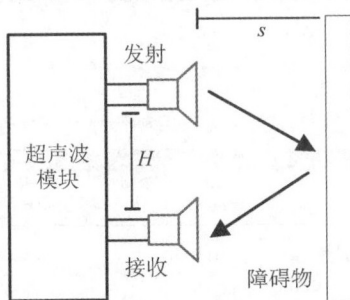

图 14.3　超声波测距原理

图 14.4　超声波测距模块

表 14.1　超声波测距模块引脚定义

引脚编号	信号	说明
1	V$_{CC}$	接 5V 电源
2	Trig	触发信号输入端，向此引脚输入一个 10μs 以上的高电平，可触发模块测距
3	Echo	回响信号输出端，当测距结束时，此引脚会输出一个高电平，电平宽度为超声波往返时间
4	GND	接地

超声波测距模块工作的时序如图 14.5 所示。在模块的 Trig 引脚上输入一个脉宽大于 10μs 的触发信号，触发模块开始工作，超声波测距模块循环发出 8 个 40kHz 脉冲，Echo 引脚上得到的回响信号脉冲宽度就代表了超声波往返所需的时间，由此可以换算出测距模块与障碍物之间的距离。

在智能小车行进过程中，超声波测距模块需要持续工作。若超声波测距模块的 Trig 是连接到

STM32F103ZETx 处理器的 PD13（TIM4_CH2）引脚上，Echo 连接到 PC6（TIM8_CH1）引脚上，如图 14.6 所示，那么如何实现超声波测距功能呢？

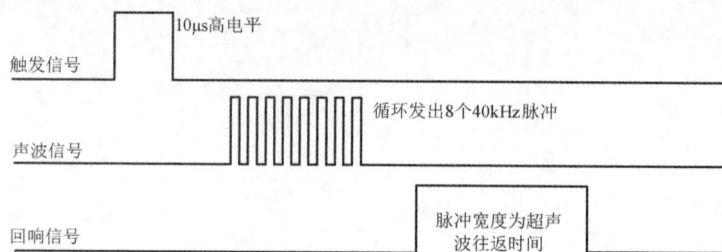

图 14.5　超声波模块时序图

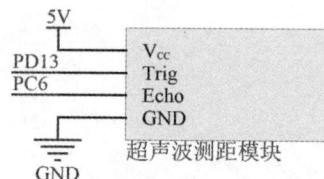

图 14.6　处理器与超声波测距模块的连接

1. STM32CubeMX 工程配置

（1）新建项目、配置 RCC 和时钟树

在 STM32CubeMX 中创建一个新项目，选择 STM32F103ZETx 处理器，配置 RCC，选择 HSE 和 LSE 作为时钟源，选择 PLLCLK 的输出作为 SYSCLK，并配置好时钟树参数（参考案例 6.1）。

（2）配置引脚功能

选择 STM32CubeMX 主界面中的 "Pinout & Configuration" 面板，在界面右侧的 "Pinout view" 面板的搜索框中输入 "PC6" 和 "PD13"，在引脚图中选中相应引脚，将引脚的工作模式分别配置为 "TIM8_CH1" 和 "TIM4_CH2"。然后展开主界面左侧的 "System Core" 列表，选中 "GPIO"，在 "GPIO Mode and Configuration" 面板中配置好引脚参数，如图 14.7 所示。

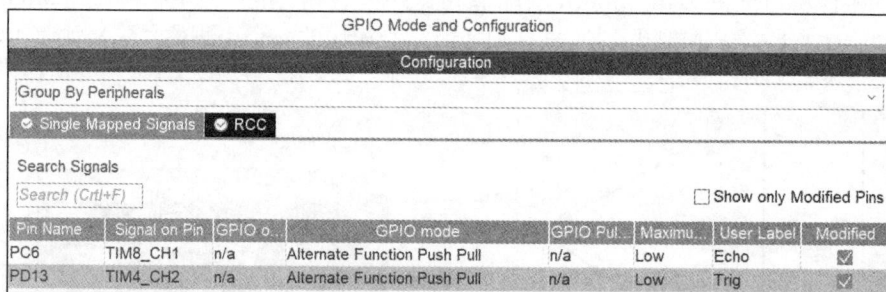

图 14.7　引脚参数配置

（3）配置 TIM4 参数

PD13（TIM4_CH2）引脚连接超声波测距模块的 Trig 引脚，所以该引脚需要产生一个触发信号，触发超声波测距模块开始工作。

展开 "Pinout & Configuration" 面板中的 "Timers" 列表，选中 "TIM4"，在弹出的 "TIM4 Mode and Configuration" 面板上设置 TIM4 的各项参数，如图 14.8 所示。

TIM4 挂在 APB1 上，故 TIM4 的输入时钟信号频率为 72MHz。"Prescaler" 参数为 7199，"Counter Period" 参数为 9999，根据更新事件频率计算公式，得到如下结果。

$$Update\_event = 72000000/((7199 + 1)×(9999 + 1))=1Hz$$

$$PWM 波形的占空比=(200/ (9999 + 1))×100\%=2\%$$

所以，PD13 引脚上得到一个频率为 1Hz，占空比为 2%的 PWM 波形，该脉冲波可以实现 1s 触发超声波测距模块测距一次。

（4）配置 TIM8 参数

PC6（TIM8_CH1）引脚连接超声波测距模块的 Echo 引脚，此处需要测量 Echo 引脚上得到的回响信号脉冲宽度。

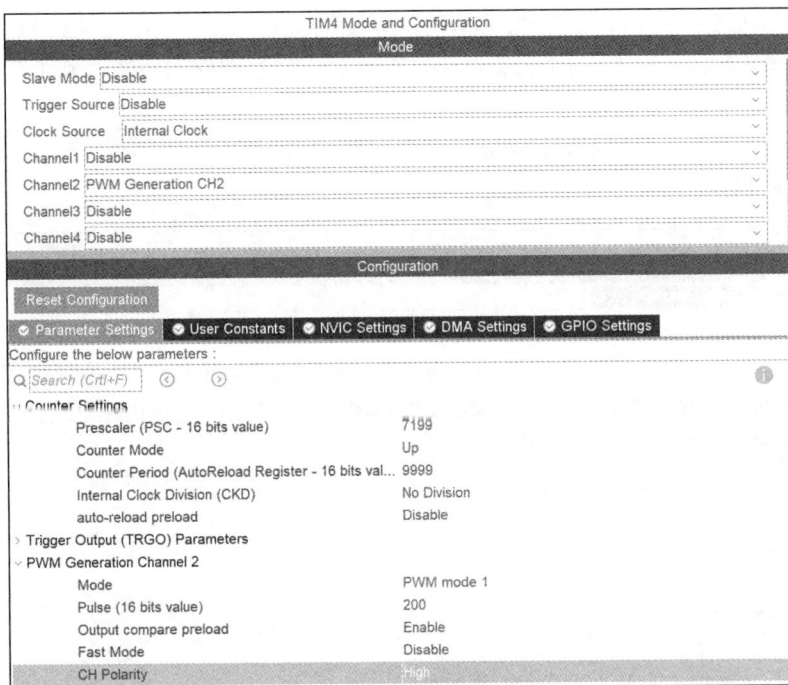

图 14.8 TIM4 参数配置界面

展开"Pinout & Configuration"面板中的"Timers"列表，选中"TIM8"，在弹出的"TIM8 Mode and Configuration"面板上设置 TIM8 的各项参数，如图 14.9 所示。

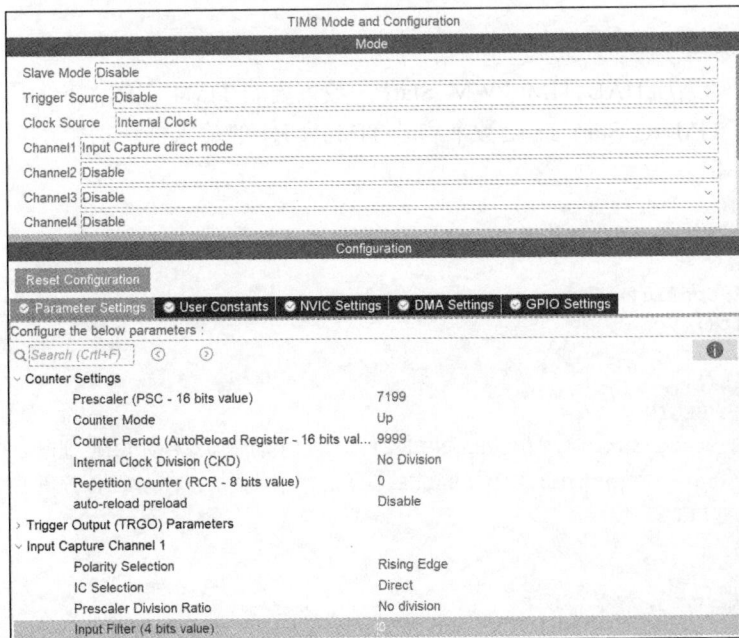

图 14.9 TIM8 参数配置界面

TIM8 挂在 APB2 上，故 TIM8 的输入时钟信号频率为 72MHz。"Prescaler" 参数为 7199，得到计数器计数的时钟信号频率 f_{CK_CNT}，计算结果如下。

$$f_{CK\_CNT} = 72000000/(7199 + 1)=10\text{kHz}$$

处理器在捕获 PC6 引脚的上升沿时，初始化当前定时器计数值，然后再捕获 PC6 引脚的下降沿，并记录当前定时器计数值，那么此时记录的计数值乘以计数时钟周期，就得到了超声波测距模块的回响时间。

切换到 "NVIC Mode and Configuration" 面板，在 TIM8 相关的中断列表中使能 TIM8 的捕获比较事件中断，如图 14.10 所示。

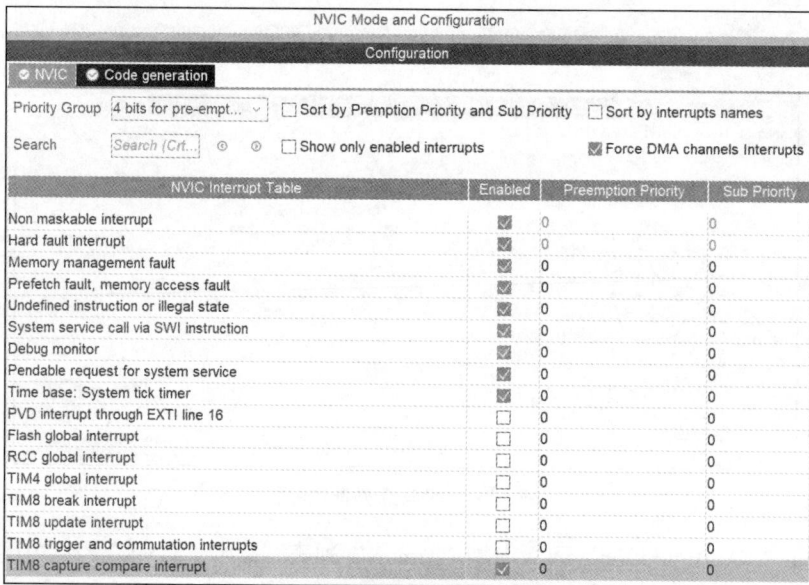

图 14.10　使能捕获比较事件的中断配置

2. Keil MDK 编程

在 main.c 中手动添加 HAL_TIM_PWM_Start 函数来启动 TIM4 工作，产生周期性触发信号。同时，手动添加 HAL_TIM_IC_Start_IT 函数来启动 TIM8_CH1 的输入捕获功能，并开启输入捕获中断。修改后的 main.c 如下。

```
int main(void)
{
  HAL_Init();
  SystemClock_Config();
  MX_GPIO_Init();
  MX_TIM4_Init();
  MX_TIM8_Init();
  /* USER CODE BEGIN 2 */
  HAL_TIM_PWM_Start(&htim4,TIM_CHANNEL_2);    /*手动添加，启动 TIM4 通道 2 的 PWM 模式*/
  HAL_TIM_IC_Start_IT(&htim8,TIM_CHANNEL_1); /*手动添加，启动 TIM8 通道 1 的输入捕获模式*/
  /* USER CODE END 2 */
  while (1)
  {
    ;/*循环体为空*/
  }
}
```

在 main.c 中添加中断回调函数——HAL_TIM_IC_CaptureCallback

```
/* USER CODE BEGIN 4 */
uint8_t    CaptureEdge=0;      /*上升沿和下降沿捕获标志*/
uint16_t   totalCount;         /*用于保存定时器的计数值*/
uint16_t   distance = 0;       /*计算距离*/
void HAL_TIM_IC_CaptureCallback (TIM_HandleTypeDef * htim) /*输入捕获模式的中断回调函数*/
{
    if(htim == &htim8)
     {
       if(CaptureEdge == 0) /*捕获上升沿*/
        {
              /*设置当前 TIM8 计数器初值为 0*/
            __HAL_TIM_SetCounter(&htim8,0);
              /*将 TIM8_CH1 设置为下降沿捕获*/
            __HAL_TIM_SET_CAPTUREPOLARITY \
              (&htim8,TIM_CHANNEL_1,TIM_INPUTCHANNELPOLARITY_FALLING);
            CaptureEdge=1;
        }
       else if(CaptureEdge ==1 )   /*捕获下降沿*/
        {
               /*记录当前 TIM8 计数器数值*/
            totalCount=__HAL_TIM_GetCounter(&htim8);
               /*将 TIM8_CH1 设置为上升沿捕获*/
            __HAL_TIM_SET_CAPTUREPOLARITY \
              (&htim8,TIM_CHANNEL_1,TIM_INPUTCHANNELPOLARITY_RISING);
               /*计算距离，计量单位转换为厘米*/
            distance = totalCount *34000/(2*(9999+1));
            CaptureEdge=0;
        }
     }
}
/* USER CODE END 4 */
```

运行上述程序，在线调试，在 Watch 窗口实时查看变量 distance 的值，如图 14.11 所示。

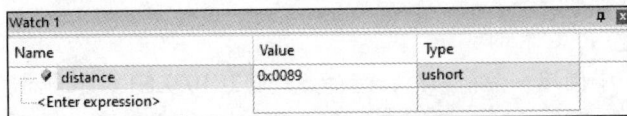

图 14.11　在 Watch 窗口中观察变量值

图 14.11 中 distance 的值就是测量的距离值，是用十六进制表示的，若移动被测物体，该值每 1s 发生一次改变。读者可以根据实际需求，修改测量距离的时间间隔。

14.2　电机驱动模块

该应用中的智能小车的四轮驱动均采用了微型直流电机。在 8.9 节中，已经详细介绍了基于 TB6612FNG 驱动芯片的微型直流电机驱动模块的工作原理，及一路电机驱动模块的正转、反转及变速的编程。在实现控制一路电机模块工作的基础上，加上合适的算法或多电机模块协同工作的规则，就可以控制四路电机模块协同工作，从而控制小车行驶。智能小车的电机驱动电路如图 14.12。

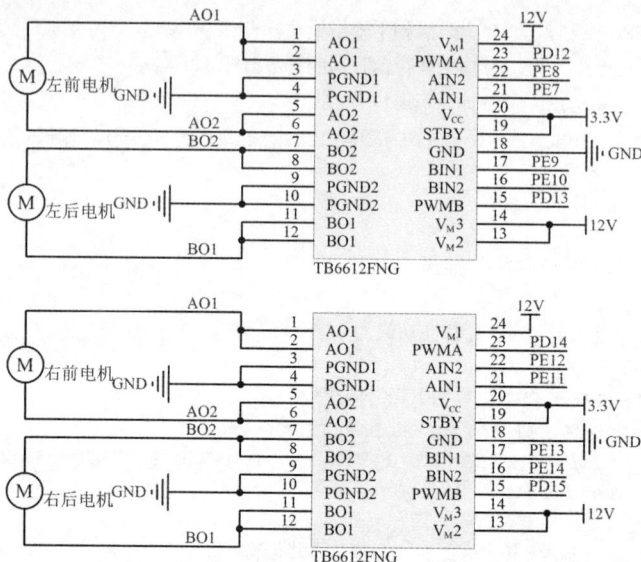

图 14.12　智能小车的电机驱动电路

智能小车通过两组 TB6612FNG 电机驱动电路来驱动 4 个直流电机，每组 TB6612FNG 电机驱动电路驱动 2 个同侧直流电机，即一组驱动左前和左后电机，另一组驱动右前和右后电机。各个控制信号需要连接到 STM32F103ZETx 处理器的 PWM 输出或者 GPIO 引脚上，引脚分配如表 14.2 所示。

表 14.2　电机控制信号引脚分配

电机位置	PWM 信号	AIN1（BIN1）	AIN2（BIN2）
左前电机	PD12（TIM4_CH1）	PE7	PE8
左后电机	PD13（TIM4_CH2）	PE9	PE10
右前电机	PD14（TIM4_CH3）	PE11	PE12
右后电机	PD15（TIM4_CH4）	PE13	PE14

1. STM32CubeMX 工程配置

（1）新建项目、配置 RCC 和时钟树

在 STM32CubeMX 中创建一个新项目，选择 STM32F103ZETx 处理器，配置 RCC，选择 HSE 和 LSE 作为时钟源，选择 PLLCLK 的输出作为 SYSCLK，并配置好时钟树参数（参考案例 6.1）。

（2）配置引脚功能

选择 STM32CubeMX 主界面中的 "Pinout & Configuration" 面板，在界面右侧的 "Pinout view" 面板的搜索框中输入各引脚，将引脚 PE7 至 PE14 配置为 "GPIO_Output"，PD12 至 PD15 依次配置为 TIM4 的 PWM 输出引脚。然后展开主界面左侧的 "System Core" 列表，选中 "GPIO"，在 "GPIO Mode and Configuration" 面板中配置好引脚参数，如图 14.13 和图 14.14 所示。

（3）配置定时器参数

展开 "Pinout & Configuration" 面板中的 "Timers" 列表，选中 "TIM4"，在弹出的 "TIM4 Mode and Configuration" 面板上设置 TIM4 的各项参数，如图 14.15 所示。

GPIO Mode and Configuration

Configuration

Group By Peripherals

☑ GPIO　☑ RCC　☑ TIM

Search Signals

Search (Crtl+F)　　　　　　　　　　　　　　　　☐ Show only Modified Pins

Pin Name	Signa...	GPIO ...	GPIO mode	GPIO Pull-up/Pull-down	Maximu...	User Label	Modified
PE7	n/a	Low	Output Push Pull	No pull-up and no pull-down	Low	L_F_IN1	☑
PE8	n/a	Low	Output Push Pull	No pull-up and no pull-down	Low	L_F_IN2	☑
PE9	n/a	Low	Output Push Pull	No pull-up and no pull-down	Low	L_B_IN1	☑
PE10	n/a	Low	Output Push Pull	No pull-up and no pull-down	Low	L_B_IN2	☑
PE11	n/a	Low	Output Push Pull	No pull-up and no pull-down	Low	R_F_IN1	☑
PE12	n/a	Low	Output Push Pull	No pull-up and no pull-down	Low	R_F_IN2	☑
PE13	n/a	Low	Output Push Pull	No pull-up and no pull-down	Low	R_B_IN1	☑
PE14	n/a	Low	Output Push Pull	No pull-up and no pull-down	Low	R_B_IN2	☑

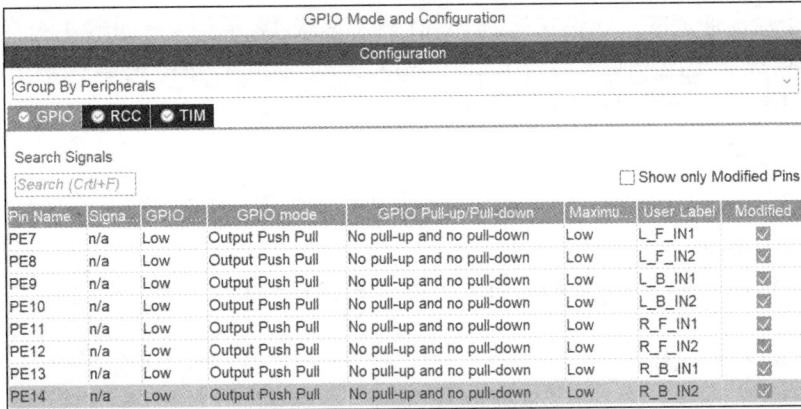

图 14.13　控制信号引脚配置

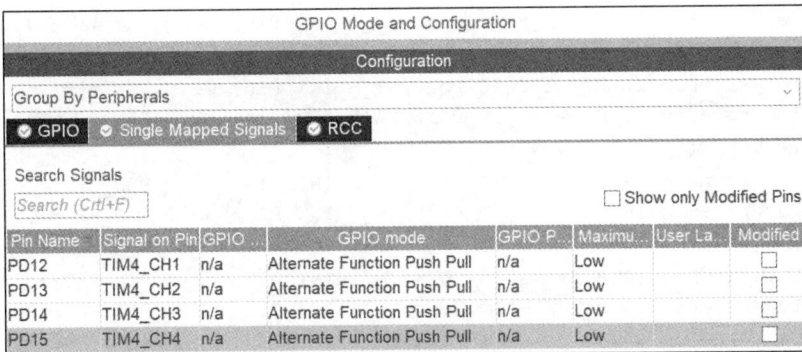

GPIO Mode and Configuration

Configuration

Group By Peripherals

☑ GPIO　☑ Single Mapped Signals　☑ RCC

Search Signals

Search (Crtl+F)　　　　　　　　　　　　　　　　☐ Show only Modified Pins

Pin Name	Signal on Pin	GPIO ...	GPIO mode	GPIO P...	Maximu...	User La...	Modified
PD12	TIM4_CH1	n/a	Alternate Function Push Pull	n/a	Low		☐
PD13	TIM4_CH2	n/a	Alternate Function Push Pull	n/a	Low		☐
PD14	TIM4_CH3	n/a	Alternate Function Push Pull	n/a	Low		☐
PD15	TIM4_CH4	n/a	Alternate Function Push Pull	n/a	Low		☐

图 14.14　PWM 输出引脚配置

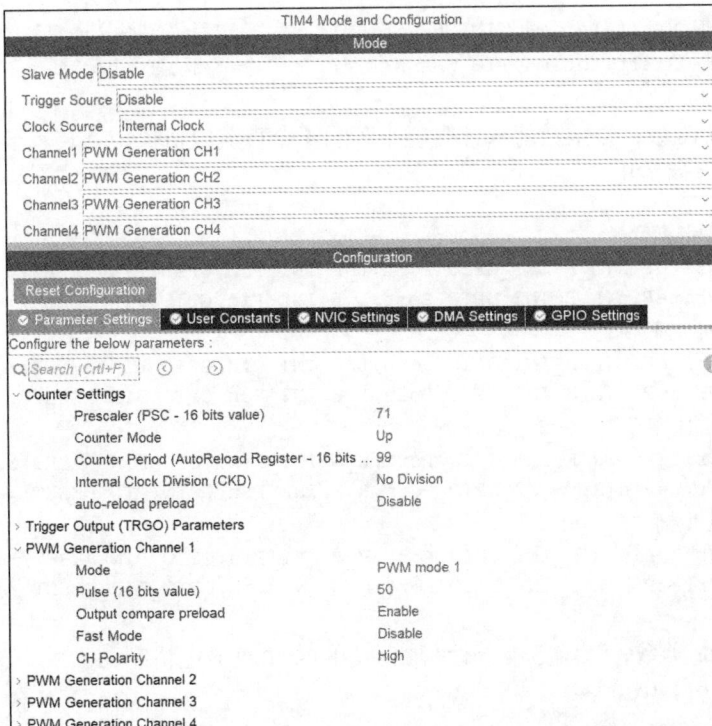

TIM4 Mode and Configuration

Mode

Slave Mode	Disable
Trigger Source	Disable
Clock Source	Internal Clock
Channel1	PWM Generation CH1
Channel2	PWM Generation CH2
Channel3	PWM Generation CH3
Channel4	PWM Generation CH4

Configuration

Reset Configuration

☑ Parameter Settings　☑ User Constants　☑ NVIC Settings　☑ DMA Settings　☑ GPIO Settings

Configure the below parameters :

🔍 Search (Crtl+F)　　◁　▷

- Counter Settings
  - Prescaler (PSC - 16 bits value)　　　　　　71
  - Counter Mode　　　　　　　　　　　　　　Up
  - Counter Period (AutoReload Register - 16 bits ...　99
  - Internal Clock Division (CKD)　　　　　　No Division
  - auto-reload preload　　　　　　　　　　Disable
- Trigger Output (TRGO) Parameters
- PWM Generation Channel 1
  - Mode　　　　　　　　　　　　　　　　　PWM mode 1
  - Pulse (16 bits value)　　　　　　　　　50
  - Output compare preload　　　　　　　　Enable
  - Fast Mode　　　　　　　　　　　　　　Disable
  - CH Polarity　　　　　　　　　　　　　High
- PWM Generation Channel 2
- PWM Generation Channel 3
- PWM Generation Channel 4

图 14.15　TIM4 参数配置界面

TIM4 的 4 个输出通道的工作模式均为 PWM 输出模式 1，通道 2~通道 4 的参数设置与通道 1 一样。各通道 PWM 输出波形频率均为 10kHz，占空比均为 50%。由于这 4 个输出通道的配置参数相同，因此智能小车的 4 个驱动轮在初始状态下具有相同的转速。

2. Keil MDK 编程

在 STM32CubeMX 导出的程序中，增加直流电机控制程序来控制智能小车运行姿态。

（1）初始状态和停止状态

编写 start_motor 函数，该函数启动智能小车的 4 个直流电机以初始速度旋转，驱动小车向前直行。

```
void start_motor(void)
 {
     /*设定左前电机正转*/
     HAL_GPIO_WritePin (L_F_IN1_GPIO_Port, L_F_IN1_Pin, GPIO_PIN_SET);
     HAL_GPIO_WritePin (L_F_IN2_GPIO_Port, L_F_IN2_Pin, GPIO_PIN_RESET);
     /*设定左后电机正转*/
     HAL_GPIO_WritePin (L_B_IN1_GPIO_Port, L_B_IN1_Pin, GPIO_PIN_SET);
     HAL_GPIO_WritePin (L_B_IN2_GPIO_Port, L_B_IN2_Pin, GPIO_PIN_RESET);
     /*设定右前电机正转*/
     HAL_GPIO_WritePin (R_F_IN1_GPIO_Port, R_F_IN1_Pin, GPIO_PIN_SET);
     HAL_GPIO_WritePin (R_F_IN2_GPIO_Port, R_F_IN2_Pin, GPIO_PIN_RESET);
     /*设定右后电机正转*/
     HAL_GPIO_WritePin (R_B_IN1_GPIO_Port, R_B_IN1_Pin, GPIO_PIN_SET);
     HAL_GPIO_WritePin (R_B_IN2_GPIO_Port, R_B_IN2_Pin, GPIO_PIN_RESET);

     HAL_TIM_PWM_Start(&htim4,TIM_CHANNEL_1);        /*启动左前电机*/
     HAL_TIM_PWM_Start(&htim4,TIM_CHANNEL_2);        /*启动左后电机*/
     HAL_TIM_PWM_Start(&htim4,TIM_CHANNEL_3);        /*启动右前电机*/
     HAL_TIM_PWM_Start(&htim4,TIM_CHANNEL_4);        /*启动右后电机*/
 }
```

编写 stop_motor 函数，该函数能够让智能小车的 4 个直流电机停止旋转。

```
void stop_motor(void)
 {
     /*设定左前电机停转*/
     HAL_GPIO_WritePin(L_F_IN1_GPIO_Port,L_F_IN1_Pin,GPIO_PIN_RESET);
     HAL_GPIO_WritePin(L_F_IN2_GPIO_Port,L_F_IN2_Pin,GPIO_PIN_RESET);
     /*设定左后电机停转*/
     HAL_GPIO_WritePin(L_B_IN1_GPIO_Port,L_B_IN1_Pin,GPIO_PIN_RESET);
     HAL_GPIO_WritePin(L_B_IN2_GPIO_Port,L_B_IN2_Pin,GPIO_PIN_RESET);
     /*设定右前电机停转*/
     HAL_GPIO_WritePin(R_F_IN1_GPIO_Port,R_F_IN1_Pin,GPIO_PIN_RESET);
     HAL_GPIO_WritePin(R_F_IN2_GPIO_Port,R_F_IN2_Pin,GPIO_PIN_RESET);
     /*设定右后电机停转*/
     HAL_GPIO_WritePin(R_B_IN1_GPIO_Port,R_B_IN1_Pin,GPIO_PIN_RESET);
     HAL_GPIO_WritePin(R_B_IN2_GPIO_Port,R_B_IN2_Pin,GPIO_PIN_RESET);
 }
```

编写 brake_motor 函数，该函数能够让智能小车的 4 个直流电机制动。

```
void brake_motor(void)
 {
     /*设定左前电机制动*/
```

```
HAL_GPIO_WritePin(L_F_IN1_GPIO_Port,L_F_IN1_Pin,GPIO_PIN_SET);
HAL_GPIO_WritePin(L_F_IN2_GPIO_Port,L_F_IN2_Pin,GPIO_PIN_SET);
/*设定左后电机制动*/
HAL_GPIO_WritePin(L_B_IN1_GPIO_Port,L_B_IN1_Pin,GPIO_PIN_SET);
HAL_GPIO_WritePin(L_B_IN2_GPIO_Port,L_B_IN2_Pin,GPIO_PIN_SET);
/*设定右前电机制动*/
HAL_GPIO_WritePin(R_F_IN1_GPIO_Port,R_F_IN1_Pin,GPIO_PIN_SET);
HAL_GPIO_WritePin(R_F_IN2_GPIO_Port,R_F_IN2_Pin,GPIO_PIN_SET);
/*设定右后电机制动*/
HAL_GPIO_WritePin(R_B_IN1_GPIO_Port,R_B_IN1_Pin,GPIO_PIN_SET);
HAL_GPIO_WritePin(R_B_IN2_GPIO_Port,R_B_IN2_Pin,GPIO_PIN_SET);
}
```

（2）行车速度控制

编写 change_speed 函数，该函数通过修改 PWM 波形的占空比来改变小车 4 个直流电机的转速，从而改变小车的行进速度。其中，__HAL_TIM_SET_COMPARE 函数用于改变 PWM 波形的占空比，即图 14.15 中各个 PWM 波形的 "Pulse" 的值，参数中 speed 的取值最大不能超过 "Counter Period" 的值。

```
void change_speed (int speed)
{
    __HAL_TIM_SET_COMPARE (&htim4, TIM_CHANNEL_1, speed);
    __HAL_TIM_SET_COMPARE (&htim4, TIM_CHANNEL_2, speed);
    __HAL_TIM_SET_COMPARE (&htim4, TIM_CHANNEL_3, speed);
    __HAL_TIM_SET_COMPARE (&htim4, TIM_CHANNEL_4, speed);
}
```

（3）左转和右转

四轮驱动的智能小车没有提供独立的转向机构，小车的转向是靠左右两侧车轮的速度差来实现的。当需要向左转向时，则提高右侧车轮的转速；反之需要向右转向时，则提高左侧车轮的转速。两侧车轮转速的差异由参数 delta 来设定，它代表了单位时间内转向角度的大小，本质上是改变了左侧或者右侧电机的 PWM 输出信号的占空比。

```
void turn_left(int speed, int delta)
{   /*左转向*/
    __HAL_TIM_SET_COMPARE(&htim4,TIM_CHANNEL_1,speed);
    __HAL_TIM_SET_COMPARE(&htim4,TIM_CHANNEL_2,speed);
    __HAL_TIM_SET_COMPARE(&htim4,TIM_CHANNEL_3,speed+ delta);
    __HAL_TIM_SET_COMPARE(&htim4,TIM_CHANNEL_4,speed+ delta);
}
void turn_right(int speed, int delta)
{   /*右转向*/
    __HAL_TIM_SET_COMPARE(&htim4,TIM_CHANNEL_1,speed+ delta);
    __HAL_TIM_SET_COMPARE(&htim4,TIM_CHANNEL_2,speed+ delta);
    __HAL_TIM_SET_COMPARE(&htim4,TIM_CHANNEL_3,speed);
    __HAL_TIM_SET_COMPARE(&htim4,TIM_CHANNEL_4,speed);
}
```

参考上述程序，结合 TB6612FNG 控制信号功能表 8.15 和电机控制信号引脚分配表 14.2，修改各个控制信号的电平，可以控制智能小车的前进和后退。当小车左侧和右侧车轮往不同方向旋转时，可以控制小车原地掉头。请读者思考如何编写实现该功能的程序。

14.3 红外循迹模块

智能小车需要在规定的路线上行走，其常用的导航方式有红外循迹、电磁循迹和摄像头循迹，其中红外循迹是最常用的导航方式。

红外循迹采用的轨道是在白色的地面上贴上黑色的标志线，如图 14.16 所示，其导航原理是利用红外光在不同颜色物体表面具有不同反射强度的特点。小车在行进过程中，不断向地面发射红外光，当红外光遇到白色地面时发生漫反射，反射光被红外接收管接收；如果遇到黑色标志线则红外光被吸收，红外接收管无法接收到反射光。通过多组红外循迹模块的配合，能够判断小车与黑色标志线之间的位置关系，从而进一步调整小车的行进路线。

本应用中需要在智能小车的车头中间位置安装 3 组红外循迹模块，中间的红外循迹模块的红外接收管正对黑色标线，左右两侧红外循迹模块的红外接收管刚好对准黑色标线之外的白色地面。通过获取 3 组红外循迹模块的红外接收情况，及时调整智能小车的运行姿态，从而实现循迹。

红外循迹模块用到了一款双路电压比较器 LM393 芯片，该芯片的内部结构如图 14.17 所示。

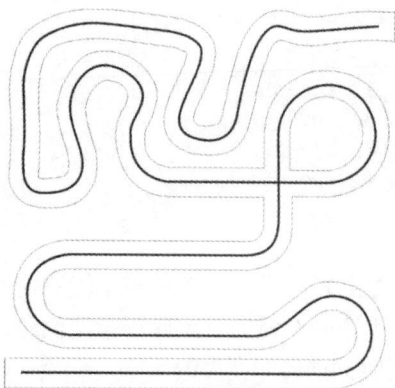

图 14.16 红外循迹轨道

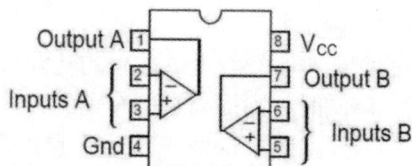

图 14.17 LM393 的内部结构图

本应用中用到了 3 组红外循迹模块，其中一组的电路图如图 14.18 所示。该电路也可用于避障检测，避障检测模块与红外循迹模块的区别在于避障检测模块的红外接收管不是对准地面，而是朝向小车行进的方向。

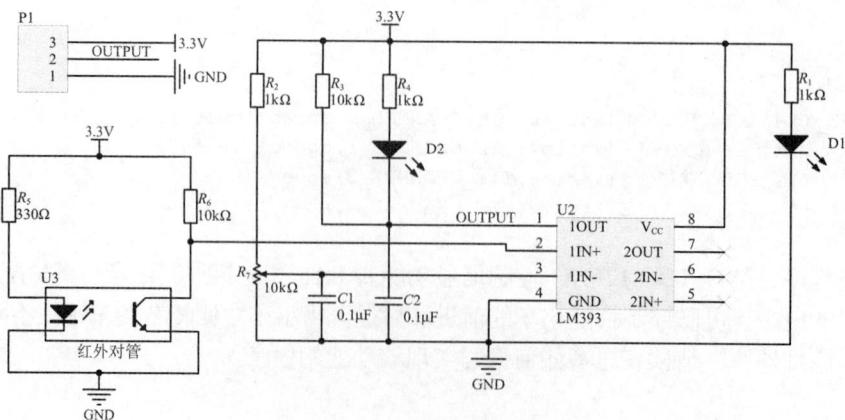

图 14.18 红外循迹模块

红外接收管输出的电压信号进入 LM393 的同相输入端 1IN+，与 LM393 反相输入端 1IN−上的基准电压相比较。当 1IN+端电压小于 1IN−端电压时，LM393 的 1OUT 引脚输出低电平，反之输出高电平。调节 R_7 的电阻值，可以改变电压比较的阈值，从而实现调节检测灵敏度的效果。

红外循迹模块的输出信号需要连接到 STM32F103ZETx 处理器的 GPIO 引脚上，这里选用了 PE3、PE4 和 PE5 引脚，其引脚分配如表 14.3 所示。

表 14.3 红外循迹模块引脚分配

模块编号	安装位置	GPIO 引脚
红外循迹模块 1	左侧	PE3
红外循迹模块 2	中间	PE4
红外循迹模块 3	右侧	PE5

理想情况下，在智能小车的行进过程中，位于中间的红外循迹模块由于红外光被黑线吸收，PE4 上读出的值应为 1；左、右两侧的红外循迹模块能够接收到地面红外反射光，PE3 和 PE5 上读出的值应为 0。但是当 PE4 上读出的值为 0，或者 PE3 和 PE5 上读出的值为 1 时，均需要对小车行进的方向进行纠正。

1. STM32CubeMX 工程配置

（1）新建项目、配置 RCC 和时钟树

在 STM32CubeMX 中创建一个新项目，选择 STM32F103ZETx 处理器，配置 RCC，选择 HSE 和 LSE 作为时钟源，选择 PLLCLK 的输出作为 SYSCLK，并配置好时钟树参数（参考案例 6.1）。

（2）配置引脚功能

选择 STM32CubeMX 主界面中的"Pinout & Configuration"面板，在界面右侧的"Pinout view"面板的搜索框中输入各引脚，将引脚 PE3 至 PE5 的工作模式配置为"GPIO_Input"。并展开主界面左侧的"System Core"列表，选中"GPIO"，在"GPIO Mode and Configuration"面板中配置好引脚参数，如图 14.19 所示。

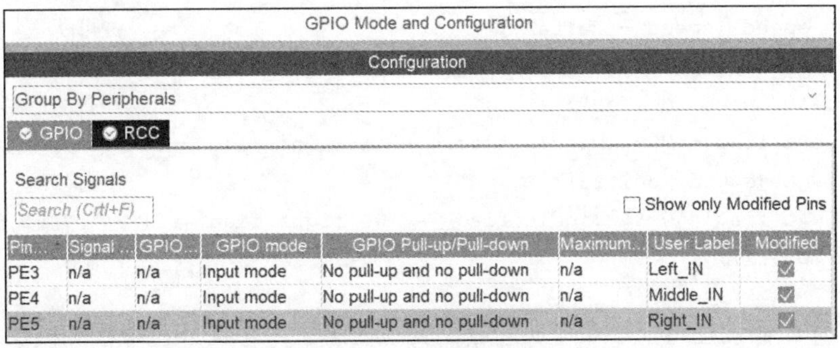

图 14.19 引脚参数配置

2. Keil MDK 编程

在 STM32CubeMX 导出的程序中，还需要添加不断检测小车的姿态和位置的程序。此处可以充分利用 main.h 文件中自动生成的引脚宏定义，以增加程序的可读性。

此处设置了 left_flag、middle_flag 和 right_flag 3 个变量来标识 3 组红外循迹模块的输出信号，通过分析这 3 个变量可以了解小车车身状态，然后对运行轨迹进行纠正。编写 tracking 函数，查询以上 3 个变量值，并根据分析结果，调用 turn_left 和 turn_right 函数向左或向右进行纠偏，delta 参数的取值要根据小车的速度和车身偏移量来设置，此处程序中小幅度转向取值为 10，大幅度转向取值为 20，仅供参考。

```
    int left_flag, middle_flag, right_flag;    /*设置 3 个位置标记*/
    int deltaA=10, deltaB=20;                  /*设定转向幅度*/
    int speed=19;                              /*PWM 输出信号占空比为 20%*/

void tracking(void )
{
    /*检测左侧位置*/
    if(HAL_GPIO_ReadPin(Left_IN_GPIO_Port,Left_IN_Pin) == GPIO_PIN_RESET)
        left_flag =0;                /*有红外反射光*/
    else
        left_flag =1;                /*无红外反射光*/
    /*检测中间位置*/
    if(HAL_GPIO_ReadPin(Middle_IN_GPIO_Port,Middle_IN_Pin) == GPIO_PIN_RESET)
        middle_flag =0;
    else
        middle_flag =1;
    /*检测右侧位置*/
    if(HAL_GPIO_ReadPin(Right_IN_GPIO_Port,Right_IN_Pin) == GPIO_PIN_RESET)
        right_flag =0;
    else
        right_flag =1;

     /*根据位置，调整小车姿态*/
    if(left_flag ==1 && middle_flag ==1 && right_flag ==0)      /*车头稍微偏向标志线右侧*/
        turn_left(speed, deltaA);                               /*向左小幅度纠正*/
    else if(left_flag ==0 && middle_flag ==1 && right_flag ==1) /*车头稍微偏向标志线左侧*/
        turn_right(speed, deltaA);                              /*向右小幅度纠正*/
    else if(left_flag ==0 && middle_flag ==1 && right_flag ==0) /*车头在标志线中间*/
        change_speed (speed + deltaA);                          /*可以提速前进*/
    else if(left_flag ==1 && middle_flag ==0 && right_flag ==0) /*车头向右偏移较多*/
        turn_left(speed, deltaB);                               /*向左大幅度纠正*/
    else if(left_flag ==0 && middle_flag ==0 && right_flag ==1) /*车头向左偏移较多*/
        turn_right(speed, deltaB);                              /*向右大幅度纠正*/
    else if(left_flag ==0 && middle_flag ==0 && right_flag ==0) /*车头脱离轨道*/
        brake_motor();                                          /*制动*/
}
```

根据上述程序，假设在智能小车车头左右两侧各安装了一个红外避障检测模块，这两个模块的输出信号分别接在 **PB6** 和 **PB7** 引脚上，请读者思考如何编写红外避障检测的程序。